JN069676

教員採用試験「全国版」過去問シリーズ ⑭

全国まるごと

2025
年度版

過去問題集

特別支援学校教諭

#分野別　#項目別

協同教育研究会 編

協同出版

はじめに

本書は，全国47都道府県と20の政令指定都市の公立学校の教員採用候補者選考試験を受験する人のために編集されたものです。

教育を取り巻く環境は変化しつつあり，学校現場においても，教員免許更新制の廃止やGIGAスクール構想の実現などの改革が進められており，現行の学習指導要領においても，「主体的・対話的で深い学び」を実現するため，指導方法や指導体制の工夫改善により，「個に応じた指導」の充実を図るとともに，コンピュータや情報通信ネットワーク等の情報手段を活用するために必要な環境を整えることが示されています。

一方で，いじめや体罰，不登校，教員の指導方法など，教育現場の問題もあいかわらず取り沙汰されており，教員に求められるスキルは，今後さらに高いものになっていくことが予想されます。

協同教育研究会では，現在，627冊の全国の自治体別・教科別過去問題集を刊行しており，その編集作業にあたり，各冊子ごとに出題傾向の分析を行っています。本書は，その分析結果をまとめ，全国的に出題率の高い分野の問題，解答・解説に加えて，より理解を深めるための要点整理を，頻出項目毎に記載しています。そのことで，近年の出題傾向を把握することでき，また多くの問題を解くことで，より効果的な学習を進めることができます。

みなさまが，この書籍を徹底的に活用し，教員採用試験の合格を勝ち取って，教壇に立っていただければ，それはわたくしたちにとって最上の喜びです。

協同教育研究会

教員採用試験「全国版」過去問シリーズ⑭

全国まるごと過去問題集　特別支援学校教諭＊目次

特別支援教育の傾向と学習法

過去の歴史を知ることが必要

特別支援教育とは，LD，ADHD，高機能自閉症を含めて障害のある児童生徒の自立や社会参加に向けて，その一人一人の教育的ニーズを把握して，その持てる力を高め，生活や学習上の困難を改善又は克服するために，適切な教育や指導を通じて必要な支援を行うものである。

特別支援学校の制度は，中央教育審議会や各種検討会議の論議や試行を経て，学校教育法の一部が改正され，平成19年4月1日から施行された。それまでの特殊教育と言われていたものから特別支援教育へと転換がなされたが，現行の特別支援教育の制度は，過去の特殊教育を否定するものではなく，それまでの成果を踏まえて，さらに継承・発展させようとするものである。それゆえ，これまでの経緯や過去の歴史も知っておくことが必要であり，問題として出題されることもある。具体的には，日本及び外国において障害のある子供の教育や福祉の発展に貢献した人物と関連する業績や事項を結びつける形式の問題などが出題されている。また，過去の出来事と年代の対応を問う問題も出されているので，歴史的展開の概要を知っておくことが必要である。

教育課程の問題への対応が必要

学校教育法等の関連法規の中でも問題として頻出しているのが教育課程に関するものである。教育課程に関する主な法令は学校教育法施行規則と学習指導要領である。学校教育法施行規則については，第126～128条の特別支援学校の各部の教育課程に関する条文に留意する必要がある。また，第130条で定められた教育課程の特例により行われている「生活単元学習」「作業学習」などの問題も頻出しているので目を通しておく必要がある。

発達障害に関する知識を学んでおくこと

学習障害(LD)，注意欠陥多動性障害(ADHD)などの発達障害に関する出題が多い。特に，それぞれの定義に関する用語を問う内容が多くなっている。特別支援教育における重要事項であり，以下のそれぞれの内容を確認しておくこと。

▼**発達障害について～障害の概念図～**

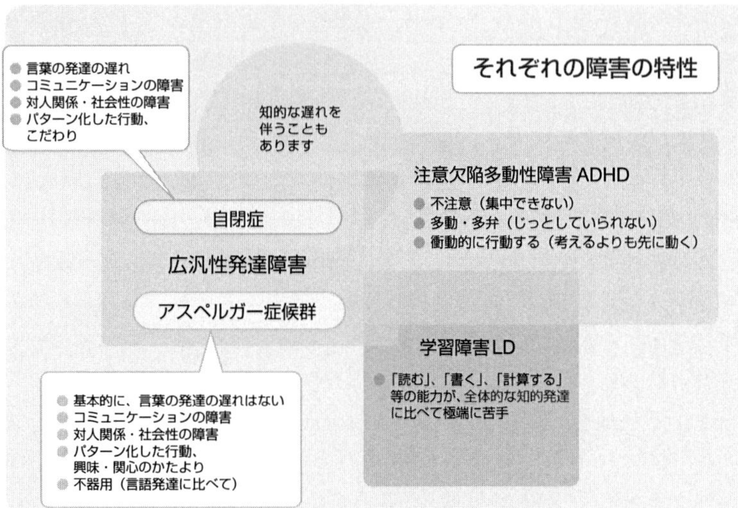

言葉の発達の遅れ
コミュニケーションの障害
対人関係・社会性の障害
パターン化した行動、こだわり
それぞれの障害の特性
知的な遅れを伴うこともあります
注意欠陥多動性障害 ADHD
不注意（集中できない）
多動・多弁（じっとしていられない）
衝動的に行動する（考えるよりも先に動く）
自閉症
広汎性発達障害
アスペルガー症候群
学習障害LD
「読む」、「書く」、「計算する」等の能力が、全体的な知的発達に比べて極端に苦手
基本的に、言葉の発達の遅れはない
コミュニケーションの障害
対人関係・社会性の障害
パターン化した行動、興味・関心のかたより
不器用（言語発達に比べて）

政府広報オンライン「発達障害って，なんだろう？」より

指導法や検査法についての知識・技能を習得しておくこと

特別支援教育に限ったことではないが，近年の教員採用試験においては，単に知識を問うだけではなく，知能検査・発達検査の結果や，児童・生徒の状態を文章で示して，具体的にどのような指導をする必要があるかを求めるような問題が多くなってきている。こうした問題に対応するには，何よりも日々障害をもった児童・生徒と接する機会を多くし，児童・生徒への関わりを肌で感じておくことが重要となる。ただし，児童・生徒の状態も様々であり，積極的に児童・生徒と接したとしても，すべての出題に対応できる訳ではない。こうした問題に対処するためには，教育学・心理学・生理学・病理学などの様々な知識が必要となり，教科書はもちろんのこと，学習指導要領解説「自立活動編」で示されているに様々な障害の例を挙げながら，どのような指導が必要かを学習する必要がある。特別支援教育においては，知識の習得と実際の体験を得

ることで，執筆試験だけではなく，模擬授業あるいは面接にも必要とされる知識を習得することができるだろう。

特別支援教育の動向

2006年の国連総会において，障害者権利条約が採択され，障害者の権利を実現するための措置等が規定されることとなった。以下，近年の特別支援教育に関する動向をまとめているので，確認しておくこと。

2006(平成18)年12月	**国連総会において障害者権利条約を採択** ・障害者の人権・基本的自由の享有を確保し，障害者の固有の尊厳の尊重を促進するため，障害者の権利を実現するための措置等を規定 例えば　◆障害に基づくあらゆる差別(合理的配慮の否定を含む)の禁止 ◆障害者が社会に参加し，包容されることを促進など (教育分野) ・インクルーシブ教育システムの理念，合理的配慮の提供　など
2007(平成19) 年4月	**特別支援教育の本格的実施**(「特殊教育」から「特別支援教育」へ) ・盲・聾・養護学校から特別支援学校 ・特別支援学校のセンター的機能 ・小中学校等における特別支援教育など
2007(平成19)年9月	**障害者権利条約署名**
2011(平成23)年8月	**障害者基本法改正**(障害者権利条約対応) (教育分野) ・十分な教育が受けられるようにするため可能な限り共に教育を受けられるよう配慮しつつ教育の内容及び方法の改善及び充実 ・本人・保護者の意向を可能な限り尊重 ・交流及び共同学習の積極的推進など
2012(平成24)年7月	**「共生社会の形成に向けたインクルーシブ教育システムの構築のための特別支援教育の推進」** (中央教育審議会初等中等教育分科会報告) ・就学相談・就学先決定の在り方 ・合理的配慮，基礎的環境整備 ・多様な学びの場の整備，学校間連携，交流及び共同学習等の推進 ・教職員の専門性向上など
2013(平成25)年6月	**障害者差別解消法制定**(施行日：一部を除き平成28年4月) ・差別の禁止，合理的配慮提供の法的義務など
2013(平成25)年8月	「障害のある児童生徒の教材の充実について」報告
2013(平成25)年9月	**就学制度改正**(学校教育法施行令改正) ・「認定就学」制度の廃止，総合的判断(本人・保護者の意向を可能な限り尊重) ・柔軟な転学など
2013(平成25)年10月	「障害のある児童生徒等に対する早期からの一貫した支援について」通知
2014(平成26)年1月	**障害者権利条約批准**
2015(平成27)年2月	**差別解消法に基づく政府としての基本方針の策定**
2015(平成27)年11月	**差別解消法に基づく文部科学省所管事業分野の対応指針の策定**
2016(平成28)年4月	**障害者差別解消法施行**
2017(平成29)年3月	「発達障害を含む障害のある幼児児童生徒に対する教育支援体制整備ガイドライン～発達障害等の可能性の段階から，教育的ニーズに気付き，支え，つなぐために～」策定
2019(平成31)年4月	**「障害者活躍推進プラン」**公表
2020(令和2)年3月	「初めて通級による指導を担当する教師のためのガイド」公表
2021(令和3)年1月	「『令和の日本型学校教育』の構築を目指して～全ての子供たちの可能性を引き出す，個別最適な学びと，協働的な学びの実現～」答申
2021(令和3)年6月	「障害のある子供の教育支援の手引～子供たち一人一人の教育的ニーズを踏まえた学びの充実に向けて～」公表

特別支援学校等の児童生徒の増加の状況

○直近10年間で義務教育段階の児童生徒数は１割減少する一方で，特別支援教育を受ける児童生徒数は倍増。
○特に，特別支援学級の在籍者数（2.1倍），通級による指導の利用者数（2.3倍）の増加が顕著。

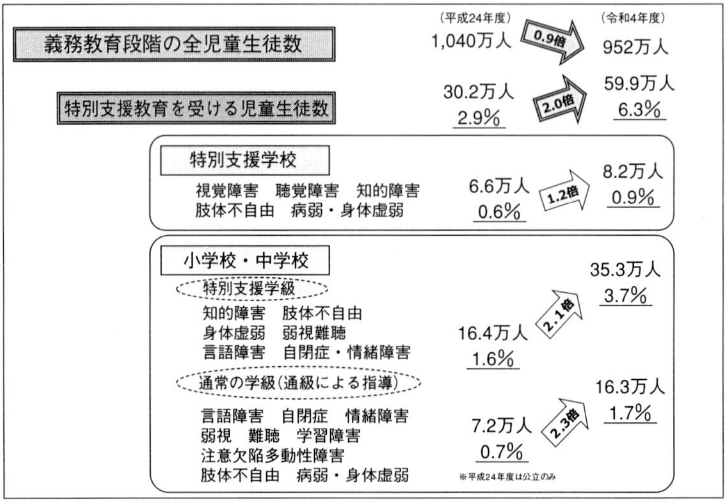

※通級による指導を受ける児童生徒数（16.3万人）は，令和2年度の値。平成24年度は5月1日時点，令和2年は令和3年3月31日時点の数字。

通級による指導

通級による指導を受けている児童生徒数の推移（各年度5月1日現在）

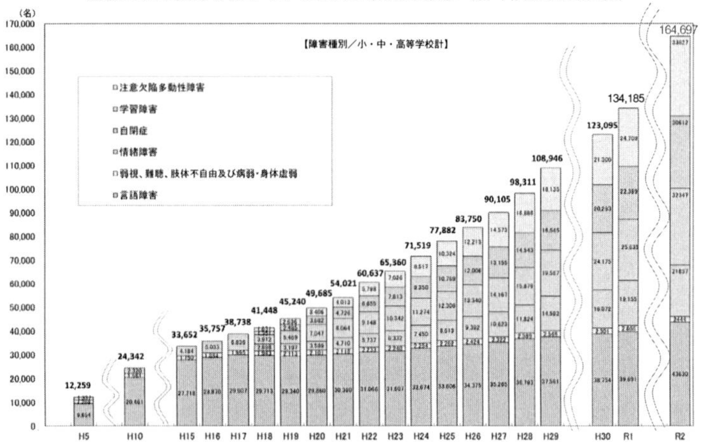

（出典）通級による指導実施状況調査（文部科学省初等中等教育局特別支援教育課調べ）
※令和2年度のみ令和3年3月31日を基準とし令和2年度中に通級による指導を実施した児童生徒数について調査。その他の年度の児童生徒数は年度5月1日現在。
※「注意欠陥多動性障害」及び「学習障害」は，平成18年度から通級による指導の対象として学校教育法施行規則に規定し，併せて「自閉症」も 平成18年度から対象として明示（平成17年度以前は主に「情緒障害」の通級による指導の対象として対応）。
※平成30年度から，国立・私立学校を含めて調査。
※高等学校における通級による指導は平成30年度開始であることから，高等学校については平成30年度から計上。
※小学校には義務教育学校前期課程，中学校には義務教育学校後期課程及び中等教育学校前期課程，高等学校には中等教育学校後期課程を含める。

歴史・原理・語句

ポイント

障害児の教育・福祉の歴史的展開やその発展に貢献した人物は頻出事項であるので，その業績とあわせて学習しておく必要がある。内容は広範に及んでいるが，特別支援教育の概論書の末尾に，資料として年表が記してあったり，内外の著名な人物とその業績をコンパクトにまとめたりしてあるものも見られるので参考にするとよい。また，概論書の索引に挙げられている人物名などの事項について，正確に説明できるかどうかを自己評価し，自分の弱点をおさえながら学習を進めると効果的であろう。

さらに，特殊教育から特別支援教育への転換の経緯や，その過程で文部科学省から出された諸文書については必ず目を通しておく必要がある。

その他，2001年に世界保健機関(WHO)で採択された国際生活機能分類(ICF)についてもよく出題されるので，歴史的経緯や内容をよく理解しておきたい。

特別支援教育　歴史・原理・語句

実施問題

【1】次の1から10の文に最も関係の深いものを，それぞれの文の下にあるアからエのうちから一つ選び，記号で答えよ。

1　「公立義務教育諸学校の学級編制及び教職員定数の標準に関する法律」で標準とされる，特別支援学校の小・中学部の学級編制の人数。

ア　4人　　イ　6人　　ウ　8人　　エ　10人

2　義務教育諸学校での適正な就学を図るため，市町村教育委員会が作成を義務付けられている表簿。

ア　出席簿　　イ　学籍簿　　ウ　学齢簿　　エ　通信簿

3　知的障害者施設近江学園を創設し，戦後日本の障害者福祉を切り開いた第一人者として知られ，「社会福祉の父」とも呼ばれる人物。

ア　糸賀一雄　　イ　岡崎英彦　　ウ　三木安正　　エ　近藤原理

4　目の中のレンズの役割をしている水晶体が濁ってしまう状態で視力障害を起こす疾患。

ア　白内障　　イ　緑内障　　ウ　網膜色素変性

エ　視神経萎縮

5　オージオグラムで低い周波数の聴力レベルの値が大きい群で，伝音難聴やメニエル病などで見られる聴力型。

ア　高音漸傾型　　イ　低音障害型　　ウ　水平型

エ　高音急墜型

6　15番染色体の異常による肥満や性腺機能障害，発達遅滞，筋緊張低下などのいくつかの特徴的な症状が見られる先天的な疾患。

ア　ダウン症候群　　イ　レット症候群

ウ　ウィリアムズ症候群　　エ　プラダー・ウィリ症候群

7　コロラド大学のリタ・ワイズによって開発された，「ミラリング」や「モニタリング」等の働きかけにより子どものコミュニケーションを促進する方法。

ア　感覚統合法　　イ　リトミック教育　　ウ　ムーブメント教育

エ　インリアル・アプローチ

8　基本的には，全般的な知的発達に遅れはないが，聞く，話す，読む，書く，計算する又は推論する能力のうち，特定のものの習得と使用に著しい困難を示す様々な状態。

ア　学習障害　　イ　高機能自閉症　　ウ　アスペルガー症候群

エ　注意欠陥多動性障害

9　「障害者の雇用の促進等に関する法律」に基づき都道府県知事が指定した社会福祉法人やNPO法人等が運営し，障害者の身近な地域において，雇用，保健福祉，教育等の関係機関と連携して，相談支援を実施する機関。

ア　地域障害者職業センター

イ　障害者就労移行支援事業所

ウ　障害者就業・生活支援センター

エ　障害者職業能力開発校

10　「ジャックボール」と呼ばれる白いボールを投げた後，自分のボール(赤又は青)を転がしたり，他のボールに当てたりして，いかに「ジャックボール」に近づけることができたかを競う競技。

ア　ゴールボール　　　イ　フライングディスク

ウ　フットベースボール　　エ　ボッチャ

2024年度 ▌栃木県 ▌難易度 ■■■□□

【2】次の1，2，3の問いに答えよ。

1　次の文章を読んで，以下の(1)，(2)の問いに答えよ。

> 我が国は，平成19年に「障害者の権利に関する条約(平成18年国連総会で採択)」に署名し，平成26年にこれを批准した。同条約の署名から批准に至る過程においては，平成23年の[　　]の改正，<u>平成25年の就学先決定に関する学校教育法施行令の一部改正</u>，平成28年の障害を理由とする差別の解消の推進に関する法律の施行など，教育分野を含め，同条約の趣旨を踏まえた様々な大きな制度改正がなされた。

(1)　次の条文は，[　　]にあてはまる法律の一部である。この法律名を以下のアからエのうちから一つ選び，記号で答えよ。

> (教育)
> 第16条　国及び地方公共団体は，障害者が，その年齢及び能力に応じ，かつ，その特性を踏まえた十分な教育が受けられるようにするため，可能な限り障害者である児童及び生徒が障害者でない児童及び生徒と共に教育を受けられるよう配慮しつつ，教育の内容及び方法の改善及び充実を図る等必要な施策を講じなければならない。

ア　教育基本法　　イ　学校教育法　　ウ　障害者基本法
エ　障害者総合支援法

(2)　次の文は，下線部に関して述べているものである。誤っているものを次のアからエのうちから一つ選び，記号で答えよ。

ア　学校教育法施行令第22条の3に規定される特別支援学校に就学させるべき障害の程度の子どもは，特別な事情があると認める者を除き，原則，特別支援学校へ就学する。

イ　子どもの障害の状態や教育的ニーズ，本人・保護者の意見，教育学・医学・心理学等専門的見地からの意見，学校や地域の状況等を踏まえた総合的な観点から就学先を決定する。

ウ　就学先を判断する前に，時間的な余裕をもって本人・保護者からの意見聴取や意向確認を行うものとし，就学先を判断する際には，本人・保護者の意見を可能な限り尊重しなければならない。

エ　子どもの障害の状態の変化のみならず，教育上必要な支援の内容，地域における教育の体制の整備の状況，その他の事情の変化によっても，特別支援学校と小中学校間の転学の検討を開始できるよう，規定を整備する。

2　知的障害者である児童生徒に対する教育を行う特別支援学校の指導に関して，次の(1)，(2)の問いに答えよ。

(1)　次の表は，特別支援学校小学部・中学部学習指導要領に示されている小学部の各教科等の名称である。[　①　]，[　②　]にあてはまる語句を以下のアからカのうちから一つずつ選び，記号で答えよ。

小学部	[①], 国語, 算数, 音楽, 図画工作, 体育, 外国語活動 特別の教科である道徳, [②], 自立活動

ア 日常生活の指導　イ 生活　ウ 生活単元学習
エ 情報　オ 作業学習　カ 特別活動

(2) 職業科の内容で,「商店や企業, 農業, 市役所等の公的機関, 作業所などの福祉施設などで, 一定期間, 働く活動に取り組み, 働くことの大切さや社会生活の実際を経験すること」を何というか。11字で答えよ。

3 自立活動に関して, 次の(1), (2)の問いに答えよ。

(1) 次の文は, 特別支援学校小学部・中学部学習指導要領に示されている自立活動の目標である。文中の[①], [②], [③]にあてはまる語句を答えよ。

[①]の児童又は生徒が自立を目指し, 障害による学習上又は生活上の困難を[②]に改善・克服するために必要な知識, 技能, 態度及び習慣を養い, もって心身の調和的発達の[③]を培う。

(2) 次の文は, 特別支援学校小学部・中学部学習指導要領解説総則編及び自立活動編に示されている内容である。適切なものを次のアからオのうちから二つ選び, 記号で答えよ。

ア 学習指導要領等に示されている自立活動の「内容」は,「健康の保持」,「心理的な安定」,「環境の把握」,「身体の動き」,「コミュニケーション」の5つの区分に分類・整理されている。

イ 学習指導要領等に示されている自立活動の「内容」は, そのすべてを取り扱うものではなく, 児童生徒の実態に応じて必要な項目を選定して取り扱うものである。

ウ 児童生徒の障害の状態等によっては, 外部の専門家が作成した指導計画に基づき自立活動の指導を行うようにする。

エ 指導に当たっては, 児童生徒の障害の状態等の変化に応じて, 指導すべき課題を再整理し, 指導目標を適切に変更するなど柔軟に対応する。

オ　自立活動に充てる授業時数は，一律に標準として示されていないため，児童生徒の実態によっては，自立活動に充てる授業時数を設定しないことができる。

2024年度 栃木県 難易度■■■■■

【3】次の文は，「国際生活機能分類－国際障害分類改訂版－」(日本語版)の一部抜粋である。以下の問に答えよ。

ICF(International Classification of Functioning, Disability and Health)は，人間の生活機能と障害の分類法として，[　ア　]年5月，世界保健機関(WHO)総会において採択された。この特徴は，これまでのWHO国際障害分類(ICIDH)がマイナス面を分類するという考え方が中心であったのに対し，ICFは，生活機能というプラス面からみるように視点を転換し，さらに環境因子等の観点を加えたことである。 (略)

問1　[　ア　]にあてはまる西暦を答えよ。

問2　図1は，特別支援学校教育要領・学習指導要領解説自立活動編(平成30年3月)に記載されているICFの構成要素間の相互作用の概念図である。以下の(1)，(2)に答えよ。

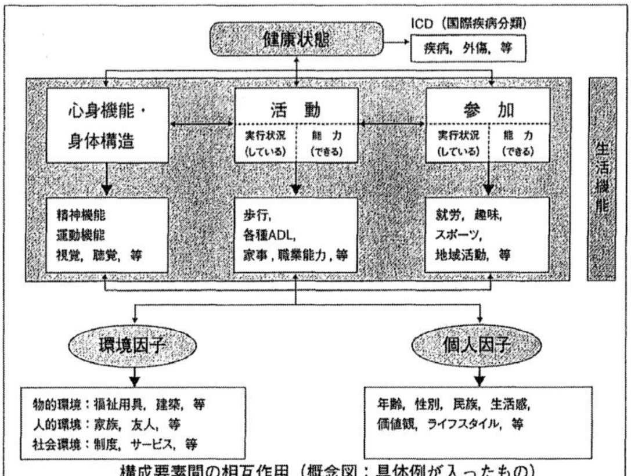

構成要素間の相互作用（概念図：具体例が入ったもの）

図1

(1) ICFでは，どのような状態を障がいと捉えているか，図1の語句を用いて簡潔に記せ。

(2) 次の事例について，図1を用いて整理したとき，[イ]～[キ]にあてはまるものを後のA～Fから選び，記号で答えよ。

【事例】

脳性麻痺があり，歩行が困難なため車いすを使用している児童が，学校の2階へ移動して授業に参加することが難しい状態。

・健康状態：[イ]	・心身機能・身体構造：[ウ]
・活動：[エ]	・参加：[オ]
・環境因子：[カ]	・個人因子：[キ]

A 授業への参加が制限される　　B 脳性麻痺

C エレベーターが設置されていない　　D 下肢の麻痺

E 内気な性格　助けを求められない

F 階段を使った移動が制限される

2024年度 島根県 難易度■■■■□□

【4】次の各問いに答えよ。

問1 次の表は，障害者の雇用や就職に向けての相談窓口・支援機関とその支援内容についてまとめたものである。

<表>

相談窓口・支援機関	支援内容
障害者就業・生活支援センター	（ ① ）
ハローワーク（公共職業安定所）	（ ② ）
市区町村、指定特定相談支援事業者又は指定一般相談支援事業者	（ ③ ）
地域障害者職業センター	（ ④ ）

(1) 表中の(①)～(④)に当てはまるものを，次の＜選択肢＞の中から1つずつ選び，記号で答えよ。

＜選択肢＞

ア 求職登録を行い，具体的な就職活動の方法などの相談や指導を行う。

イ 地域の障害者等からの相談に応じ，サービスの利用援助，社会資源を活用するための支援，社会生活力を高めるための支援，ピアカウンセリング，権利擁護のために必要な援助，専門機関の紹介等を行う。

ウ　就労に関するニーズや課題に応じて，職業準備訓練や職場実習のあっせん，求職活動への同行，生活面の支援などに応じる。

エ　仕事の種類や働き方などについて，希望や障害特性，課題を踏まえながら，相談・助言，職業評価，情報提供等を行う。

(2)　表中の地域障害者職業センターの支援事業で，障害者の円滑な就職及び職場適応を図るため，事業所に派遣され，障害者及び事業主に対して，雇用の前後を通じて障害特性を踏まえた直接的，専門的な援助を行う者を何というか。

問2　次の表は，令和3年度の障害者の職業別就職件数について，合計件数が多い職業5つを障害種別に示したものである。(　①　)～(　③　)に入る職業を以下の＜選択肢＞から1つずつ選び，記号で答えよ。

＜表＞

職　業	身体障害者	知的障害者	精神障害者	その他	合　計
(　①　)	4,926件	9,221件	14,561件	2,666件	31,374件
(　②　)	5,933件	1,918件	11,476件	2,871件	22,198件
サービスの職業	2,546件	2,813件	5,462件	908件	11,729件
(　③　)	1,969件	3,016件	5,099件	1,154件	11,238件
専門的・技術的職業	2,145件	287件	3,734件	832件	6,998件

＜選択肢＞

ア　保安の職業　　　　イ　輸送・機械運転の職業

ウ　事務的職業　　　　エ　生産工程の職業

オ　農林漁業の職業　　カ　運搬・清掃・包装等の職業

問3　次の各文は，障害者福祉について述べたものである。文の内容が正しいものには○，誤っているものには×と答えよ。

(1)　介助犬とは，視覚障害者の安全な歩行をサポートしたり，聴覚障害者に玄関のチャイム音や非常ベルの音を教えたりするなど，障害者の自立と社会参加のために特別な訓練を受けて認定された犬のことである。

(2) 知的障害又は精神障害により行動上著しい困難を有する障害者等であって常時介護を要するものにつき，当該障害者等が行動する際に生じ得る危険を回避するために必要な援護，外出時における移動中の介護，排せつ及び食事等の介護その他の当該障害者等が行動する際の必要な援助を行うサービスを同行援護という。

(3) 就労を希望する障害者であって，通常の事業所に雇用されることが可能と見込まれる者に対して，一定期間就労に必要な知識及び能力の向上のために必要な訓練等を行う障害福祉サービスを就労移行支援という。

(4) 障害者虐待の防止，障害者の養護者に対する支援等に関する法律において，障害者虐待の類型は，①身体的虐待，②放棄・放置，③心理的虐待，④性的虐待の4つである。

問4 次の文は，平成31年3月に示された「長崎県障害者基本計画(第4次)」から一部抜粋したものである。以下の各問いに答えよ。

○ 障害のある人のニーズに応じた文化芸術活動に関する人材の育成，相談体制の整備，関係者のネットワークづくり等の取り組みを行い，(①)にかかわらず文化芸術活動を行うことのできる環境づくりに取り組むとともに，障害のある人の優れた芸術作品の展示等の推進を図ります。

○ 「長崎県【 A 】」など，障害のある人とない人が共に参加する文化活動を支援します。県が主催する文化芸術公演等の実施に当たっては，(①)や程度にかかわりなく誰でも参加できるよう努め，福祉施設等利用者の招待を積極的に行います。また，障害のある人に対する入場料の割引・減免等を講じます。

○ 特別支援学校や小・中学校及び高等学校の児童生徒を対象にした音楽や演劇，古典芸能など優れた(②)を鑑賞する機会を提供します。

○ 平成26年度に開催された<u>全国障害者スポーツ大会</u>(長崎がんばらんば大会)の成果や機運を一過性のものとせず，今後に繋げていくため，障害者スポーツの普及及び活性化を図

> り，県内における障害者スポーツ大会の開催や県外における障害者スポーツ大会への参加等について引き続き支援していくことで障害のある人のより積極的な社会参加を促進します。

(1) 文中の(①)，(②)に当てはまる語句を，次の＜選択肢＞の中から1つずつ選び，記号で答えよ。ただし，同一番号には同一語句が入る。

＜選択肢＞

ア 伝統芸術　イ 障害の有無　ウ 最新芸術
エ 暮らす環境　オ 舞台芸術　カ 障害の状態

(2) 文中の【 A 】は，令和5年度に第23回を迎え，障害者の文化・芸術活動の振興，社会参加の促進を図り，障害者福祉に対する県民の理解を広げる目的で，毎年県下各地を巡って開催している。【 A 】に入る語句を答えよ。

(3) 文中の全国障害者スポーツ大会で，令和3年度から正式種目となった重度脳性麻痺もしくは同程度の四肢重度機能障害者のために考案されたものはどれか。次の＜選択肢＞から1つ選び，記号で答えよ。

＜選択肢＞

ア ボッチャ　イ 車椅子テニス
ウ ブラインドサッカー　エ シッティングバレーボール
オ ユニカール　カ 車椅子ラグビー

2024年度 長崎県 難易度■■■■□□

【5】次の年表の(①)～(⑩)にあてはまる語句を，以下の語群のア～タから選び，記号で答えなさい。

1979年	(①)学習指導要領公示
1993年	(②)一部改正(障害児の通級指導の充実)
1994年	「児童(子どもの)権利に関する条約」(③)で批准
1998年	教育課程審議会答申「幼稚園，小学校，中学校，高等学校，盲学校，聾学校及び養護学校の(④)の

	改善について」
2004年	(　⑤　)成立
2005年	中教審答申「(　⑥　)を推進するための制度の在り方について」
2006年	新(　⑦　)成立
2014年	(　⑧　)に関する条約が国内発効
2016年	(　⑨　)に関する法律施行
2017年	新幼稚園教育要領，小学校及び中学校学習指導要領公示
2021年	医療的ケア児及びその家族に対する支援に関する法律施行 特別支援学校(　⑩　)公布

語群

ア　障害者総合支援法　　イ　設置基準
ウ　特別支援教育　　エ　教育課程の基準
オ　教育基本法　　カ　学校教育法施行規則
キ　障害者の権利　　ク　国会
ケ　訪問教育　　コ　特別支援学校
サ　盲聾養護学校　　シ　発達障害者支援法
ス　学校教育法施行令　　セ　交流
ソ　センター的機能　　タ　障害を理由とする差別の解消の推進

▌2024年度 ▌滋賀県 ▌難易度 ■■■■□□

【6】次の(1)～(6)の各問いに答えなさい。

(1)　障害者の職場適応に課題がある場合に，職場に出向いて，障害特性を踏まえた専門的な支援を行う者として適するものを次のア～エから1つ選び，記号で答えなさい。

ア　生活支援員　　イ　社会福祉士
ウ　キャリアコンサルタント　　エ　ジョブコーチ

(2)　自閉症の子供の実態把握のために用いる発達検査として適するものを次のア～エから1つ選び，記号で答えなさい。

ア　P－Fスタディ　　　　　イ　バウムテスト

ウ　内田クレペリン検査　　エ　日本版KABC－Ⅱ

(3)　録音された音声のボタンや50音表の文字などを選択することで，発声が難しい人の会話を補助する機械として適するものを次のア～エから1つ選び，記号で答えなさい。

ア　GUI　　イ　CAD　　ウ　VOCA　　エ　AAC

(4)　障害のある児童の就学先の決定に際して，保護者の意見聴取を義務付けている法令として適するものを次のア～エから1つ選び，記号で答えなさい。

ア　教育基本法　　イ　学校教育法　　ウ　学校教育法施行令

エ　学校教育法施行規則

(5)　令和4年に実施された「通常の学級に在籍する特別な教育的支援を必要とする児童生徒に関する調査」で，「学習面又は行動面で著しい困難を示す」とされた小・中学校の児童生徒数の割合として適するものを次のア～エから1つ選び，記号で答えなさい。

ア　2.2%　　イ　2.3%　　ウ　6.5%　　エ　8.8%

(6)「特別支援学校教育要領・学習指導要領解説　総則編(幼稚部・小学部・中学部)(平成30年3月)」において，中学部では授業時数の1単位時間を何分として定められているか，適するものを次のア～エから1つ選び，記号で答えなさい。

ア　60分　　イ　50分　　ウ　45分　　エ　25分

2024年度 ｜ 名古屋市 ｜ 難易度

【7】次の各事項について，古いものから年代順に正しく並んでいる組み合わせを以下のア～オから1つ選び，記号で答えなさい。

①「医療的ケア児及びその家族に対する支援に関する法律」の施行

②「障害者の権利に関する条約」の採択

③　肢体不自由児の療護施設として最初の柏学園の開設

④　養護学校の義務化

⑤「共生社会の形成に向けたインクルーシブ教育システム構築のための特別支援教育の推進(報告)」が出された

ア　③④⑤②①　　イ　③④②⑤①　　ウ　④③①②⑤

エ　②③④①⑤　　オ　③⑤④①②

▌2024年度 ▌名古屋市 ▌難易度 ■■■■■

【8】合理的配慮について，次の問に答えよ。

問1　次の文は，2006年12月に国連総会において採択された「障害者の権利に関する条約」に示されている合理的配慮に関する記述である。[　ア　]～[　ウ　]にあてはまる語句をA～Fから選び，記号で答えよ。

> 第2条　定義
> (　略　)
> 「合理的配慮」とは，障害者が他の者との[　ア　]を基礎として全ての人権及び基本的自由を享有し，又は行使することを確保するための必要かつ適当な[　イ　]であって，特定の場合において必要とされるものであり，かつ，均衡を失した又は過度の[　ウ　]を課さないものをいう。
> (　略　)

A　公平　　B　方策　　C　変更及び調整　　D　負担
E　平等　　F　基礎的環境整備

問2　表1は，A～Cの幼児児童生徒について，障がい種と実態を示したものである。それぞれの幼児児童生徒に対して提供することが考えられる合理的配慮について，一つ記せ。

表1

	障がい種	実態
A	注意欠陥多動性障害	活動に持続的に取り組むことが難しく、また不注意による紛失等の失敗や衝動的な行動が多い。
B	学習障害	文字の判別や、文章の読解が著しく困難である。
C	聴覚障害	授業中に教員の指示が聞こえにくい。

問3　合理的配慮に関する説明として誤っているものをA～Dから二つ選び，記号で答えよ。

A　合理的配慮は，一人一人の障がいの状態や教育的ニーズ等に応じて決定されるものである。

B　合理的配慮の決定後は，幼児児童生徒が学校を卒業(園)するまでその合理的配慮を変更することなく，継続することが望ましい。

C　障害者の権利に関する条約において，合理的配慮の否定は，障害を理由とする差別に含まれていない。

D　合理的配慮の充実を図るうえで，基礎的環境整備の充実は欠かせない。

2024年度 | 島根県 | 難易度

【9】次の各問の説明文にあてはまる人物を，以下の(1)～(4)の中からそれぞれ1つ選びなさい。

問1　「水道方式」と呼ばれる計算方法を確立した数学者である。1968年に東京八王子養護学校の教育研究活動に参加し，障害児教育に取り組んでいった。知的障害児にも教科教育が可能だと主張し，「原数学」という考え方を生み出した。

(1)　脇田良吉　　(2)　長野幸雄　　(3)　川本宇之介
(4)　遠山啓

問2　1907年に長崎県に生まれ，長崎県で教員生活を送った。小学校校長を辞した後は，知的障害児のための「みどり組」を組織してその担任となった。特殊学級国語指導教材表を作成し，読み書きの指導にあたった。

(1)　近藤益雄　　(2)　山尾庸三　　(3)　城戸幡太郎
(4)　田代義徳

2024年度 | 埼玉県・さいたま市 | 難易度

【10】次の(1)～(5)が説明している事柄または用語を答えよ。

(1)　文字や絵などをテレビカメラでとらえ，テレビ映像として50倍程度まで自由に拡大して映し出す機器。

(2)　自分で話したい事柄が明確にあるのにもかかわらず，また構音器官のまひ等がないにもかかわらず，話そうとするときに，同じ音の繰り返しや，引き伸ばし，声が出ないなど，いわゆる流暢さに欠ける話し方をする状態。

(3)　インスリンという膵臓から分泌されるホルモンの不足のため，ブドウ糖をカロリーとして細胞内に取り込むことのできない代謝異常。

(4) 障害者手帳の3種類のうち，療育手帳，精神障害者保健福祉手帳のほか，残る手帳の名称。

(5) 聴覚障害は，早期に発見され適切な支援が行われた場合には，聴覚障害による音声言語発達等への影響が最小限に抑えられることから，その早期発見・早期療育を図るために，全ての新生児を対象として実施される検査。

▌2024年度 ▌島根県 ▌難易度 ■■■□□

【11】明治・大正・昭和期に設立された知的障害者施設の施設名と設立者の組み合わせとして正しいものを，次の(1)～(4)の中から1つ選びなさい。

(1) 「柏学園」 － 岡野豊四郎
(2) 「三田谷治療教育院」 － 乙竹岩造
(3) 「筑波学園」 － 川田貞治郎
(4) 「八幡学園」 － 久保寺保久

▌2024年度 ▌埼玉県・さいたま市 ▌難易度 ■■■□□

【12】合理的配慮について，次の(1)，(2)の問いに答えなさい。

(1) 次の文章は，合理的配慮の基本的な考え方についてまとめたものである。[1]～[4]にあてはまる最も適当な語句を，以下の解答群からそれぞれ一つずつ選びなさい。

・ ([1])において，「合理的配慮」は，「障害者が他の者との平等を基礎として全ての人権及び基本的自由を享有し，又は行使することを確保するための必要かつ適当な変更及び調整であって，([2])において必要とされるものであり，かつ，均衡を失した又は過度の負担を課さないもの」と定義されている。

・ 合理的配慮は，障害者が受ける制限は，障害のみに起因するものではなく，社会における様々な障壁と相対することによって生ずるものとのいわゆる「([3])」の考え方を踏まえたものである。

・　合理的配慮は，当該障害者が現に置かれている状況を踏まえ，社会的障壁の除去のための手段及び方法について，([　4　])も含め，双方の建設的対話による相互理解を通じて，必要かつ合理的な範囲で柔軟に対応がなされるものである。

＜解答群＞

①　福祉モデル　　②　代替措置の選択
③　全ての場合　　④　障害者総合支援法
⑤　特定の場合　　⑥　除去しないこと
⑦　社会モデル　　⑧　障害者の権利に関する条約

(2)　学校における合理的配慮に関してまとめたものとして，適当でないものを次の①～④のうちから一つ選びなさい。

①　「合理的配慮」は，設置者及び学校と本人及び保護者により，「合理的配慮」について可能な限り合意形成を図った上で決定し，提供されることが望ましく，その内容を個別の教育支援計画に明記することが望ましい。

②　「合理的配慮」の決定に当たっては，各学校の設置者及び学校が体制面，財政面をも勘案し，「均衡を失した」又は「過度の」負担について，個別に判断することとなる。その際，現在必要とされている「合理的配慮」は何か，何を優先して提供する必要があるかなどについて共通理解を図る必要がある。

③　通常の学級のみならず，通級による指導，特別支援学級，特別支援学校においても，「合理的配慮」として，障害のある子供が，他の子供と平等に教育を受ける権利を享有・行使することを確保するために，学校の設置者及び学校が必要かつ適当な変更・調整を行うことが必要である。

④　通級による指導，特別支援学級，特別支援学校の設置は，子供一人一人の学習権を保障する観点から多様な学びの場の確保のための「合理的配慮」として行われているものである。

▌2024年度 ▌千葉県・千葉市 ▌難易度 ■■■□□

【13】理学療法士の説明として最も適切なものを，次の(1)～(4)の中から1つ選びなさい。

(1) 介護を必要とする人のさまざまな生活行為・生活動作を支援し，支える知識と技術を有する専門職。

(2) 医師の指示のもと，障害のある人にさまざまな活動を用いて，諸機能の回復・維持および開発を促す作業活動を通して治療，指導，援助を行う専門職。

(3) 先天的または後天的な原因のため，ことばによるコミュニケーションに何らかの問題がある人に，聴力や音声機能，言語機能の検査及び訓練や助言を行うほか，摂食や嚥下障害の問題にも対応する専門職。

(4) ケガや病気などで身体に障害のある人や障害の発生が予測される人に対して，基本動作能力の回復や維持，および障害の悪化の予防を目的に，運動療法や物理療法などを用いて自立した日常生活が送れるように支援する専門職。

▌2024年度 ▌埼玉県・さいたま市 ▌難易度 ■■■□□

【14】障害のある方々が，日頃培った技能を互いに競い合うことにより，その職業能力の向上を図るとともに，企業や社会一般の人々に障害のある方々に対する理解と認識を深めてもらい，その雇用の促進を図ることを目的として開催される「障害者技能競技大会」の愛称を，次の(1)～(4)の中から1つ選びなさい。

(1) デフリンピック　　(2) 技能グランプリ

(3) アビリンピック　　(4) ねんりんピック

▌2024年度 ▌埼玉県・さいたま市 ▌難易度 ■■■□□

【15】次の記述は，自閉症スペクトラム障害の研究者ウィングについての説明である。空欄［ア］，［イ］に当てはまるものの組合せとして最も適切なものを，以下の①～④のうちから選びなさい。

ウィングは，［ア］という用語を用いて臨床的報告を行った。また，自閉症スペクトラム障害という概念を提案した。社会的相互交渉，［イ］，想像力の発達の障害を自閉症スペクトラムの診断に欠かせない3つ組と名付けた。

① ア　自閉性精神病質　　イ　コミュニケーション
② ア　自閉性精神病質　　イ　認知能力
③ ア　アスペルガー症候群　イ　コミュニケーション
④ ア　アスペルガー症候群　イ　認知能力

▌2024年度 ▌神奈川県・横浜市・川崎市・相模原市 ▌難易度

【16】次の記述は，日本の病弱教育の歴史の変遷について述べたものである。空欄［ア］～［ウ］に当てはまるものの組合せとして最も適切なものを，以下の①～④のうちから選びなさい。

明治22(1889)年，三重尋常師範学校の生徒に［ア］が多発し，転地して教育が行われた。

昭和40年代前半ころまでは，結核等の感染症が過半数を占めていた。

高度経済成長期には，［イ］の呼吸器・アレルギー疾患が増加した。また，一部の小・中学校の特殊学級・養護学級を県立へ移管させ，都道府県立の養護学校に改組された。

昭和60(1985)年代になると，不登校経験のある子供の中で医療や生活規制を必要とする子供が，［ウ］の診断を受けて，特別支援学校(病弱)に在籍することが多くなった。

① ア　結核等　イ　喘息等　ウ　生活習慣病
② ア　喘息等　イ　結核等　ウ　心身症等
③ ア　脚気病　イ　喘息等　ウ　心身症等
④ ア　脚気病　イ　結核等　ウ　生活習慣病

▌2024年度 ▌神奈川県・横浜市・川崎市・相模原市 ▌難易度

【17】次の(1)～(5)の各文について，最も関連のあるものを以下のア～コからそれぞれ一つ選び，記号で記せ。

(1)　オージオメータを用いて，定められた方法により最小可聴値を測定する検査法

(2)　頸部と上肢に不随意運動がよく見られ，下肢にも現れる脳性まひの病型

(3)　「近江学園」の設立に力を注ぎ，園長となる。我が国の障害者福祉の発展に寄与し，『この子らを世の光に』を著した人物

(4) ジャックボール(目標球)と呼ばれる白いボールに，赤や青のボールを投げたり，転がしたりして，どれだけ近づけられるかを競う競技

(5) 世界保健機関が作成する国際的に統一した基準で定められた死因及び疾病の分類

ア．ゴールボール　　イ．デュシェンヌ　　ウ．糸賀一雄
エ．純音聴力検査　　オ．ICD　　カ．ボッチャ
キ．アテトーゼ　　ク．近藤益雄　　ケ．語音聴力検査
コ．DSM

▌2023年度 ▌山梨県 ▌難易度 ■■■■□□

【18】次の(1)～(6)の文は，障害のある幼児児童生徒の心理及び行動特性等を述べたものである。各文中の(　　)に入る語句として最も適切なものを，それぞれ以下のa～eの中から一つ選びなさい。

(1) 自閉スペクトラム症でしばしばみられる(　　)の例としては，手を顔の前でひらひらさせる，体を前後に揺するといったものがある。

a　チック　　b　不適応行動　　c　常同行動　　d　不随意運動
e　運動失調

(2) 一般的には，視力の発達は出生後から急速に進み，(　　)頃までに視力が安定する。

a　10歳　　b　6歳　　c　16歳　　d　1歳6か月　　e　3歳

(3) 知的機能とは，(　　)や言語などに関係する機能のことをいい，知的障害児で遅れがみられる。

a　認知　　b　情緒　　c　情動　　d　精神　　e　行動

(4) (　　)のある子どもの話し言葉の状態には，語頭音の繰り返し，引き延ばし，阻止といった中核症状がある。中核症状の状態は，個人内でも，日によったり，場の状況や相手，話の内容によったりして変動する。

a　学習障害　　b　自閉症　　c　構音障害　　d　場面かん黙
e　吃音

(5) 行動の遂行そのものを目的やよろこびとして，行動を始発・進行させる心的機制のことを(　　)という。

デシ(Deci, E. L.)は，子どもの(　　)を助成するうえで，自己決定の機会を多く与えることと，子どもの気持ちに共感することが大切であると指摘している。

a　外発的動機づけ　　b　道具的条件づけ　　c　内発的動機づけ
d　古典的条件づけ　　e　自己効力感

(6)　ピアジェは認知発達の観点から子どもの発達を4つの段階に分けた。(　　)はその第3段階にあたり，6歳前後から11歳前後までの時期を指す。この時期の子どもは，限定された場面や課題における対象について，見せかけに左右されない論理的思考が可能になる。

a　感覚運動期　　b　具体的操作期　　c　前エディプス期
d　前操作期　　e　形式的操作期

‖ 2023年度 ‖ 茨城県 ‖ 難易度 ■■■□□

【19】次のa〜gは特別支援教育に関連する用語である。a〜gから二つ選んで，その記号を記入し，選択した用語の説明をそれぞれ書け。

a　羞明(しゅうめい)
b　人工内耳
c　共同注意
d　筋ジストロフィー
e　適応障害
f　視線入力装置
g　イヤーマフ

‖ 2023年度 ‖ 香川県 ‖ 難易度 ■■■□□

【20】次の文章は，日本における特別支援教育の始まりについて述べたものである。文章中の(　ア　)〜(　ウ　)にあてはまる最も適当な語句の組合せを，以下の解答群から一つ選びなさい。

・　我が国最初の特殊教育の学校は，明治11年5月，京都府上京第19番小学校教員(　ア　)の指導により開設された盲唖院である。
・　精神薄弱児への本格的な保護・教育施設の最初は(　イ　)により明治39年東京府北豊島郡に開設された滝乃川学園である。
・　肢体不自由児の療護施設として最初のものは，(　ウ　)によって大正10年東京に開設された柏学園である。

<解答群>

① ア	岩崎弥太郎	イ	渋沢栄一	ウ	古河太四郎
② ア	古河太四郎	イ	石井亮一	ウ	柏倉松蔵
③ ア	渋沢栄一	イ	柏倉松蔵	ウ	石井亮一
④ ア	板垣退助	イ	岩崎弥太郎	ウ	渋沢栄一
⑤ ア	石井亮一	イ	古河太四郎	ウ	板垣退助

2023年度 千葉県・千葉市 難易度

解答・解説

【1】1 イ　2 ウ　3 ア　4 ア　5 イ　6 エ　7 エ　8 ア　9 ウ　10 エ

○**解説**○ 1 公立義務教育諸学校の学級編制及び教職員定数の標準に関する法律第3条には，特別支援学校の小・中学部の学級編成の人数の基準は6人，重複障害の場合は3人として，示されている。小・中学校の特別支援学級の人数の基準は，8人である。 2 学齢簿については，学校教育法施行令第1条において，市町村教育委員会に対してその作成義務が規定されている。また，学校教育法施行規則第30条には，学齢簿に記載すべき事項が示されている。 3 知的障害児施設の近江学園を創設したのは，糸賀一雄である。岡崎英彦は近江学園に勤務した医師で，重症心身障害児施設びわこ学園を設立した。三木安正は知的障害児のための旭出学園を創設した。近藤原理は，のぎく寮，なずな寮で知的障害者と共同生活を行った。 4 水晶体が濁る疾患は白内障である。緑内障は，眼圧が上昇することにより，眼と脳をつなぐ視神経に障害が起こり，徐々に視野が狭くなっていく病気である。網膜色素変性は，網膜に異常がみられる遺伝性の病気で，夜盲，視野狭窄，視力低下などの障害が引き起こされる。視神経萎縮は，視神経が萎縮し機能しなくなる状態のことで，萎縮の状態によっては，視力，視野に障害が発生し，回復することは難しい。 5 難聴の聴力型は，低音部と高音部の聞こえのバランスの状態によって分類したものである。低音障害型は，500Hzが4000Hzより15～30dB低下していて，低音だけが聞き取りにくいという特徴がある。メニエル病では，多くの場合低音障害を示す。高音漸傾型は高音領域が聞き取りにくいケースで，加齢を伴ったケースが多い。水平型は，500Hzと4000Hzの差が15dB未満の上昇または低下するケース。高音急墜型は，高音が急に低下する障害で，薬害などによることが多い。　6　プラダー・ウィリ症候群は，15番染色体の一部のインプリンティング領域の異常が原因である。ダウン症候群は，21番染色体が1本多く3本であるのが原因で，21トリソミーとも呼ばれる。レット症候群は，神経系を主体とした特異な発達障害で，ほぼ女児だけにみられる。ウィリアムズ症候群は，7番染色体の特定の領域で複数の遺伝子が失われることによって引き起こされる遺伝性疾患である。　7　インリアル・アプローチにおけるコミュニケーションを促進するための働きかけには，ミラリング，モニタリングのほかに，パラレルトーク，セルフトーク，エキスパンションなどがある。感覚統合は，生活の中で様々な感覚器官を通じて絶えず体に入ってくる複数の感覚を正しく分類・整理し，取り入れる脳の機能のことである。こうした感覚の処理がうまくできない子供に対して，様々な感覚刺激を経験させることで望ましい発達を促すのが，感覚統合法である。リトミック教育とは，音楽を通じて体を動かすことで，子供の表現力を育む教育である。ムーブメント教育は，子供自身が用意された遊具や音楽などの環境を活用しながら，「からだ－あたま－こころ」の調和の取れた発達を支援する教育である。　8　発達障害は，「自閉症，アスペルガー症候群その他の広汎性発達障害，学習障害，注意欠陥多動性障害その他これに類する脳機能の障害であってその症状が通常低年齢において発現するもの」として，発達障害者支援法で定義されている。学習障害には，読字の障害を伴うタイプ，書字表出の障害を伴うタイプ，算数の障害を伴うタイプの3つがある。　9　障害者就業・生活支援センターは，障害者の身近な地域において就業面及び生活面における一体的な支援を行い，障害者の雇用の促進及び安定を図ることを目的として，全国に設置されている。地域障害者職業センターは，障害者に対する専門的な職業リハビリテーションを提供する施設として，全国に設置されている。　10　ゴールボールは，視覚障害者を対象に考えられた球技で，選手全員がアイシェード(目隠し)を付けて行う。フライングディスクは，プラスチック製の円盤(ディスク)を投げて，どれだけ遠くに飛ばせるかを競うスポーツ。フットベースボールは知的障害者が参加する球技で，ソフトボールのルールに準じている。

【2】1　(1)　ウ　　(2)　ア　　2　(1)　①　イ　　②　カ　　(2)　産業現場等における実習　　3　(1)　①　個々　　②　主体的　　③　基盤　　(2)　イ，エ

○解説○　1　(1)　提示されたのは，障害者に対する教育を規定した障害者基本法第16条第1項である。平成23(2011)年の障害者基本法一部改正において，地域社会における共生という基本原則を踏まえ，障害者である児童生徒と障害者でない児童生徒が，共に教育を受けられるよう配慮されなければならないことが，新たに規定された。　(2)　ア「原則，特別支援学校へ就学する」という従来の就学決定のしくみが改められ，障害の状態，本人の教育的ニーズ，本人・保護者の意見，専門的見地からの意見等を踏まえ，総合的な観点から決定するしくみとなった。　2　(1)　外国語活動については，児童や学校の実態を考慮し，必要に応じて設けることができる，としている。日常生活の指導，生活単元学習，作業学習は「各教科等を合わせた指導」で，情報は高等部の教科である。　(2)　産業現場等における実習は，高等部において授業の一環として実施され，地域の職場等で実際に働くことによって，自分の適性や課題を知ることを目的としている。　3　(1)　平成11年の学習指導要領改訂において，それまでの「養護・訓練」が「自立活動」に改められた際，目標も見直され，「児童又は生徒」が「個々の児童又は生徒」に，「心身の障害の状態を改善し，又は克服する」が「自立を目指し，障害に基づく種々の困難を主体的に改善・克服する」にそれぞれ改められた。後者は，現行の学習指導要領では「障害による学習上又は生活上の困難を主体的に改善・克服する」として，さらに改められている。　(2)　ア　自立活動の内容は，「人間関係の形成」を入れて，6つの区分で構成されている。　ウ　特別支援学校におけ

る指導計画については，児童生徒一人一人の教育的ニーズに応じて，担任を中心に教師が協力して，個別の指導計画が作成されている。オ　自立活動に充てる授業時数は，一律に標準として示されてはいないが，「児童又は生徒の障害の状態や特性及び心身の発達の段階等に応じて，適切に定めるものとする」と示されている。

【3】問1　2001　問2　(1)「心身機能・身体構造」，「活動」，「参加」の三つの要素で構成される人間の生活機能に支障がある状態
(2)　イ　B　ウ　D　エ　F　オ　A　カ　C　キ　E

○**解説**○ 問1　ICF(国際生活機能分類)は，その前身であったICIDH(国際障害分類，1980年)から改訂され，人間の生活機能と障害の分類法として，2001年に採択されたもの。ICIDHが「疾病の結果に関する分類」であったのに対し，ICFは「健康の構成要素に関する分類」である。ICFの採択により，新しい健康観が提起されたことをおさえておきたい。　問2　(1)　ICFにおいては，「心身機能・身体構造」，「活動」，「参加」の三つの要素が相互に影響し，生活機能に支障がある状態を障害と捉えている。　(2)　イ「健康状態」とは，疾病や障害の状態を指すことからBがあてはまる。　ウ「心身機能・身体構造」とは，心身の状態を指すことからDがあてはまる。　エ「活動」とは，制限される活動を指すことからFがあてはまる。　オ「参加」は，参加が制限されている内容のことであり，Aがあてはまる。　カ「環境因子」とは環境面で影響している要因のことであり，Cがあてはまる。キ「個人因子」とは個人に起因する要因であることからEがあてはまる。

【4】問1　(1)　①　ウ　②　ア　③　イ　④　エ　(2)　ジョブコーチ(職業適応援助者)　問2　①　カ　②　ウ　③　エ
問3　(1)　×　(2)　×　(3)　○　(4)　×　問4　(1)　①　イ　②　オ　(2)　障害者芸術祭　(3)　ア

○**解説**○ 問1　(1)　それぞれの相談窓口・支援機関の特徴を押さえておくこと。①は障害者の就業面と生活面の支援を一体的に行う機関，②は雇用に関するセーフティネットの役割を持つ。③は日常生活や社

会生活に関する相談支援を行う機関，④は職業評価等を実施する特徴がある。　(2)　ジョブコーチ(職業適応援助者)には，配置型，訪問型，企業在籍型があり，ジョブコーチによる支援は，事業所の上司や同僚による支援にスムーズに移行していくことを目指している。
問2　就職件数でみると，各障害種などにおいて順位の変動はあるが「運搬・清掃・包装等の職業」「事務的職業」「サービスの職業」「生産工程の職業」の4つが，必ず上位4位を占めていることは押さえておきたい。その他，身体障害者では「事務的職業」が最も多いこと，知的障害者は「運搬・清掃・包装等の職業」が約半数を占めること等をおぼえておくといだろう。　問3　(1)「介助犬」ではなく「補助犬」に関する説明である。補助犬の種類には盲導犬，介助犬，聴導犬があり，介助犬は手や足に障がいのある人の日常生活動作を手助けする犬のことである。　(2)「同行援護」ではなく「行動援護」が正しい。なお，同行援護は「視覚障害により，移動に著しい困難を有する障害者等につき，外出時において，当該障害者等に同行し，移動に必要な情報を提供するとともに，移動の援護その他の主務省令で定める便宜を供与すること」(障害者の日常生活及び社会生活を総合的に支援するための法律第5条第4項)を指す。　(4)　障害者虐待の種類は5つあり，問題にある4つに「経済的虐待」が加わる。　問4　問題文は本資料の「3. 教育，文化芸術活動・スポーツ等の振興」における「文化芸術活動，スポーツ等の振興」からの抜粋。(2)の障害者芸術祭は長崎県だけでなく，全国の都道府県，市などでも行われている。(3)の正答「ボッチャ」は，ボールを投げることができなくても，勾配具を使い，自分の意思をオペレーターに伝えることができれば参加できる競技である。

【5】① サ　② カ　③ ク　④ エ　⑤ シ　⑥ ウ　⑦ オ　⑧ キ　⑨ タ　⑩ イ

○**解説**○ ①　盲聾養護学校は，1948(昭和23)年に就学義務化され，1979(昭和54)年に学習指導要領が公示された。1979年は養護学校が就学義務化された年でもある。養護学校よりも先に盲聾養護学校が制度化された。　②　1993(平成5)年の学校教育法施行規則の一部改正によって，通級による指導が開始された。　③　児童の権利に関する条約は，1989(平成1)年に国連総会において採択され，我が国は1994(平成6)年に国会で批准された。 ④ ゆとりを確保する完全学校週5日制の実施を見据えて，1998(平成10)年に教育課程の改善についての答申が出された。 ⑤ 2004(平成16)年に発達障害者支援法が成立した。この法律ができるまでは，発達障害のある人への支援を明確にした法制度がなかった。 ⑥ 特別支援教育の在り方に関する調査研究協力者会議が平成15年にとりまとめた「今後の特別支援教育の在り方について(最終報告)」には，LD等の通常学級に在籍する特別な教育的支援を必要とする児童生徒も含めて，「特殊教育」から「特別支援教育」への転換を図ることが提言された。中央教育審議会は2005(平成17)年12月に答申を取りまとめ，特別支援教育が着実に推進されることを強く求めている。 ⑦ 1947(昭和22)年に制定された教育基本法が，半世紀以上を経て，2006(平成18)年に改正された。その中で，教育の機会均等を定めた第4条に，国及び地方公共団体に対して，障害のある人が十分な教育を受けられるよう，教育上必要な支援を講じることを課す項目が追加されている。 ⑧ 障害者の権利に関する条約は，2006年の国連総会において採択され，日本は2007(平成17)年に署名し，各種国内法を整備し，2014(平成26)年に批准した。 ⑨ 障害を理由とする差別の解消の推進に関する法律(障害者差別解消法)は，2013(平成25)年に成立し，2016(平成28)年に施行された。 ⑩ 2021(令和3)年，特別支援学校の在籍者数の増加により慢性的な教室不足が続いている教育環境を改善する観点から，特別支援学校設置基準が公布された。

【6】(1) エ (2) エ (3) ウ (4) ウ (5) エ (6) イ

○解説○ (1) ジョブコーチは，職場適応に向け，障害者への業務遂行に関する直接支援のほか，職場への配慮等を助言・提案する間接支援を行う。 (2) 「日本版KABC－Ⅱ」は，発達障害や学習のつまずきが見られる子供に向けて開発された知能検査である。P－Fスタディ，バウムテスト，内田クレペリン検査は，心理検査である。 (3) VOCAは，音声によるコミュニケーションが困難な人のための，コミュニケーション支援機器である。AACは補助代替コミュニケーションといわれ，重い障害をもつ人のコミュニケーションを保障するための研究領域及び臨床活動を指す。VOCAは，テクノロジーを利用したAACの一つである。 (4) 就学の決定に際して保護者の意見聴取を義務づけているのは，学校教育法施行令第18条の2である。 (5) 平成24(2012)年に通常の学級に在籍する特別な教育的支援を必要とする児童生徒に関する調査を実施後，発達障害を含む障害のある児童生徒をめぐる様々な状況の変化があり，現状を把握するため10年後の令和4(2022)年に再調査が行われた。その結果，小学校・中学校では，「学習面又は行動面で著しい困難を示す」が8.8%，「学習面で著しい困難を示す」が6.5%，「行動面で著しい困難を示す」が4.7%，「学習面と行動面ともに著しい困難を示す」が2.3%という結果となった。 (6) 総授業時数は，小学校又は中学校に準ずるものとし，その標準の授業時数が示されている。授業時数の1単位時間は，小学部が45分，中学部が50分として示されている。

【7】イ

○**解説**○ ③ 柏倉松蔵が，東京市に日本最初の肢体不自由児の療養施設である柏学園を設立したのは，1921年である。 ④ 養護学校教育の義務制が実施されたのは，1979年のことである。それまで就学猶予であった子供は，柏学園などの各施設で治療・教育を受けていた。
② 障害者の権利に関する条約は，2006年に国連総会において採択された。 ⑤ 障害者の権利に関する条約の批准に向けて，2011年に障害者基本法の一部改正，2013年には障害を理由とする差別の解消の推進に関する法律を制定するなど，必要な法令の整備等が進められ，その間の2012年7月には中央教育審議会初等中等教育分科会による「共生社会の形成に向けたインクルーシブ教育システム構築のための特別支援教育の推進(報告)」が出された。日本が条約を批准したのは，2014年1月である。 ① 医療的ケア児及びその家族に対する支援に関する法律は，2021年6月に交付された。

【8】問1 ア E イ C ウ D 問2 A…十分な活動のための時間の確保 B…ICT機器の読み上げ機能の活用 C…座席配置の工夫 問3 B，C

○**解説**○ 問1 合理的配慮は，だれもが「平等」であり，障害者も人権や基本的自由が守られるために必要かつ適当な「変更や調整」をすることである。特定の場合において必要とされるものであり，「過度の負担」を課さないもののことである。なお，Fの「基礎的環境整備」とは，合理的配慮の基礎となる環境整備であり，法令に基づきまたは財政措置により，国及び地方公共団体で行われる教育環境の整備のことである。 問2 A 注意欠陥多動性障害は，注意の持続が難しく衝動的で焦ってしまうことがあるため，落ち着いて行動できるように，活動のための時間を十分に確保してあげるようにする。 B 学習障害は，ICT機器の読み上げ機能を活用することにより，文字の判別や文章読解の困難さを解消し，学習や内容の理解につなげるとよい。
C 聴覚障害は，教師の指示が聞き取りやすい位置に座ってもらうなどの工夫が求められる。 問3 A，Dは適切である。Bは「合理的配慮を変更することなく」が誤りである。障害の状態により変更することが必要である。Cは「合理的配慮の否定は障害を理由とする差別に含まれていない」が誤りであり，合理的配慮の否定は障害を理由とする差別に含まれる。

【9】問1 (4) 問2 (1)

○**解説**○ 問1 遠山啓は，「水道方式」と呼ばれる独自の算数・数学の教育法を確立した日本の数学者である。脇田良吉は，生活を通して全人格的教育をめざす知的障害者のための白川学園を創設した。長野幸雄は，精神薄弱児の養護学級の教員で，国立秩父学園に設立当初から勤務していた。川本宇之介は東京聾唖学校に勤務し，口話法を推進した。
問2 近藤益雄は生活綴り方運動に取り組み，みどり組を組織して読み書きの指導を行い，その後のぎく寮を開設した。山尾庸三は，盲唖学校創立の建白書を書いた人物。城戸幡太郎は保育問題研究会を発足させ，「幼児教育論」を説いた心理教育者。田代義徳は，日本で最初の肢体不自由特別学校である東京市立光明学校の設立に尽力した整形外科医である。

【10】(1)　拡大読書器　(2)　吃音　(3)　糖尿病　(4)　身体障害者手帳　(5)　新生児聴覚検査(新生児聴覚スクリーニング検査)

○**解説**○ (1)　自由に拡大でき，弱視者の読み書きや手作業がしやすくなる機器である。　(2)　吃音には主に，同じ音の繰り返し(連発)，引き伸ばし(伸発)，声が出ない(難発)の3つの状態がある。　(3)　インスリンには，血糖を一定の範囲に収める働きがある。インスリン不足により血糖値が高い状態が続くと，全身の血管が障害され，腎不全や失明など様々な重大な合併症が起こる。　(4)　障害者手帳には，身体の機能に一定以上の障害があると認められた人に交付される「身体障害者手帳」，児童相談所または知的障害者更生相談所において，知的障害があると判定された人に交付される「療育手帳」，一定程度の精神障害の状態にあることを認定する「精神障害者保健福祉手帳」の3種類がある。精神障害者保健福祉手帳の等級は，精神疾患の状態と能力障害の状態の両面から総合的に判断され，1級から3級まである。
(5)　新生児聴覚スクリーニング検査は，生後3日以内に実施される検査である。

【11】(4)

○**解説**○ 柏学園は，柏倉松蔵が設立した肢体不自由児施設である。三田谷治療教育院は，三田啓が設立した治療教育による知的障害児・病虚弱児の施設である。筑波学園は，岡野豊四郎が設立した知的障害児施設である。八幡学園は，久保寺保久が創設した知的障害児施設である。乙竹岩造は「特殊教育論」を説いた。川田貞治郎は，知的障害児の施設である藤倉学園を創設した。

【12】(1)　1　⑧　2　⑤　3　⑦　4　②　(2)　④

○**解説**○ (1)　合理的配慮を含む障害者への対応についての基本的考えは「障害者の権利に関する条約」にある。本条約は平成18年12月に国連総会において採択，平成20年5月より発効した。わが国では平成19年9月に署名し，平成26年2月より効力を発するようになった。　(2)　法令または財政上の措置により，国や地方公共団体が行う環境整備のことを基礎的環境整備，その基礎的環境整備の上に，個々の障害の状態や教育的ニーズ等に応じた配慮を合理的配慮という。④の多様な学びの場の確保は，合理的配慮ではなく基礎的環境整備である。

【13】(4)

○解説○ 理学療法士とは，身体に障害のある人に対し，基本的動作能力の回復を図るために運動療法や物理療法を用いて支援する専門職のことである。PT(Physical Therapist)と呼ばれる。 (1)は介護福祉士，(2)は作業療法士，(3)は言語聴覚士についての説明である。

【14】(3)

○解説○ 障害者技能競技大会は「アビリンピック」と呼ばれている。アビリティ(能力)とオリンピックを合わせた言葉である。デフリンピックは，ろう者のオリンピックのことである。技能グランプリは，中央職業能力開発協会が開催する大会である。各種技能の向上を図るとともに，その地位の向上と技能尊重の機運の醸成を目的としている。ねんりんピック(全国健康福祉祭)は，健康や福祉に関する多彩なイベントを通じて，高齢者を中心とする国民の健康保持・増進，社会参加，生きがいの高揚を図ることを目的に開催している。

【15】③

○解説○ なお，自閉性精神病質を唱えたのはハンス・アスペルガーである。

【16】③

○解説○ ア 脚気は主にビタミンB_1の不足による病気で，全身の 倦怠感，食欲不振などを引き起こし，重症化すると足元がおぼつかなくなる，心不全を起こして死に至ることもある。 イ 高度経済成長期においては工業発展と同時に，大気汚染や水質汚濁などの公害も深刻化した。大気汚染による公害病の代表例として四日市ぜんそくがあげられる。三重県四日市市の石油化学コンビナートから排出される硫黄酸化物などにより，近隣住民にせきやたんが出る，ぜんそく等の閉塞性肺疾患の症状を訴える人が多発した。

●歴史・原理・語句

【17】(1)　エ　(2)　キ　(3)　ウ　(4)　カ　(5)　オ

○解説○ (1)　オージオメータを用いて検査する一般的な聴力検査のことを「純音聴力検査」という。ケの「語音聴力検査」とは,「あ」とか「い」とかの言葉をどれくらい聞き取れるか,聞き分けることができるかを調べる検査である。　(2)　アテトーゼは脳性まひの1種で,その他の病型に,痙直型,固縮型,失調型,混合型がある。アテトーゼ型では四肢の不随意運動,筋緊張の変動などが見られるが,知的な遅れはほとんどない。イの「デュシェンヌ」は筋ジストロフィーの1種である。このデュシェンヌ型の他に,それぞれ発症年齢や症状,遺伝子の特徴などにより,ベッカー型,福山型などがある。　(3)　糸賀一雄はわが国の知的障害のある子どもたちの教育や療育の発展に尽力した人物で,知的障害児施設「近江学園」を創設したことで知られている。クの「近藤益雄」は,「のんき,こんき,げんき」を合言葉に障害のある子どもたちの教育運動を推進した人物で,知的障害のある子どもたちに生活綴方を先駆的に実践した人物である。　(4)　ボッチャは,東京オリンピック・パラリンピックでも話題となったヨーロッパ生まれの障害者スポーツである。重度の脳性まひの人でも楽しめるように,ボールを投げ合って競う。アの「ゴールボール」は,視覚障害のある人のスポーツとして開発されたもので,鈴の入ったバスケットボール大のボールを互いに投げ合って得点を競うチームスポーツである。　(5)　ICDとは,International Statistical Classification of Diseases and Related Health Problemsの略で,「疾病及び関連保健問題の国際統計分類」と訳される。コの「DSM」とは,Diagnostic and Statistical Manual of Mental Disordersの略で,精神障害の分類のことである。

【18】(1)　c　(2)　a　(3)　a　(4)　e　(5)　c　(6)　b

○解説○ (1)　自閉スペクトラム症にみられる常同行動についての説明である。「チック」は,体の特定の筋肉群に生じる付随意的,自動的で急速な反復運動反応のこと。自閉スペクトラム症については,イギリスの児童精神科医ローナ・ウィングが提唱した自閉症の三つの特徴(ウィングの三つ組)①コミュニケーションの障害,②社会性の障害,③想像性の障害を中心に理解しておく。　(2)　視力は一般的に,3歳までに急速に発達し，3～5歳前後で0.7～1.0に達し，6～8歳には完成されるとされている。「障害のある子供の教育支援の手引～子供たち一人一人の教育的ニーズを踏まえた学びの充実に向けて～」(文部科学省 令和3年6月)によれば，「視力の発達は，出生後から急速に進み，就学時の6～7歳でほぼ大人と同じ見え方になり，小学校第3，4学年の10歳頃までに視力が安定する」とある。 (3) 「教育支援資料」によれば，「知的障害とは，一般に，同年齢の子供と比べて，『認知や言語などにかかわる知的機能』が著しく劣り，『他人との意思の交換，日常生活や社会生活，安全，仕事，余暇利用などについての適応能力』も不十分であるので，特別な支援や配慮が必要な状態とされている。また，その状態は，環境的・社会的条件で変わり得る可能性があるといわれている。」とある。 (4) 吃音は，「教育支援資料」(言語障害)によれば，「自分で話したい内容が明確にあるのにもかかわらず，また構音器官のまひ等がないにもかかわらず，話そうとするときに，同じ音の繰り返しや，引き伸ばし，声が出ないなど，いわゆる流暢さに欠ける話し方をする状態を指す」とある。流暢さに欠ける話し方をする状態を総称して中核症状と呼んでいる。 (5) アメリカの心理学者であるエドワード. L. デシは，モチベーション理論における「内発的動機づけ」の研究で有名な人物である。 (6) ピアジェは，学習とは「同化」と「調節」の均衡化であるという考え方を持ち，認知発達には，2歳ぐらいまでの「感覚運動期」，7歳ぐらいまでの「前操作期」，11歳ぐらいまでの「具体的操作期」，それ以降の「形式的操作期」といったプロセスがあるといった認知発達理論を提唱した。

【19】a 通常の光でもまぶしさを強く感じる現象 b 手術的に蝸牛に電極を埋め込み，外部装置を調整して装用する機器 c 他者と関心を共有する事物や話題に注意を向け，お互いに注意を向けていることを理解し，その体験を共有している状態 d 筋肉が壊死と部分的な再生を繰り返すことにより萎縮を生じ，主症状が進行性の筋萎縮と筋力低下である遺伝性疾患 e 何かのストレスが原因となって心身のバランスが崩れて社会生活に支障が生じた状態 f 視線の動きで，文字入力，クリック等，コンピュータ上の一般的な操作を代替

できる装置　g　特定の音を嫌がる場合に用いるヘッドホン状の防音器具

○**解説**○ a　羞明(しゅうめい)は光覚障害で，ときに痛みを伴う不快感があり，まぶしさのため目を開けていられない。　b　人工内耳は，補聴器によって十分な聴覚補助を受けることができない場合，手術によって蝸牛に電極を埋め込むことで直接聴神経を刺激する装置。

c　具体的な例としては，子どもが飛行機を見つけた時，飛行機を指差して，親にも飛行機に注意を向けさせ，共に飛行機を見ることである。子ども～物(飛行機)～親という3者関係(三項関係)が成立する社会性の発達である。　d　筋ジストロフィーは，主症状が進行性の筋委縮と筋力低下であること，遺伝性の疾患であることが特徴である。

e　適応障害と心身症との違いを押さえておこう。適応障害は何らかのストレスによってその環境に適応できず，社会生活に支障をきたすもの。心身症は心理社会的ストレスによって身体的反応(腹痛，頭痛等)が起こるもの。　f　視線入力装置は，人間の目の動きをコンピュータ画面上に落とし込むというもの。手足や口を使わず，何も身体につける必要もなく，視線のみでコンピュータ上の操作ができる。

g　周囲の不快な音を遮断できるので，聴覚過敏を和らげることができる。

【20】②

○**解説**○ なお，岩崎弥太郎は三菱財閥の創業者。渋沢栄一は困窮者や孤児，障害者の保護施設であった養育院(現：東京都健康長寿医療センター)の初代院長。板垣退助は自由民権運動の指導者である。

教育制度・法令・憲章・条約

ポイント

平成19年の学校教育法の改正で変更された規定や，新たに盛り込まれた規定については理解を深めておきたい。また，学習に際しては，「日本国憲法」→「教育基本法」→「学校教育法」→「学校教育法施行令，学校教育法施行規則」→「通知，通達，告示等」という法令の階層性・関係性を踏まえた上で，個々の法律等の内容をおさえておくと効果的である。

特別支援学校の対象となる障害種を示した学校教育法施行令第22条の3については頻出事項であるので正確に覚えておきたい。また，特別支援学級及び通級による指導の対象についても理解しておく必要がある。特に，自閉症者，学習障害者，注意欠陥多動性障害者の取り扱いについての新たな動向については注意しなければならない。

その他，近年「発達障害者支援法」などの厚生労働省関係の法令についても出題される傾向にあるので学習の範囲を広げておく必要があろう。

実施問題

教育制度

【1】障害のある子供の就学について，次の(1)～(3)の問いに答えなさい。

(1) 「就学に向けた様々な事前の準備を支援するための活動」について述べたものとして，適当でないものを次の①～⑤のうちから一つ選びなさい。

① 就学に関する事前の相談・支援の実施に当たっては，様々な活動が早い時期から用意され，提供されることを，本人及び保護者に対して事前に周知することに留意する。

② 保護者が，就学について関心をもったときや不安を感じたときに必要な情報に手軽にアクセスできるよう，情報提供の方法としては，教育委員会や学校のホームページの活用等が考えられる。

③ 保護者等に，就学について考えるきっかけを提供し，その後の円滑な就学先の検討に生かすための活動として，就学指導委員会の実施がある。

④ 障害のある子供の情報を把握するために，早期から支援を行っている機関と連携を図ることが重要である。

⑤ 就学に関する教育相談を進めるに当たっては，保護者の気持ちを十分にくみ取るとともに，子供のできることや発達が進んでいる側面を具体的に示し，今後の目標や課題を明確にしていくことが大切である。

(2) 就学に関わる関係者に求められるものについてまとめたものとして，適当なものを次の①～⑤のうちから全て選びなさい。

① 障害のある子供の就学先の決定に関わる教育委員会担当者，教育や保育の担当者，保健・福祉の担当者，医療担当者等，多くの関係者が相互に密接な連携を図ることが必要である。

② 教育相談においては，保護者の抱えている悩みを受け止めるよりも，専門家として障害の有無や原因を見つけることや対応についての指導・助言が必要である。

③　障害のある子供の教育的ニーズの把握，学校教育における指導及び支援の検討に当たっては，専門性の向上を図るためにも，外部の専門家の助言を最大限に優先する。

④　障害のある子供を担当している保育所等の担当者は，子供と接する時間が長く，学習面や行動面における特別な教育的支援が必要なことに早期に気付くことが可能である。

⑤　小・中学校等及び特別支援学校には，障害のある子供への義務教育の実施を担当する責任と，就学後における障害の状態等の変化に対しても，各学校の関係者が主体的に子供の教育的ニーズの変化の把握等のフォローを行っていく必要がある。

(3)　次の表は，「特別支援教育指導資料」(令和5年3月)に示された，アセスメントに利用される諸検査等の説明についてまとめたものである。［ 1 ］～［ 4 ］にあてはまる最も適当な語句を，以下の解答群からそれぞれ一つずつ選びなさい。

検査名	用途・特徴等
［ 1 ］	年齢段階毎に，言語，動作，記憶，数量，知覚，推理，構成などの内容の項目が配置され，精神年齢，知能指数として知的発達水準を測定する。
［ 2 ］	移動運動，手の運動，基本的習慣，対人関係，発語，言語理解の機能ごとに検査表を使って評価する。観察とあわせて，保護者から子供の状態を聞き取りながら実施することができる。
［ 3 ］	認知尺度だけでなく，基礎学力を測定できる個別式習得尺度を備えている。認知処理を継次処理と同時処理だけでなく，学習能力，計画能力の４つの能力から測定する。
［ 4 ］	全体的な認知能力を表す全検査ＩＱと，４つの指標得点を算出する。全検査ＩＱは，補助検査を除いた１０検査の評価点合計から算出し，子供の知的発達の様相をより多面的に把握できる。

＜解答群＞

①　S－M社会生活能力検査

②　日本版KABC－Ⅱ個別式心理・教育アセスメントバッテリー

③　WISC－Ⅳ知能検査

④　遠城寺式乳幼児分析的発達検査法

⑤　田中ビネー知能検査Ⅴ

⑥　新版K式発達検査2020

▌2024年度 ▌千葉県・千葉市 ▌難易度 ■■■□□

【２】福祉サービス等について，次の(1)～(3)の問いに答えなさい。

(1)　「新しい時代の特別支援教育の在り方に関する有識者会議　報告」

(令和3年1月)における関係機関の連携強化による切れ目ない支援について述べたものとして，適当でないものを次の①～④のうちから一つ選びなさい。

① 在学中における連携に当たっても，教育と福祉，医療，労働などが互いの各種制度等について，最新の状況を理解することが重要であり，自治体は，関係部局が連携して，関係者に対し積極的に情報提供を行うよう努める必要がある。

② 特別支援学校高等部卒業後に就労系障害福祉サービスへ進む者の割合は増加している一方，就労する者の割合や就労系障害福祉サービスから企業への就職に移行する者の数は減少しており，障害者雇用は横ばい状態である。

③ 医療的ケアが必要な児童生徒が安心して学校で学ぶことができるよう，また，その保護者にも安心・安全への理解が得られるよう，学校長の管理下において，担任，養護教諭，関係する医師，看護師などがチームを編成し，一丸となって学校における医療的ケアの実施体制を構築していくことが重要である。

④ 障害のある外国人児童生徒への対応については，幼児期から高等学校段階までの発達段階に応じた指導体制の構築に向けた取組，学校の在籍状況や指導状況の把握，障害の有無・状態等の評価手法に係る医療・福祉と連携した調査研究の検討を踏まえ，これらについて関係機関が連携し，適切に取組を進めることが必要である。

(2) 障害者に関する法律について述べたものとして，適当でないものを次の①～④のうちから一つ選びなさい。

① 「障害者による情報の取得及び利用並びに意思疎通に係る施策の推進に関する法律(障害者情報アクセシビリティ・コミュニケーション施策推進法)」が2022年5月に施行され，同法の規定に基づき，公共インフラとしての電話リレーサービスの提供が開始された。

② 障害の有無にかかわらず全ての国民が等しく読書を通じて文字・活字文化の恵沢を享受することができる社会の実現に寄与することを目的とし，「視覚障害者等の読書環境の整備の推進に関

する法律(読書バリアフリー法)」が2019年6月に施行された。

③ 移動等円滑化に係る「心のバリアフリー」の観点からの施策の充実などソフト対策を強化する「高齢者，障害者等の移動等の円滑化の促進に関する法律(バリアフリー法)の一部を改正する法律」が2021年4月に全面施行された。

④ 障害を理由とする差別の解消を推進し，全ての国民が障害の有無によって分け隔てられることなく，相互に人格と個性を尊重し合いながら共生する社会の実現に資することを目的として，「障害を理由とする差別の解消の推進に関する法律(障害者差別解消法)」が2016年4月に施行された。

(3) 福祉サービスの利用について述べたものとして，最も適当なものを次の①～④のうちから一つ選びなさい。

① 特別支援学校高等部を卒業後，就労に必要な知識及び能力の向上のために必要な訓練，求職活動に関する支援などを受けることができる就労移行支援事業所を5年間利用し，一般企業へ就職をした。

② 特別支援学校高等部を卒業し，その年の4月から就労定着支援事業を利用した。

③ 特別支援学校高等部を卒業後，雇用契約の締結等による就労の機会の提供及び生産活動の機会の提供その他の就労に必要な知識及び能力の向上のために必要な訓練等の支援を行う，就労継続支援B型事業所を利用することとした。

④ 夜間や休日，共同生活を行う住居で，相談や日常生活上の援助を受けるため，訓練等給付を利用し，グループホームに入所をした。

2024年度 千葉県・千葉市 難易度■■■■■

【3】教育施策等について，次の(1)～(3)の問いに答えなさい。

(1) 次の文章は，「第3次千葉県特別支援教育推進基本計画」に示された施策に関する内容である。[1]～[4]にあてはまる最も適当な語句を，以下の解答群からそれぞれ一つずつ選びなさい。

Ⅰ 障害のある子供の学びと切れ目ない支援体制の充実

・ ([1])籍の研究が進み，積極的な居住地校交流の実施などにより，交流及び共同学習が更に充実している。

・　高等学校における([　2　])指導が更に充実し，巡回指導などの指導形態が工夫されている。

Ⅲ　特別支援学校の整備と機能の充実

・　([　3　])のある生徒を対象とした専門学科，普通科職業コースの在り方などが検討され，生徒のニーズに応える特色ある学校や学科が整備されている。

Ⅳ　卒業後の豊かな生活に向けた支援の充実

・　幼稚園，小・中学校，高等学校段階における連続した系統的な([　4　])教育が進み，個々の発達段階を踏まえた進路指導及び職業教育の充実が図られている。

＜解答群＞

①　副次的な　②　人権　③　通級による　④　視覚障害
⑤　知的障害　⑥　教科　⑦　キャリア　⑧　外国

(2)　「特別支援学校設置基準」の第15条において，少なくとも校舎に備えるべき施設として明記されている施設について，適当なものを次の解答群から全て選びなさい。

①　職員室　②　給食室　③　視聴覚室　④　自立活動室
⑤　教室　⑥　図書室　⑦　保健室　⑧　パソコン室
⑨　作業室　⑩　プレイルーム

(3)　「医療的ケア児及びその家族に対する支援に関する法律」に関する内容として適当でないものを，次の①～⑤のうちから一つ選びなさい。

①　医療的ケアの定義を，人工呼吸器による呼吸管理，喀痰(かくたん)吸引その他の医療行為としたこと。

②　医療的ケア児及びその家族に対する支援は，医療的ケア児の日常生活及び社会生活を社会全体で支えることを旨として行われなければならないものとしたこと。

③　医療的ケア児及びその家族に対する支援は，医療的ケア児が18歳に達し，又は高等学校等を卒業するまで適切に行われなければならないものとしたこと。

④　医療的ケア児及びその家族に対する支援に係る施策を講ずるに

当たっては，医療的ケア児及びその保護者の意思を最大限に尊重しなければならないものとしたこと。

⑤ 医療的ケア児及びその家族に対する支援に係る施策を講ずるに当たっては，医療的ケア児及びその家族がその居住する地域にかかわらず等しく適切な支援を受けられるようにすることを旨としなければならないものとしたこと。

2024年度 千葉県・千葉市 難易度

【4】国の教育及び福祉に関する政策・動向に関して，次の(1)，(2)の問いに答えよ。

(1) 次の文は，「医療的ケア児及びその家族に対する支援に関する法律」の記述の抜粋である。文中の(A)～(D)に入る正しいものを，それぞれ以下の1～9のうちから一つずつ選べ。

(目的)
第1条 この法律は，医療技術の進歩に伴い医療的ケア児が増加するとともにその実態が多様化し，医療的ケア児及びその家族が個々の医療的ケア児の心身の状況等に応じた適切な支援を受けられるようにすることが重要な課題となっていることに鑑み，医療的ケア児及びその家族に対する支援に関し，基本理念を定め，国，地方公共団体等の責務を明らかにするとともに，保育及び教育の拡充に係る施策その他必要な施策並びに医療的ケア児(A)の指定等について定めることにより，医療的ケア児の健やかな成長を図るとともに，その家族の(B)に資し，もって安心して子どもを生み，育てることができる社会の実現に寄与することを目的とする。
(定義)
第2条 この法律において「医療的ケア」とは，人工呼吸器による呼吸管理，喀(かく)痰(たん)吸引その他の医療行為をいう。
2 この法律において「医療的ケア児」とは，日常生活及び社会生活を営むために(C)医療的ケアを受けることが不可欠である児童(中略)をいう。

(基本理念)
第3条　医療的ケア児及びその家族に対する支援は，医療的ケア児の日常生活及び社会生活を社会全体で支えることを旨として行われなければならない。
2　医療的ケア児及びその家族に対する支援は，(中略)関係機関及び民間団体相互の緊密な連携の下に，(　D　)行われなければならない。

1　日常的に　　2　支援センター
3　相談窓口　　4　離職の防止
5　早急に　　6　病状が急変した場合
7　恒常的に　　8　基本理念にのっとり
9　切れ目なく

(2)　次の文は，「新しい時代の特別支援教育の在り方に関する有識者会議(報告)」(令和3年1月)「Ⅲ　特別支援教育を担う教師の専門性の向上」に関する記述の抜粋である。文中の(　A　)～(　D　)に入る正しいものを，それぞれ以下の1～9のうちから一つずつ選べ。

3. 特別支援学校の教師に求められる専門性
(中略)
(求められる専門性)
○　特別支援学校では，幼稚部から高等部までの幅広い年齢や発達段階の子供が在籍し，障害の状態等は個々に違っており，また，特別支援学校に設置されている学級のうち約4割が(　A　)の学級であり，(　A　)の子供が多く含まれていることから，一人一人の実態に応じて指導に当たる必要がある。
　こうした多様な実態の子供の指導を行うため，特別支援学校の教師には，障害の状態や特性及び心身の発達の段階等を十分把握して，これを各教科等や自立活動の指導等に反映できる幅広い知識・技能の習得や，学校内外の専門家等とも連携しながら専門的な知見を活用して指導に当たる能力が必要である。
(中略)

○　特別支援学校は，(　B　)に応じて小中学校等の障害のある子供に関する助言や援助を行うことが求められており，特別支援学校が地域の特別支援教育の水準の向上に寄与するうえで，特別支援学校の教師が，小中学校等の各教科等の授業における障害のある児童生徒の「困難さ」に対する「指導上の工夫の意図」を理解し，(　C　)に応じた様々な「手立て」を検討し，授業の助言・援助に当たっていく専門性を高めることが重要である。

なお，特別支援学校の教師が地域の小中学校における勤務を経験することは，小中学校における特別支援教育の現状を知り，小中学校への助言・援助を行うなどの特別支援学校の(　D　)の充実を図る上でも意義深いものである。

1　重複障害	2　知的障害	3　発達障害
4　多様な学びの場	5　要請	6　障害特性
7　個	8　センター的機能	9　研修体制

2023年度 ▌大分県 ▌難易度 ■■■□□

【5】次の資料は，令和3年6月30日付けで文部科学省が公表した「障害のある子供の教育支援の手引～子供たち一人一人の教育的ニーズを踏まえた学びの充実に向けて～」の参考資料で示されている，障害のある児童生徒の就学先決定について，手続の流れの一部を表そうとしたものである。これについて，以下の(1)～(5)の問いに答えよ。

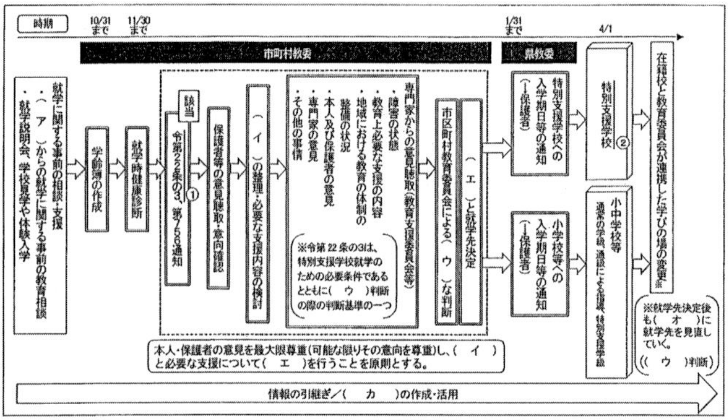

(1) 資料の(　ア　)～(　カ　)にあてはまる最も適切な語句を，次の語群から一つずつ選んで書け。

＜語群＞

ユニバーサルデザイン　　学校評議員　　合理的　　柔軟
個別の教育支援計画　　早期　　キャリアパスポート　　総合的
合意形成　　慎重　　教育的ニーズ

(2) 次の文について，文中の(　キ　)，(　ク　)にあてはまる最も適切な語句を，それぞれ書け。

資料中の傍線部①の学校教育法施行令第22条の3に規定されている病弱の程度は，「一　慢性の呼吸器疾患，腎臓疾患及び神経疾患，悪性新生物その他の疾患の状態が(　キ　)して医療又は(　ク　)を必要とする程度のもの　二　身体虚弱の状態が(　キ　)して(　ク　)を必要とする程度のもの」とされている。

(3) 資料中の傍線部②について，障害が重度・重複していて通学困難な児童生徒に対し，教員を家庭や児童福祉施設，医療機関等に派遣して行う教育を何というか書け。

(4) 次のa～cについて，就学先決定の手続として正しいものには○，間違っているものには×を書け。

a　就学先については，障害の状態のみに着目して画一的に検討を行うのではなく，学校や地域の状況，本人及び保護者や専門家の意見等を勘案して，個別に決定する仕組みになっている。

b　障害の状態が学校教育法施行令第22条の3に該当すれば，本人と保護者が地元の学校への就学を希望しても，必ず特別支援学校に就学することになる。

c　就学先については，地域における教育体制の整備状況や教育学・医学・心理学等専門的見地からの意見を踏まえ，教育支援委員会が決定する。

(5) 各学校における特別支援教育の推進のため，主に，校内委員会・校内研修の企画・運営，関係諸機関・学校との連絡・調整，保護者の相談窓口等の役割を担うために，校長が指名する教員の名称を書け。

2023年度 | 香川県 | 難易度

【6】次の表は，障がいのある子供の就学先の決定までの手続の流れを法令の規定に沿って表したものである。

手続の流れ ↓

	時期	手続
前年度	[A]月末日まで	[ア]
	11月末日まで	[イ]
		市町村の教育委員会は，就学予定者について，その保護者及び障がいのある子供の就学について専門的な知識を有する者の意見を聴取する。
	12月末日まで	[ウ]
	[B]月末日まで	[エ]
4月1日		入　学

(1)　表中の[ア]～[エ]に当てはまる手続を以下の選択肢から選び，記号で答えなさい。

ただし，表中の「就学予定者」とは「前学年の初めから終わりまでの間に満6歳に達する者であり，かつ学校教育法施行令第22条の3に該当する障がいを有する者」をいうものとする。

《選択肢》

a　市町村の教育委員会は，就学予定者のうち当該市町村が設置する小学校又は義務教育学校への就学が適当と認める者についてその保護者に対し，小学校又は義務教育学校の入学期日を通知する。

b　市町村の教育委員会は，就学予定者について，学齢簿を作成する。

c　市町村の教育委員会は，就学予定者のうち特別支援学校への就学が適当であると認める者について，その旨を都道府県の教育委員会に通知する。

d　市町村の教育委員会は，当該市町村に住所を有する就学予定者について健康診断を行う。

(2)　表中の[A]及び[B]に当てはまる適切な数字を記入しなさい。

▌2023年度 ▌福岡県・福岡市・北九州市 ▌難易度

【7】障害者に関する制度について，次の(1)，(2)の問いに答えなさい。

(1) 次の文は，障害者手帳について述べたものである。適当なものを次の①～④のうちから全て選びなさい。

① 千葉県では，療育手帳の障害程度の基準を定めており，知能指数がおおむね51以上75程度の者で日常生活において介助を必要とする程度の状態にある者をBの2としている。

② 身体障害者手帳と療育手帳については，原則，更新はないが，障害の状態が軽減されるなどの変化が予想される場合には，手帳の交付から一定期間を置いた後，再認定を実施することがある。

③ 自閉症・学習障害・注意欠陥多動性障害等の発達障害については，療育手帳もしくは発達障害者手帳の取得ができる。

④ 身体障害者手帳は，身体の機能に一定以上の障害があると認められた方に交付される手帳である。

(2) 次の表は，令和3年3月1日から引き上げになった障害者の法定雇用率である。[1]～[3]にあてはまる最も適当な数値を，以下の解答群からそれぞれ一つずつ選びなさい。

事業主区分	法定雇用率（令和３年３月１日から）
民間企業	[1] %
国，地方公共団体等	[2] %
都道府県等の教育委員会	[3] %

※対象となる事業主の範囲は，従業員43.5人以上

＜解答群＞

① 2.3　② 2.4　③ 2.5　④ 2.6　⑤ 3.1　⑥ 3.2
⑦ 3.3　⑧ 3.4

2023年度 千葉県・千葉市 難易度

解答・解説

【1】(1) ③　(2) ①，④，⑤　(3) 1 ⑤　2 ④　3 ②　4 ③

○解説○ (1) 問題文にある「就学指導委員会」は，現在は「教育支援委員会」と呼ばれ，機能を拡充している。教育支援委員会は早期からの教育相談・支援や就学先決定時のみならず，その後の一貫した支援についても行うものとしている。 (2) ② 特に就学通知後から入学までにおける教育相談は「本人および保護者の不安を軽減」したり，「一貫した支援を充実」させたりすることをねらいとしている。
③ 学校教育における適切な指導及び必要な支援は教員が責任をもって計画を実施するものであり，外部の専門家の指導に委ねてしまうことがないようにすることが大切とされている。 (3) なお，①のS－M社会生活能力検査は子どもの日頃の様子から社会生活能力の発達を捉える検査で，子どもの日常生活をよく知っている保護者や担任教師が回答するもの。回答結果をもとに社会生活年齢(SA)と社会生活指数(SQ)が算出できる。⑥の新版K式発達検査2020は「姿勢・運動(P－M)」，「認知・適応 (C－A)」，「言語・社会(L－S)」の3つの領域に関して，その発達の程度，及びそれらのバランスから発達傾向を調べられるもので，0歳から成人までを対象とする検査法である。

【2】(1) ②　(2) ①　(3) ④

○解説○ (1) 「就労系障害福祉サービスから企業への就職に移行する者の数は減少しており，障害者雇用は横ばい状態である」ではなく，「就労系障害福祉サービスから企業への就職に移行する者の数も増加するなど，障害者雇用は着実に進展している」が正しい。 (2) 電話リレーサービスは，「聴覚障害者等による電話の利用の円滑化に関する法律」(令和2(2020)年12月施行)を根拠に制定された。なお，「障害者による情報の取得及び利用並びに意思疎通に係る施策の推進に関する法律」は全ての障害者が，社会を構成する一員として社会・経済・文化その他あらゆる分野の活動に参加するために，障害者による情報の取得及び利用並びに意思疎通に係る施策を総合的に推進することで，障害の有無によって分け隔てられることなく，相互に人格と個性を尊重し合いながら共生する社会の実現に資することを目的としている。(3) ① 就労移行支援を受けられる期間は原則で2年間だが，場合によって最長12か月延長することもできる。 ② 就職後7か月目から就職後3年6か月目までで，最長3年間利用できる。 ③ 問題文の内容は就労継続支援A型事業であり，就労継続支援B型事業は生産活動の機会を提供し，知識能力の向上を図ることを目的としている。その他にも相違点があるので，確認しておくこと。

【3】(1) 1 ① 2 ③ 3 ⑤ 4 ⑦ (2) ①，④，⑤，⑥，⑦ (3) ③

○解説○ (1) なお，副次的な籍とは特別支援学校に通う児童生徒について，学籍を特別支援学校に置きつつ，居住地域の小学校，中学校等に副次的な学籍を置く仕組みのこと。交流及び共同学習における取組の一つである居住地校交流を発展させるため，東京・埼玉等で導入されており，千葉県でも導入が検討されている。 (2) 特別支援学校設置基準は令和3年9月24日に公布されたもので，特別支援学校の在籍者数の増加により慢性的な教室不足が続いている教育環境を改善する観点から制定された。少なくとも校舎に備えるべき施設としては，教室，自立活動室，図書室，保健室，職員室の5つがあげられる。③について，医療的ケア児が18歳に達し，又は高等学校等を卒業した後も適切な保健医療サービス及び福祉サービスを受けながら日常生活及び社会生活を営むことができるようにすることにも配慮することが示されている(第3条第3項)。

【4】(1) A 2 B 4 C 7 D 9 (2) A 1 B 5 C 7 D 8

○解説○ (1) 本法では，まず第1条と第2条をおさえること。特に，本法でいう医療的ケア児には，民法上の成人である18歳以上の高校生等も含むことに注意したい。第3条の基本理念は第5項まであり，医療的ケア児の日常生活・社会生活を社会全体で支援すること，個々の医療的ケア児の状況に応じて切れ目なく支援すること，医療的ケア児でなくなった後にも配慮した支援が行われること，医療的ケア児と保護者の意思を最大限に尊重した施策が行われること，居住地域にかかわらず等しく適切な支援を受けられる施策が行われることが示されている。
(2) A 重複障害を学級数でみると全体の約4割を占めているが，在籍者数でみると全体の26.0%であることに注意したい。なお，在籍者数で最も多いのは知的障害者(単一障害)であり，全体の66.2%を占める。
B～D 特別支援学校のセンター的機能に関する問題。ここでいうセンター的機能として「小・中学校等の教員への支援機能」「特別支援教育等に関する相談・情報提供機能」「障害のある幼児児童生徒への指導・支援機能」「福祉，医療，労働などの関係機関等との連絡・調整機能」「小・中学校等の教員に対する研修協力機能」「障害のある幼児児童生徒への施設設備等の提供機能」があげられる。

【5】(1) ア 早期 イ 教育的ニーズ ウ 総合的 エ 合意形成 オ 柔軟 カ 個別の教育支援計画 (2) キ 継続 ク 生活規制 (3) 訪問教育 (4) a ○ b × c × (5) 特別支援教育コーディネーター

○**解説**○ (1) ア 「早期」から相談・支援を行うことは自立と社会参加に大きな効果があり，家族に対する支援にもなるとされている。
イ 「教育的ニーズ」の把握は特別支援教育の根幹である。 ウ 就学先の決定については，障害の状態のみに着目して画一的に検討を行うことなく，「総合的」な判断が求められている。 エ 本人及び保護者の意見を最大限尊重しつつ，教育的ニーズと必要な支援の内容について本人及び保護者や学校等に対して十分な説明を行い，「合意形成」を図ることは，就学先の決定の重要なプロセスである。 オ 就学先や学びの場は変更可能であり，多様で「柔軟」な学びの場を整備していくことで教育的ニーズに応える指導を提供できるとされる。
カ 「個別の教育支援計画」とは，継続的な教育的支援を行うためのツールである。 (2) キ 極めて短い期間だけ医療等が必要な程度のもの(風邪等)については，「継続」して医療が必要なものではない。
ク 「生活規則」とは，安全及び生活面への配慮から必要度が高く，日常生活に著しい制限を受ける生活上の規則のこと。たとえば，色素性乾皮症の子どもが，紫外線に当たらないように留意しながら自宅で療養することなどである。 (3)「訪問教育」には，教員を家庭へ派遣する「家庭訪問」と，児童福祉施設や医療機関等へ派遣する「施設等訪問」がある。 (4) a 適切である。 b「本人と保護者が地元の学校への就学を希望しても，必ず特別支援学校に就学することになる」が誤りである。就学先は，本人及び保護者の意見を尊重しつつ十分な説明と合意形成を図って決定するとされている。 c「教育支援委員会が決定する」ではなく，「市区町村教育委員会が決定する」である。 (5) 特別支援教育コーディネーターは，校長が指名し，校務分掌に位置づけられる役割である。

【6】(1) ア b イ d ウ c エ a (2) A 10 B 1

○解説○ 就学先の決定は，市町村の教育委員会が中心となって行うこと，特別支援学校は都道府県の教育委員会が管轄であることを押さえて解答する。就学先の決定までの手続きの流れは，文部科学省のホームページに「障害のある子供の就学先の決定について」として公開されている。また，「障害のある子供への教育支援の手引き」(令和3年文部科学省)にも詳しく書かれているので，確認しておくこと。なお，c及びaの手続きについては，特別支援学校への就学についての通知を規定した学校教育法施行令第11条及び第14条に，それぞれ基づいたものである。

【7】(1) ①，④ (2) 1 ① 2 ④ 3 ③

○解説○ (1) ② 千葉県では2～4年おきに再判定を行っているので，「原則，更新はない」は不適となる。 ③ 障害者手帳とは，身体障害者手帳，療育手帳，精神障害者保健福祉手帳の総称であり，発達障害者は精神障害者保健福祉手帳の対象となっている。 (2) 民間企業が2.2％から2.3％，国，地方公共団体が2.5％から2.6％，都道府県等の教育委員会2.4％から2.5％へ引き上げとなった。

法令

【1】次の記述は，「医療的ケア児及びその家族に対する支援に関する法律(令和3年6月18日)」の一部である。空欄［ア］～［ウ］に当てはまるものの組合せとして最も適切なものを，以下の①～⑤のうちから選びなさい。

1 医療的ケア児及びその家族に対する支援は，医療的ケア児の日常生活及び社会生活を［ア］で支えることを旨として行われなければならない。

2 個々の医療的ケア児の年齢，必要とする医療的ケアの種類及び生活の実態に応じて，かつ，医療，保健，福祉，教育，労働等に関する業務を行う関係機関及び民間団体相互の緊密な連携の下に，［イ］行われなければならない。

3 医療的ケア児が［ウ］に達し，又は高等学校等を卒業した後も適切な保健医療サービス及び福祉サービスを受けながら日常生活及び社会生活を営むことができるようにすることにも配慮して行われなければならない。

① ア 社会全体　イ 切れ目なく
　 ウ 二十歳
② ア 国及び地方公共団体等の責務　イ 系統的に
　 ウ 二十歳
③ ア 社会全体　イ 系統的に
　 ウ 十八歳
④ ア 国及び地方公共団体等の責務　イ 切れ目なく
　 ウ 十八歳
⑤ ア 社会全体　イ 切れ目なく
　 ウ 十八歳

▌2024年度 ▌神奈川県・横浜市・川崎市・相模原市 ▌難易度 ■■■□□

【2】次の文は，学校教育法施行規則(昭和22年文部省令第11号)に示された，第8章　特別支援教育　第126条及び第131条から，教育課程の取り扱いについて，内容の一部を抜粋したものである。[　ア　]～[　オ　]に当てはまる語句の組合せとして正しいものを，以下の①～⑤の中から一つ選べ。

第126条

2　前項の規定にかかわらず，[　ア　]である児童を教育する場合は，[　イ　]，国語，算数，音楽，図画工作及び体育の各教科，特別の教科である道徳，特別活動並びに自立活動によつて教育課程を編成するものとする。ただし，必要がある場合には，[　ウ　]を加えて教育課程を編成することができる。

第131条　特別支援学校の小学部，中学部又は高等部において，[　エ　]児童若しくは生徒を教育する場合又は教員を派遣して教育を行う場合において，特に必要があるときは，第126条から第129条までの規定にかかわらず，[　オ　]によることができる。

① ア　知的障害者　イ　生活
　ウ　外国語活動　エ　複数の種類の障害を併せ有する
　オ　特別の教育課程

② ア　身体障害者　イ　生活
　ウ　外国語　エ　病弱を併せ有する
　オ　特別の指導形態

③ ア　知的障害者　イ　生活
　ウ　外国語　エ　複数の種類の障害を併せ有する
　オ　特別の指導形態

④ ア　身体障害者　イ　生活単元学習
　ウ　外国語活動　エ　病弱を併せ有する
　オ　特別の教育課程

⑤ ア　知的障害者　イ　生活単元学習
　ウ　外国語活動　エ　病弱を併せ有する
　オ　特別の教育課程

2024年度　岐阜県　難易度

【3】次の問1，問2の各問いに答えなさい。

問1　次の文章は，「障害を理由とする差別の解消の推進に関する法律」第7条の条文である。(　①　)～(　④　)にあてはまる最も適切な語句の組み合わせを，以下の1～5の中から一つ選びなさい。なお，同じ番号の空欄には同じ語句が入る。

> 第7条　行政機関等は，その事務又は事業を行うに当たり，障害を理由として障害者でない者と不当な差別的取扱いをすることにより，障害者の(　①　)を侵害してはならない。
>
> 2　行政機関等は，その事務又は事業を行うに当たり，障害者から現に(　②　)の除去を必要としている旨の意思の表明があった場合において，その実施に伴う負担が過重でないときは，障害者の(　①　)を侵害することとならないよう，当該障害者の(　③　)に応じて，(　②　)の除去の実施について必要かつ合理的な(　④　)をしなければならない。

1　①　幸福追求に対する権利　　②　社会的障壁
　③　要請　　④　配慮
2　①　幸福追求に対する権利　　②　生活上の困難
　③　性別，年齢及び障害の状態　　④　対応
3　①　権利利益　　②　社会的障壁
　③　性別，年齢及び障害の状態　　④　配慮
4　①　権利利益　　②　生活上の困難
　③　要請　　④　配慮
5　①　権利利益　　②　社会的障壁
　③　要請　　④　対応

問2　次の文章は，「学校教育法施行令」第22条の3の条文である。(　①　)～(　④　)にあてはまる最も適切な数字と語句の組み合わせを，以下の1～5の中から一つ選びなさい。

第22条の3　法第75条の政令で定める視覚障害者，聴覚障害者，知的障害者，肢体不自由者又は病弱者の障害の程度は，次の表に掲げるとおりとする。

区分	障害の程度
視覚障害者	両眼の視力がおおむね（ ① ）未満のもの又は視力以外の視機能障害が高度のもののうち、拡大鏡等の使用によつても通常の文字、図形等の視覚による認識が不可能又は著しく困難な程度のもの
聴覚障害者	両耳の聴力レベルがおおむね（ ② ）デシベル以上のもののうち、補聴器等の使用によつても通常の話声を解することが不可能又は著しく困難な程度のもの
知的障害者	一　知的発達の遅滞があり、他人との意思疎通が困難で日常生活を営むのに（ ③ ）援助を必要とする程度のもの 二　知的発達の遅滞の程度が前号に掲げる程度に達しないもののうち、社会生活への適応が著しく困難なもの
肢体不自由者	一　肢体不自由の状態が補装具の使用によつても歩行、筆記等日常生活における（ ④ ）動作が不可能又は困難な程度のもの 二　肢体不自由の状態が前号に掲げる程度に達しないもののうち、常時の医学的観察指導を必要とする程度のもの
病弱者	一　慢性の呼吸器疾患、腎臓疾患及び神経疾患、悪性新生物その他の疾患の状態が継続して医療又は生活規制を必要とする程度のもの 二　身体虚弱の状態が継続して生活規制を必要とする程度のもの

備考

一　視力の測定は，万国式試視力表によるものとし，屈折異常があるものについては，矯正視力によつて測定する。

二　聴力の測定は，日本産業規格によるオージオメータによる。

1　① 0.01　② 90　③ 頻繁に　④ 軽微な
2　① 0.3　② 60　③ 最低限の　④ 軽微な
3　① 0.01　② 60　③ 最低限の　④ 基本的な
4　① 0.3　② 60　③ 頻繁に　④ 基本的な
5　① 0.01　② 90　③ 頻繁に　④ 基本的な

2024年度 ｜ 鳥取県 ｜ 難易度

【4】次は，「医療的ケア児及びその家族に対する支援に関する法律」(令和3年6月18日公布)第1章　総則　の一部である。(①)～(⑦)にあてはまる語句を，以下の語群のア～シから選び，記号で答えなさい。

第1章　総則

(基本理念)

第3条　医療的ケア児及びその家族に対する支援は，医療的ケア児の

(①)及び社会生活を(②)で支えることを旨として行われなければならない。

2 医療的ケア児及びその家族に対する支援は，医療的ケア児が医療的ケア児でない児童と共に(③)を受けられるよう最大限に配慮しつつ適切に(③)に係る支援が行われる等，個々の医療的ケア児の(④)，必要とする医療的ケアの(⑤)の実態に応じて，かつ，医療，保健，福祉，(③)，労働等に関する業務を行う関係機関及び民間団体相互の緊密な(⑥)の下に，(⑦)行われなければならない。

語群

ア	サービス	イ	社会全体	ウ	年齢
エ	日常生活	オ	保育施設	カ	財政
キ	医師の指示	ク	安全	ケ	教育
コ	切れ目なく	サ	連携	シ	種類及び生活

▌2024年度 ▌滋賀県 ▌難易度 ■■■□□

【5】「障害を理由とする差別の解消の推進に関する法律の一部を改正する法律」(令和3年法律第56号)の概要に示されていないものを，次の(1)～(4)の中から1つ選びなさい。

(1) 地方公共団体は，障害を理由とする差別及びその解消のための取組に関する情報の収集，整理及び提供に努める。

(2) 事業者による社会的障壁の除去の実施に係る必要かつ合理的な配慮の提供について，努力義務から義務へと改める。

(3) 行政機関等は，事務・事業を行うに当たり，障害者から何らかの配慮を求められた場合において，効率的かつ効果的なものでない限り，社会的障壁を取り除くために必要かつ合理的な配慮は行わない。

(4) 国及び地方公共団体が障害を理由とする差別に関する相談に対応する人材を育成し又はこれを確保する責務を明確化する。

▌2024年度 ▌埼玉県・さいたま市 ▌難易度 ■■■□□

【6】令和3年5月に改正された「障害を理由とする差別の解消の推進に関する法律」について述べた，次の(1)～(5)の記述について，正しいもの

には○，間違っているものには×をそれぞれ書きなさい。

(1) 行政機関等は，その事務又は事業を行うに当たり，障害者から現に社会的障壁の除去を必要としている旨の意思の表明があった場合において，その実施に伴う負担が過重でないときは，障害者の権利利益を侵害することとならないよう，当該障害者の性別，年齢及び障害の状態に応じて，社会的障壁の除去の実施について必要かつ合理的な配慮をしなければならない。

(2) 事業者は，その事業を行うに当たり，障害者から現に社会的障壁の除去を必要としている旨の意思の表明があった場合において，その実施に伴う負担が過重でないときは，障害者の権利利益を侵害することとならないよう，当該障害者の性別，年齢及び障害の状態に応じて，社会的障壁の除去の実施について必要かつ合理的な配慮をするように努めなければならない。

(3) 対象となる障害者は，身体障害のある人，知的障害のある人，精神障害のある人で，障害者手帳をもっている人に限られる。

(4) 正当な理由なく，障害を理由として，サービスの提供を拒否することや，サービスの提供にあたって場所や時間帯などを制限することは，「不当な差別的取扱い」となる。

(5) 段差がある場合に，スロープなどを使って車いす利用者の補助を行うことは，「合理的配慮」の一例である。

▌2024年度 ▌名古屋市 ▌難易度 ■■■□□

【7】「障害者の雇用の促進等に関する法律の一部を改正する法律」(令和元年法律第36号)の概要に示されていないものを，次の(1)～(4)の中から1つ選びなさい。

(1) 国及び地方公共団体が障害者である職員を免職する場合に義務づけられていた，公共職業安定所長への届出を廃止する。

(2) 特定短時間労働者を雇用する事業主に対して，障害者雇用納付金制度に基づく特例給付金を支給する仕組みを創設する。

(3) 障害者の雇用の促進等に関する取組に関し，その実施状況が優良なものであること等の基準に適合する中小事業主(常用労働者300人以下)を認定する。

(4) 国及び地方公共団体は，障害者雇用推進者及び障害者職業生活相談員を選任しなければならない。

▌2024年度 ▌埼玉県・さいたま市 ▌難易度 ■■■□□

【8】学校教育法施行令の第22条の3に規定する障害の程度について，次の(①)～(⑤)に入る，適する語句をそれぞれ書きなさい。

区分	障害の程度
視覚障害者	両眼の視力がおおむね（ ① ）未満のもの又は視力以外の視機能障害が高度のもののうち，（ ② ）等の使用によつても通常の文字，図形等の視覚による認識が不可能又は著しく困難な程度のもの
肢体不自由者	一　肢体不自由の状態が（ ③ ）の使用によつても歩行，筆記等日常生活における基本的な（ ④ ）が不可能又は困難な程度のもの 二　肢体不自由の状態が前号に掲げる程度に達しないもののうち，（ ⑤ ）の医学的観察指導を必要とする程度のもの

▌2024年度 ▌名古屋市 ▌難易度 ■■■□□

【9】次の文章は，学校教育法第81条の条文である。(①)～(③)にあてはまる最も適切な語句の組み合わせを，以下の1～5の中から一つ選びなさい。

> 第81条　～略～
>
> ②　小学校，中学校，義務教育学校，高等学校及び中等教育学校には，次の各号のいずれかに該当する児童及び生徒のために，特別支援学級を置くことができる。
>
> 一　(①)
>
> 二　(②)
>
> 三　身体虚弱者
>
> 四　弱視者
>
> 五　難聴者
>
> 六　その他障害のある者で，特別支援学級において教育を行うことが適当なもの
>
> ③　前項に規定する学校においては，疾病により療養中の児童及び生徒に対して，特別支援学級を設け，又は(③)，教育を行うことができる。

1　①　知的障害者　②　学習障害者　③　病院内で

2	①	知的障害者	②	学習障害者	③	教員を派遣して
3	①	知的障害者	②	肢体不自由者	③	教員を派遣して
4	①	発達障害者	②	肢体不自由者	③	教員を派遣して
5	①	発達障害者	②	学習障害者	③	病院内で

┃ 2024年度 ┃ 鳥取県 ┃ 難易度 ■■■□□

【10】次の ☐ の文章は，学校教育法施行規則の第140条です。次の
(①)～(⑦)に入る，適する語句を以下のア～シからそれぞれ1
つ選び，記号で答えなさい。

> 小学校，中学校，義務教育学校，高等学校又は中等教育学校
> において，次の各号のいずれかに該当する児童又は生徒
> ((①)の児童及び生徒を除く。)のうち当該障害に応じた特別の
> 指導を行う必要があるものを教育する場合には，(②)が別に
> 定めるところにより，第50条第1項(第79条の6第1項において準用
> する場合を含む。)，－中略－ 並びに第107条(第117条において
> 準用する場合を含む。)の規定にかかわらず，(③)によること
> ができる。
> 一 (④)
> 二 (⑤)
> 三 情緒障害者
> 四 (⑥)
> 五 難聴者
> 六 (⑦)
> 七 注意欠陥多動性障害者
> 八 その他障害のある者で，この条の規定により(③)による
> 　教育を行うことが適当なもの

ア	文都科学大臣	イ	弱視者	ウ	知的障害者
エ	都道府県知事	オ	通級指導教室	カ	特別支援学級
キ	病弱虚弱者	ク	自閉症者	ケ	言語障害者
コ	特別の教育課程	サ	学習障害者	シ	特別の学習指導要領

┃ 2024年度 ┃ 名古屋市 ┃ 難易度 ■■■■□

【11】次の表は，「学校教育法施行令」(昭和28年政令第340号)第22条の3からの抜粋である。空欄(　①　)～(　⑩　)に当てはまる数字や語句を答えなさい。

区分	障害の程度
視覚障害者	両眼の視力がおおむね（　①　）未満のもの又は視力以外の視機能障害が高度のもののうち，（　②　）等の使用によつても通常の文字，図形等の視覚による認識が不可能又は著しく困難な程度のもの
聴覚障害者	両耳の聴力レベルがおおむね（　③　）デシベル以上のもののうち，（　④　）等の使用によつても通常の話声を解することが不可能又は著しく困難な程度のもの
知的障害者	一　知的発達の遅滞があり，他人との（　⑤　）が困難で日常生活を営むのに頻繁に援助を必要とする程度のもの 二　知的発達の遅滞の程度が前号に掲げる程度に達しないもののうち，（　⑥　）への適応が著しく困難なもの
肢体不自由者	一　肢体不自由の状態が（　⑦　）の使用によつても歩行，筆記等日常生活における基本的な動作が不可能又は困難な程度のもの 二　肢体不自由の状態が前号に掲げる程度に達しないもののうち，常時の（　⑧　）的観察指導を必要とする程度のもの
病弱者	一　慢性の呼吸器疾患，腎臓疾患及び神経疾患，悪性新生物その他の疾患の状態が継続して（　⑨　）又は生活規制を必要とする程度のもの 二（　⑩　）虚弱の状態が継続して生活規制を必要とする程度のもの

▌2024年度 ▌京都府 ▌難易度 ■■■□□

【12】次は，「発達障害者支援法」の一部です。以下の各問に答えなさい。

第1章　総則

(基本理念)

第2条の2　発達障害者の支援は，全ての発達障害者が［　A　］が確保されること及び［　B　］の選択の機会が確保され，地域社会において他の人々と共生することを妨げられないことを旨として，行われなければならない。

2　発達障害者の支援は，［　C　］の除去に資することを旨として，行われなければならない。

3　発達障害者の支援は，個々の発達障害者の性別，年齢，障害の状態及び生活の実態に応じて，かつ，医療，保健，福祉，教育，労働等に関する業務を行う関係機関及び民間団体相互の緊密な連携の下に，その意思決定の支援に配慮しつつ，切れ目なく行われなければならない。

問1　［　A　］・［　B　］に入る語句の組み合わせとして正しいものを，

次の(1)～(4)の中から1つ選びなさい。

(1) A　社会参加の機会　　B　どこで誰と生活するかについて

(2) A　一般就労の機会　　B　どこで誰と生活するかについて

(3) A　社会参加の機会　　B　どこの相談・支援機関を利用する
　　　　　　　　　　　　　　かについて

(4) A　一般就労の機会　　B　どこの相談・支援機関を利用する
　　　　　　　　　　　　　　かについて

問2　　C　　に入る語句を，次の(1)～(4)の中から1つ選びなさい。

(1)　心理的負担　　　(2)　精神的ストレス　　　(3)　社会的障壁

(4)　周囲との共同作業

║ 2024年度 ║ 埼玉県・さいたま市 ║ 難易度 ▮▮▮□□ ║

【13】特別支援教育に関する各法令等について，次の(1)～(4)の問いに答
えなさい。各法令等は，特に記載がなければ現行のものとする。

(1)　次の文は，学校教育法の一部である。以下の①，②の問いに答え
よ。

> 第72条　特別支援学校は，視覚障害者，聴覚障害者，<u>知的障害</u>
> <u>者</u>，肢体不自由者又は病弱者((　ア　)者を含む。以下同じ。)
> に対して，幼稚園，小学校，中学校又は高等学校に
> (　イ　)を施すとともに，障害による学習上又は生活上の困
> 難を(　ウ　)し自立を図るために必要な知識技能を授けるこ
> とを目的とする。
>
> 第73条　(略)
>
> 第74条　(略)
>
> 第75条　第72条に規定する視覚障害者，聴覚障害者，<u>知的障害</u>
> <u>者</u>，肢体不自由者又は病弱者の障害の程度は，政令で定める。

①　(　ア　)～(　ウ　)に当てはまる語句を書け。

②　下線部「知的障害者」の障害の程度は，学校教育法施行令で次
のように示されている。次の文中の(　ア　)～(　ウ　)に当ては
まる語句を書け。

区分	障害の程度
知的障害者	一　知的発達の（　ア　）があり、他人との（　イ　）が困難で日常生活を営むのに頻繁に援助を必要とする程度のもの 二　知的発達の（　ア　）の程度が前号に掲げる程度に達しないもののうち、（　ウ　）への適応が著しく困難なもの

(2) 医療的ケア児及びその家族に対する支援に関する法律は，医療的ケア児に対する教育機会の拡充に係る施策やその他必要な施策等について定められたものである。医療的ケアについて，次の①，②の問いに答えよ。

① 学校で実施される医療的ケアを説明するものとして，適切なものを次のア～エから1つ選べ。

ア　校医の指示の下に行われる一切の医療行為をいう。

イ　経管栄養の準備，持続血糖測定器のセンサーの貼付を行い，その他の医療行為は除く。

ウ　治療行為としての医療行為をいう。

エ　人工呼吸器による呼吸管理，喀痰（かくたん）吸引その他の医療行為をいう。

② 教員の対応として適切なものを，次のア～エから全て選べ。

ア　医療的ケア児の状態がいつもと違う場合，速やかに医療的ケア看護職員に連絡できるように正常時の状態を理解しておく。

イ　医療的ケア児の健康状態に応じて教育活動の調整や変更を行う。

ウ　医療的ケア看護職員の管理下において，医療的ケアを受けやすいよう姿勢保持等の補助を行う。

エ　医療的ケア児本人やその保護者が医療的ケアを実施している場合に限り，同様の行為を全ての教員が実施する。

(3) 障害を理由とする差別の解消の推進に関する法律(障害者差別解消法)が令和3年5月に改正され，改正法が令和6年4月1日から施行される。主な改正点について，次の語句を用いて説明せよ。

【合理的配慮　　義務　　行政機関等】

(4) 次の文は，群馬県手話言語条例の一部である。文中の(　①　)～(　③　)に当てはまる語句の組合せとして正しいものをア～エから選べ。

(手話の意義)
第2条　手話は，ろう者が自ら生活を営むために使用している(　①　)体系を持つ言語であって，豊かな人間性を涵(かん)養し，及び知的かつ心豊かな生活を送るための言語活動の文化的所産であると理解するものとする。
(基本理念)
第3条　ろう者とろう者以外の者が，相互に(　②　)ながら共生することを基本として，ろう者の意思疎通を行う権利を尊重し，手話の普及を図るものとする。
(中略)
(学校における手話の普及)
第12条　聴覚障害のある幼児，児童又は生徒(以下，「ろう児等」という。)が通学する学校の設置者は，ろう児等が手話を獲得し，手話で(　③　)，かつ手話を学ぶことができるよう，乳幼児期からの手話の教育環境を整備し，教職員の手話に関する技術を向上させるために必要な措置を講ずるよう努めるものとする。

ア　①　独自の　　②　人格と個性を尊重し合い
　　③　各教科・領域を学び
イ　①　日本語と同じ　　②　人格と個性を尊重し合い
　　③　学校生活を送り
ウ　①　独自の　　②　個性と能力を認め合い
　　③　学校生活を送り
エ　①　日本語と同じ　　②　個性と能力を認め合い
　　③　各教科・領域を学び

2024年度　群馬県　難易度

【14】次のア～エは，「発達障害者支援法(平成28年6月改正)」についての説明である。ア～エの内容の正誤の組合せとして最も適切なものを，以下の①～④のうちから選びなさい。
ア　「発達障害」とは，自閉症，アスペルガー症候群その他の広汎性

発達障害，学習障害，注意欠陥多動性障害その他これに類する脳機能の障害であってその症状が通常低年齢において発現するものとして政令で定めるものをいう。

イ 「発達障害者」とは，発達障害がある者であって発達障害及び社会的障壁により日常生活又は社会生活に制限を受けるものをいい，「発達障害児」とは，発達障害者のうち12歳未満のものをいう。

ウ 「社会的障壁」とは，発達障害がある者にとって日常生活又は社会生活を営む上で障壁となるような社会における事物，制度，慣行，観念その他一切のものをいう。

エ 「発達支援」とは，発達障害者に対し，その脳機能の適正な発達を支援し，及び円滑な社会生活を促進するため行う個々の発達障害者の特性に対応した医療的，福祉的及び教育的援助をいう。

① ア－誤　イ－誤　ウ－正　エ－正
② ア－誤　イ－正　ウ－誤　エ－正
③ ア－正　イ－正　ウ－誤　エ－誤
④ ア－正　イ－誤　ウ－正　エ－誤

2023年度 神奈川県・横浜市・川崎市・相模原市 難易度 ■■■□□

【15】次の記述は，「教育基本法(平成18年12月公布)」の条文の一部である。空欄[　ア　]~[　ウ　]に当てはまるものの組合せとして最も適切なものを，以下の①~④のうちから選びなさい。

第6条

2 前項の学校においては，教育の目標が達成されるよう，教育を受ける者の[　ア　]に応じて，体系的な教育が組織的に行われなければならない。この場合において，教育を受ける者が，[　イ　]を営む上で必要な[　ウ　]を重んずるとともに，自ら進んで学習に取り組む意欲を高めることを重視して行われなければならない。

① ア　生活年齢　イ　学校生活　ウ　支援
② ア　心身の発達　イ　学校生活　ウ　規律
③ ア　生活年齢　イ　日常生活　ウ　規律
④ ア　心身の発達　イ　日常生活　ウ　支援

2023年度 神奈川県・横浜市・川崎市・相模原市 難易度 ■■■□□

【16】次の文は，学校教育法施行令(昭和28年政令第340号)の条文の一部である。

文中の[A]～[C]に当てはまる適切な語句を記入しなさい。ただし，同じ記号には同じ語句が入るものとする。

第22条の3　法第75条の政令で定める視覚障害者，聴覚障害者，知的障害者，肢体不自由者又は病弱者の傷害の程度は，次の表に掲げるとおりとする。

区分	障害の程度
肢体不自由者	一　肢体不自由の状態が補装具の使用によつても[A]，筆記等日常生活における基本的な動作が不可能又は困難な程度のもの 二　肢体不自由の状態が前号に掲げる程度に達しないもののうち，常時の[B]を必要とする程度のもの
病弱者	一　慢性の呼吸器疾患，腎臓疾患及び神経疾患，悪性新生物その他の疾患の状態が継続して医療又は[C]を必要とする程度のもの 二　身体虚弱の状態が継続して[C]を必要とする程度のもの

▌2023年度 ▌福岡県・福岡市・北九州市 ▌難易度■■■■□□

【17】次の問1，問2の各問いに答えなさい。

問1　次の文章は，医療的ケア児及びその家族に対する支援に関する法律第3条の条文である。(①)～(④)にあてはまる最も適切な語句の組み合わせを，以下の1～5の中から一つ選びなさい。

(基本理念)

第3条　医療的ケア児及びその家族に対する支援は，医療的ケア児の日常生活及び社会生活を(①)で支えることを旨として行われなければならない。

2　医療的ケア児及びその家族に対する支援は，医療的ケア児が医療的ケア児でない児童と(②)教育を受けられるよう最大限に配慮しつつ適切に教育に係る支援が行われる等，個々の医療的ケア児の年齢，必要とする医療的ケアの種類及び生活の実態に応じて，かつ，医療，保健，福祉，教育，労働等に関する業務を行う関係機関及び民間団体相互の緊密な連携の下に，(③)行われなければならない。

3　医療的ケア児及びその家族に対する支援は，医療的ケア児が18歳に達し，又は高等学校等を卒業した後も適切な保健医療サービス及び福祉サービスを受けながら日常生活及び社会生活を営むことができるようにすることにも配慮して行われなければならない。

4 医療的ケア児及びその家族に対する支援に係る施策を講ずるに当たっては，医療的ケア児及びその保護者(親権を行う者，未成年後見人その他の者で，医療的ケア児を現に監護するものをいう。第10条第2項において同じ。)の(④)を最大限に尊重しなければならない。

5 医療的ケア児及びその家族に対する支援に係る施策を講ずるに当たっては，医療的ケア児及びその家族がその居住する地域にかかわらず等しく適切な支援を受けられるようにすることを旨としなければならない。

1 ① 国及び地方公共団体 ② 平等に ③ 総合的に ④ 権利

2 ① 国及び地方公共団体 ② 共に ③ 切れ目なく ④ 権利

3 ① 社会全体 ② 共に ③ 切れ目なく ④ 意思

4 ① 社会全体 ② 平等に ③ 切れ目なく ④ 権利

5 ① 社会全体 ② 平等に ③ 総合的に ④ 意思

問2 次の文章は，発達障害者支援法第2条の条文である。(①)～(④)にあてはまる最も適切な語句の組み合わせを，以下の1～5の中から一つ選びなさい。

(定義)

第2条 この法律において「発達障害」とは，自閉症，アスペルガー症候群その他の広汎性発達障害，(①)，注意欠陥多動性障害その他これに類する脳機能の障害であってその症状が通常(②)において発現するものとして政令で定めるものをいう。
2　この法律において「発達障害者」とは，発達障害がある者であって発達障害及び社会的障壁により日常生活又は社会生活に制限を受けるものをいい，「発達障害児」とは，発達障害者のうち18歳未満のものをいう。
3　この法律において「社会的障壁」とは，発達障害がある者にとって日常生活又は社会生活を営む上で障壁となるような社会における事物，制度，(　③　)，観念その他一切のものをいう。
4　この法律において「発達支援」とは，発達障害者に対し，その(　④　)の適正な発達を支援し，及び円滑な社会生活を促進するため行う個々の発達障害者の特性に対応した医療的，福祉的及び教育的援助をいう。

1　①　学習障害　②　青年期　③　信条
　④　生活機能
2　①　学習障害　②　低年齢　③　信条
　④　心理機能
3　①　高次脳機能障害　②　低年齢　③　信条
　④　生活機能
4　①　学習障害　②　低年齢　③　慣行
　④　心理機能
5　①　高次脳機能障害　②　青年期　③　慣行
　④　心理機能

2023年度　鳥取県　難易度

【18】次の文は，「特別支援学校設置基準」に示された「1学級の幼児，児童又は生徒の数」の条文を一部抜粋したものである。[　1　]～[　4　]にあてはまる最も適当な数を，以下の解答群からそれぞれ一つずつ選びなさい。

・　幼稚部の1学級の幼児数は，[　1　]人((視覚障害，聴覚障害，知的障害，肢体不自由又は病弱(身体虚弱を含む)のうち2以上併せ有する幼児で学級を編制する場合にあっては, [2]人))以下としたこと。
ただし, 特別の事情があり, かつ, 教育上支障がない場合は, この
限りでないとしたこと。

・　小学部又は中学部の1学級の児童又は生徒の数は, [3]人((視覚
障害, 聴覚障害, 知的障害, 肢体不自由又は病弱のうち2以上併せ
有する児童又は生徒で学級を編制する場合にあっては, [2]人))
以下としたこと。ただし, 特別の事情があり, かつ, 教育上支障が
ない場合は, この限りでないとしたこと。

・　高等部の1学級の生徒数は, [4]人((視覚障害, 聴覚障害, 知的
障害, 肢体不自由又は病弱のうち2以上併せ有する生徒で学級を編
制する場合にあっては, [2]人))以下としたこと。ただし, 特別
の事情があり, かつ, 教育上支障がない場合は, この限りでないと
したこと。

＜解答群＞
① 1　　② 2　　③ 3　　④ 4　　⑤ 5　　⑥ 6　　⑦ 7
⑧ 8　　⑨ 9　　⑩ 10

‖2023年度‖ 千葉県・千葉市 ‖難易度‖■■■□□

【19】次の文は, 令和3年9月18日に施行された「医療的ケア児及びその家
族に対する支援に関する法律(令和3年法律第81号)」に関する内容とし
て, 適当でないものを次の①～⑤のうちから一つ選びなさい。

①　本法の目的は, 医療的ケア児の健やかな成長を図るとともに, そ
の家族の離職の防止に資し, もって安心して子どもを生み, 育てる
ことができる社会の実現に寄与することである。

②　医療的ケア児及びその家族に対する支援に係る施策を講ずるに当
たっては, 医療的ケア児及びその家族が居住する地域の実情に応じ
て支援を受けられるようにすることを旨としなければならない。

③　学校の設置者は, その設置する学校に在籍する医療的ケア児が保
護者の付添いがなくても適切な医療的ケアその他の支援を受けられ
るようにするため, 看護師等の配置その他の必要な措置を講ずるも
のとする。

④　国及び地方公共団体は, 看護師等のほかに学校において医療的ケ

アを行う人材の確保を図るため，介護福祉士その他の喀痰吸引等を行うことができる者を学校に配置するための環境の整備その他の必要な措置を講ずるものとする。

⑤ 医療的ケア児支援センターの役員若しくは職員又はこれらの職にあった者は，職務上知ることのできた個人の秘密を漏らしてはならない。

2023年度 千葉県・千葉市 難易度

【20】「医療的ケア児及びその家族に対する支援に関する法律」(令和3年法律第81号)における医療的ケア児の定義として最も適当なものを，次のア～エから1つ選び，記号で答えなさい。

ア 日常生活及び社会生活を営むために一時的に医療的ケア(人工呼吸器による呼吸管理，喀痰吸引その他の医療行為)を受けることが不可欠である児童(18歳以上の高校生等を含む。)

イ 日常生活及び社会生活を営むために恒常的に医療的ケア(人工呼吸器による呼吸管理，喀痰吸引その他の医療行為)を受けることが不可欠である児童(18歳以上の高校生等を含む。)

ウ 日常生活及び社会生活を営むために一時的に医療的ケア(人工呼吸器による呼吸管理，喀痰吸引その他の医療行為)を受けることが不可欠である児童(12歳以下の幼児・児童等)

エ 日常生活及び社会生活を営むために恒常的に医療的ケア(人工呼吸器による呼吸管理，喀痰吸引その他の医療行為)を受けることが不可欠である児童(12歳以下の幼児・児童等)

2023年度 京都府 難易度

【21】次の各文は，児童福祉法(昭和22年法律第164号)に定められた「障害児通所支援事業」の一部及び障害者の日常生活及び社会生活を総合的に支援するための法律(平成17年法律第123号)に定められた「障害福祉サービス」の一部について，その概要を述べたものである。

ア 学校(幼稚園及び大学を除く。)に就学している障がい児に対し，授業の終了後又は休業日に生活能力の向上のために必要な訓練，社会との交流の促進などの支援を行う。

イ 集団療育及び個別療育を行う必要がある主に未就学の障がい児に

対し，日常生活の基本的な動作の指導，知識技能の付与，集団生活への適応訓練，その他必要な支援を行う。

ウ　居宅においてその介護を行う者の疾病等の理由により，障がい者支援施設，児童福祉施設等への短期間の入所を必要とする障がい者等に対し，当該施設に短期間の入所をさせて，入浴，排せつ及び食事の介護その他の必要な支援を行う。

エ　視覚障がいにより，移動に著しい困難を有する者に対し，外出時において，当該障がい者に同行し，移動に必要な情報を提供するとともに，移動の援護その他の当該障がい者が外出する際の必要な援助を行う。

(1)　アの事業の名称を記入しなさい。

(2)　イ〜エの事業又はサービスの名称として適切な語句を次の語群から選び，記号で答えなさい。

《語群》

a	同行援護	b	児童発達支援	c	自立訓練
d	施設入所支援	e	短期入所	f	保育所等訪問支援
g	障害児相談支援	h	行動援護	i	共同生活援助

‖ 2023年度 ‖ 福岡県・福岡市・北九州市 ‖ 難易度 ■■■□□

【22】次の各文は，医療的ケア児及びその家族に対する支援に関する法律(令和3年法律第81号)の条文の一部である。

第2条　この法律において「医療的ケア」とは，　　Ａ　　による呼吸管理，喀痰吸引その他の医療行為をいう。

第3条

5　医療的ケア児及びその家族に対する支援に係る施策を講ずるに当たっては，医療的ケア児及びその家族がその[　ア　]地域にかかわらず等しく適切な支援を受けられるようにすることを旨としなければならない。

第10条

2　学校の設置者は，その設置する学校に在籍する医療的ケア児が保護者の[　イ　]がなくても適切な医療的ケアその他の支援を受けられるようにするため，看護師等の配置その他の必要な措置を講ずるものとする。

(1) 文中の［ A ］に当てはまる適切な語句を記入しなさい。

(2) 文中の[ア]及び[イ]に当てはまる適切な語句を次の語群から選び，記号で答えなさい。

《語群》

a 送迎	b 教育を受ける	c 付添い	d 居住する
e 介護	f 就労する	g 療養する	h 同意

▌2023年度 ▌福岡県・福岡市・北九州市 ▌難易度 ■■■□□

【23】次の(1)～(3)の説明に合う法律等の名称を答えなさい。

(1) 2019(令和元)年に一部改正されたこの法律には，国及び地方公共団体が率先して障害者を雇用する責務の明確化，週20時間未満の障害者を雇用する事業主に対する特例給付金の新設などが定められている。

(2) この法律は，障害者の尊厳を守り，障害者に対する虐待を防ぐために，2012(平成24)年に施行された。

(3) この条約は，2006(平成18)年，第61回国連総会で，障害を理由とするいかなる差別もなしに，全ての障害者のあらゆる人権及び基本的自由を完全に実施することを確保・促進することを一般的義務として採択された。

▌2023年度 ▌名古屋市 ▌難易度 ■■■□□

【24】次の文は，地域社会における共生の実現に向けて新たな障害保健福祉施策を講ずるための関係法律の整備に関する法律における就労系障害福祉サービスに該当する，4種類のサービスを説明したものである。以下の問に答えよ。

・就労移行支援

　就労を希望する障害者であって，一般企業に雇用されることが可能と見込まれる者に対して，一定期間就労に必要な知識及び能力の向上のために必要な訓練を行う。

・[ア]

　一般企業に雇用されることが困難であって，雇用契約に基づく就労が可能である者に対して，雇用契約の締結等による就労の機会の提供及び生産活動の機会の提供を行う。

・①就労継続支援B型

一般企業に雇用されることが困難であって，雇用契約に基づく就労が困難である者に対して，就労の機会の提供及び生産活動の機会の提供を行う。

・[　イ　]

就労移行支援等を利用して，一般企業に新たに雇用された障害者に対し，雇用に伴って日常生活又は社会生活を営む上での各般の問題に関する相談，指導及び助言等の必要な支援を行う。

問1　[　ア　]，[　イ　]にあてはまる語句の組み合わせとして正しいものをA～Dから選び，記号で答えよ。

A　ア：就労継続支援A型　　　イ：就労定着支援

B　ア：就労定着支援　　　イ：就労相談支援

C　ア：就労継続支援A型　　　イ：就労相談支援

D　ア：就労相談支援　　　イ：就労定着支援

問2　下線部①について，次の文は，「就労系障害福祉サービスにおける教育と福祉の連携の一層の推進について(平成29年4月25日　文部科学省・厚生労働省)」において示されている記述である。以下の問に答えよ。

特別支援学校等卒業後すぐに就労継続支援B型の利用を希望する場合(他の進路に就労継続支援B型も含めて検討している場合を含む。)，特別支援学校等在学中に②就労アセスメントを受けた上で，最も適した進路に[　ウ　]に移行できるようにするとともに，就労継続支援B型を利用する場合には，[　エ　]への移行の可能性も視野に入れ支援を行うなど就労アセスメントにより[　オ　]な就労面に関するニーズや課題等を把握した上で，卒業後個々の状況に応じた支援が受けられるよう，[　ウ　]な移行を図っていくことが重要です。

(1) [　ウ　]~[　オ　]にあてはまる語をA~Eから選び，記号で答えよ。

A　一般就労　　B　確実　　C　円滑　　D　長期的

E　短期的

(2) 下線部②に関する説明として正しいものをA~Dから二つ選び，記号で答えよ。

A　就労アセスメントをより適切に実施するため，就労アセスメント実施機関は，就労移行支援事業所及び障害者就業・生活支援センターに限られる。

B　就労アセスメントを適切に実施するため，就労アセスメント実施機関等に対して，特別支援学校より個別の教育支援計画や配慮が必要な事項等について情報提供することが望ましい。

C　適切な就労アセスメントにより得られた情報を参考にして，就労継続支援B型の利用の適否を判断する。

D　就労移行支援事業所に通所が困難など負担となる場合には，特別支援学校等の通所しやすい場所で就労アセスメントを実施することができる。

問3 「障害者差別解消法　福祉事業者向けガイドライン～福祉分野における事業者が講ずべき障害を理由とする差別を解消するための措置に関する対応指針～(平成27年11月　厚生労働省)」には，発達障害の特性と主な対応について記載されている。自閉症，アスペルガー症候群を含む広汎性発達障害(自閉スペクトラム)のある生徒が，特別支援学校高等部を卒業後，就労系福祉サービスを利用するまたは就労する際に配慮として必要と考えられる対応や援助を二つ記せ。

2023年度 | 島根県 | 難易度 ■■■□□

【25】次は，「障害を理由とする差別の解消の推進に関する法律」(平成25年法律第65号)の一部である。(①)~(⑤)にあてはまる語句を，ア～コより選び，記号で答えなさい。

第3章　行政機関等及び事業者における障害を理由とする差別を解消するための措置

(行政機関等における障害を理由とする差別の禁止)

第7条　行政機関等は，その事務又は事業を行うに当たり，障害を理由として障害者でない者と(　①　)な差別的取扱いをすることにより，障害者の(　②　)を侵害してはならない。

2　行政機関等は，その事務又は事業を行うに当たり，障害者から現に(　③　)の除去を必要としている旨の意思の表明があった場合において，その実施に伴う負担が過重でないときは，障害者の(　②　)を侵害することとならないよう，当該障害者の性別，年齢及び(　④　)に応じて，(　③　)の除去の実施について必要かつ(　⑤　)をしなければならない。

ア　社会的困難　　イ　心身の不安　　ウ　明らか
エ　権利利益　　オ　適切な対応　　カ　障害の状態
キ　社会的障壁　　ク　人権　　ケ　合理的な配慮
コ　不当

2023年度 ▌滋賀県 ▌難易度 ■■■■□

【26】次の表は，「学校教育法施行令」(昭和28年政令第340号)第22条の3の一部である。(　a　)～(　h　)に当てはまる語句や数字を以下の1～5からそれぞれ1つ選べ。なお，同じ空欄記号には，同じ語句が入る。

区分	障害の程度
視覚障害者	両眼の視力がおおむね（　a　）未満のもの又は視力以外の（　b　）障害が高度のもののうち、拡大鏡等の使用によつても通常の文字、図形等の視覚による認識が不可能又は著しく困難な程度のもの
聴覚障害者	両耳の聴力レベルがおおむね六〇（　c　）以上のもののうち、補聴器等の使用によつても通常の話声を解することが不可能又は著しく困難な程度のもの
知的障害者	一　知的発達の（　d　）があり、他人との意思疎通が困難で日常生活を営むのに頻繁に（　e　）を必要とする程度のもの 二　知的発達の（　d　）の程度が前号に掲げる程度に達しないもののうち、社会生活への適応が著しく困難なもの
肢体不自由者	一　肢体不自由の状態が補装具の使用によつても歩行、筆記等日常生活における基本的な（　f　）が不可能又は困難な程度のもの 二　肢体不自由の状態が前号に掲げる程度に達しないもののうち、常時の医学的観察指導を必要とする程度のもの
病弱者	一　慢性の呼吸器疾患、腎臓疾患及び神経疾患、悪性新生物その他の疾患の状態が継続して（　g　）又は生活（　h　）を必要とする程度のもの 二　身体虚弱の状態が継続して生活（　h　）を必要とする程度のもの

a　1　〇・〇一　　2　〇・〇五　　3　〇・一　　4　〇・三
　5　〇・五

b　1　視機能　　2　眼球運動　　3　視空間認知　　4　光覚
　5　色覚

c	1	パスカル	2	ヘルツ	3	デシベル	4	トール
	5	ホン						
d	1	遅滞	2	欠如	3	疾患	4	変調
	5	不安定						
e	1	支援	2	援助	3	補助	4	介護
	5	通院						
f	1	運動	2	行動	3	作業	4	行為
	5	動作						
g	1	治療	2	医療	3	診断	4	保健
	5	福祉						
h	1	指導	2	制限	3	支援	4	規制
	5	相談						

┃ 2023年度 ┃ 奈良県 ┃ 難易度 ■■■□□

【27】次の各文の[A]～[D]に当てはまる適切な数字を記入しなさい。ただし，同じ記号には同じ数字が入るものとする。

○ 公立義務教育諸学校の学級編制及び教職員定数の標準に関する法律　　　　　　　　　　　　　　　　(昭和33年法律第116号)

第3条

3　各都道府県ごとの，都道府県又は市町村の設置する特別支援学校の小学部又は中学部の一学級の児童又は生徒の数の基準は，[A]人(文部科学大臣が定める障害を[B]以上併せ有する児童又は生徒で学級を編制する場合にあつては，[C]人)を標準として，都道府県の教育委員会が定める。〈略〉

○ 公立高等学校の適正配置及び教職員定数の標準等に関する法律　　　　　　　　　　　　　　　　(昭和36年法律第188号)

第14条　公立の特別支援学校の高等部の一学級の生徒の数は，重複障害生徒(文部科学大臣が定める障害を[B]以上併せ有する生徒をいう。以下この条において同じ。)で学級を編制する場合にあつては[C]人，重複障害生徒以外の生徒で学級を編制する場合にあつては[D]人を標準とする。〈略〉

┃ 2023年度 ┃ 福岡県・福岡市・北九州市 ┃ 難易度 ■■■□□

【28】次の文は，学校教育法第74条である。(　　)に当てはまる語句を以下の選択肢からそれぞれ1つ選び，記号で答えなさい。

> 特別支援学校においては，第72条に規定する目的を実現するための教育を行うほか，幼稚園，小学校，中学校，義務教育学校，高等学校又は中等教育学校の要請に応じて，第81条第1項に規定する幼児，児童又は生徒の教育に関し必要な(　①　)又は(　②　)を行うよう努めるものとする。

ア　支援　　イ　助言　　ウ　援助　　エ　手立て　　オ　指導

▌2023年度 ▌宮崎県 ▌難易度 ■■■□□□

【29】次の法令は，学校教育法施行令第22条の3の一部で，特別支援学校の対象となる視覚障害者の障害の程度を規定したものである。以下の問に答えよ。

> 両眼の視力がおおむね[　ア　]未満のもの又は①<u>視力以外の視機能障害</u>が高度のもののうち，[　イ　]等の使用によつても通常の文字，[　ウ　]等の視覚による認識が不可能又は著しく困難な程度のもの

問1　[　ア　]～[　ウ　]にあてはまる語または数値を答えよ。

問2　下線部①について，「障害のある子供の教育支援の手引～子供たち一人一人の教育的ニーズを踏まえた学びの充実に向けて～」(令和3年6月　文部科学省)には，次のように示されている。[　エ　]～[　カ　]にあてはまる語句をA～Fから選び，記号で答えよ。

> ア　視力障害(　略　)
> イ　視野障害
> 　視野狭窄がある場合には，例えば，横から近づいてくるものに気付かないことや，歩いていて段差に気付かないことがある。視野狭窄が強い場合には，周囲の状況が分かりにくくなるので，屋外を一人で歩くことができない場合もある。(　略　)[　エ　]がある場合には，周囲の状況が比較的分かりやすいので，移動等に困難がない場合もある。し

かし，中心部の視力が低いために文字を読んだり，ものを詳しく見たりすることには困難を来す。

ウ　光覚障害

[　オ　]があると，明るいところで不自由はなくても，少しでも暗くなったり，暗いところに入ったりした場合に行動が制限される。(　略　)[　カ　]があると，まぶしくて見えにくいだけでなく，痛みを感じたり目が開けられなくなったりする。

A　羞明　　B　手動弁　　C　視野拡大　　D　中心暗点
E　夜盲　　F　光覚弁

問3　次の図は，視覚器官の断面図である。図1の［キ］～［サ］にあてはまる語を以下のA～Fから選び，記号で答えよ。

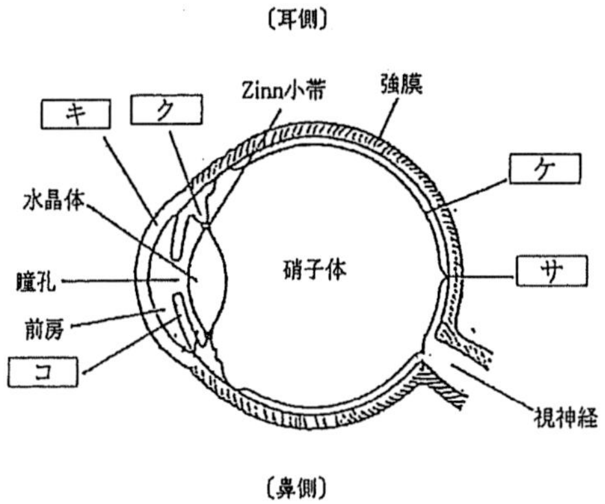

図1

A　中心窩　　B　角膜　　C　強膜　　D　虹彩　　E　毛様体
F　網膜

2023年度｜島根県｜難易度

解答・解説

【1】⑤

○解説○ いずれも基本理念(第3条)からの出題であり，1は第1項，2は第2項の一部，3は第3項の一部である。本法で特に注意したいのは「医療的ケア児」の定義であり，第2条第2項では「日常生活及び社会生活を営むために恒常的に医療的ケアを受けることが不可欠である児童(18歳未満の者及び18歳以上の者であって学校教育法で規定する高等学校等に在籍するもの)」としている。つまり，成人していても高等学校などに在籍していれば，「医療的ケア児」に該当する。

【2】①

○解説○ 学校教育法，同法施行令，同法施行規則については，一通り目を通しておく必要がある。特に，特別支援教育に関係する条文については十分に理解を深めておきたい。学校教育法施行規則第126条については，特別支援学校小学部の教育課程編成について規定した条文である。順に，第127条では中学部の教育課程編成，第128条では高等部の教育課程編成，第129条においては幼稚部の教育課程等の編成について規定されている。さらに，続けて，第130条では，各教科等を合わせて指導ができるという根拠となる規定が，第131条では，複数の種類の障害を併せ有する児童生徒を教育する場合又は教員を派遣して教育を行う場合においては，特別の教育課程を編成できるという根拠となる規定が示されている。なお，第126条の小学部と第127条の中学部については，それぞれの規定の第2項として，知的障害者である児童(生徒)を教育する場合の規定が示され，必要がある場合には，外国語活動(中学部は外国語科)を加えて教育課程を編成できるとしている。

【3】問1　3　　問2　4

○解説○ 問1　障害を理由とする差別の解消の推進に関する法律(障害者差別解消法)は，障害者基本法第4条(差別の禁止)を具体化した法律で，障害者に対する不当な差別的取扱いの禁止と合理的配慮の提供を規定したものである。同法第7条は，行政機関等における障害を理由とする差別の禁止を定めた条文である。　問2　学校教育法施行令第22条の3は，学校教育法第72条に規定する特別支援学校への就学対象者の障害の程度を定めたものである。障害種別の障害の程度は，数値やキーワードを中心に確実に押さえておく必要がある。

【4】① エ　② イ　③ ケ　④ ウ　⑤ シ　⑥ サ　⑦ コ

○解説○ 医療的ケア児及びその家族に対する支援に関する法律は，医療的ケア児の健やかな成長とその家族の離職の防止を図り，安心して子どもを生み，育てることができる社会の実現に寄与することを目的として，令和3(2021)年に制定された。本法律の目的を押さえると，解答が導きやすい。基本理念を定めた第3条の第1項には，「医療的ケア児及びその家族に対する支援は，医療的ケア児の日常生活及び社会生活を社会全体で支えることによって行う必要がある」ことを理念の大枠として示し，第2項には「医療的ケア児が医療的ケア児でない児童と共に教育を受けられるよう最大限に配慮しつつ適切に教育に係る支援が行われる等，…関係機関及び民間団体相互の緊密な連携の下に，切れ目なく行われなければならない」など，インクルーシブ教育の推進を掲げている。

【5】(3)

○解説○ 行政機関等については，すでに改正前の障害を理由とする差別の解消の推進に関する法律において，負担が過重でないときは合理的な配慮をすることが義務付けられている。改正の最大のポイントは，(2)の事業者による合理的配慮の提供が努力義務から義務へと改められたことである。同法の改正法は，令和6(2024)年4月1日から施行されることが決まった。

【6】(1) ○　(2) ×　(3) ×　(4) ○　(5) ○

○解説○ (2)　令和3(2021)年の障害を理由とする差別の解消の推進に関する法律の改正により，令和6(2024)年4月から行政機関等だけでなく事業者も，合理的配慮が義務化されることになった。よって，「努めなければならない(努力義務)」ではなく「しなければならない(義務)」である。 (3) 同法第2条において，対象となる障害者は，障害者手帳を持っている人だけでなく，障害や社会的障壁によって継続的に日常生活や社会生活に相当な制限を受けているすべての人であることが示されている。

【7】(1)

○**解説**○ 改正により，障害者の雇用を一層推進するため，事業主に対しては，短時間労働であれば就労可能な障害者の雇用機会の確保や継続雇用の支援として，(2)と(3)の措置が講じられた。(4)の国及び地方公共団体に対しては，障害者雇用の計画的な推進に向けて，障害者雇用推進者や障害者職業生活相談員の選任を義務付けるなどの措置が講じられた。(1)については，今回の改正により，国及び地方公共団体は障害者である職員を免職する場合には，その旨を公共職業安定所長に届け出る義務が課せられるようになった。

【8】① 〇・三(0.3) ② 拡大鏡 ③ 補装具 ④ 動作
⑤ 常時

○**解説**○ 学校教育法施行令第22条の3は，学校教育法第72条に規定する特別支援学校への就学対象者の障害の程度を，障害種別に定めたものである。障害種別の障害の程度は，数値やキーワードを中心に確実に押さえておく必要がある。

【9】3

○**解説**○ ①・② 学校教育法第81条は，小学校，中学校，義務教育学校，高等学校及び中等教育学校に特別支援学級を設置できる根拠となる法令である。特別支援学校への就学の対象者は，視覚障害者，聴覚障害者，知的障害者，肢体不自由者又は病弱者(学校教育法第72条)で，特別支援学級への就学対象者は学校教育法第81条によって，前述の対象者の中から特定されている。発達障害者や学習障害者は，その中に含まれていない。 ③ 同条第3項は，訪問教育の根拠となるものである。

【10】① カ　② ア　③ コ　④ ケ　⑤ ク　⑥ イ　⑦ サ

○**解説**○ 学校教育法施行規則第140条は，通級による指導に関する条文である。通級による指導においては，障害に応じた特別の教育課程による教育が行われる。特別支援学級に通う児童生徒は，もともと通常の学校に在籍して，適切な指導が行われることが前提とされているため，通級による指導の対象外となっている。また，知的障害者には，生活に結びつく実際的・具体的な内容を継続して指導することが必要で，一部を特別の指導で行うといった指導形態にはなじまないことから，通級による指導の対象には含まれていない。

【11】① 0.3　② 拡大鏡　③ 60　④ 補聴器　⑤ 意思疎通　⑥ 社会生活　⑦ 補装具　⑧ 医学　⑨ 医療　⑩ 身体

○**解説**○ 学校教育法施行令第22条の3には，学校教育法第72条に定められた特別支援学校への就学対象者の障害種別の障害の程度が示されている。頻出の条文なので，数値やキーワードを中心に確実に押さえておきたい。就学先の決定については，障害の状態(学校教育法施行令第22条の3の表への該当の有無)，教育的ニーズ，学校や地域の状況，本人や保護者，専門家の意見等を総合的に勘案して，個別に判断・決定するしくみとなっている。

【12】問1　(1)　問2　(3)

○**解説**○ 問1　発達障害者支援法第2条の2は，この法律の基本理念を定めている。障害者基本法においては，基本原則として，障害者があらゆる分野の活動に参加する機会が確保されることや地域社会において他の人々と共生することを妨げられないこと等が規定されていることを踏まえ，同法においても基本理念として示された。　問2　発達障害者の定義は，従前は「発達障害によって社会生活に制限を受ける」という表現だったものが，平成28(2016)年の同法一部改正により「発達障害及び社会的障壁により日常生活又は社会生活に制限を受ける」という表現に改正されている。

【13】(1) ① ア 身体虚弱 イ 準ずる教育 ウ 克服
② ア 遅滞 イ 意思疎通 ウ 社会生活 (2) ① エ
② ア，イ，ウ (3) 合理的配慮の提供が，行政機関等だけでなく事業者にも義務化される。 (4) ア

○**解説**○ (1) ① 学校教育法第72条について，特別支援学校の対象者，内容，目的の基本に沿って解答する。 ② 学校教育法施行令第22条の3に定められた，知的障害者の程度についての出題である。表の「障害の程度」の項の一には「日常生活」への援助の程度，二には「社会生活」への適応の程度が示されている。 (2) ① 「医療的ケア児及びその家族に対する支援に関する法律(2021(令和3)年9月施行)」第2条において，「医療的ケア」とは，「人工呼吸器による呼吸管理，喀痰吸引その他の医療行為をいう」と定義されている。 ② ア，イ，ウは適切である。エは，「小学校等における医療的ケア実施支援資料～医療的ケア児を安心・安全に受け入れるために～」(2021(令和3)年6月 文部科学省)において，「医療的ケア児やその保護者が医療的ケアを行っているからといって，通常，学校で当該行為を教職員が実施の要件を満たさないまま同様に実施することはできない」と示されていることから，不適切。 (3) 改正前の障害を理由とする差別の解消の推進に関する法律(障害者差別解消法)(2013(平成25)年公布)では，国及び地方公共団体等に対して「合理的配慮の提供」を「法的義務」として課す一方，事業者に対しては「努力義務」にとどまっていた。しかし，2024(令和6)年4月1日からは，事業者に対しても「合理的配慮の提供」が「法的義務」として課されることになった。 (4) 本条例は，手話が言語であるとの認識に基づき，基本理念を定め，手話に関する施策の推進を図ることが目的である。 ① 手話は日本語と同じ部分もあるが，独自の体系を持つ言語である。 ② 基本理念は，共生社会を基本に，意思疎通を行う権利を尊重することから，「人格と個性を尊重し合い」が適切である。 ③ 学校生活を送るのみならず「各教科・領域を学ぶ」ためにも，手話は言語として重要な意味を持つ。

【14】④

○**解説**○ 発達障害者支援法第2条(定義)からの出題である。 イ 「発達

障害児」とは，発達障害者のうち18歳未満のものをいう。　エ「その脳機能の適正な発達」ではなく，「その心理機能の適正な発達」である。

【15】②

○解説○「心身の発達に応じて」については，教育を受けるものの発達を尊重することを求めている。教育基本法第6条第2項は，平成18(2006)年の教育基本法改正において新設された項目である。

【16】A　歩行　　B　医学的観察指導　　C　生活規制

○解説○ A　肢体不自由者の障害の程度の一は，補装具の使用による歩行，筆記等の基本的な動作が不可能または困難な程度のものである。B　医学的観察指導とは，特定の期間内に常に医学的な観察が必要で，起床から就寝までの日常生活の一つ一つの運動・動作についての指導・訓練を受けることである。　C　生活規則とは，健康状態の回復・改善を図るため，運動や，歩行，入浴，読書，学習などの日常の活動及び食事の質や量について，病状や健康状態に応じて配慮することである。

【17】問1　3　　問2　4

○解説○ 問1　この法律の目的は，医療的ケア児の健やかな成長とともに，その家族の離職の防止や安心して子どもを生み育てることのできる社会の実現に寄与することである。　①　基本理念の第一として，医療的ケア児の日常生活・社会生活を社会全体で支援することが示されている。　②　医療的ケア児の場合においても，共生社会の形成に向けたインクルーシブ教育の理念が示されたものといえる。　③　ライフステージが変わるごとに必要な支援が受けられなくなることなどがないように，関係機関が緊密に連携して切れ目なく支援を行わなければならないことが示されている。　④　子どもに対する願いや思い，家族や自分自身の生き方にも関わることであり，医療的ケア児やその保護者の意思を最大限尊重することが求められる。　問2　①　発達障害は，脳機能の発達が関係する障害で，自閉スペクトラム症，注意欠陥多動性障害(ADHD)，学習障害(LD)などが含まれる。高次脳機能障害は，けがや病気によって脳が部分的に損傷し，言語・思考・記憶・行為等の知的な機能に障害が起こった状態で，発達障害には含まれない。　②　発達障害者支援法においては，発達障害は「通常低年齢において発現するもの」とあるが，18歳くらいまでに発現するものと解釈されている。同法第2条第2項には，「発達障害児」とは，発達障害者のうち18歳未満の者をいうことが定義されている。　③「社会的障壁」となることの内容であり，事物，制度のほかに「慣行」(行動)と「観念」(考え)という語句が並列されている。　④　発達障害は，脳機能の発達が関係する障害であり，心理機能の適正な発達の支援が主眼となる。

【18】1　⑤　　2　③　　3　⑥　　4　⑧

○**解説**○　出題の基準第5条参照。幼稚部，小・中学部，高等部と学校種が上がるにつれて，1学級の人数が増える。複数の障害を持つ子で編成される学級に関しては3人で統一されている。

【19】②

○**解説**○　出題の法律第3条第5項参照。「居住する地域の実情に応じて支援を」ではなく「居住する地域にかかわらず等しく適切な支援を」が正しい。

【20】イ

○**解説**○　本法第2条第2項参照。ここでは，民法では成人として扱われる18歳以上の高校生等も「医療的ケア児」に該当することに注意したい。

【21】(1)　放課後等デイサービス　　(2)　イ　b　　ウ　e　　エ　a

○**解説**○ (1)　放課後デイサービスでは，児童発達支援管理責任者が作成する個別支援計画に基づいて，自立支援と日常生活の充実のための活動などを行っている。障害のある子どもたちの放課後の居場所を作ることで，仕事をする家庭などのサポートに寄与することから，障害児の学童とも呼ばれる。　(2)　イ　児童発達支援の特徴としては，主な対象が未就学の障害児であることである。　ウ　短期入所には，比較的状態が安定し医療的管理を必要としない場合の福祉型短期入所と，医療的管理が必要な場合の医療型短期入所がある。　エ　同行援護は，視覚障害により，移動に著しい困難を有する人が対象である。一方，行動援護は，自己判断能力が制限されている人が行動するときに，危険を回避するために必要な支援，外出支援を行うことである。

【22】(1)　人工呼吸器　　(2)　ア　d　　イ　c

○**解説**○ (1)　医療的ケアは，一般的には医療機関以外で日常的に継続して行われる，痰の吸引や経管栄養，気管切開部の衛生管理，導尿，インスリン注射などの医療行為を指している。人工呼吸器の管理については，高度な医療的ケアであるとして，かつては保護者による校内での管理が要請されていた。一方で，医療技術の進歩等により近年では，管理体制が整った学校において校内における人工呼吸器の管理が，医療的ケアとして開始されている。　(2)　ア　医療的ケア児及びその家族に対する支援に関する法律第3条は，基本理念を定めている。この法律の基本理念は，医療的ケア児を社会全体で支えることであり，どこに住んでも等しく適切な支援を受けられるようにすることを目指している。　イ　この法律の目的には，「家族の離職の防止」が掲げられている。付添いがなくても，医療的ケアが受けられることで，離職の防止につながることが期待されている。

【23】(1)　障害者の雇用の促進等に関する法律(障害者雇用促進法)
(2)　障害者虐待の防止，障害者の養護者に対する支援等に関する法律(障害者虐待防止法)　　(3)　障害者の権利に関する条約(障害者権利条約)

○**解説**○ (1)　障害者の雇用の促進に関して定められた法律である。従前は，労働時間週20時間未満の障害者は法定雇用率の算定対象とならず，雇用機会が得られないことが多かった。2019年の改正では，短時間であれば就労可能な障害者等の雇用機会を確保するために，短時間労働の障害者を雇用する民間企業の事業主に対し，特例給付金の支給が定められた。　(2)　障害者に対する虐待を防ぐために定められた法律である。国や地方公共団体，障害者福祉施設従事者等，使用者などに障害者虐待の防止等のための責務を課すとともに，障害者虐待を受けたと思われる障害者を発見した者に対する通報義務を課している。

(3) 2006年に国連で採択されたものであることから，障害者の権利に関する条約(障害者権利条約)である。この条約を受けて，日本では2013年に，障害を理由とする差別の解消の推進に関する法律(障害者差別解消法)が制定された。

【24】問1 A 問2 (1) ウ C エ A オ D (2) B，D
問3 ・肯定的，具体的，視覚的な伝え方の工夫 ・スモールステップによる支援

○解説○ 問1 就労系障害福祉サービスのうち，「就労移行支援事業」の対象は，通常の事業所に雇用されることが可能と見込まれる者である。「就労継続支援A型事業」の対象は，雇用契約に基づく就労が可能な者である。「就労継続支援B型事業」の対象は，雇用計画に基づく就労が困難な者である。「就労定着支援事業」の対象は，就労移行支援等を利用して一般企業に雇用され6カ月経過した障害者である。
問2 (1) 就労継続支援B型は，年齢や体力の面で一般企業に雇用されることが困難となった者など雇用契約に基づく就労が困難である者に対するサービスである。したがって，特別支援学校等在学者が卒業後すぐに利用する場合には，就労移行支援事業者等によるアセスメントにより就労面に係る課題等の把握が行われている者を対象としている。 ウ 文意からスムーズな移行について述べているので，「確実」ではなくC「円滑」が適切である。 エ 就労の選択肢としてはA「一般就労」しかない。 オ 就労継続支援B型から一般就労，卒業後を視野に入れると述べていることから，D「長期的」が適切である。
(2) A 就労アセスメントの実施機関は，就労移行支援事業所及び障害者就業・生活支援センターとしているが，通所が困難な場合には特別支援学校等の通所しやすい場所で実施することができるとされているので誤り。 C 就労アセスメントは就労継続支援B型の利用の適否を判断するものではないので誤り。 問3 同指針には主な対応として，「本人をよく知る専門家や家族にサポートのコツを聞く」，「肯定的，具体的，視覚的な伝え方の工夫」，「スモールステップによる支援(手順を示す，モデルを見せる，体験練習をする等)」，「感覚過敏がある場合は，音や肌触り，室温など感覚面の調整を行う」の4点が示さ

れている。このうち，就労と関連が大きいと考えられる2つを選ぶ。

【25】① コ　② エ　③ キ　④ カ　⑤ ケ

○**解説**○ ここでは「合理的配慮」が重要である。「合理的配慮」はわが国が批准している「障害者の権利に関する条約」にある言葉で，「障害者が他の者との平等を基礎として全ての人権及び基本的自由を享有し，又は行使することを確保するための必要かつ適当な変更及び調整であって，特定の場合において必要とされるものであり，かつ，均衡を失した又は過度の負担を課さないもの」と定義されている。「合理的配慮」の具体事例は文部科学省のホームページなどにあるので，学習するとよい。

【26】a 4　b 1　c 3　d 1　e 2　f 5　g 2　h 4

○**解説**○ b 視機能には視力，視野，光覚，屈折・調整，眼球運動，両眼視の7つある。 c 1「パスカル」と4「トール」は圧力，2「ヘルツ」は周波数，3「デシベル」と5「ホン」は音の大きさ・強さを示す単位だが，「ホン」は1997年以降使用されなくなっている。

【27】A 6　B 2　C 3　D 8

○**解説**○ 公立の特別支援学校の学級編制は，少人数編制で個々の児童生徒の障害の状態に応じた指導を可能にするため，小学部・中学部が6人での学級編制を標準とし，高等部では8人での学級編制を標準としている。また，重複障害者については，小・中学部及び高等部のいずれにおいても，3人での学級編制を標準としている。

【28】① イ　② ウ

○**解説**○ 特別支援学校は，その他の学校に対し必要な助言又は援助を行うように努めるものとするとされている。特別支援学校とその他の学校との関係は対等であり，指導や支援を行うのではないことに注意する。

【29】問1　ア　0.3　　イ　拡大鏡　　ウ　図形　　問2　エ　D
　オ　E　　カ　A　　問3　キ　B　　ク　E　　ケ　F　　コ　D
　サ　A

○**解説**○ 問1　出題の学校教育法施行令第22条の3には，学校教育法第75条によって定められた視覚障害者，聴覚障害者，知的障害者，肢体不自由者または病弱者の程度が示されている。視覚障害者以外の障害の程度についても，正確に記憶しておくこと。なお，イは「眼鏡」ではなく「拡大鏡」等の使用と表現されていることに注意する。
問2　視野障害の一つであるD「中心暗点」は，中心部だけが見えない。暗いところに入った場合に見えにくいのは，E「夜盲」である。逆に通常の光がでもまぶしく感じるのは，A「羞明(しゅうめい)」である。なお，B「手動弁」とは，眼前で動かした手の動きがわかる状態のことで，F「光覚弁」とは，暗いか明るいかが辛うじてわかる状態のことである。　問3　視覚機能はカメラの機能にたとえると理解しやすい。　キ　角膜は光線を屈曲し水晶体とともにカメラのレンズの役割を担う。　ク　毛様体はピントを合わせる役割を担う。　ケ　網膜はフィルムの役割である。　コ　虹彩はレンズの絞りのように瞳孔径を大きくしたり小さくしたりする役割を担う。　サ　中心窩は錐体細胞が密集している視力の中心部分である。

憲章・条約

【1】次の文は，児童憲章(昭和26年)の一部である。

文中の[　ア　]及び[　イ　]に当てはまる適切な語句の組合せを以下の表中から選び，記号で答えなさい。

十一　すべての児童は，身体が不自由な場合，または精神の機能が不十分な場合に，適切な[　ア　]と教育と[　イ　]が与えられる。

記号	ア	イ
a	補助	保護
b	福祉	学習
c	治療	生活
d	支援	学習
e	補助	権利
f	治療	保護
g	支援	生活
h	福祉	権利

▌2024年度 ▌福岡県・福岡市・北九州市 ▌難易度■■■□□

【2】次は，ある条約の一部です。この条約の名称を，以下の(1)～(4)の中から1つ選びなさい。

第1条　目的

この条約は，全ての障害者によるあらゆる人権及び基本的自由の完全かつ平等な享有を促進し，保護し，及び確保すること並びに障害者の固有の尊厳の尊重を促進することを目的とする。

障害者には，長期的な身体的，精神的，知的又は感覚的な機能障害であって，様々な障壁との相互作用により他の者との平等を基礎として社会に完全かつ効果的に参加することを妨げ得るものを有する者を含む。

(1)　児童の権利に関する条約

(2)　障害者の権利に関する条約

(3)　障害者の職業リハビリテーション及び雇用に関する条約

(4) あらゆる形態の人権差別の撤廃に関する国際条約

■ 2024年度 ┃ 埼玉県・さいたま市 ┃ 難易度 ■■■■□□

【3】次の□□内は，「障害者の権利に関する条約」(平成26年1月22日公布及び告示(条約第1号及び外務省告示第28号))の一部である。(ア)～(キ)に当てはまる語句を以下の1～5からそれぞれ1つ選べ。なお，同じ空欄記号には，同じ語句が入る。

> 第24条　教育
> 1　締約国は，教育についての障害者の権利を認める。締約国は，この権利を差別なしに，かつ，(ア)を基礎として実現するため，障害者を包容するあらゆる段階の教育制度及び(イ)を確保する。当該教育制度及び(イ)は，次のことを目的とする。
> (a)　人間の潜在能力並びに尊厳及び自己の価値についての意識を十分に発達させ，並びに人権，基本的自由及び人間の多様性の尊重を強化すること。
> (b)　障害者が，その人格，才能及び創造力並びに精神的及び(ウ)な能力をその可能な最大限度まで発達させること。
> (c)　障害者が自由な社会に効果的に(エ)ことを可能とすること。
> 2　締約国は，1の権利の実現に当たり，次のことを確保する。
> (a)　障害者が障害に基づいて一般的な教育制度から排除されないこと及び障害のある児童が障害に基づいて無償のかつ義務的な初等教育から又は中等教育から排除されないこと。
> (b)　障害者が，他の者との平等を基礎として，自己の生活する(オ)において，障害者を包容し，質が高く，かつ，無償の初等教育を享受することができること及び中等教育を享受することができること。
> (c)　個人に必要とされる(カ)が提供されること。
> (d)　障害者が，その効果的な教育を容易にするために必要

な(　キ　)を一般的な教育制度の下で受けること。
(e)　学問的及び社会的な発達を最大にする環境において，完全な包容という目標に合致する効果的で個別化された(　キ　)措置がとられること。

ア　1　基本的人権の保障　　2　平等な教育
　　3　教育を受ける権利　　4　学習する権利
　　5　機会の均等
イ　1　職業教育　　2　専門教育
　　3　生涯学習　　4　家庭学習
　　5　特別支援教育
ウ　1　個性的　　2　言語的
　　3　芸術的　　4　身体的
　　5　学術的
エ　1　関係する　　2　交流する
　　3　貢献する　　4　参加する
　　5　活躍する
オ　1　家庭　　2　地域社会
　　3　国または地域　　4　学校
　　5　環境
カ　1　合理的配慮　　2　医療的ケア
　　3　福祉サービス　　4　高等教育
　　5　特別な配慮
キ　1　支援　　2　配慮
　　3　個別指導　　4　見守り
　　5　少人数教育

2023年度　奈良県　難易度

解答・解説

【1】f

○解説○ 児童憲章は，日本国憲法の精神にしたがい，児童に対する正しい観念を確立し，すべての児童の幸福をはかるために定められた。十一では，身体が不自由な場合や精神の機能が不自由な場合に，適切な治療と教育と保護が与えられるとされている。

【2】(2)

○解説○ 第1条の目的の対象が「全ての障害者」であることから，(2)の障害者の権利に関する条約である。(1)は児童が対象である。(3)の適応範囲は，正当に認定された身体的又は精神的障害のため，適当な職業に就き，継続し，その職業において向上する見通しが相当に減少している者である。(4)は障害者についてではなく，人種差別に関する条約である。障害者の権利に関する条約は，初めて障害について明記された条約で，前文と50条の条文から成り，今ある基本的な人権及び自由を障害者が有することを改めて保障したものである。

【3】ア 5　イ 3　ウ 4　エ 4　オ 2　カ 1　キ 1

○解説○ 現代の特別支援教育は「障害者の権利に関する条約」を踏まえ，「共生社会」を目指すための「インクルーシブ教育」が基となっている。「共生社会」とは「これまで必ずしも十分に社会参加できるような環境になかった障害者等が，積極的に参加・貢献していくことができる社会」であり，1(C)がそれを端的に表現している。一方，「インクルーシブ教育」は『障害のある者と障害のない者が共に学ぶ仕組みであり，障害のある者が教育制度一般から排除されないこと，自己の生活する地域において初等中等教育の機会が与えられること，個人に必要な「合理的配慮」が提供される等が必要』とされている。重要な条文なので十分に学習しておきたい。

医学・生理学・病理学

ポイント

教員採用試験においても，医学的・生理学的・病理学的知識を問う問題は毎年出題されているので，基本的事項はしっかりと学習しておく必要がある。まず，目や耳の構造，脳のしくみ，体の動きの基本となる骨や筋肉の構造などは，おさえておきたい。加えて，それぞれの障害の原因となる病名や疾患名，及びそれぞれの症状についても覚えておかなければならない。ただし，医学・生理学・病理学の細部にまでわたって学習することは困難であろう。そこで，まず第一に，障害別に各章が構成されている特別支援教育の概論書に目を通すと，各章には必ずそれぞれの障害に関する医学・生理学・病理学の基本的な事項について記されているので，その内容を覚えることが先決である。その後で，各障害ごとに細かな内容の理解を深めていくと効果的であろう。

実施問題

【1】眼球の組織についての説明として最も適切なものを，次の①～④のうちから選びなさい。

① 毛様体 － 眼球内膜に属し，明るさや色を感じ取る部位である。
② 視神経円板 － 視細胞がない部位である。
③ 黄斑 － 眼球の前方に位置し，眼球内への光の流入量を調節している。
④ 虹彩 － 水晶体の厚みを変化させ，遠近の調整を行う。

2024年度 神奈川県・横浜市・川崎市・相模原市 難易度■■■■□□

【2】次の(1)～(6)の文は，障害のある幼児児童生徒の心理及び行動特性等について説明したものである。各文中の(　　)に当てはまる語句として最も適切なものを，それぞれ以下のa～eの中から一つ選びなさい。

(1) (　　)のある子どもについては，幼児期より気が散りやすく，じっとしていることが苦手だったり，忘れ物や紛失物が多かったりするという傾向が見られる。

a チック　b 肢体不自由　c 学習障害
d 注意欠陥多動性障害　e 発達性協調運動障害

(2) (　　)ごろまでは脳幹部の活動が主となるので，音に対する反応は無条件反射が主体である。

a 生後3か月　b 生後8か月　c 生後1年
d 生後1年6か月　e 生後2年

(3) 脳性まひを含めて中枢神経に障害がある子どもに見られる独特な行動傾向のひとつに，部分を全体的なまとまりに構成したり，関係づけたりすることが困難な傾向である(　　)がある。

a 転導性　b 多動性　c 固執性　d 痙性
e 統合困難

(4)　(　　)とは，一般的に，発声器官等に明らかな器質的・機能的な障害はなく，機能的には話すことができるが，心理的な要因等により，他の状況で話しているにも関わらず，特定の社会的状況(例えば，家族や慣れた人以外の人に対して，あるいは家庭の外など)において，話すことが一貫してできない状態である。ただし，適切な対応により症状が改善するものでもある。

a　構音障害　　b　吃音　　c　自閉症　　d　学習障害
e　選択性かん黙

(5)　(　　)とは，幼い子どもの特定の対象(主として養育者)に対する特別の情緒的結びつきのことをいう。ボウルビィによって提唱された。(　　)の存在を示す具体的な行動として，接近・接触・後追い等の身体的接近や身体的接触，微笑・発声・泣きといった信号行動などがある。

a　情動　　b　愛着　　c　アイデンティティ　　d　象徴機能
e　表象

(6)　学習理論のうちの1つが(　　)で，誘発刺激がない状態での特定の自発的な行動に対して，それに後続する強化刺激を与えることによって，その行動の発生頻度を変える操作やその学習過程のことをいう。例としてはスキナーのネズミの実験が有名で，レバー押し後に餌を与えて強化することで，その後のレバー押し行動は増加することが知られている。

a　古典的条件づけ　　b　達成動機　　c　オペラント条件づけ
d　自尊感情　　e　代理強化

▌2024年度 ▌茨城県 ▌難易度 ■■■□□

【3】次の(1)～(5)は，脳，人体の構造，身体の動き，運動機能と障害等について示したものである。各問いに答えなさい。

(1)　次の図は，心臓の構造を示したものである。①～⑤に当てはまる語句の組み合わせして最も適切なものを，以下のa～eの中から一つ選びなさい。

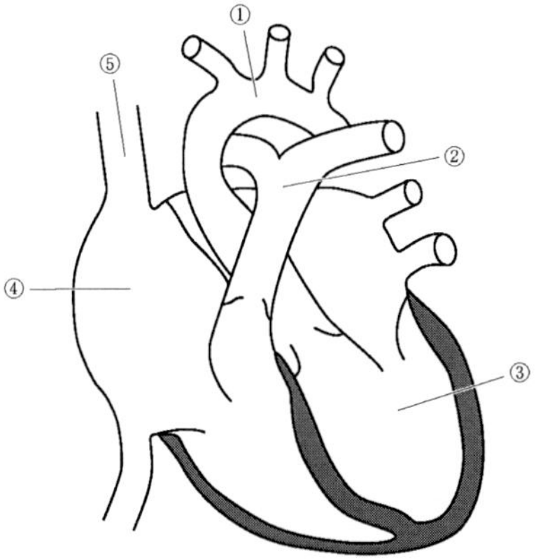

	①	②	③	④	⑤
a	大静脈	肺動脈	左心房	右心室	大動脈
b	大動脈	肺静脈	左心室	右心房	大静脈
c	大動脈	肺動脈	左心室	右心房	大静脈
d	大動脈	肺静脈	左心房	右心室	大静脈
e	大静脈	肺動脈	右心室	左心房	大動脈

(2) 次の文は，筋について説明したものである。文中の(①)～(⑤)に当てはまる語句の組み合わせとして最も適切なものを，以下のa～eの中から一つ選びなさい。ただし，( )の同じ番号には同じ語句が入るものとする。

> 筋は多くの動物が運動や内臓機能の実現に利用している。筋には，運動神経によって直接収縮反応が引き起こされる(①)，自律神経によってその活動が調整される内臓の(②)，心臓の心筋がある。このうち(①)は，筋繊維と呼ばれる細長い細胞が束になったものからなる。筋繊維をさらに細かく見ると，(③)フィラメントと(④)フィラメントが交互に重なり合うように構成されている。筋の(⑤)は，(③)フィラメントが(④)フィラメントに滑り込み，それぞれの重なり部分が増加することで起こる。(④)は，滑り力を発生するタンパク質のため，モータータンパク質と呼ばれている。

	①	②	③	④	⑤
a	骨格筋	横紋筋	ミオシン	アクチン	収縮
b	平滑筋	横紋筋	ミオシン	アクチン	弛緩
c	平滑筋	骨格筋	アクチン	ミオシン	収縮
d	横紋筋	平滑筋	アクチン	ミオシン	弛緩
e	骨格筋	平滑筋	アクチン	ミオシン	収縮

(3) 次の文は，脳と運動について説明したものである。文中の(①)～(⑤)に当てはまる語句の組み合わせとして最も適切なものを，以下のa～eの中から一つ選びなさい。ただし，( )の同じ番号には同じ語句が入るものとする。

(①)の前頭葉には(②)と呼ばれる領域がある。この領域の(③)は，(④)の脊髄の運動(③)に情報を伝達することで，(②)は，身体の各部位の(⑤)を制御している。

	①	②	③	④	⑤
a	大脳	一次運動野	ニューロン	反対側	筋
b	小脳	大脳基底核	ニューロン	反対側	筋
c	大脳	大脳基底核	グリア細胞	反対側	シナプス
d	小脳	大脳基底核	グリア細胞	同じ側	筋
e	大脳	一次運動野	ニューロン	同じ側	シナプス

(4) 次の文は，喉の機能について説明したものである。文中の(①)～(⑤)に当てはまる語句の組み合わせとして最も適切なものを，以下のa～eの中から一つ選びなさい。ただし，( )の同じ番号には同じ語句が入るものとする。

(①)は(②)と(③)の両方に属す部位で，鼻腔と口腔の後ろに存在する。このため，この部位は空気の通り道であると同時に食べ物の通り道として使われる。通常，(①)にある喉頭蓋と呼ばれる組織が開いており，空気の出し入れが可能な状態になっている。しかし，食べ物を飲み込むとき，喉頭蓋が閉じ，食べ物は(②)へとは行かずに食道へと送られる。これを(④)という。この一連の動きは運動系に障害がある場合うまく働かず，食べ物が(②)へ入ってしまうことがある。これを(⑤)という。

	①	②	③	④	⑤
a	喉頭	呼吸器系	消化器系	嚥下	誤嚥
b	喉頭	消化器系	呼吸器系	蠕動運動	誤飲
c	咽頭	呼吸器系	消化器系	嚥下	誤飲
d	咽頭	消化器系	呼吸器系	蠕動運動	誤飲
e	咽頭	呼吸器系	消化器系	嚥下	誤嚥

(5) 次の文は，脊柱について説明したものである。文中の(①)～
(⑤)に当てはまる語句の組み合わせとして最も適切なものを，
以下のa～eの中から一つ選びなさい。

> 体幹の骨格の中心である脊柱はいくつかの骨からなってい
> る。上から順に，(①)個の頸椎，(②)個の胸椎，5個
> の腰椎，5個の椎骨が合体してできた(③)，3～5個の椎骨
> が合体してできた尾骨に分かれている。各椎骨には椎孔とい
> う孔があり，上下につながって脊柱管をつくり，その中に
> (④)をおさめる。各椎骨の(⑤)側には棘突起とよばれ
> る大きな突起が存在する。

	①	②	③	④	⑤
a	7	12	仙骨	脊髄神経	背中
b	6	13	仙骨	脊髄神経	腹
c	7	12	仙骨	脊髄	背中
d	6	13	篩骨	脊髄	背中
e	6	12	篩骨	脊髄	腹

‖ 2024年度 ‖ 茨城県 ‖ 難易度 ■■■□□

【4】 ダウン症候群の特徴についての記述として適切ではないものを，次
の①～④のうちから選びなさい。
① 難聴を併せ持つことが多い。
② 21番目の染色体が1本増え，全体で47本になったことが原因で起
きる。
③ 心疾患の合併が起こりやすい。

④　腰椎を脱臼しやすい。

▌2024年度▌神奈川県・横浜市・川崎市・相模原市▌難易度■■■□□

【5】次の記述は，脳性まひの神経症状を説明したものである。ア～エの型の名称の組合せとして最も適切なものを，以下の①～④のうちから選びなさい。

ア　手や足，特に足のふくらはぎの筋肉等に痙性(けいせい)が見られ，円滑な運動が妨げられる。

イ　バランスをとるための平衡機能の障害と運動の微細なコントロールのための調節機能の障害を特徴とする。

ウ　頸部と上肢に不随意運動がよく見られ，下肢にもそれが現れる。

エ　上肢や下肢を屈伸する場合に，鉛の管を屈伸するような抵抗感があるもので，四肢まひに多い。

①　ア　痙直型　　イ　失調型　　ウ　固縮型
　　エ　アテトーゼ型

②　ア　痙直型　　イ　失調型　　ウ　アテトーゼ型
　　エ　固縮型

③　ア　失調型　　イ　痙直型　　ウ　固縮型
　　エ　アテトーゼ型

④　ア　失調型　　イ　痙直型　　ウ　アテトーゼ型
　　エ　固縮型

▌2024年度▌神奈川県・横浜市・川崎市・相模原市▌難易度■■■□□

【6】疾病や障害について説明した文章として最も適切なものを，次の(1)～(4)の中から1つ選びなさい。

(1)　食物アレルギーは，原因となる食物を摂取した後にアレルギーの機序によって体に不利益な症状が引き起こされる現象である。食物アレルギーには微量摂取でアナフィラキシーという過敏な症状を起こす例や，体質的に乳糖を分解できずに下痢を起こす乳糖不耐症などがある。

(2)　白血病には様々な種類があり，大きくは急性(がん化した細胞が急速に増殖する)と慢性(がん化した細胞がゆっくりと増殖する)に分けられる。

(3)　気管支ぜん息は，嚥下機能障害のため唾液や食べ物などと一緒に細菌を気道に誤って吸引することで気道表面の組織が腫れ，粘液が分泌される。これにより気道が狭くなり，咳や息苦しさなどのぜん息発作が起こる。

(4)　福山型筋ジストロフィーは，X染色体に原因となる遺伝子があり，発症の度合いに男女差がなく，出生時からその症状が現れているのが特徴である。頸の座り，寝返り，座位など，初期の運動発達のすべてが遅れる。

┃ 2024年度 ┃ 埼玉県・さいたま市 ┃ 難易度 ■■■□□

【7】次は，「小学校等における医療的ケア実施支援資料～医療的ケア児を安心・安全に受け入れるために～」(令和3年6月)の一部である。(①)～(⑨)にあてはまる語句を，ア～セより選び，記号で答えなさい。

第3章　気管切開部の管理

1　気管切開とは

　　気管切開とは，上気道((①)，(②)，(③))が何らかの理由で狭窄・閉鎖している場合に，皮膚と(④)に穴を開け，気管カニューレを挿入・留置し，(⑤)の改善を図るために実施されるものである。

　　気管切開は，これまで主に(⑥)において実施されてきた治療法であるが，近年は，(⑦)においても実施されるようになってきた。

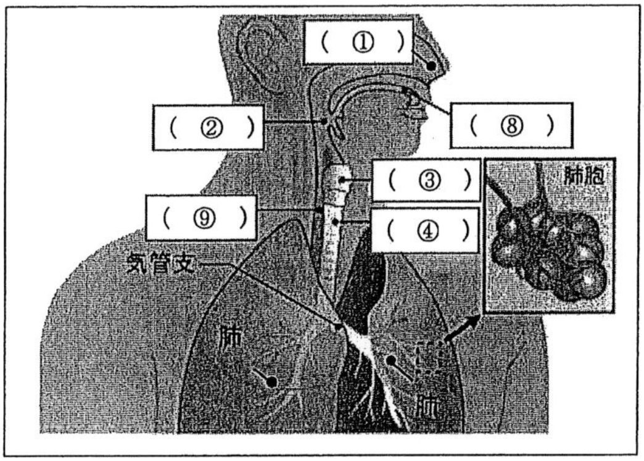

ア　口腔	イ　喉頭	ウ　食道	エ　小児
オ　鼻腔	カ　咽頭	キ　気管	ク　胃
ケ　健常者	コ　成人	サ　呼吸状態	シ　脱水状態
ス　心臓	セ　蝸牛		

▌2023年度 ▌滋賀県 ▌難易度 ■■■■□□

【8】次の(1)～(5)の文は，脳，人体の構造，身体の動き，運動機能と障害等について述べたものである。各問いに答えなさい。

(1)　次の図は，大脳の構造を示したものである。図中の①～⑤に入る語句の組み合わせとして最も適切なものを，以下のa～eの中から一つ選びなさい。

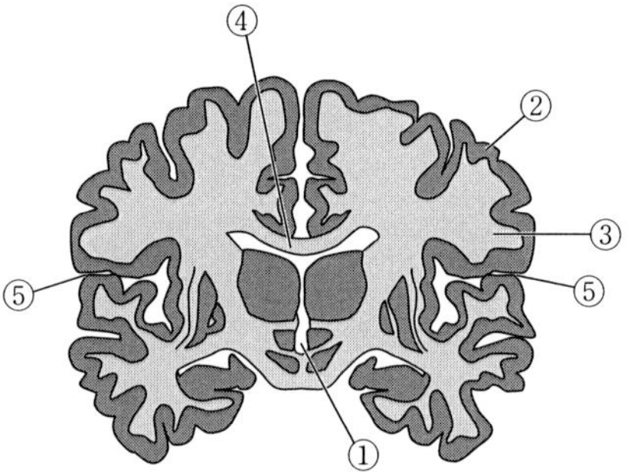

a　①　脳室　②　白質　③　灰白質　④　脳幹
　　⑤　中心溝

b　①　脳室　②　灰白質　③　白質　④　脳梁
　　⑤　外側溝

c　①　脳室　②　灰白質　③　白質　④　脳幹
　　⑤　中心溝

d　①　視床　②　灰白質　③　白質　④　脳梁
　　⑤　外側溝

e　①　視床　②　白質　③　灰白質　④　脳幹
　　⑤　外側溝

(2)　次の文は，神経系の細胞について述べたものである。(　①　)～(　⑤　)に入る語句の組み合わせとして最も適切なものを，以下のa～eの中から一つ選びなさい。

神経系には(①)や(②)がある。このうち(①)は情報処理を担当する。通常の細胞と同じように細胞体には核がある。細胞体からは(③)が伸びており，他の細胞などから信号を受け取る入力端子のような役割を担う。同じく細胞体からは細長い(④)が伸びている。(①)は(⑤)を発し，これを(④)に沿って伝えることで，情報を離れたところまで運ぶ。

a ① グリア細胞 ② ニューロン ③ 軸索
④ 樹状突起 ⑤ 膜電位

b ① ニューロン ② グリア細胞 ③ 樹状突起
④ 軸索 ⑤ 活動電位

c ① グリア細胞 ② ニューロン ③ 軸索
④ 樹状突起 ⑤ 活動電位

d ① ニューロン ② グリア細胞 ③ 樹状突起
④ 軸索 ⑤ 膜電位

e ① ニューロン ② グリア細胞 ③ 軸索
④ 樹状突起 ⑤ 活動電位

(3) 次の図は，ネフロンの構造を示したものである。図中の①～⑤に入る語句の組み合わせとして最も適切なものを，以下のa～eの中から一つ選びなさい。

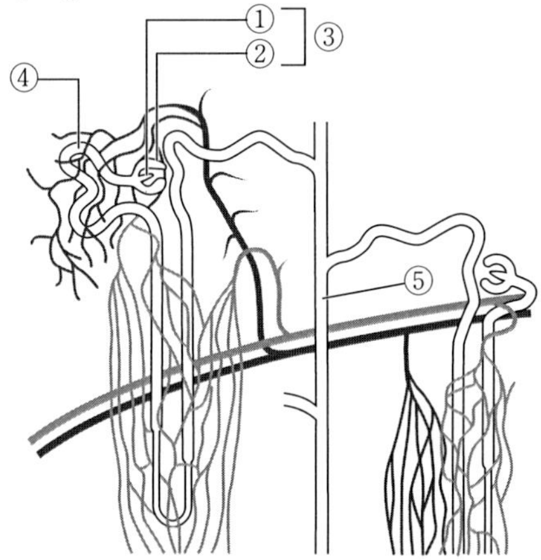

a　①　腎髄質　②　ボウマン嚢　③　腎皮質
　　④　尿細管　⑤　弓状静脈
b　①　腎髄質　②　腎門　③　腎皮質
　　④　尿細管　⑤　集合管
c　①　糸球体　②　ボウマン嚢　③　腎小体
　　④　弓状動脈　⑤　集合管
d　①　糸球体　②　腎門　③　腎皮質
　　④　弓状動脈　⑤　弓状静脈
e　①　糸球体　②　ボウマン嚢　③　腎小体
　　④　尿細管　⑤　集合管

(4)　次の文は，上腕の動きについて述べたものである。(　①　)～(　⑤　)に入る語句の組み合わせとして最も適切なものを，以下のa～eの中から一つ選びなさい。

上腕を下におろし肘を伸ばした状態から，手指を前方に向け，肘を直角に曲げてみよう。このような動作を(　①　)という。さらにそのまま，親指を上方に，小指を下方に向けてみよう。この状態から手掌(手のひら)を下に向ける動作を(　②　)，上に向ける動作を(　③　)という。(　②　)・(　③　)が可能なのは上腕の尺骨と(　④　)が(　⑤　)を形成しているからである。

a　①　伸展　②　回外　③　回内　④　上腕骨
　　⑤　車軸関節
b　①　屈曲　②　回内　③　回外　④　上腕骨
　　⑤　車軸関節
c　①　屈曲　②　回外　③　回内　④　橈骨
　　⑤　蝶番関節
d　①　屈曲　②　回内　③　回外　④　橈骨
　　⑤　車軸関節
e　①　伸展　②　回外　③　回内　④　橈骨
　　⑤　蝶番関節

(5)　次の文は，身体のまひについて述べたものである。(　①　)～(　⑤　)に入る語句の組み合わせとして最も適切なものを，以下のa

〜eの中から一つ選びなさい。

> 身体のまひは様々な原因によって生じる。特に，神経系の損傷部位によってその様相は大きく異なる。例えば，大脳右半球の運動領域に損傷を受けた場合，まひは(　①　)に生じる。このようなまひを(　②　)という。また，(　③　)の比較的下部に損傷を受けた場合，まひの範囲は身体の(　④　)となる。一方で，(　③　)の損傷個所が上部になればなるほど，まひの範囲は(　⑤　)すべてとなる可能性が高まる。ただし，最上部を損傷した場合は生存できない。

a　①　左半身　②　片まひ　③　脊髄　④　下半身
　⑤　上肢から下
b　①　右半身　②　片まひ　③　大脳左半球　④　上半身
　⑤　上肢から上
c　①　左半身　②　片まひ　③　大脳左半球　④　下半身
　⑤　上肢から上
d　①　右半身　②　対まひ　③　脊髄　④　下半身
　⑤　上肢から上
e　①　左半身　②　対まひ　③　脊髄　④　上半身
　⑤　上肢から下

2023年度　茨城県　難易度

【9】次の文は，令和4年6月時点での厚生労働省のホームページに掲載されている「てんかん」について説明した内容を一部抜粋したものである。内容について誤っているものを，次の①〜⑥の中から一つ選べ。

①「てんかん」とは，「てんかん発作」を繰り返し起こす状態です。「てんかん発作」は，脳にある神経細胞の異常な電気活動により引き起こされる発作のことで，突発的に運動神経，感覚神経，自律神経，意識，高次脳機能などの神経系が異常に活動することで症状を出します。

②「てんかん発作」ではそれぞれの神経系に対応し，体の一部が固くなる(運動神経)，手足がしびれたり耳鳴りがしたりする(感覚神経)，

動悸や吐き気を生じる(自律神経)，意識を失う，言葉が出にくくなる(高次脳機能)などのさまざまな症状を生じます。

③ 脳が発生する過程で生じた構造の異常，代謝異常症，遺伝子の異常などの生下時からの原因だけではなく，頭部外傷，中枢神経感染症，自己免疫性脳炎，脳卒中，認知症等のさまざまな脳の疾患が原因となります。

④「てんかん発作」には様々な種類があり，異常な電気活動を起こしている脳の部位に対応した様々な症状が出現します。「てんかん発作」は，ほとんどの場合数秒～数分間で終わりますが，時には数時間以上続くてんかん重積状態も起こります。

⑤ 抗てんかん薬は「てんかん」の原因を取り除くことができ，「てんかん発作」を起こりにくくします。抗てんかん薬には様々な種類があります。発作の種類やその他の状況(年齢，性，副作用など)により，使用する抗てんかん薬は異なります。

⑥ 抗てんかん薬を内服することで，大部分の方は発作が抑制され，さらに一部の方では数年後には薬をやめることができるようになります。抗てんかん薬を内服しても発作が充分に抑えられない場合には，脳外科手術により発作が抑制されることもあり，食事療法や迷走神経刺激術といった他の治療により発作が軽減する方もいます。

▌2023年度 ▌岐阜県 ▌難易度 ■■■□□

【10】次の記述は，「特別支援学校学習指導要領解説　各教科等編(小学部・中学部)(平成30年3月)」に示された「第3章　視覚障害者，聴覚障害者，肢体不自由者又は病弱者である児童生徒に対する教育を行う特別支援学校の各教科　第5　病弱者である児童生徒に対する教育を行う特別支援学校　6　病状の変化に応じた指導上の配慮」の一部である。空欄[　ア　]～[　エ　]に当てはまるものの組合せとして最も適切なものを，以下の①～⑥のうちから選びなさい。

病気の状態の変化や治療方法，生活規制(生活管理)等は，個々の病気により異なる。

[　ア　]疾患は病状が日々変化し，[　イ　]疾患は入院初期・中期・後期で治療方法等が変わることがある。[　ウ　]疾患は健康状態の維

持・改善のため常に生活管理が必要である。病気の状態等に応じて弾力的に対応できるようにするためには，[　エ　]との連携により日々更新される情報を入手するとともに，適宜，健康観察を行い，病状や体調の変化を見逃さないようにする必要がある。

① ア 急性　イ 慢性　ウ 進行性　エ 福祉
② ア 進行性　イ 急性　ウ 慢性　エ 福祉
③ ア 急性　イ 慢性　ウ 進行性　エ 家庭
④ ア 進行性　イ 急性　ウ 慢性　エ 家庭
⑤ ア 急性　イ 慢性　ウ 進行性　エ 医療
⑥ ア 進行性　イ 急性　ウ 慢性　エ 医療

2023年度 ▍神奈川県・横浜市・川崎市・相模原市 ▍難易度

【11】次の各文は，脳性まひの神経症状による病型の特徴について説明したものである。ア～エに当てはまる病型を以下の語群から選び，記号で答えなさい。

ア 頸部と上肢に不随意運動がよく見られ，下肢にもそれが現れる。筋緊張が突然高くなったり低くなったりする様子が見られる。

イ 上肢や下肢を屈伸する場合に，鉛の管を屈伸するような抵抗感がある。

ウ 伸張反射が異常に亢進した状態であり，素早く他動的に筋肉を引き伸ばすと抵抗感を生じ，円滑な運動が妨げられる。

エ バランスをとるための平衡機能の障がいと運動の微細なコントロールのための調節機能の障がいを特徴とする。

《語群》

a 失調型　b 痙直型　c 固縮型　d 混合型
e アテトーゼ型

2023年度 ▍福岡県・福岡市・北九州市 ▍難易度

解答・解説

【1】②

○**解説**○ ①は毛様体ではなく黄斑，③は黄斑ではなく虹彩，④は虹彩ではなく毛様体の説明である。

【2】(1) d　(2) a　(3) e　(4) e　(5) b　(6) c

○**解説**○ 障害のある子どもの基本的な特性などの設問である。令和3年6月に文部科学省から出された「障害のある子供の教育支援の手引～子供たち一人一人の教育的ニーズを踏まえた学びの充実に向けて～」(以下,「教育支援の手引き」という。)を一読し，障害種ごとの具体的な特徴や指導に関する基本的な内容等について理解しておく必要がある。 (1)「気が散りやすく，じっとしていることが苦手」とあることから，注意欠陥多動性障害である。本人の自己肯定感を低下させないようにするには，注意や叱責をするより，望ましい行動を具体的に示したり，行動のよい面を見つけたらすぐにほめたりすることが効果的である。 (2) 人間の脳における脳幹と間脳・大脳辺縁系の部分は古い脳と呼ばれ，人間が生命を維持するために最低限必要な機能を担っており，無意識に働く。脳幹部の活動が主であるということは，最も初期の「生後3か月」ごろまでである。成長に伴って，大脳新皮質という新しい脳が形成され，脳の機能の分化が進んでいく。また，新しい脳は意識して働く。 (3)「教育支援の手引き」では,「肢体不自由の理解」の「随伴する障害」の「行動特性」には,「脳性まひを含めて中枢神経に障害がある者には，転導性(注意が特定の対象に集中できず，周囲の刺激に無選択的に反応してしまう傾向)，多動性(運動・動作を抑制することが困難な傾向)，統合困難(部分を全体的なまとまりに構成したり，関係付けたりすることが困難な傾向)，固執性(一つの物事にこだわったり，気持ちを切り替えたりすることが難しい傾向)などの独特の行動傾向が観察されることがある」と記述されている。
(4) 選択制かん黙を発症する子供は，問題行動を起こさないため，治療が必要なものとして認識されないことが多い。適切な治療を行えば症状の改善が可能だが，そのままにしておくと，成人後に社会的機能に重篤な悪影響を及ぼす可能性がある。なお，選択制かん黙は近年，場面かん黙という呼称で呼ばれるようになっている。 (5) ボウルビィによって提唱されたのは，「愛着」の理論である。愛着の形成は，子どもの人間に対する基本的信頼感をはぐくみ，その後の心の発達，人間関係に大きく影響し，社会性の発達に重要な役割をもつものである。 (6) スキナーのネズミの実験に代表される学習理論は，オペラント条件づけである。オペラント条件づけは，刺激ではなく行動に対する学習を説明しようとするもので，道具的条件づけとも言われる。

【3】(1) c (2) e (3) a (4) e (5) c

○**解説**○ (1) 心臓は，右心房，左心房，右心室，左心室の4つの部屋に分かれている。血液の循環には，左心室(③)から大動脈(①)を通って全身に送り出し，二酸化炭素の多い血液が大静脈(⑤)によって右心房(④)に戻ってくる経路と，戻ってきた血液を右心室から肺動脈(②)を通って肺に送り出し，酸素を多く含んだ血液が肺から肺静脈を通って左心房に戻ってくる経路がある。 (2) 骨格筋は，身体を動かしている筋肉で，一般的に筋肉と呼ばれているものは骨格筋を指している。平滑筋は内臓や血管の壁に存在し，緊張を保つことや収縮によって内臓や血管の働きの維持を行っている。平滑筋や心筋は自律神経支配であり，自分の意思で動かすことはできない。また，筋繊維は，数百から数千もの筋原線維で成り立っていて，太い繊維の「ミオシンフィラメント」と細い繊維の「アクチンフィラメント」が規則正しく並んでいる状態であり，筋肉(横紋筋)が縞模様に見えるのは筋繊維の並びが規則正しいことによるものである。 (3) 大脳の前頭葉には一次運動野と呼ばれる領域があり，この領域のニューロンは反対側の脊髄の運動ニューロンに情報を伝達する働きがある。この一次運動野という領域は，身体各部位の筋肉の動きをコントロールする働きがある。 (4) 飲み物や口で咀嚼された食べ物は，嚥下と呼ばれる反射運動によって，咽頭(のど)を通過し，食道，胃へと送られる。正常な嚥下運動では，食べ物や飲み物を飲み込む際，空気の通り道である気管の入り口は閉じられるが，嚥下障害によってその機能がうまく働かなくなると，誤嚥が起こる。唾液や飲食物に含まれる細菌が肺に侵入すると，嚥下性肺炎を引き起こす。　(5)　脊柱(脊椎)は，頸椎，胸椎，腰椎，仙骨，尾骨で構成されている。頸椎は7個，胸椎は12個，腰椎は5個の椎骨から構成され，最後に仙骨と尾骨がつながっている。脊柱には，体を支える柱としての役割，身体を動かす機能，肋骨と組み合わさって内臓を守る，脊髄などの重要な神経を保護するという，4つの働きがある。

【4】④

○**解説**○ 「腰椎」ではなく「環軸椎」(かんじくつい)が正しい。環軸椎亜脱臼のことを「不安定症」といい，ダウン症患者の約1～3割が罹っているといわれている。

【5】②

○**解説**○ アの痙性とは手足が突っ張り，曲げられない，関節が屈曲・伸展してしまい思うように動かせないといった運動障害を，ウのアテトーゼは体をよじらせる不随意運動のことを指す。なお，脳性まひには4つの型のほか，4つの型の症状を2以上有する混合型がある。

【6】(2)

○**解説**○ (1)　乳糖不耐症は，乳糖分解酵素の活性が低下しているため，ミルクに含まれる乳糖を消化吸収できず，著しい下痢などの症状を引き起こす疾患である。　(3)　気管支ぜん息は，気管の慢性的な炎症と，その周囲の筋肉の収縮に伴って，空気の通り道が狭くなり，ヒューヒューという音とともに発作性の息苦しさを感じる病気である。嚥下機能障害とは関係がない。　(4)　福山型筋ジストロフィーは先天性の疾患で，FKTN遺伝子と呼ばれるたんぱく質を生成する遺伝子の異常によって引き起こされると考えられている。X染色体に原因となる遺伝子によるものとしては，デュシェンヌ型筋ジストロフィーがある。

【7】①　オ　②　カ　③　イ　④　キ　⑤　サ　⑥　コ　⑦　エ　⑧　ア　⑨　ウ

○**解説**○ なお，医療的ケアについて，「医療的ケア児及びその家族に対する支援に関する法律」では「人工呼吸器による呼吸管理，喀痰吸引その他の医療行為」とされているが，一般的には病院などの医療機関以外の場所(学校や自宅など)で日常的に継続して行われる，喀痰吸引や経管栄養，気管切開部の衛生管理，導尿，インスリン注射などを指す。一般的に医療的ケアを行うのは医師，看護師であるが，「口腔内の喀痰吸引」「鼻腔内の喀痰吸引」「気管カニューレ内の喀痰吸引」「胃ろう又は腸ろうによる経管栄養」「経鼻経管栄養」については，研修を終了する等，一定の条件の下で教員でも実施できる。

【8】(1) b　(2) b　(3) e　(4) d　(5) a

○解説○ (1)　大脳の構造については，まずは表面にはしわ(凹凸)があること，この凹凸の隆起部分を「脳回」といい，陥没部分を「脳溝」という。脳溝には外側溝や中心溝などがあり，「脳回」についても部分により「弓隆回」や「上前頭回」などがある。この部分は思考や感情，感覚の認知，随意運動などに関与している部分である。また，表面は大脳皮質(新皮質)と呼ばれる灰白質で覆われ，深部は部分により質と呼ばれる白質がある。さらに，大脳の裂けた部分については大量の神経線維の束によって右脳と左脳に分けられ，右脳と左脳を連絡する部分を「脳梁」という。　(2)　神経系にはニューロンとグリア細胞があり，ニューロンについては大きく3つの部分に分けられ，送路にあたる「軸索」，ニューロンの入力である「樹状突起」，核が存在する「細胞体」から成る。「軸索」とは「細胞体」からの信号を他のニューロンに伝えるためのものである。「樹状突起」とは他のニューロンからの信号を受け取る部分であり，他のニューロンの軸索の末端と結合している。この結合部分を「シナプス」と呼ぶ。　(3)　1つの腎臓には「ネフロン」という組織が約100万個あり，そのそれぞれで尿がつくられている。また，「ネフロン」には糸球体とよばれる毛細血管のかたまりと，それを包むボウマン囊及び尿細管がある。糸球体とボウマン囊のことを腎小体という。さらに，「ネフロン」とは尿を作る部分であり，腎小体の先にある尿を集める導管を集合管という。

(4)　上腕の動きとは，伸展させたり屈曲させたり，回内(上向きの手掌を下に向ける動作)させたり，回外(下に向いた手掌を上に向ける動作)させたりすることである。また，こうした動作が可能なのは，上腕の尺骨と橈骨が蝶番関節(ドアの蝶番のように一方向のみに動く関節，肘関節も同様)を形成しているからである。 (5) 脊髄神経の運動情報を伝えるものには，意思による随意運動の情報を伝える錐体路系と無意識の不随意運動を伝える錐体外路系がある。

【9】⑤

○**解説**○ 「原因を取り除くことができ,」の箇所が誤り。正しくは「原因を取り除くことはできませんが,」である。てんかんの薬物治療では，発作型に合った抗てんかん薬の投薬を十分な期間続けて，様子を見る。

【10】⑥

○**解説**○ 特別支援学校小学部・中学部学習指導要領(平成29年告示)「第2章　第1節　小学部　第1款　4　病弱者である児童に対する教育を行う特別支援学校」の「(6)　病気のため，姿勢の保持や長時間の学習活動が困難な児童については，姿勢の変換や適切な休養の確保などに留意すること」に関する解説からの出題である。　ア　病状が日々変化する疾患なので,「進行性」疾患である。　イ　入院中に治療方法が何度も変わることから，慢性ではなく「急性」疾患である。　ウ　健康状態の維持・改善を図っていることから,「慢性」疾患である。
エ 「病気の状態等に応じて弾力的に対応できるようにする」ために必要なのは,「医療」との連携である。

【11】ア　e　　イ　c　　ウ　b　　エ　a

○**解説**○ ア　アテトーゼ型は，頸部と上肢などに不随意運動がよく見られることが特徴である。　イ　固縮型は，関節の動きが硬く，鉛の管を屈伸するような抵抗感があるのが特徴である。　ウ　痙直型は，伸張反射が異常に亢進した状態である痙性がみられることが特徴である。脳性まひの小児の70%以上を占めている。　エ　失調型は，体の各部の動きを制御したり調整したりする機能の障害である。

検査法・点字・手話

ポイント

障害のある子どもに対する指導においては，子どもの実態把握は極めて重要であり，教育現場では各種の検査が行われている。そのため，教員採用試験においても特別支援教育の領域において使用される検査に関する問題は頻出しているので，基本的な検査の名称，検査の内容，検査の手続き，検査結果の処理や解釈の方法，などについては理解を深めておきたい。特別支援教育の概論書の中には，検査に関する章を設けてあるものや，資料として特別支援教育において用いられる諸検査を簡潔にまとめてあるものもみられるので，これらを活用して学習を進めるとよいであろう。しかし，実際に自分で検査用具・用紙などに直接触れ，実施してみることが最も有効な学習方法であることを忘れてはならない。

特別支援教育 検査法・点字・手話

実施問題

検査法

【1】次の記述は，田中ビネー知能検査Ⅴについて述べたものである。空欄[ア]，[イ]に当てはまるものの組合せとして最も適切なものを，以下の①～④のうちから選びなさい。

田中ビネー知能検査Ⅴでは，2～13歳までの子ども(被検査者)の場合，数値的な手がかりとして[ア]と[イ]が得られる。

① ア 生活年齢 イ 知能指数
② ア 精神年齢 イ 発達指数
③ ア 生活年齢 イ 発達指数
④ ア 精神年齢 イ 知能指数

▌2024年度 ▌神奈川県・横浜市・川崎市・相模原市 ▌難易度

【2】次のオージオグラムは，伝音難聴，感音難聴，混合性難聴の例を表したものである。

ア～ウの難聴を表しているオージオグラムを選び，記号で答えなさい。

ア 伝音難聴 イ 感音難聴 ウ 混合性難聴

a

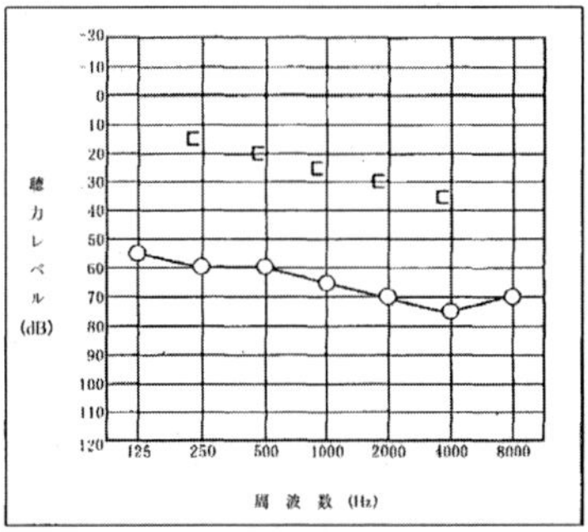

b

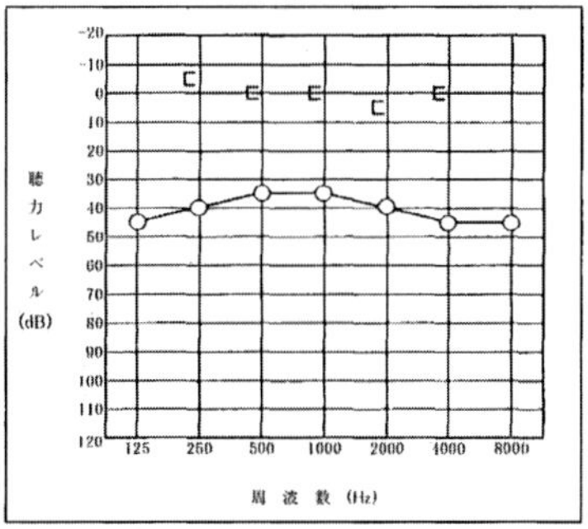

C

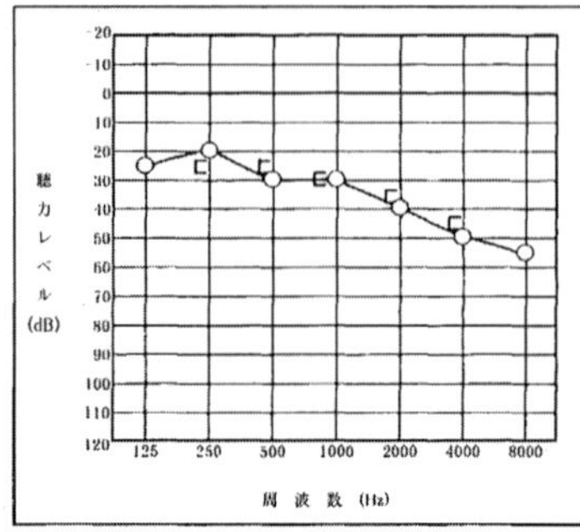

2024年度 福岡県・福岡市・北九州市 難易度

【3】

問1　次の文は，令和3年6月に示された「障害のある子供の教育支援の手引」の中から一部抜粋したものである。以下の各問いに答えよ。

> 知能検査や発達検査の結果は，【　A　】年齢又は発達年齢，知能指数又は発達指数などで表される。また，検査によっては，知能【　B　】値で表されることもあり，今日的には，【　B　】によって知的機能の状態を把握することが主流になってきている。
>
> 知能指数等は，発達期であれば変動が大きい場合がある。また，低年齢の段階においては，(　①　)・社会的環境条件の影響を比較的受けやすく，結果の解釈に当たっては，生活環境，教育環境などの条件を考慮する必要がある。
>
> (中　略)
>
> なお，同一の知能検査や発達検査の実施間隔は，検査に対する学習効果を排除するため，(　②　)程度空けることが一般的である。
>
> また，他の障害を併せ有する場合は，その障害の特性を十分に考慮した上で，検査の結果を解釈することが大切になる。例えば，知的障害に自閉症を併せ有していると，質問に対する応答が断片的・部分的になる場合が多く，(　③　)の知能検査の結果が，本人の潜在的な能力よりも低くなる可能性があ

る。手指の機能に障害がある場合も，(　④　)の検査においては同様の傾向となる。他の障害を有していることが疑われる場合は，専門医の診断を受けるなどしてから，代替する検査を使用したり，改めて検査をしたりするなどの配慮が必要である。

(1)　【　A　】,【　B　】に当てはまる語句を，漢字2字でそれぞれ答えよ。

(2)　(　①　)~(　④　)に当てはまる語句を，次の＜選択肢＞から1つずつ選び，記号で答えよ。

＜選択肢＞

ア　半年から1年	イ　身体的	ウ　言語性
エ　1年から2年	オ　2年から3年	カ　巧緻性
キ　心理的	ク　動作性	ケ　社会性
コ　人的		

問2　次の表は，WISC－Ⅳ知能検査の4つの指標とその説明及び基本検査について示したものである。(　①　),(　②　)に当てはまる語句を答えよ。

＜表＞

指　標	説　明	基本検査
言語理解指標	・言語の概念を捉え、言葉を使って推論する能力を測る。	類似　単語　理解
(　①　) 指標	・非言語的な情報をもとに推論する力を測定する。 ・数奇な情報に基づく課題処理能力を測定する。	積木模様　絵の概念　行列推理
(　②　) 指標	・聞いた情報を記憶に一時的にとどめ、その情報を操作する能力を測定する。	数唱　語音整列
処理速度指標	・単純な視覚情報を素早く正確に、順序よく処理、あるいは識別する能力を測定する。	符号　記号探し

問3　次の表は，「遠城寺式・乳幼児分析的発達検査表(九州大学小児科改訂版)」から一部抜粋したものである。以下の各問いに答えよ。

＜表＞

移動運動	手の運動	基本的習慣	対人関係	発語	言語理解
運動		社会性		言語	
	まねて直線を引く	こぼさないでひとりで食べる		自分の姓名を言う	大きい、小さいがわかる
	鉄棒などに両手でぶらさがる	ひとりでパンツを脱ぐ		「きれいね」「おいしいね」などの表現ができる	鼻、髪、歯、舌、へそ、爪を指示する(4/6)
	積木を横に二つ以上ならべる	排尿を予告する		二語文を話す(「わんわんきた」など)	「もうひとつ」「もうすこし」がわかる
	鉛筆でぐるぐるまるをかく	ストローで飲む		絵本を見て三つのものの名前を言う	目、口、耳、手、足、腹を指示する(4/6)
	コップからコップへ水をうつす	パンツをはかせるとき両足をひろげる		絵本を見て一つのものの名前を言う	絵本を読んでもらいたがる
	積木を二つ重ねる	自分の口もとをひとりでふこうとする		3語言える	簡単な命令を実行する（「新聞を持っていらっしゃい」など。）
	コップの中の小粒をとり出そうとする	お菓子のつつみ紙をとって食べる		2語言える	要求を理解する(3/3)（おいで、ちょうだい、ねんね）

(1)　次のA～Dは,「移動運動」の検査項目を一部抜粋したものである。乳児期から幼児期までの発達の順序として正しく並べているものを，以下の＜選択肢＞から1つ選び，記号で答えよ。

A　足を交互に出して階段をあがる

B　ボールを前にける

C　走る

D　両足でぴょんぴょん跳ぶ

＜選択肢＞

ア　B→C→D→A　　イ　D→B→C→A　　ウ　C→D→B→A

エ　C→B→D→A　　オ　B→C→A→D

(2)　次のA～Dは,「対人関係」の検査項目を一部抜粋したものである。乳児期から幼児期までの発達の順序として正しく並べているものを，以下の＜選択肢＞から1つ選び，記号で答えよ。

A　電話ごっこをする

B　友達とけんかをすると言いつけにくる

C　親から離れて遊ぶ

D　困難なことに出会うと助けを求める

＜選択肢＞

ア　D→A→C→B　　イ　C→D→B→A

ウ　A→D→C→B　　エ　C→A→B→D

オ　D→C→A→B

問4　次の各文は，学校教育法施行令第22条の3及び平成25年10月4日付け25文科初第756号文部科学省初等中等教育局長通知から一部抜粋したものである。(1)～(4)の障害の程度はどの学びの場の対象として示されているか，以下の<選択肢>から1つずつ選び，記号で答えよ。

(1)　肢体不自由の状態が補装具によっても歩行，筆記等日常生活における基本的な動作が不可能又は困難な程度のもの。

(2)　知的発達の遅滞があり，他人との意思疎通に軽度の困難があり日常生活を営むのに一部援助が必要で，社会生活への適応が困難である程度のもの。

(3)　慢性の呼吸器疾患，腎臓疾患及び神経疾患，悪性新生物その他の疾患の状態が継続して医療又は生活規制を必要とする程度のもの。

(4)　拡大鏡等の使用によっても通常の文字，図形等の視覚による認識が困難な程度の者で，通常の学級での学習におおむね参加でき，一部特別な指導を必要とするもの。

<選択肢>

ア　特別支援学校　　イ　特別支援学級　　ウ　通級による指導

2024年度　長崎県　難易度 ■■■

【4】次の(1)～(6)の各問いに答えなさい。

(1)　次の文は，ある心理アセスメントについて説明したものである。(　　)に当てはまる語句として最も適切なものを，以下のa～eの中から一つ選びなさい。

> (　　)は，子どもの発達支援，障害児者の支援に役立てるために発達の状態を捉えることを主な目的とした，0歳から成人までの個人検査である。姿勢・運動，認知・適応，言語・社会の3つの領域に分類されている。検査結果からは，各領域および全領域の発達年齢と発達指数が算出される。

a　田中ビネー知能検査V　　b　WISC-V

c　DN-CAS　　d　遠城寺式乳幼児分析的発達検査法

e　新版K式発達検査2020

(2) 次の文は，ある心理アセスメントについて説明したものである。( )に当てはまる語句として最も適切なものを，以下のa～eの中から一つ選びなさい。

( )は，アメリカの心理学者であるカウフマン夫妻によって作成された知能検査で，検査の結果を子どもへの指導に活かすことを大きな目的としている。日本版では，認知尺度と習得尺度から構成され，各尺度は，さらに4つずつの下位尺度に分かれる。適応年齢は，2歳6か月から18歳11か月である。

a MIM-PM　b PVT-R　c KABC-II　d ADOS-2
e WPPSI-III

(3) 次の文は，ある心理アセスメントについて説明したものである。( )に当てはまる語句として最も適切なものを，以下のa～eの中から一つ選びなさい。

( )は，絵に対して作られた物語から対象者のパーソナリティの特徴を明らかにすることを目的とした投影法による検査の1つである。白紙図版1枚を含む31枚の図版からなり，対象者は提示される1枚ずつの図版に対して現在，過去，未来にわたる物語を作ることが求められる。児童から成人向けの検査である。

a TAT　b P-Fスタディ　c ロールシャッハ法
d バウムテスト　e MMPI

(4) 次の文は，ある心理アセスメントについて説明したものである。( )に当てはまる語句として最も適切なものを，以下のa～eの中から一つ選びなさい。

( )は，6歳11か月までの乳幼児を対象として，言語・コミュニケーションの発達を総合的に評価するアセスメント・ツールである。「言語表出」「言語理解」「コミュニケーション」の3つの領域ごとおよび全体の発達水準が数値(年齢，指数)として求められる。

a KIDS　b S-M社会生活能力検査　c ITPA

d LCスケール　e STRAW-R

(5) 次のa～eの文は，心理アセスメント等の手法について説明したものである。説明として正しいものを，次のa～eの中から一つ選びなさい。

a 面接法であってもあらかじめ質問項目を決めておく構造化面接であれば，面接者の主観や主観的介入が少なくなり，客観性の高い結果が得られる。

b 知能検査は対象者の年齢を考慮して算出するため，その結果が生涯にわたって大きく変化することはない。

c 種類の異なる知能検査であっても，測っているのは同じ知能であるため同じような結果を得ることができる。

d 子どもや障害のある者における心理アセスメントのための心理検査は，体力的な負担などを考慮して1つの心理検査のみ行うのが望ましい。

e 言語を用いることができない対象者については，心理アセスメントを行うことはできない。

(6) 次の文は，心理アセスメント等の基礎的な事柄について説明したものである。(　　)に当てはまる語句として最も適切なものを，以下のa～eの中から一つ選びなさい。ただし，2つの(　　)には同じ語句が入るものとする。

心理テストにおいて(　　)は非常に重要な概念である。心理テストが道具として機能するためには，測定結果は安定し，一貫している必要がある。これを(　　)という。再テスト法やクロンバックのα係数などを用いて推定される。

a 妥当性　b 標準化　c 内的整合性　d 再現性
e 信頼性

2024年度 茨城県 難易度■■■□□

【5】ビネー式知能検査の説明として適切ではないものを，次の①～④のうちから選びなさい。

① ウェクスラー式知能検査と並んで多用される代表的な集団式知能

検査である。

② 知能をいくつかの因子に分類された個々の能力の寄せ集めではなく，一つの統一体であるという考え方に基づいている。

③ 検査は，年齢尺度で構成されている。年齢に応じて問題が配され，特定の年齢に対応する問題をその年齢級と表現する。

④ 知能指数等の数値だけではなく，正解した問題，間違えた問題の傾向やその子どもの反応のようすも読みとった上で，今後の発達をどのように支援していくのか検討する材料にする。

▌2023年度 ▌神奈川県・横浜市・川崎市・相模原市 ▌難易度 ■■■□□

【6】次のオージオグラムが示している内容について，[　A　]~[　C　]に当てはまる適切な数値及び単位を記入しなさい。ただし，平均聴力レベルの算出方法は，国内で一般的に用いられている四分法によるものとする。

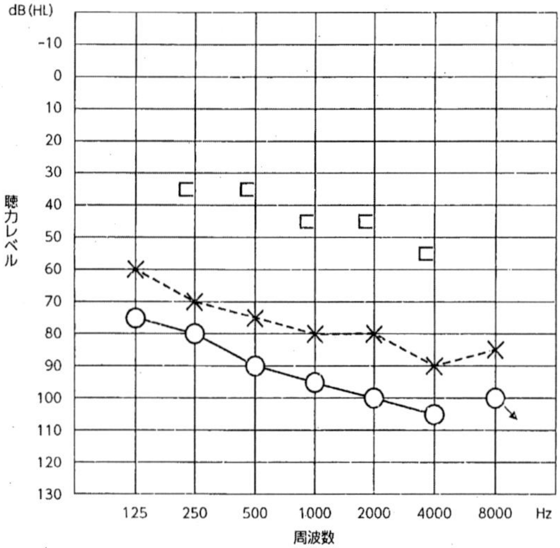

○ 左耳(気導)の4000Hzの聴力レベルは[　A　]である。

○ 右耳(気導)の聴力レベルで，スケールアウトの周波数は[　B　]である。

○ 右耳(気導)の平均聴力レベルは[　C　]である。

▌2023年度 ▌福岡県・福岡市・北九州市 ▌難易度 ■■■□□

【7】次の文は，視力測定について述べたものである。

視力測定においては，次の図に示す［ A ］環を視標として用いることが多い。

［ A ］環を見るとき，眼と環の切れ目により角度ができる。この角度を［ B ］と呼ぶ。以下の図のように，高さと幅が7.5mm，切れ目の幅が［ ア ］mmの視標を5mの距離から見たとき，眼と環の切れ目の［ B ］が1分となる。

［ B ］1分を見分けることができる視力が［ イ ］であり，［ B ］10分の視標を見分けることができれば視力［ ウ ］ということになる。

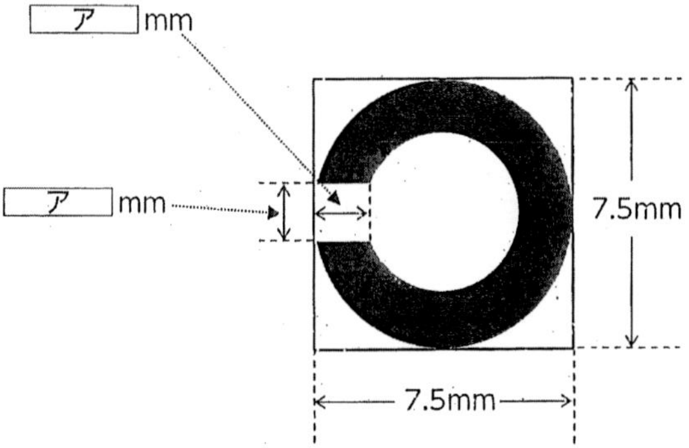

(1) 文中の［ A ］及び［ B ］に当てはまる適切な語句を記入しなさい。ただし，同じ記号には同じ語句が入るものとする。

(2) 文中の［ ア ］～［ ウ ］に当てはまる適切な数を次の選択肢から選び，記号で答えなさい。

《選択肢》

a 2.0　b 1.5　c 1.2　d 1.0　e 0.5　f 0.2

g 0.1　h 0.01

▌2023年度 ▌福岡県・福岡市・北九州市 ▌難易度 ■■■□□

【8】次のア～エのオージオグラムは，気導聴力検査によって得られた結果を示したものである。ア～エのうち，A，Bの条件に当てはまるものの組合せとして最も適切なものを，後の①～④のうちから選びなさい。

ア

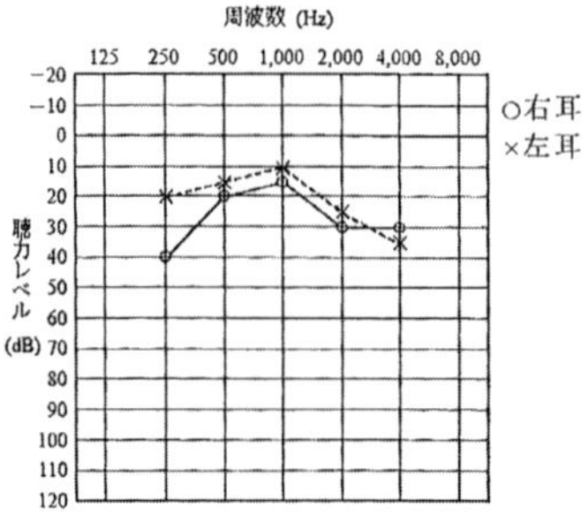

イ

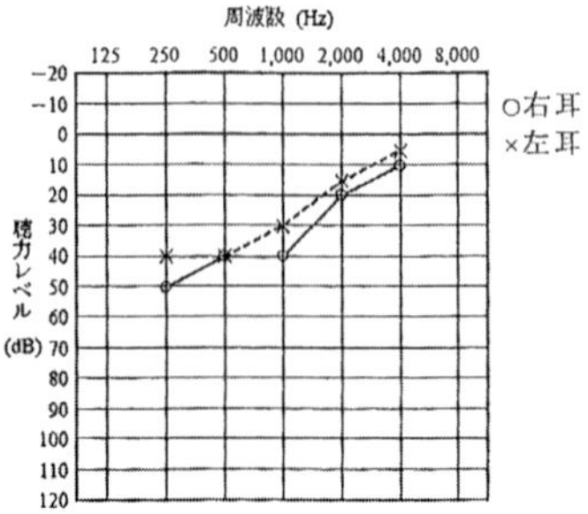

ウ

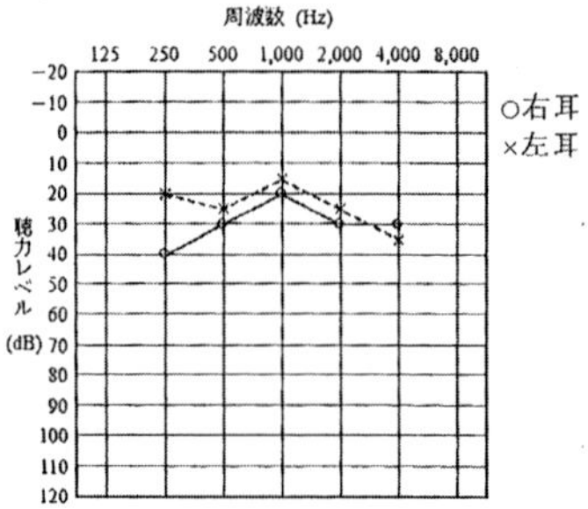

エ

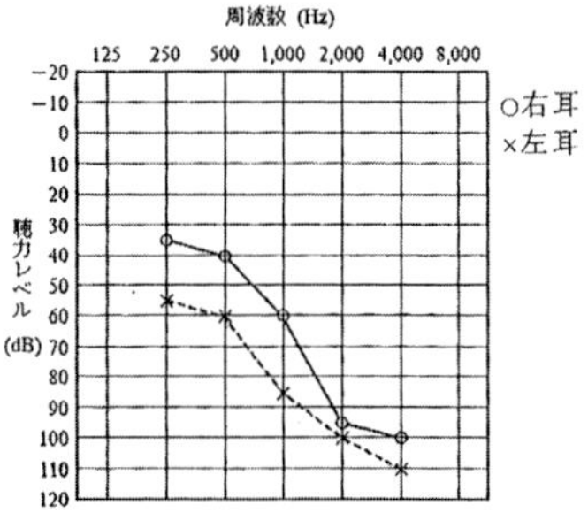

A　4分法で計算したときに，右耳の平均聴力レベルが20dBである。

B　会話の中で，子音が聞き取りにくいことが予想される。

① A－ア　B－イ

② A－ア　B－エ

③ A－ウ　B－イ

④ A－ウ　B－エ

2023年度 ｜ 神奈川県・横浜市・川崎市・相模原市 ｜ 難易度

【9】次の各問いに答えよ。

問1　次の文は，知能検査や発達検査を実施する上での工夫について説明したものである。以下の各問いに答えよ。

> 検査の実施に当たっては，それらの検査の実施に習熟した検査者が担当することが重要である。特に，検査場面での円滑な実施のために，事前に検査者と子供が一緒に遊ぶなどして，

【 A 】関係を築いておくことが大切である。
知能検査や発達検査には，①設定された場で検査項目ごとに，検査者が被検査者に反応を求めながら判断する方法，②被検査者の【 B 】観察をする方法，③被検査者をよく知る保護者等に尋ねたり，記録様式を定めて保護者等に記入してもらったりして，検査項目ごとに「できる・できない」を判断する方法がある。その際には，「もう少しで達成しそうである」など記録を残しておくことも大切である。

(1) 【 A 】,【 B 】に当てはまる語を，漢字2字で答えよ。

(2) 下線部の方法を用いる検査の名称を，次の＜選択肢＞から1つ選び，記号で答えよ。

＜選択肢＞

ア 田中ビネー知能検査Ｖ イ 新版K式発達検査

ウ ロールシャッハ・テスト エ S－M社会生活能力検査

問2 次の文は，遠城寺式乳幼児分析的発達検査法(九州大学小児科改訂新装版)の特徴について，説明したものである。内容が誤っているものを，次の＜選択肢＞から2つ選び，記号で答えよ。

＜選択肢＞

ア 簡単に短時間で検査でき，検査用具も一切必要ない。

イ 検査表の発達グラフ及び検査問題は左から，移動運動，手の運動，基本的習慣，対人関係，発語，言語理解と並んでいる。

ウ 障害のない子供でも発達の様相がグラフに表され，育て方や環境の診断に役立つことがある。

エ 検査の間隔は，乳児では1か月，以後3か月おきに行うのが適当である。

オ 同一検査用紙に検査結果を何回も記入することができ，前の検査結果と比較して発達の状況を継続的にみていくことができる。

問3 次の表は，A児の田中ビネー知能検査Ｖの結果である。以下の各問いに答えよ。

＜表＞

A児	検査年月日	２０２１年　８月　９日
	生年月日	２０１６年　５月　６日
	基底年齢	２歳
	精神年齢（MA）	３歳６か月

(1)　A児の生活年齢(CA)を答えよ。

(2)　A児の知能指数(IQ)を，小数第一位を四捨五入して整数で答えよ。

問4　次の表は，医療的ケアと教職員が教育活動を行うに当たって留意することをまとめたものである。以下の各問いに答えよ。ただし，同一番号・記号にはそれぞれ同一語が入る。

＜表＞

医療的ケア	教職員が教育活動を行うに当たって留意すること
人工呼吸器による呼吸管理	・酸素療法を行っている場合、理科や家庭科などの授業を行う際、酸素濃縮器や酸素（　①　）を装着している医療的ケア児を火気に近づけないように注意する。 ・酸素（　①　）が転倒等した時は、マスクが外れていないかどうか、酸素供給量が適切に保たれているかを確認の上、すぐに看護師等にその旨を伝える。
喀痰【　A　】	・必要に応じて、【　A　】を行うためのスペースを設ける。その際、医療的ケア児本人や他の児童生徒の発達段階に応じた配慮を行う。 ・ガーゼやスカーフなどで気管切開部を覆っている場合は、ガーゼやスカーフがぬれると呼吸が苦しくなるので、注意する。 ・気管（　②　）の自己（事故）抜去を防止するため、（　②　）固定のひもやホルダーが緩くなっていないか、確認する。
経管栄養	・経管栄養（　③　）の挿入部に留意すれば、特に活動に制限はないが、胃ろうの子供がうつぶせになる場合は、胃ろう部の圧迫に留意する。 ・他の子供と接触することが想定される体育などの教育活動においては、経鼻に留置している経管が抜けないよう注意する。
【　B　】	・尿道（　③　）を持続留置している子供もいるので、医師や保護者に活動範囲等を確認する。 ・【　B　】間隔を守り、間欠【　B　】を生活行為の一部として学校生活スケジュールの中に上手に取り入れることで、子供の生活の質の向上につなげる。 ・【　B　】の実施場所は、多目的トイレや保健室を利用するなど、十分な広さを確保する。
血糖値測定・（　④　）注射	・学校では、主に昼食前に皮下注射を行うこととなる。その際には、他の児童生徒の目を気にすることなく、安心して注射できる場所を確保する。 ・体外から（　④　）注射を行うため、例えば、嘔吐時や喫食時間の遅延などにより、予期せぬ低血糖症状に陥る危険性があるので、あらかじめ医師に対応を相談したり、緊急時に保護者や保護者を通じて医師と対応を確認し合ったりするなどして、速やかに補食できるような体制を構築しておく。

(1) 【　A　】,【　B　】に当てはまる語を，漢字2字で答えよ。

(2) （　①　）〜（　④　）に当てはまる語の組合せとして正しいもの
を，次の＜選択肢＞から1つ選び，記号で答えよ。

＜選択肢＞

ア　①：チューブ　　②：カテーテル　　③：カニューレ
　　④：エピペン

イ　①：ボンベ　　　②：カニューレ　　③：カテーテル
　　④：インスリン

ウ　①：チューブ　　②：カニューレ　　③：カテーテル
　　④：エピペン

エ　①：ボンベ　　　②：カテーテル　　③：カニューレ
　　④：インスリン

2023年度 ‖ 長崎県 ‖ 難易度 ■■■□□

【10】次の1から10の文に最も関係の深いものを，それぞれの文の下にあるアからエのうちから一つ選び，記号で答えよ。

1　特別支援学校の対象となる障害の程度を定めた法令。

　　ア　教育基本法　　イ　障害者基本法　　ウ　学校教育法
　　エ　学校教育法施行令

2　障害のある子供の「教育的ニーズ」を整理するための考え方や，
就学を始めとする必要な支援を行う際の基本的な考え方が記載され
ている，文部科学省が令和3年に改訂した資料。

　　ア　障害のある子供の教育支援の手引
　　イ　障害のある子供の特別支援の手引
　　ウ　障害のある子供の就学支援の手引
　　エ　障害のある子供の就学指導の手引

3　「発達の最近接領域」を提唱した心理学者。

　　ア　ゲゼル　　イ　ピアジェ　　ウ　ヴィゴツキー
　　エ　ブロンスキー

4　アメリカのウェスクラーによって開発された知能検査のうち，5歳
0か月から16歳11か月の子供を対象としたもの。

　　ア　WAIS-Ⅳ　　イ　WPPSI-Ⅲ　　ウ　WMS-R　　エ　WISC-Ⅴ

5　学齢時にみられる視覚障害の主要な原因疾患の一つで，発達途上の眼球内で網膜血管が異常増殖する疾患。

ア　未熟児網膜症　　イ　網膜色素変性症　　ウ　網膜黄斑変性症
エ　網膜芽細胞腫

6　被験者が眠った状態でも実施でき，音刺激を与え，脳波の波形から聴覚障害の有無を調べる検査。

ア　ABR　　イ　BOA　　ウ　COR　　エ　OAE

7　脊柱を正面から見たときに左右に曲がっている状態で，脊椎の先天奇形や種々の筋疾患によるもの。

ア　レット症候群　　イ　ペルテス病　　ウ　二分脊椎症
エ　脊柱側弯症

8　脳の機能の調整がうまくいかず，幻覚や妄想などの症状があらわれる脳神経の慢性疾患。

ア　ターナー症候群　　イ　脳性まひ　　ウ　統合失調症
エ　先天性水頭症

9　発話や書字が難しい人が意思を伝えるため，文字盤の文字を押して作成した文章が，音声に変換される機器。

ア　デイジー　　イ　トーキングエイド　　ウ　キュードスピーチ
エ　パーキンスブレーラー

10　通常の事業所に雇用されることや雇用契約に基づく就労が困難である者に対して，就労や生産活動の機会の提供等の支援を行うところ。

ア　地域障害者職業センター　　イ　就労継続支援A型作業所
ウ　就労継続支援B型作業所　　エ　障害者職業能力開発校

▌2023年度 ▌栃木県 ▌難易度 ■■■□□

解答・解説

【1】④

○**解説**○ なお，「生活年齢」とは検査対象となった子どもの実年齢のこと。知能指数は精神年齢÷生活年齢×100で算出される。

【2】ア b　イ c　ウ a

○**解説**○ オージオグラムの見方は，「○」が右耳(気導)，「×」が左耳(気導)，「[」が右耳(骨導)，「]」が左耳(骨導)である。聴力が正常の場合のグラフは，気導と骨導がほぼ一致しており，値に差がみられない。アの伝音難聴は，気導と骨導の値に差が現れる。気導は低下するが骨導は正常に保たれるのが特徴である。よって，「[」が正常域であるbが当てはまる。イの感音難聴は，音を感じ取ることが困難なため，気導も骨導もほぼ同じ程度に低下する。よって，ともに同じ程度に低下しているcが当てはまる。ウの混合性難聴は，伝音難聴と感音難聴の両方の症状を表す。気導と骨導の値に差があり，ともに低下する。よって，aである。

【3】問1　(1)　A　精神　B　偏差　(2)　①　キ　②　エ　③　ウ　④　ク　問2　①　知覚推理　②　ワーキングメモリー　問3　(1)　エ　(2)　オ　問4　(1)　ア　(2)　イ　(3)　ア　(4)　ウ

○**解説**○ 問1　(1)　精神年齢はMA，発達年齢はDA，知能指数はIQ，発達指数はDQ，知能偏差値はISSと略されることがある。

問2　WISC－Ⅳの対象年齢は5～16歳であり，16歳以上はWAIS－Ⅳで検査する。WAIS－ⅣはWISC－Ⅳと指標が同一など，共通しているところも多い。その他の知能検査・発達検査の内容なども学習しておくこと。　問3　問題は1歳～2歳6か月ぐらいの抜粋であり，下から上の項目へと発達していくことを表している。当然，発達するにつれ，より高度な言動をすることをイメージしながら学習するとよい。　問4 (1)は肢体不自由者，(3)は病弱者に関する学校教育法施行令第22条の3

の条文なので，特別支援学校対象者である。(2)は知的障害者の特別支援学級に関する内容である。(4)は弱視者の通級による指導に関する内容である。なお，弱視者の特別支援学級対象者の基準は「拡大鏡等の使用によっても通常の文字，図形等の視覚による認識が困難な程度の者」となっている。

【4】(1) e　(2) c　(3) a　(4) d　(5) a　(6) e

○**解説**○ (1) 「姿勢・運動」,「認知・適応」,「言語・社会」の3つの領域から評価する発達検査は,「新版K式発達検査」である。 (2) アメリカの心理学者であるカウフマン夫妻によって作成された知能検査とは，KABC(Kaufman Assessment Battery for Children)である。この検査は，認知処理過程及び処理能力を計測することを目的とした検査で,「Battery」とあるように，複数の下位検査で構成されたアセスメント・ツールである。 (3) 「現在，過去，未来にわたる物語を作る」心理アセスメントは，TAT(Thematic Apperception Test)という投影法による心理アセスメントである。日常生活での光景が描かれた絵を1枚ずつ提示し，その登場人物の内面や過去・現在・未来について自由に物語を語ってもらいながら，被験者の意識の奥深い層である「無意識」の部分を評価できる投映法という心理検査の一つである。このような投影法の検査としてはロールシャッハ・テストが有名である。

(4) 「6歳11か月までの乳幼児を対象として，言語・コミュニケーションの発達を総合的に評価するアセスメント・ツール」と言えば,「LCスケール」である。「LCスケール」は，乳幼児の言語コミュニケーション発達を基盤にして作られた検査法である。 (5) a 構造化面接は，職種ごとに統一された質問を用い，均一に面接を実施する手法である。この手法によれば，面接手法のバラつきがなくなり，評価結果の客観性を得られる。 b IQは生涯を通してそれほど変わらないと思われてきたが，近年の研究では脳の構造変化が起これば，IQも変化するという研究結果が報告された。10代を中心に±20ポイント程度までの変化が起こるという。 c 検査の対象としている認知機能等の内容によって，得られる結果は異なる。 d 心理アセスメントについては，基本的には1つの検査で判断するのではなく，性格や感情の状態に合わせて，いくつかの検査を組み合わせて行う。　e　心理アセスメントには，面接法以外に観察法や，質問紙法などの心理検査法などがあることから，言語を用いることができない対象者についても，心理アセスメントを行うことができる。　(6)　標準化された心理アセスメントには，「妥当性」と「信頼性」が備わっていなくてはならない。この2つの条件は，心理アセスメントにとって欠かすことのできないものである。「信頼性」は，同じ条件の下で同じ検査を受ければ，同じような結果が出るということである。なお，「クロンバックのα係数」とは，各項目の結果について，全体から観て，同じ概念のもとに測定したかどうかを評価する信頼係数のことである。

【5】①

○**解説**○ ①　ビネー式知能検査やウェクスラー式知能検査は，個別式知能検査の代表的な検査である。集団式知能検査として日本で代表されるのは，「田中A式・B式知能検査」である。

【6】A　90〔dB〕(HL)　　B　8000〔Hz〕　　C　95〔dB〕(HL)

○**解説**○ オージオグラムの見方は，「○」が右耳(気導)，「×」が左耳(気導)，「[」が右耳(骨導)，「]」が左耳(骨導)である。矢印はスケールアウトである。　A　4000〔Hz〕の×のところであり，聴力レベルは90〔dB〕(HL)である。　B　○の矢印のところであり，スケールアウトの周波数は8000〔Hz〕である。　C　平均聴力レベルは，四分法で算出する。周波数500，1000，2000〔Hz〕の聴力レベルをa，b，c〔dB〕とした場合，(a＋2b＋c)÷4の式で求める。この式に当てはめると，(90＋95×2＋100)÷4＝95である。

【7】(1)　A　ランドルト　　B　視角　　(2)　ア　b　　イ　d　　ウ　g

○**解説**○ 視角は，眼と対象の両端とを結ぶ2本の線がつくる角のことで，視角が1分(1度の60分の1)の場合は視力1.0，10分なら視力0.1となる。つまり，視角の逆数が視力となる。ランドルト環では，外径7.5mm，切れ目の幅1.5mmの視標を5mの距離から見たとき，切れ目の幅の視角が1分となるので，識別できれば視力1.0，外径75mm，切れ目の幅

15mmの視標を識別できれば視力0.1となる。

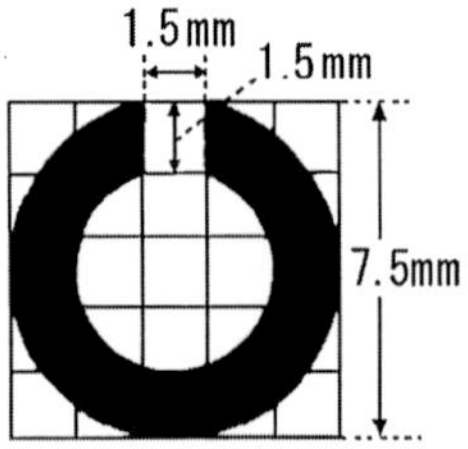

Ⅰ-図1

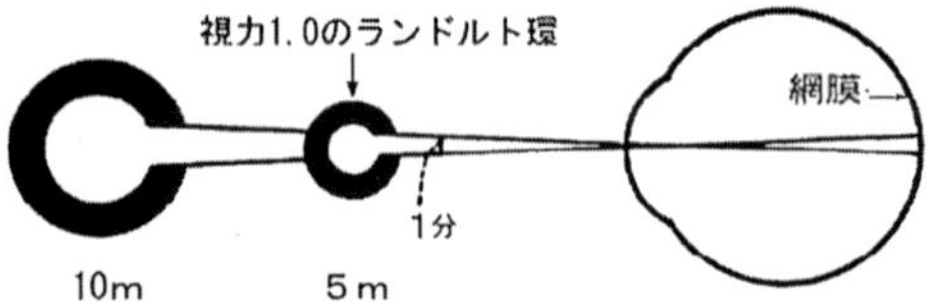

Ⅰ-図2

＜引用＞「障害のある子供の教育支援の手引～子供たち一人一人の教育的ニーズを踏まえた学びの充実に向けて～(令和3年6月)(文部科学省)」より

【8】②

○**解説**○ 気導聴力は，音が外耳から内耳に伝達するまでに聞く力で，その検査はヘッドホンで測定する。 A 4分法による平均聴力レベルは，{(500Hz測定値)＋(1000Hz測定値)×2＋(2000Hz測定値)}÷4 の式で算出する。右耳の平均聴力レベルは次のとおり。ア：(20＋15×2＋30)÷4＝20〔dB〕，イ：(40＋40×2＋20)÷4＝35〔dB〕，ウ：(30＋20×2＋30)÷4＝25〔dB〕，エ：(40＋60×2＋95)÷4＝63.75〔dB〕 B 日本語の音の高さは，母音は50dB前後だが，子音は20～50dBで母音より低くなっている。50dB以下の大部分が聞き取りにくいエが該当する。

【9】問1 (1) A 信頼 B 行動 (2) エ 問2 ア，エ
問3 (1) 5歳3か月 (2) 67 問4 (1) A 吸引 B 導尿
(2) イ

○**解説**○ 問1 (1) A 検査に当たっては，被検査者が安心して取り組めるように，検査者との信頼関係を築くことが大切である。 B 発達障害の検査では，子供を直接検査するもののほかに，行動観察する検査や，保護者，関係者からの聞き取りによる検査などがある。

(2) ア 「田中ビネー式知能検査」は，個人面接法による知能検査である。 イ 「新版K式発達検査」は，発達の精密な観察を行い，精神発達の全体像を捉えるための検査で，直接検査の代表的なものである。

ウ 「ロールシャッハテスト」は，心理検査の投影法の一つで，図版を用いた人格検査である。 問2 ア 検査項目には検査しやすい問題が選ばれていて，検査が容易であり，特別の器具や技能を必要としない。検査法の本にはカードなどが付いているが，ほかにボール，ハンカチ，クレヨン，鉛筆，はさみなどの用具が必要となる。 エ 検査の間隔は，乳児では4か月，以後は6～8か月おきに行うのが適当であるとされている。 問3 (1) 生活年齢は実年齢であり，検査年月日から生年月日を引いて算出できる。 (2) 知能指数は，(MA)÷(CA)×100で算出する。$3\frac{6}{12}\div5\frac{3}{12}\times100=\frac{200}{3}=66.6\cdots$で，67となる。 問4 「小学校等における医療的ケア実施支援資料」(令和3年 文部科学省)からの出題である。一通り目を通しておきたい。「医療的ケア」とは，一般的に学校や在宅等で日常的に行われている，痰の吸引・経管栄養・気管切開部の衛生管理等の医行為を指す。平成24(2012)年度の制度改正により，看護師等の免許を有しない者も，医行為のうち，痰の吸引等の5つの特定行為に限り，研修を修了し，都道府県知事に認定された場合には，「認定特定行為業務従事者」として，一定の条件の下で制度上実施できることとなった。 (1) 特定行為は，①口腔内の喀痰吸引，②鼻腔内の喀痰吸引，③気管カニューレ内の喀痰吸引，④胃ろう又は腸ろうによる経管栄養，⑤経鼻経管栄養，の5つである。導尿は，排尿の機能に障害がある場合に，尿道から膀胱内に細い管を挿入し，尿を体外に出す方法である。 (2) ① 酸素療法とは，血液の酸素濃度を保てない場合以外に，酸素レベルの低下が心臓の働きに悪影響を与えるような場合に，呼吸や心臓の働きを適切に保つために行う治療方法である。酸素は物を燃やす力が大きいので，酸素ボンベ使用時には火気に十分注意が必要である。 ② 痰を放置しておくと，吸い込む空気の量が減少して，低酸素血症に陥ったり，たまった痰を誤嚥して気管支炎や肺炎を引き起こすなどの危険性がある。 ③ 間欠導尿は，必要時に尿道からカテーテルを入れて，膀胱にたまった尿を排泄させることである。 ④ 血糖値測定・インスリン注射は，糖尿病の治療方法である。教職員が留意することとして，対象となる子供の朝食の摂取状況や，活気がなくなっていたり，言葉数が少なくなっていたりしていないか等の状態を観察することなどもある。

●検査法・点字・手話

【10】1 エ　2 ア　3 ウ　4 エ　5 ア　6 ア　7 エ　8 ウ　9 イ　10 ウ

○**解説**○　1 特別支援学校の対象となる障害の程度は，学校教育法施行令第22条の3で定められている。　2 正答の「障害のある子供の教育支援の手引」(2021年　文部科学省)は，2021年1月に取りまとめられた「新しい時代の特別支援教育の在り方に関する有識者会議報告」を踏まえ，2013年10月に文部科学省が作成した「教育支援資料」の内容を，障害のある子供の就学先となる学校(小中学校等，特別支援学校)や学びの場(通常の学級・通級による指導・特別支援学級)の適切な選択に資するよう改訂し，就学に係る一連のプロセスとそれを構成する各取組の趣旨を，就学に関わる関係者の全てに理解してほしいことから名称を変更・作成した資料である。　3 ゲゼルは，発達心理学の父といわれるアメリカの心理学者で，遺伝的要素を重視した成熟優位説を提唱した。ピアジェは，「シェマ」や「同化」，「調節」，「均衡化」といった発達の基本的仕組みを提唱し，誕生から青年期までの認知発達を4つの段階(感覚運動期，前操作期，具体的操作期，形式的操作期)で表したスイスの心理学者である。ブロンスキーは，労働教育に尽力した，ウクライナ出身のソビエトの心理学者であり教育学者である。4「ウェクスラー式知能検査」は，個人の知能構造を診断するための検査である。これに対し，生活年齢相応の子供と比較した発達の状況を測定する知能検査としてビネー式知能検査がある。ウェクスラー式知能検査には，適用する年代別に，成人用のWAIS(Wechsler Adult Intelligence Scale：ウェイス)，児童用のWISC(Wechsler Intelligence Scale for Children：ウィスク)，幼児用のWPPSI(Wechsler Preschool and Primary Scale of Intelligence：ウィピシー)がある。なお，WMS-R(Wechsler Memory Scale-Revised)はウェクスラー記憶検査で，認知症をはじめとする様々な疾患の記憶障害を評価する検査である。　5「網膜色素変性症」は，遺伝子変異が原因で網膜の視細胞及び色素上皮細胞が広範に変性する疾患。夜盲，視野狭窄，視力低下が特徴的な症状として現れる。「網膜黄斑変性症」は，加齢に伴って，網膜の視細胞が密集している黄斑部に支障を来し，物が歪んで見えたり，見えなくなったりする疾患である。「網膜芽細胞腫」は，乳幼児期に発症する眼球内腫瘍の中で最も多い疾患である。 6 BOA(Behavioral Observation Audiometry)は「聴性行動反応聴力」のことで，音を聴かせて乳幼児の難聴の有無を調べる検査である。COR(Conditional Orientation Audiometry)は「条件詮索反応聴力」のことで，聴こえる音を探したり，聴こえる方向を見たりすることで，聴こえの状況を評価する検査である。OAE(Otoacoustic emission)は「耳音響放射」で，ABRと同様，早期に難聴の有無を発見するための新生児スクリーニング検査の一つである。音に反応して内耳からの反響音に基づき聴こえの状態を評価する検査である。なお，正答のABR(Auditory Brainstem Response)とは，「聴性脳幹反応」である。 7「レット症候群」は神経発達障害で，脊柱側弯症がみられるときには身体全体の運動障害が発現し，歩行困難な状況になることもある。残りの選択肢は整形外科的疾患であり，問題2の資料「障害のある子供の教育支援の手引」によれば，「ペルテス病」は「何らかの影響によって大腿骨頭の血流が遮断され，その結果栄養が十分に行き渡らなかったため，大腿骨頭が部分的に壊死して，つぶれた状態になり，股関節の疼痛と跛行(疾患のため正常な歩行ができない状態)を伴う。発症年齢は5歳から 10 歳頃までの男子に多い」とある。また，「二分脊椎症」については，「妊娠初期に何らかの原因で胎児の脊椎骨の形成が阻害され，脊椎管の後部が開いたままの状態となり，脊髄がはみ出して腰部の瘤となって現れる(開放性二分脊椎)」と説明されている。 8「ターナー症候群」は，女児の2本のX染色体のうち1本の一部または全体の欠失によって引き起こされる性染色体異常である。症状としては，低身長や心疾患などがみられ，また，知的な障害は伴わないが，学習障害がみられる場合も多いといわれている。「脳性まひ」は，1968年に当時の厚生省の脳性麻痺研究班で定められた定義によれば，「受胎から新生児期(生後4週間以内)までの間に生じた脳の非進行性病変に基づく，永続的なしかし変化しうる運動及び姿勢の異常である。その症状は満2歳までに発現する。進行性疾患や一過性運動障害または将来正常化するであろうと思われる運動発達遅滞は除外する」とある。水頭症は，髄液の流れが悪くなり，頭蓋内に過剰な髄液が貯留して，脳室が拡大もしくは頭蓋内圧亢進が生じている状態である。症状としては，頭痛やめまいなどを訴える場合が多い。「先天性水頭症」は，水頭症の中でも胎児期に発症・診断されたもの，胎児期に発生し出生後早期に診断されたものを指す。9「デイジー」(Digital Accessible Information SYstem，DAISY)は，視覚障害者が聞く録音図書をはじめ，学習障害や知的障害など様々な障害のある方が活用できる情報システムのことである。「キュードスピーチ」は，聴覚障害者のコミュニケーション方法の一つである。主に読話の補助として活用し，口形で母音を，手の形や動きで子音を表すキューサインを出し，その組み合わせで日本語を表す方法である。「パーキンスブレーラー」は，点字タイプライターの一種である。10 就労継続支援事業所には，雇用契約に基づく就労が困難な者に対して支援する「就労継続支援B型作業所」と，雇用契約を結んだ上で支援する「就労継続支援A型作業所」がある。「地域障害者職業センター」は，地域における障害者に対する専門的な職業リハビリテーションを提供している組織で，これらを統括しているのが障害者の雇用の促進等に関する法律(障害者雇用推進法)に基づき設置されている障害者職業総合センターである。「障害者職業能力開発校」は，国，都道府県，独立行政法人高齢・障害・求職者雇用支援機構，民間教育訓練機関等が必要な連携を図りながら，職業訓練の実施，訓練技法の向上等に取り組んでいる組織の一つである。国が設置して都道府県で運営している開発校と，府県が設置・運営している開発校がある。なお，就労継続支援とは，障害者の日常生活及び社会生活を総合的に支援するための法律(障害者総合支援法)に基づく福祉サービスの一つであり，就労系障害福祉サービスには，就労移行支援，就労継続支援A型，就労継続支援B型，就労定着支援の4種類のサービスがある。

点字・手話

【1】次の手話で表現される言葉を以下の語群から選び，記号で答えなさい。

ア

左手屋根形の下で右手を回す。

イ

指を軽く開いて伸ばした両手指先を向かい合わせ，互い違いにねじるように揺らす。

ウ

右人差指をゆっくりすくい上げる。

エ

左手甲に手のひらを手前に向けた右手指先を繰り返し当てる。

《語群》

a 事故	b 自然	c 方法	d 家族	e 討論	f 性質
g 家庭	h 技術	i 相談	j 家	k 練習	l 同時

▌2024年度 ▌福岡県・福岡市・北九州市 ▌難易度

【2】次の指文字で表されるA～Cはカタカナを，Dは数字を書きなさい。
なお，これらはすべて相手側から見たものである。

A
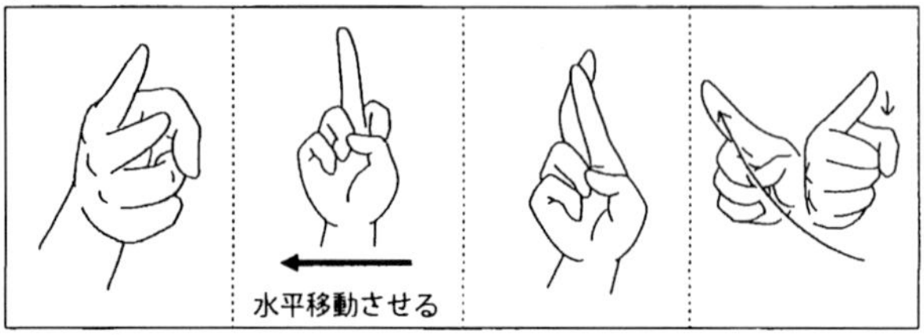

B
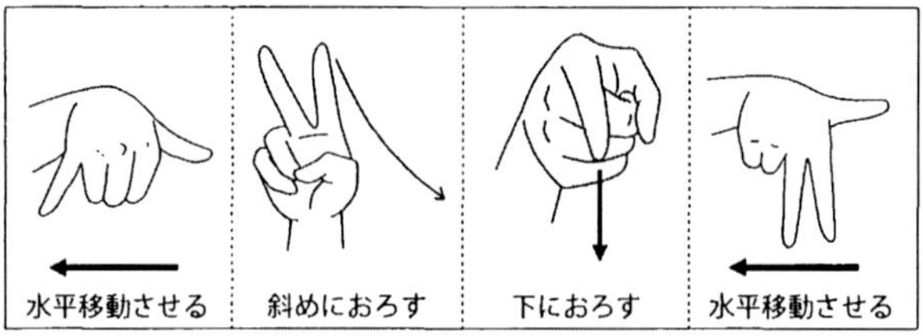

C
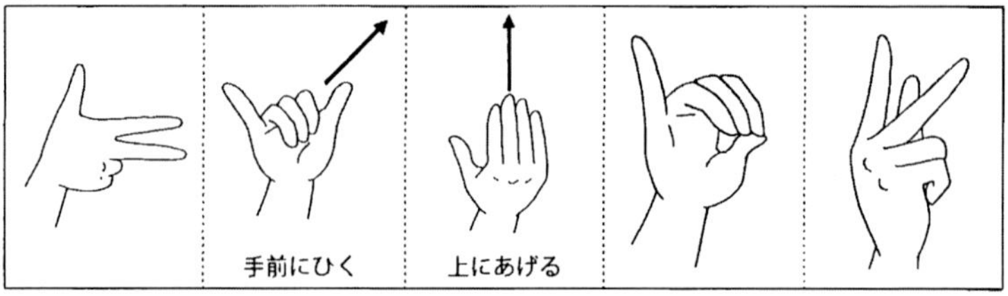

D
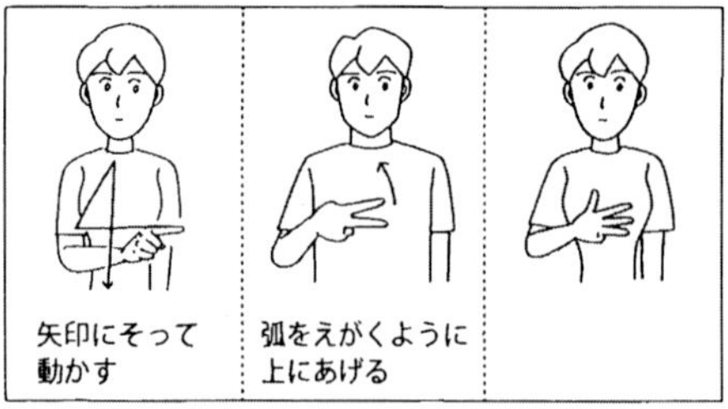

▌2024年度 ▌福岡県・福岡市・北九州市 ▌難易度

【3】日本点字表記法2018年版(日本点字委員会)に基づき，①～③は正しい表記を記号で選び，④及び⑤は点字の凸面表記のとおりに塗りつぶして表しなさい。

① 帰るとき

a

b

② 七五三

a
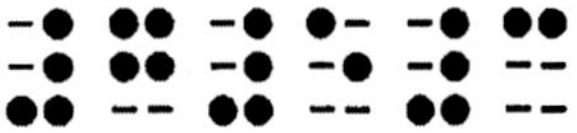

b
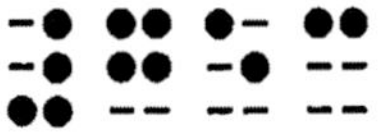

③ 大阪～東京

a
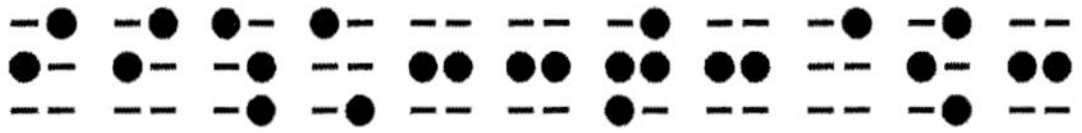

b
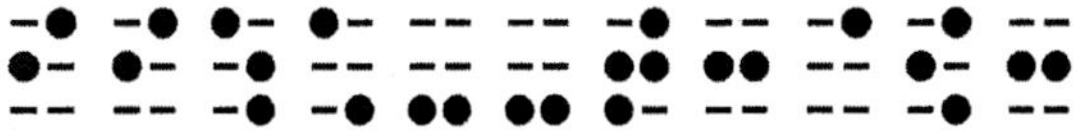

④ プロデューサー

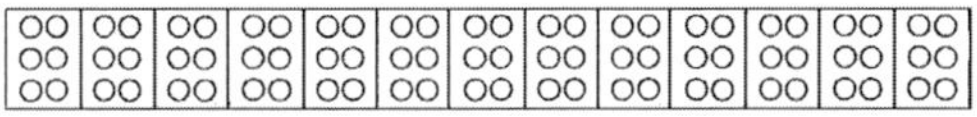

⑤ 2023年7月9日

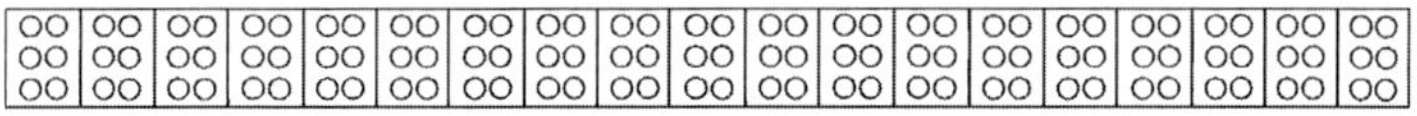

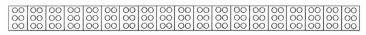

▌2024年度 ▌福岡県・福岡市・北九州市 ▌難易度

【4】次の文は，点字学習指導の手引(平成15年改訂版文部科学省)第5章第1節「読みと書きの関連学習」の一部である。

一般に文字学習においては，読みと書きは互いに補い合うものであり，書くことによって記憶の正確さが増し，自己表現の手段も広がる。そのため，書きの導入を急ぐ考え方もあるが，[A]の形成の状態は，児童一人一人で異なる。したがって，書きの導入に当たっては，十分な見極めが必要である。特に，盲児の場合は[A]の形成の状態が様々なので，[A]の形成が十分でないときは，手の運動の統制学習や形の概念の形成など，基本的な学習から始めることが大切である。

これらのことを踏まえた上で，本章では，点字の書きの学習の導入段階における一般的な学習プログラムを取り上げる。その内容は，次のとおりである。

(1) [　ア　]による書きの学習
(2) [　イ　]・携帯用点字器による書きの学習
(3) 点字の記号の書き方の学習
(4) 語の書き表し方の学習
(5) [　ウ　]と切れ続きの学習
(6) 文の構成と表記符号の学習

(1) 文中の[A]に当てはまる適切な語句を記入しなさい。
(2) 文中の[　ア　]～[　ウ　]に当てはまる適切な語句を次の語群から選び，記号で答えなさい。

《語群》

a　パソコン　　b　文の種類　　c　点字盤
d　点字タイプライタ　　e　分かち書き

▌2024年度 ▌福岡県・福岡市・北九州市 ▌難易度

【5】次の点字は，家族の名称を点字で読み手側から表記したものである。この点字が表す家族の名称として最も適切なものを，以下の①～④のうちから選びなさい。なお，●の表記は，点字の凸面を表す。

①　お母さん　　②　お父さん　　③　お兄さん　　④　お姉さん

▌2024年度 ▌神奈川県・横浜市・川崎市・相模原市 ▌難易度

【6】次の指文字で表されるA～Cはカタカナを，Dは数字を書きなさい。
なお，これらはすべて相手側から見たものである。

A

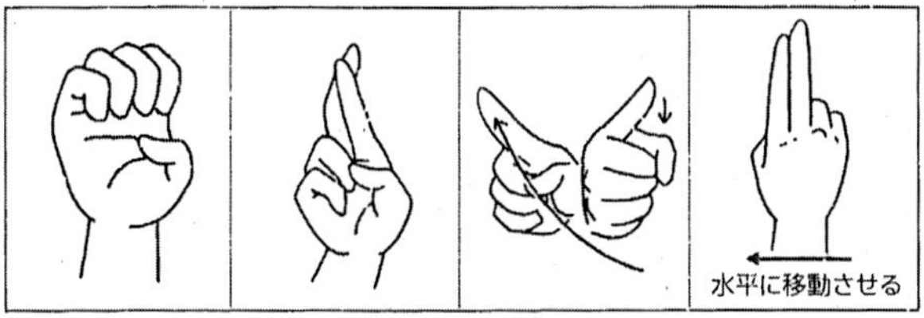

B

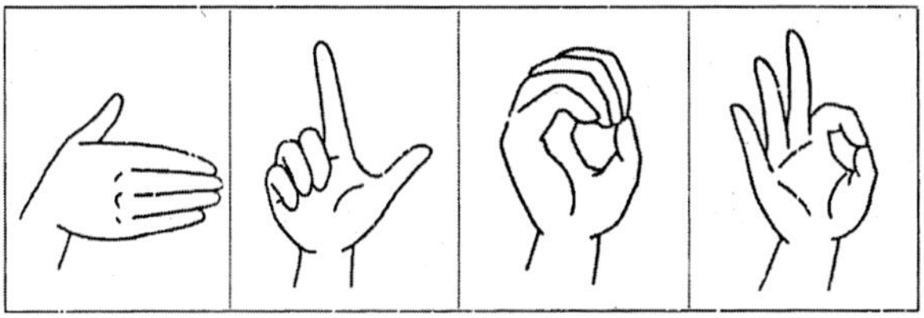

C

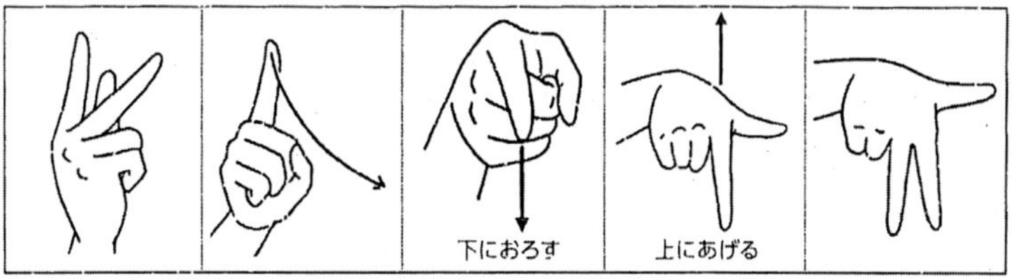

D

▌2023年度 ▌福岡県・福岡市・北九州市 ▌難易度

【7】日本点字表記法2018年版(日本点字委員会)に基づき，①～③は正しい表記を選び，記号で答えなさい。また，④及び⑤は点字の凸面表記のとおりに塗りつぶして表しなさい。

① 二人

a 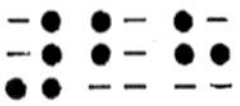　b 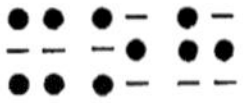

② 歩き続ける

a 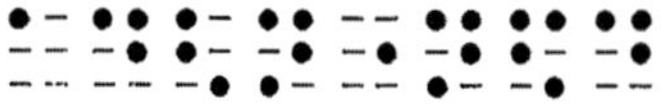

b 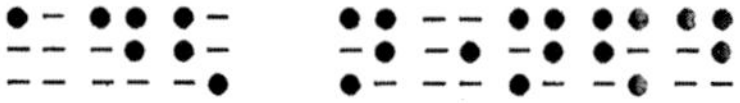

③ 少なくない

a 　b 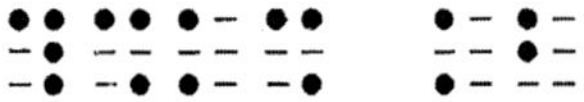

④ 目覚まし時計

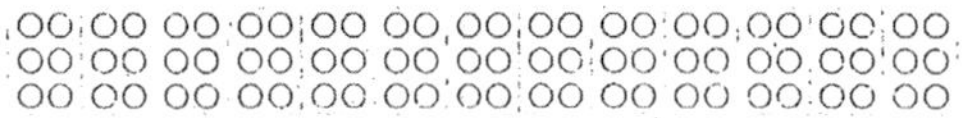

⑤ 「自立活動」の時間

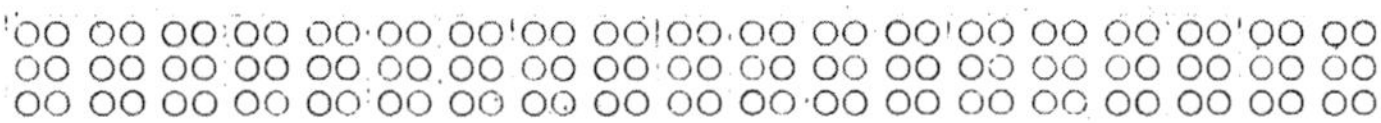

2023年度 福岡県・福岡市・北九州市 難易度

【8】点字教科書又は拡大教科書についての記述として適切ではないものを，次の①～④のうちから選びなさい。

① 文部科学省著作による点字教科書は，文部科学省検定済教科書を基に，写真や絵などを説明文に直したり，漢字の学習部分を差し替えたり，点字表記上の約束を加えたりするなど，点字での学習に適した内容に一部変更の上，点訳したものである。

② 文部科学省著作による点字教科書には，小学部「こくご　点字導入編」「さんすう　触って学ぶ導入編」があるなど，点字を常用する児童生徒に必要な知識や技能を系統的に指導するための特別な内容が付加されている。

③ 拡大教科書は，文字の大きさや字体，レイアウトの変更やコントラストの工夫など，見やすくするための配慮がなされている。

④ 拡大教科書の無償給与の対象は，視覚特別支援学校に在籍する児

童生徒のみである。

2023年度 ▌神奈川県・横浜市・川崎市・相模原市 ▌難易度

解答・解説

【1】ア　g　　イ　e　　ウ　b　　エ　k

○**解説**○ ア　左手の屋根形は家を表し，右手を回すことで庭を表すことからgの「家庭」である。　イ　手を互いにねじるように揺らすことで，言い合いをしている様子を表すことからeの「討論」である。　ウ　人指し指をゆっくりすくいあげることで，「自ら・一人で・自然に」といった意味を合わすことからbの「自然」が適切である。　エ　手に覚えさせるように繰り返し指先をあてることで，kの「練習」を表す。

【2】A　ハゼラン　　B　ベリーズ　　C　シャポチカ　　D　1208

○**解説**○ 図A・B・Cは，五十音の指文字を基本とする。指文字はアルファベットや文字(カタカナ)の形や意味づけで表しているものも多い。また，濁点(゛)は水平に移動させる，調音(ー)は下に下す，半濁点(゜)は上にはねる。拗音(ゃ，ゅ，ょ，っ)は手前に引く。図Dは数字である。数字の「1」に「千(矢印にそって動かす)」は，1000である。数字の「2」を「弧をえがくように上にあげる(100を表す)」は，200である。よって，1208である。

【3】①　b　　②　a　　③　b

④

○○ ●● ○● ○● ●● ○○ ●○ ○○ ○○ ○○ ○○ ○○ ○○
○○ ○○ ●● ○● ○● ●● ○● ●● ○○ ○○ ○○ ○○ ○○
○● ●● ○○ ○● ●○ ○○ ○● ○○ ○○ ○○ ○○ ○○ ○○

⑤

○● ●○ ○● ●○ ●● ●● ○○ ○○ ○● ●● ○○ ●○ ●● ○○ ○● ○● ○● ●○ ○○
○● ●○ ●● ●○ ○○ ●○ ○● ○○ ○● ●● ○● ○○ ○● ○○ ●○ ●○ ●○ ○○ ○○
●● ○○ ○○ ○○ ○○ ●○ ●● ○○ ●● ○○ ○○ ○● ●○ ○○ ○● ○● ●○ ○● ○○

○**解説**○ ①「とき」は形式名詞であることから自立語である。自立語は前を区切って書き表す。 ② 「七五三」や「四六時中」のように，2つ以上の数字が連なる語は，数字を重ねて書き表す。それぞれに数符を書く。 ③ 場所などの範囲を表す場合は，範囲を表す語句の間に波線を挟んで続けて書き表す。aに挟まれているのは棒線の記号であり，bに挟まれているのが波線の記号である。 ④ 外来語や外国語は特殊音点字，長音には長音符を付けて書き表す。半濁音のプ，特殊音のデュ，長音符を使って表す。 ⑤ 年月日はその段落ごとに区切り，その後に続く語の意味を示す。具体的には，数符を書き，数字記号を並べ，年(月)(日)を付ける。ただし，9日は「ここのか」と書き表す。

【4】(1) レディネス (2) ア d イ c ウ e

○**解説**○ (1) レディネスとは学習のための準備ができている状態のことである。 (2) 点字の書きの学習の導入段階の学習プログラムについてである。アの書きの学習の初期には，点字タイプライターによる書き学習が望ましい。書いた点字を裏返さずに読むことができ，適当な力でキーを押せば一様な点字を書くことができる。その上で，イの点字盤を用いての書きに移行するとよい。点字盤は書いたものを裏返して読むため，読みと書きでは点の位置が左右逆になることが混乱しやすい。また，一点一点順を追って書くことから巧緻性も求められる。ウは，切れ続きと並列となる語句であり，分かち書きが適切である。なお，出題の「点字学習指導の手引」は平成15年改訂版であるが，2024年1月現在，文部科学省のウェブサイトには令和5年改訂版が公開されているので，目を通しておくこと。改訂版では，点字の書きの学習の導入段階における一般的な学習プログラムとして，「(1) 点字タイプライターによる書きの学習 (2) 点字盤・携帯用点字器による書きの学習 (3) 字音と点字を結び付けて語を書き表す学習 (4) 分かち書きと切れ続きの学習 (5) 表記符号の学習」の5項目が挙げられている。

【5】②

○**解説**○ 2文字目，または3文字目がカギになる。2文字目は「と」，3文字目は長音「ー」を表す。長音は一般的に「う」が使われるときであり，選択肢の中で3文字目が「う」であるのは，②「おとうさん」だけである。なお，①，③，④も3文字目を長音のように発音するが，点字ではそのまま(おかあさん，おにいさん，おねえさん)表記する。

【6】A　エランド　　B　クレオメ　　C　カノープス　　D　5026

○**解説**○ A～C　五十音の指文字を基本とする。濁点(゛)は水平に移動させる，長音(ー)は下に下す，半濁点(゜)は上にはねる。指文字は，文字(カタカナ，数字など)の形や意味づけて表しているものも多い。

D　数字である。数字の「5」に「千(矢印にそって動かす)」は，5000である。数字の「2」を「折り曲げる(10を表す)」は，20である。最後に6で，5026である。

【7】①　b　　②　a　　③　b

④
```
●● ○○ ●○ ●○ ●○ ○○ ○● ●● ●○ ○○ ○○ ○○ ○○
●● ○● ○● ○● ●● ○● ●● ●○ ●○ ○○ ○○ ○○ ○○
●● ○○ ○● ●● ○● ○○ ●○ ○● ○○ ○○ ○○ ○○ ○○
```

⑤
```
○○ ○○ ●○ ●○ ●● ○○ ●○ ●● ○○ ○● ○○ ○○ ○● ○○ ○○ ●○ ●○ ○○ ○○
○○ ○● ●● ●● ○● ○○ ○○ ○● ○● ●● ●● ○○ ●○ ○○ ○● ●● ○○ ○● ●●
●● ○○ ○● ○○ ●○ ○○ ○● ●○ ○○ ●○ ○○ ●● ●○ ○○ ○○ ○● ○● ●● ○●
```

○**解説**○ ①　aは「2いり」，bは「ふたり」と表されている。　②「歩き続ける」はひとまとまりの言葉であるため，1マスあけているbではなく，aが正しい。　③「少なくない」は，「少ない(く)」＋「ない」という構成の言葉で，分かちが入る。　④「目覚まし時計」は，ひとまとまりの言葉である。五十音に基づいて表記する。　⑤　かぎかっこ(「」)や句点(。)の符号の表記を忘れずに書く。また，自立活動は，「自立」＋「活動」の2つの意味を持つ言葉であり，間を1マスあける。さらに，「う段」の音が伸びるときは，伸ばす記号(長音符)を使う。活動(かつどう)は，「かつどー」と表記する。「の」と「時間」の間は，分かちになるので，間を1マスあける。

【8】④

○**解説**○ 拡大教科書の給与の対象は，国立大学法人・公・私立の小・中学校及び特別支援学校(小学部・中学部)に在籍する児童生徒で，視覚に障害があり，他の児童生徒に比べて通常の検定済み教科書の文字，図形等の視覚による認識に相当程度の時間を要する等，学習に困難をきたす児童生徒である。

指導計画・指導法

ポイント

(1) 障害のある子どもに対する指導についての事項は頻出しているので，しっかりと学習しておきたい。指導法の問題は，①すでに体系化され固有名詞となっている指導法についての知識を問う問題，②障害種別の指導上の配慮事項等についての問題，③個々の事例について指導のあり方を問う問題，に大別できる。①については，何よりも自分で体験することが重要であるが，特別支援教育の概論書の中には指導法の概要が記されているものもあるのできちんと目を通しておきたい。②については特別支援学校学習指導要領(解説を含む)で示されている配慮事項を把握し，それを基に他の参考書にも触れて理解を深めていくと効果的であろう。③は教育学，心理学，医学等の幅広い知識が求められるので，一般に難易度が高い場合が多いが，知識の習得だけでなく，障害児者との関わりを日頃から積極的に持つように心がけることが肝要である。また，障害のある子どもだけでなく，保護者への対応のあり方についても学んでおく必要がある。

(2) 障害児の指導法に関する問題に対応するためには，教育学，心理学，生理・病理学などの知識が総合的に求められる。学習の取りかかりとしては，まず「○○○○○法」といった名称で特別支援教育において用いられている指導法の理論的背景をおさえておく必要がある。こうした特定の指導法については，特別支援教育の概論書の巻末等において概要がまとめられているものもあるので参考にするとよい。また，障害種別に応じた指導上の配慮事項も頻出しているので整理しておく必要がある。特別支援学校学習指導要領には解説を含めて，障害種別に指導上のポイントを記してあるのでしっかりと理解しておきたい。最近は択一式ではなく，障害のある子どもに対する具体的な指導のあり方を論述式で問う問題も増えているので，日頃から，障害のある子どもとの関わりを積極的に持つように心がけることが必要である。机上で学習した指導法の内容を，障害児・者との触れ合いを通じて，より深化させていくという姿勢が大事である。

特別支援教育　指導計画・指導法

実施問題

【1】次の記述は，「特別支援学校教育要領・学習指導要領解説　総則編(幼稚部・小学部・中学部)(平成30年3月)」に示された「第2編　幼稚部教育要領解説　第2章　総説(教育課程の基準と編成)　第7節　特に留意する事項　2　複数の種類の障害を併せ有する幼児の指導」の一部である。記述の内容として適切ではないものを，次の①～④のうちから選びなさい。

① 複数の種類の障害を併せ有する幼児の実態を把握するためには，生育歴，日常生活の実態，医学等の諸検査の経過と結果を基に，現在の障害の状態や特性及び発達の程度等との関連等の観点から発達の過程を整理するとともに，発達の諸検査や行動評価表，行動観察によって現在の行動の状態を理解する必要がある。

② 指導に当たっては，それぞれの障害についての専門的な知識や技能を有する教師間の協力の下に，必要に応じて個別の指導計画を作成するなどして進めることが大切である。

③ 実態把握に基づいて，健康の維持と増進，自発的な行動の発現，自己の行動の統制(調整)，言葉やコミュニケーションの学習，表現活動，日常生活の自立などについて，幼児一人一人の障害の状態や特性及び発達の程度等に応じて課題を設定し，系統的に指導することによって全人的な発達を促すようにすることが重要である。

④ 幼児の障害の種類，障害の状態や特性及び発達の程度等に応じて医療や療育の機関，あるいは特別支援教育センターや大学などの専門機関等との連携に特に配慮しながら，調和のとれた全人的な発達を促していくことが必要である。

2024年度 ｜ 神奈川県・横浜市・川崎市・相模原市 ｜ 難易度 ■■■□□

【2】次の記述は，「特別支援学校学習指導要領解説　各教科等編(小学部・中学部)(平成30年3月)」に示された「第6章　外国語活動　第2款　知的障害者である児童に対する教育を行う特別支援学校　1　外国語活動新設の趣旨」の一部である。空欄［　ア　］，［　イ　］に当てはま

るものの組合せとして最も適切なものを，以下の①～④のうちから選びなさい。

知的障害のある児童の学習の特性等を踏まえ，外国語活動の目標及び内容について，以下の配慮を行っている。

○　知的障害のある児童に対する外国語活動では，育成を目指す三つの資質・能力を目標とすることは小学校の外国語活動と同様であるが，「聞くこと」，「話すこと」の二つの領域の［　ア　］を設定し，領域別の目標は学習指導要領に示さないこととした。これは，［　ア　］や行動などを指標とした目標を［　イ　］に設定することは知的障害のある児童の実態や学習の特性にそぐわないため，指導計画を作成する際，適切な目標を設定することができるようにしたものである。

①　ア　言語活動　　イ　体系的
②　ア　言語活動　　イ　一律
③　ア　指導内容　　イ　体系的
④　ア　指導内容　　イ　一律

▌2024年度 ▌神奈川県・横浜市・川崎市・相模原市 ▌難易度■■■■□□

【3】病弱教育における配慮として適切でないものを，次の(1)～(4)の中から1つ選びなさい。

(1)　各教科等の特質に応じ，10分から15分程度の時間を活用して特定の教科等の指導を行う場合において，教師が，その指導内容の決定や指導の成果の把握等を責任をもって行う体制が整備されているときは，その時間を当該教科等の年間授業時数に含めることができる。

(2)　療養中の生徒及び障害のため通学して教育を受けることが困難な生徒について，各教科・科目の一部を通信により教育を行う場合の1単位当たりの添削指導及び面接指導の回数等については，実情に応じて適切に定めるものとする。

(3)　病弱児は，入院等の生活規制のために日常生活の経験が乏しく学習に必要な体験が不足しがちである。児童の病気の状態や学習環境に応じて効果的な学習活動が展開できるように指導方法を工夫することが必要である。

(4)　病弱等の理由で就学を猶予・免除されている学齢児童生徒については，義務教育諸学校に在学していないため，国はこれらの学齢児童生徒に対して教科書を無償で給与していない。

2024年度　埼玉県・さいたま市　難易度

【4】次の各文は，特別支援学校高等部学習指導要領(平成31年2月告示)第2章第2節「第3款　指導計画の作成と各教科全体にわたる内容の取扱い」の一部である。

○　個々の生徒の実態に即して，［　A　］の指導を行うほか，必要に応じて各教科，道徳科，特別活動及び自立活動を合わせて指導を行うなど，効果的な指導方法を工夫するものとする。

○　個々の生徒の実態に即して，生活に結び付いた効果的な指導を行うとともに，生徒が見通しをもって，意欲をもち［　B　］に学習活動に取り組むことができるよう指導計画全体を通して配慮するものとする。

○　生徒の実態に即して自立や社会参加に向けて[　ア　]が必要な事項を整理した上で，指導するように配慮するものとする。

○　学校と家庭及び関係機関等とが連携を図り，生徒の[　イ　]について，相互に共有するとともに，生徒が学習の成果を現在や将来の生活に生かすことができるよう配慮するものとする。

(1)　文中の［　A　］及び［　B　］に当てはまる適切な語句を記入しなさい。

(2)　文中の[　ア　]及び[　イ　]に当てはまる適切な語句を次の語群から選び，記号で答えなさい。

《語群》

a　改善・克服　　b　学習過程　　c　経験
d　学習上の特性　　e　学習状況　　f　課題解決

2024年度　福岡県・福岡市・北九州市　難易度

【5】次の記述は，「特別支援学校学習指導要領解説　各教科等編(小学部・中学部)(平成30年3月)」に示された「第3章　視覚障害者，聴覚障害者，肢体不自由者又は病弱者である児童生徒に対する教育を行う特別支援学校の各教科　第5　病弱者である児童生徒に対する教育を行

う特別支援学校　1　指導内容の精選等」の一部である。ア～エの正誤の組合せとして最も適切なものを，以下の①～④のうちから選びなさい。

ア　各教科の目標や内容との関連性を検討し不必要な重複を避ける，各教科を合わせて指導する，教科横断的な指導を行うなど，他教科と関連させて指導することも大切である。

イ　学習時間の制約等がある場合には，基礎的・汎用的な事項を習得させる視点から指導内容を精選するなど，効果的に指導する必要がある。

ウ　病弱者である児童生徒の中には，前籍校と教科書や学習進度が違ったり学習の空白があったりするため，学習した事項が断片的になる，学習していない，学習が定着していないといったことがある。

エ　前籍校との連携を密にするとともに，各教科の学年間での指導内容の繋がりや指導の連続性にも配慮して指導計画を作成する必要がある。

①　ア－誤　　イ－正　　ウ－正　　エ－誤
②　ア－誤　　イ－誤　　ウ－正　　エ－正
③　ア－正　　イ－正　　ウ－誤　　エ－正
④　ア－正　　イ－誤　　ウ－正　　エ－正

‖ 2024年度 ‖ 神奈川県・横浜市・川崎市・相模原市 ‖ 難易度 ■■■■□□

【6】医療的ケア児に対して，教職員が教育活動を行うに当たって適切でないものを，次の(1)～(4)の中から1つ選びなさい。

(1)　理科や家庭科などの授業を行う際に，酸素濃縮器や酸素ボンベを装着して酸素療法を行っている医療的ケア児は火気に近づけないように注意する。

(2)　気管切開をしている医療的ケア児の指導に当たっては，気管孔から微細な異物が入らないように注意する。

(3)　導尿の自己管理は，医療的ケア児本人の自立において重要であるので，担任，養護教諭，保護者，医師及び看護師などが連携を図り，発達段階に応じた指導を行う。

(4)　痰の自力排出が困難である児童生徒には，喀痰吸引の医療的ケアを行う。吸引中の前後を含め医療的ケア児本人の受け入れ，納得，意向の状態を尊重したうえで口腔又は鼻腔からカテーテルを挿入し，気管内にたまった痰を吸引し取り除く。

‖ 2024年度 ‖ 埼玉県・さいたま市 ‖ 難易度 ■■■□□

【7】次の文は，特別支援学校学習指導要領解説　各教科等編(小学部・中学部)(平成30年3月)に示された，第4章　知的障害者である児童生徒に対する教育を行う特別支援学校の各教科　第2節　知的障害者である児童生徒に対する教育を行う特別支援学校における指導の特徴について　3　指導の形態について　(3)　各教科等を合わせて指導を行う場合　【各教科等を合わせた指導の特徴と留意点】　ア　日常生活の指導から，内容の一部を抜粋したものである。内容に該当しないものを，次の①〜⑤の中から一つ選べ。ただし，内容に①〜⑤のすべてが該当する場合は⑥を選べ。

①　日常生活や学習の自然な流れに沿い，その活動を実際的で必然性のある状況下で取り組むことにより，生活や学習の文脈に即した学習ができるようにすること。

②　学校と家庭等とが連携を図り，児童生徒が学校で取り組んでいること，また家庭等でこれまで取り組んできたことなどの双方向で学習状況等を共有し，指導の充実を図るようにすること。

③　毎日反復して行い，望ましい生活習慣の形成を図るものであり，繰り返しながら取り組むことにより習慣化していく指導の段階を経て，発展的な内容を取り扱うようにすること。

④　できつつあることや意欲的な面を考慮し，適切な支援を行うとともに，生活上の目標を達成していくために，学習状況等に応じて課題を細分化して段階的な指導ができるものであること。

⑤　指導場面や集団の大きさなど，活動の特徴を踏まえ，個々の実態に即した効果的な指導ができるよう計画されていること。

‖ 2024年度 ‖ 岐阜県 ‖ 難易度 ■■■□□

【8】特別支援教育における指導法等についての記述として適切ではないものを，次の①〜④のうちから選びなさい。

①　TEACCHは，自閉症スペクトラムの認知機能の特性に焦点をあて，

環境やスケジュールの構造化をはかることに特長がある。

② 感覚統合とは,「からだ」「あたま」「こころ」の調和的発達を支援する指導法である。

③ ソーシャルスキルトレーニング(SST)とは,社会生活や他者とよりよい関係を築く上で必要な技能を身につけていけるように行う学習である。

④ 応用行動分析では,行動を個人とそれを囲む環境との相互作用から考えていく。先行刺激－行動－後続刺激の枠組みに当てはめて分析を行う。

▌2024年度 ▌神奈川県・横浜市・川崎市・相模原市 ▌難易度 ■■■■□□

【9】障害のある人に対する緊急時の支援について,次の(1),(2)の問いに答えなさい。

(1) 災害時・緊急時の配慮について,適当でないものを次の①～④のうちから一つ選びなさい。

① 障害のある人の避難を誘導する際には,障害特性にあった情報提供を意識する。特に,視覚障害や聴覚障害のある人には危険な状況が伝わりにくい場合があるので,その人に応じた手段で確実に伝えるようにする。

② 避難所での情報提供においては,情報伝達手段を一つに限定することによって,正しく情報が伝わるよう留意する必要がある。

③ 避難所では,支援が必要な当事者,また活動中の支援者がわかるよう,ゼッケンやバンダナのような目印を工夫するとよい。

④ 吃音など,障害特性によっては緊張のあまり言葉が出なくなることもあるので,特に相手の様子がわかりにくい緊急通報電話に応対する際に留意する。

(2) 次の表は,災害時等の支援体制の整備及び災害時等への対応に必要な施設・設備の配慮について示したものである。(ア)～(エ)にあてはまる最も適当な語句の組合せを,以下の解答群から一つ選びなさい。

障害名	内　容
（ア）	放送等による避難指示を聞き取ることができない子供に対し，緊急時の安全確保と避難誘導等を迅速に行うための校内体制を整備する。
（イ）	移動の困難さを踏まえた避難の方法や体制及び避難後に必要となる支援体制を整備する。
（ウ）	災害等発生後，環境の変化に適応できないことによる心理状態（パニック等）を想定し，混乱した心理状態を軽減するため，落ち着いて（安心して）過ごすことのできるようなスペースを確保できるよう，避難場所及び施設・設備を整備する。
（エ）	指示内容を素早く理解し，記憶することや，掲示物を読んで避難経路を理解することが難しい場合等を踏まえた避難訓練に取り組む（具体的でわかりやすい説明，不安感を持たずに行動ができるような避難訓練の継続，避難に関する注意書きに振り仮名を振る等）。

<解答群>

① ア　言語障害　イ　肢体不自由　ウ　自閉症
　エ　学習障害
② ア　言語障害　イ　視覚障害　ウ　学習障害
　エ　自閉症
③ ア　自閉症　イ　病弱・身体虚弱　ウ　視覚障害
　エ　聴覚障害
④ ア　学習障害　イ　病弱・身体虚弱　ウ　聴覚障害
　エ　視覚障害
⑤ ア　聴覚障害　イ　視覚障害　ウ　学習障害
　エ　自閉症
⑥ ア　聴覚障害　イ　肢体不自由　ウ　自閉症
　エ　学習障害

2024年度 ｜ 千葉県・千葉市 ｜ 難易度

【10】次の記述は，「特別支援学校学習指導要領解説　各教科等編(小学部・中学部)(平成30年3月)」に示された「第4章　知的障害者である児童生徒に対する教育を行う特別支援学校の各教科　第2節　知的障害者である児童生徒に対する教育を行う特別支援学校における指導の特徴について」の一部である。「2　知的障害のある児童生徒の教育的対応の基本」の内容として適切ではないものを，次の①～⑤のうちから選びなさい。

① 自発的な活動を大切にし，主体的な活動を促すようにしながら，課題を解決しようとする思考力，判断力，表現力等を育むよう指導

する。

② 児童生徒一人一人の発達の側面に着目し，意欲や意思，情緒の不安定さなどの課題に応じて，精神年齢に即した指導を徹底する。

③ 生活に結びついた具体的な活動を学習活動の中心に据え，実際的な状況下で指導するとともに，できる限り児童生徒の成功経験を豊富にする。

④ 児童生徒の興味や関心，得意な面に着目し，教材・教具，補助用具やジグ等を工夫するとともに，目的が達成しやすいように，段階的な指導を行うなどして，児童生徒の学習活動への意欲が育つよう指導する。

⑤ 望ましい社会参加を目指し，日常生活や社会生活に生きて働く知識及び技能，習慣や学びに向かう力が身に付くよう指導する。

▌2024年度 ▌神奈川県・横浜市・川崎市・相模原市 ▌難易度 ■■■□□

【11】通級による指導について，次の(1)，(2)の問いに答えなさい。

(1) 通級による指導に関する留意事項等について述べたものとして，最も適当なものを次の①～④のうちから一つ選びなさい。

① LD又はADHDのある児童生徒については，実に様々な状態がみられるところであり，通常の学級において，対応することが困難である。したがって，LD又はADHDのある児童生徒には，通級による指導を行うことが必要である。

② 通級による指導を受けている場合には，その児童生徒の障害の状態等を適切に把握することが大切である。また，その障害の状態が改善されても，継続した指導の必要性から，教育措置の変更を行うことがないように配慮することが大切である。

③ 知的障害者については，知的障害者に対する学習上又は生活上の困難の改善・克服に必要な指導は，生活に結びつく実際的・具体的な内容を継続して指導することが必要であることから，一定の時間のみ取り出して行うことにはなじまないことを踏まえ，現在，通級による指導の対象とはなっていない。

④ 通級による指導の対象とすることが適当な児童生徒の判断に当たっては，専門医による診断が最も重要であることから，医学の

観点によってのみ判断する。

(2) 次の文章は，「小学校学習指導要領解説　総則編」の教育課程の編成及び実施に示された，通級による指導について述べたものである。[　1　]～[　3　]にあてはまる最も適当な語句を，以下の解答群からそれぞれ一つずつ選びなさい。

・　通級による指導に当たっては，特別支援学校小学部・中学部学習指導要領第7章に示す自立活動の6区分27項目の内容を参考とし，児童一人一人に，障害の状態等の的確な把握に基づいた自立活動における([　1　])を作成し，具体的な指導目標や指導内容を定め，それに基づいて指導を展開する必要がある。

・　通級による指導に係る授業時数は，([　2　])については，年間10単位時間から280単位時間までを標準としている。

・　児童が在籍校以外の小学校又は特別支援学校の小学部において特別の指導を受ける場合には，当該児童が在籍する小学校の校長は，これら他校で受けた指導を，([　3　])に係る授業とみなすことができる(学校教育法施行規則第141条)。

<解答群>

①　一部	②　個別の教育支援計画
③　各教科等	④　自閉症者及び情緒障害者
⑤　全部	⑥　個別の指導計画
⑦　特別の教育課程	⑧　病弱者及び身体虚弱者
⑨　大部分	⑩　学習障害者及び注意欠陥多動性障害者

2024年度 ▌千葉県・千葉市 ▌難易度

【12】次の記述は，「特別支援学校高等部学習指導要領(平成31年2月告示)」に示された「第2章　各教科　第1節　視覚障害者，聴覚障害者，肢体不自由者又は病弱者である生徒に対する教育を行う特別支援学校　第2款　各科目に関する指導計画の作成と内容の取扱い」の一部である。「1　視覚障害者である生徒に対する教育を行う特別支援学校」の内容として最も適切なものを，次の①～④のうちから選びなさい。

①　視覚的に情報を獲得しやすい教材・教具やその活用方法等を工夫するとともに，コンピュータ等の情報機器などを有効に活用し，指

導の効果を高めるようにすること。

② 生徒の身体の動きの状態や認知の特性，各教科・科目の内容の習得状況等を考慮して，指導内容を適切に設定し，重点を置く事項に時間を多く配当するなど計画的に指導すること。

③ 体験的な活動を伴う内容の指導に当たっては，生徒の病気の状態や学習環境に応じて，間接体験や疑似体験，仮想体験等を取り入れるなど，指導方法を工夫し，効果的な学習活動が展開できるようにすること。

④ 生徒が空間や時間の概念を活用して場の状況や活動の過程等を的確に把握できるよう配慮し，見通しをもって積極的な学習活動を展開できるようにすること。

▌2024年度 ▌神奈川県・横浜市・川崎市・相模原市 ▌難易度 ■■■■□□

【13】次の事例について，以下の問に答えよ。

【事例】
・令和5年4月に教師Aは，児童Bの担任をすることになった。
・児童Bは，①露光部の皮膚に，しみがたくさん生じ，皮膚が乾燥し，皮膚がんが普通の人の数千倍多く生じる病気があり，②病弱者である児童生徒に対する教育を行う特別支援学校の小学部第1学年として入学した。
・教師Aは，児童Bの③個別の教育支援計画を作成するために，校内の関係者と協議を始めた。

問1 下線部①について，この疾患はアルファベットでXPと称するが，この疾患の正式名称は何か，日本語で答えよ。

問2 下線部②について，次の文は，学校教育法施行令(第22条の3)の一部抜粋で，特別支援学校(病弱)の対象となる障がいの程度を示したものである。[ア]，[イ]にあてはまる語句を答えよ。

一 慢性の呼吸器疾患，腎臓疾患及び神経疾患，[ア]その他の疾患の状態が継続して[イ]又は生活規制を必要とする程度のもの

問3　下線部③について，小学部の教育において，この計画の作成にあたって配慮すべき事項は何か，具体的に記せ。

2024年度 島根県 難易度

【14】次の資料は，特別支援学校(知的障害)小学部第2学年に在籍する児童Mの個別の指導計画の一部を示したものです。以下の問1～問6に答えなさい。

個別の指導計画

児童名	M	学年	小学部第２学年	作成日	令和５年５月14日
障害の状態	・知的障害。ＩＱ45（田中ビネーＶ）で療育手帳（Ａ）を取得している。 ・聴覚に過敏さが見られ、特定の音を嫌がるため外出時は［　Ｂ　］を使用している。 ・３歳時に、他者とのコミュニケーションが成立しないこと、言葉の発達の遅れ、特定のミニカーにこだわることから病院を受診した。 ・相手からの簡単な言葉の理解はできるが、理解できない場合は聞いた言葉をそのまま繰り返す。 ・相手の意図や感情の理解に困難さが見られる。 ・eものを掴んだり握ったりすることが苦手であるため、作業療法士によるリハビリテーションを受けている。				
保護者の願い	・本人の発達の段階に応じて、本人の納得を得て支援を行って欲しい。 ・日常生活の中で、周囲の人と適切に関わりながら、自分のできることを増やして欲しい。 ・f行動援護等の障害福祉サービスを利用し、たくさん外出して将来に向けて多くの経験をして欲しい。				

項目	児童の実態
生活面	・写真や絵カードを見て、教師と一緒に学習の準備をすることができる。 ・音の出る絵本が好きであり、聞いて楽しんでいることが多い。
学習面	・身近な人からの話し掛けに注意を向けることができる。 ・教師が示した動作を見て、模倣することは難しい。 ・平仮名は一文字ずつ読むことができる。 ・教師が絵カードを見せると、身近な道具の名前を答えることができる。 ・５までの数を数唱することができるが、計算は難しい。 ・不器用さがあり、書字や工作に時間がかかるため、取り組みたがらない時がある。 ・音楽が好きであり、休み時間は好きな曲を聴いて過ごすことが多い。
社会性	・良い評価（○まる）を得ることが好きで、○の数が多いことを好む。 ・青色が好きであり、自分の荷物や持ち物は青色で統一している。 ・初めて行う活動に対しては、不安な気持ちが強い。 ・気持ちが落ち着かなくなった時に、泣きながら飛び跳ねたり、近くにあるものを投げつけたりするなど、自らの行動を抑制することが難しい。

問1　この児童の実態から，当てはまる障害名を選びなさい。

ア　素行症　　　　　　　イ　注意欠陥多動性障害

ウ　愛着形成上の障害　　エ　反抗挑発症

オ　自閉症

問2　空欄Bにあてはまる器具について，正しいものの組合せを選びなさい。

①　イヤーマフ　　　　　　　　　　②　キュードスピーチ

③　補聴援助機器のマイク　　　　　④　補聴器

⑤　ノイズキャンセリングヘッドホン

ア　①②　　イ　①⑤　　ウ　②③　　エ　③④　　オ　④⑤

問3　e______について，外部の専門家から助言を得るなど，関係機関と連携・協力を図り，障害のある児童生徒の生涯にわたる継続的な支援体制を整え，児童生徒の望ましい成長を促すため，学校が作成するものとして，正しいものを選びなさい。

ア　子ども理解支援ツール「ほっと」

イ　心のノート

ウ　個別の教育支援計画

エ　生活リズムチェックシート

オ　キャリア・パスポート

問4　f______について，定めている法律の名称として正しいものを選びなさい。

ア　就学前の子どもに関する教育，保育等の総合的な提供の推進に関する法律

イ　医療的ケア児及びその家族に対する支援に関する法律

ウ　障害を理由とする差別の解消の推進に関する法律

エ　障害者の雇用の促進等に関する法律

オ　障害者の日常生活及び社会生活を総合的に支援するための法律

問5　次の資料は，児童Mの個別の指導計画における各教科等の目標の一部を示したものです。以下の(1)，(2)に答えなさい。

各教科等		目　標
生活単元学習	C	・簡単な指示や説明を聞き、その指示などに応じた行動ができる。 ・読み聞かせに親しんだり、文字を一文字ずつ読むなどしていろいろな絵本に興味をもつことができる。
	算数科	・10までの数を正しく数え、具体物を数えることができる。 ・g身の回りの出来事から○を用いた簡単な表を作成することができる。
	D	・掃除で教師と一緒に机を運ぶことができる。 ・掃除で使用する道具を教師からの言葉掛けで片付けることができる。

(1)　空欄C，Dに当てはまる組合せを選びなさい。

ア　C－国語科　　D－生活科

イ　C－生活科　　D－家庭科

ウ　C－国語科　　D－社会科

エ　C－社会科　　D－生活科

オ　C－国語科　　D－家庭科

(2)　g______の次の段階の算数科の目標として，最も適切なものを選びなさい。

ア　データを棒グラフで表すことができる。

イ　データの分布の中心や散らばりの様子からデータの特徴を読み取ることができる。

ウ　身の回りにあるデータ数を，記号で表現したりすることができる。

エ　身の回りにあるものの量の大きさに気付くことができる。

オ　円グラフを問題の解決に用いることができる。

問6　次の表は，児童Mの登校後の教室での実態を整理したものの一部です。以下の(1)，(2)に答えなさい。

No.	活動内容	実態等
1	バッグを机の上に置く。	・机にバッグの写真を貼っておくことにより、一人でバッグを机の上に置くことができる。
2	hバッグから連絡帳を出す。	・バッグを開ける際、教師が言葉を掛けながら手本を見せても、親指と人差し指でファスナーをつかんだり引っ張ったりすることが難しい。 ・バッグを開けた後に、教師が言葉を掛けると、自分で連絡帳を取り出すことができる。
3	連絡帳を教卓の前のかごに入れる。	・教師がかごを指で指し示すことで、自分で連絡帳を教卓の前のかごに入れることができる。
4	バッグをロッカーに入れる。	・自分でバッグを持ち、ロッカーの方に向かって歩くことができるが、ロッカーへ向かう途中で、音の出る絵本で遊んでしまうことがある。

(1) 登校後の持ち物の整理など，日常生活の指導を行うに当たり考慮する点として，適切なものの組合せを選びなさい。

① 日常生活や学習の自然な流れに沿い，その活動を実際的で必然性のある状況下で取り組むことにより，生活や学習の文脈に即した学習ができるようにすること。

② 毎日反復して行い，望ましい生活習慣の形成を図るものであり，繰り返しながら取り組むことにより習慣化していく指導の段階を経て，発展的な内容を取り扱うようにすること。

③ 学級全体で活動を展開し，仲間意識を深めることができるよう，児童一人一人に目標や指導内容を設定するのではなく，学級全体として取り組むことができる目標や指導内容を優先して設定すること。

④ 学校と家庭等とが連携を図り，児童が学校で取り組んでいること，また家庭等でこれまで取り組んできたことなどの双方向で学習状況等を共有し，指導の充実を図るようにすること。

⑤ 日常生活の諸活動について，児童が年齢相応に行動することができるよう，障害の状態は考慮せず，生活年齢に基づく指導計画を作成すること。

ア ①②④　イ ①②⑤　ウ ①③⑥　エ ②③④
オ ③④⑤

(2) h______の活動について，支援の手立てとして最も適切なものを選びなさい。

ア 指先に集中できるよう，より小さなファスナーに替える。

イ ファスナーをつかむことを意識できるよう，繰り返し大きな声で言葉を掛ける。

ウ 意欲的に取り組めるよう，一人でバッグを開けられるようになるまで音の出る絵本を渡さない。

エ 一人でバッグを開ける経験を通して達成感を感じられるよう，児童Mが支援を求めても教師はそばで黙って見守る。

オ 児童Mがつかみやすいよう，ファスナーに大きな輪を付ける。

▌2024年度 ▌北海道・札幌市 ▌難易度 ■■■■■

【15】次の表は，特別支援学校小学部4年生のBさんについて担任が実態把握し，まとめたものである。以下の問いに答えなさい。

表＜Bさんの実態把握＞

主な障害と程度	知的障害（日常的に使う言葉は，おおよそ理解できている。言葉での表出は困難である。）
学習・生活の様子	・身振りなどを使って要求を伝えるが，友だちには意味が伝わらないことが多い。 ・友だちに自分から関わることが少ないが，担任には自分から関わることができる。 ・集団での学習において順番を待つことが苦手で，不安定になる。 ・衣服の前後や靴の左右を間違えるなど，日常生活場面に一部支援が必要である。 ・食べ物に好き嫌いがあるが，健康状態は良好である。
保護者の願い	・毎日楽しく学校に通ってほしい。 ・地域の小学校の同学年の児童たちと一緒に，勉強や運動会などを経験させたい。

1　担任は，Bさんの「学習・生活の様子」を，自立活動の指導の区分に即して整理し分類した。次の(1)～(3)に該当するものを，表中の「学習・生活の様子」から20文字程度で抜き出し，書きなさい。

(1)　心理的な安定

(2)　人間関係の形成

(3)　コミュニケーション

2　担任は，「保護者の願い」のうち，下線部を受け，来月実施する「交流及び共同学習」に向けて，具体的な指導目標を設定し，その指導の手立てを考えた。次の文(1)～(3)について，文中の(　①　)～(　③　)に入る指導目標を，以下の〈語群〉ア～オからそれぞれ1つ選んで，その符号を書きなさい。また，【　a　】～【　c　】に入る指導の手立てを，それぞれ簡潔に書きなさい。

(1)　心理的な安定に関する指導目標として(　①　)を設定し，その指導の手立てとして【　a　】。

(2)　人間関係の形成に関する指導目標として(　②　)を設定し，その指導の手立てとして【　b　】。

(3)　コミュニケーションに関する指導目標として(　③　)を設定し，その指導の手立てとして【　c　】。

〈語群〉

ア　ものに興味・関心を持たせ，活動意欲を高める。

イ　友だちを意識した協調的で自発的な関わりを促す。

ウ　相手に自分の思いを伝えようとする意欲を育む。

エ　落ち着いて自分の順番を守ることができるようにする。

オ　前後・左右・上下などの身体感覚を養う。

3　下線部について，次の(1)～(4)は，担任が学年の教員向けに事前配布する文書に記載した文であり，文部科学省の「交流及び共同学習ガイド」(平成31年)からの抜粋である。文中の(　①　)～(　④　)に入る語句を，以下の〈語群〉ア～クからそれぞれ1つ選んで，その符号を書きなさい。

(1)　交流及び共同学習は，相互の触れ合いを通じて豊かな人間性を育むことを目的とする交流の側面と，(　①　)のねらいの達成を目的とする共同学習の側面がある。

(2)　交流及び共同学習の実施に当たっては，学校の教職員，子供たち，保護者など当該活動に関わる関係者が，取組の(　②　)やねらい等について，十分に理解し，共通理解をもって進めることが大切である。

(3)　交流及び共同学習の実施，事前の準備，実施後の振り返りについて，(　③　)に位置付け，計画的・継続的に取り組む。

(4)　活動後には，活動のねらいの達成状況，子供たちの意識や行動の(　④　)を評価し，今後の取組に生かす。

〈語群〉

ア	自立活動	イ	年間指導計画	ウ	背景
エ	意義	オ	回数	カ	教科等
キ	授業時間	ク	変容		

4　次の文章は，「障害のある子供の教育支援の手引」(令和3年)の「知的障害」に関する説明の抜粋である。文中の(　①　)～(　⑩　)に入る語句を，以下の〈語群〉ア～ツからそれぞれ1つ選んで，その符号を書きなさい。

・一般に，同年齢の子どもと比べて，「(　①　)や言語などにかかわる知的機能」の発達に遅れが認められ，「他人との(　②　)の交換，日常生活や社会生活，安全，仕事，余暇利用などについての(　③　)能力」も不十分であり，特別な支援や配慮が必要な状態とされている。また，その状態は，(　④　)的・社会的条件で変わり得る可能性があると言われている。

・発達期以降の外傷性頭部損傷や(　⑤　)などに伴う知的機能

の低下とは区別され，発達期における知的機能の障害として位置付けられる。このため，知的機能の障害の発現時期について把握しておく必要がある。
・精神的，神経発達的，医学的及び身体疾患の併発がしばしばみられる。その主なものとして(　⑥　)等を挙げることができる。運動障害を併存していることも少なくない。また，中途から合併してくる合併症として，(　⑦　)や精神疾患などが見られることがある。このため，併存症と合併症について把握しておく必要がある。
・学習上の特性としては，学習によって得た知識や技能が(　⑧　)的になりやすく，実際の生活の場面の中で生かすことが難しいことが挙げられる。そのため，実際の生活場面に即しながら，繰り返して学習することにより，必要な知識や技能等を身に付けられるようにする継続的，段階的な指導が重要となる。また，(　⑨　)的な内容の指導よりも，実際的な生活場面の中で，(　⑩　)的に思考や判断，表現できるようにする指導が効果的である。

〈語群〉

ア	自閉症	イ	かん黙	ウ	意見	エ	数
オ	断片	カ	機能	キ	環境	ク	抽象
ケ	限定	コ	発達障害	サ	認知	シ	老齢化
ス	てんかん	セ	積極	ソ	学習	タ	適応
チ	具体	ツ	意思				

2024年度 ▌兵庫県 ▌難易度 ■■■■□

【16】「特別支援学校学習指導要領解説　各教科等編(小学部・中学部)」(平成30年3月)第4章　知的障害者である児童生徒に対する教育を行う特別支援学校の各教科　第2節　知的障害である児童生徒に対する教育を行う特別支援学校における指導の特徴について　3　指導の形態について　の内容について，次の各問いに答えなさい。

(1)　次の文章は，「道徳科，外国語活動，特別活動，自立活動の時間を設けて指導を行う場合　エ　自立活動」からの抜粋である。空欄(①)~(⑨)に当てはまる語句を，以下のア～ニからそれぞれ1つずつ選び，記号で答えなさい。

> 知的障害のある児童生徒は，全般的な知的発達の程度や(①)の状態に比較して，(②)，(③)，(④)，(⑤)等の特定の分野に，顕著な発達の遅れや特に配慮を必要とする様々な状態が知的障害に随伴して見られる。
>
> 顕著な発達の遅れや特に配慮を必要とする様々な知的障害に随伴する状態とは，例えば，(②)面では，発音が明瞭でなかったり，言葉と言葉を滑らかにつないで話すことが難しかったりすること，(③)(④)面では，走り方がぎこちなく，安定した姿勢が維持できないことや衣服のボタンかけやはさみなどの道具の使用が難しいこと，(⑤)面では，失敗経験が積み重なり，自信がもてず絶えず不安が多いことなどである。また，(⑥)や(⑦)なども，随伴する状態等として挙げられる。
>
> このような状態等に応じて，各教科の指導などのほかに，自立活動の内容の指導が必要である。
>
> 知的障害のある児童生徒の自立活動の考え方は，他の障害を有する場合の考え方と(⑧)である。自立活動の指導は，(⑨)に基づいて，学習上の特性等を踏まえながら指導を進める必要がある。特に，自立活動の時間の指導では，個々の児童生徒の知的障害の状態等を十分考慮し，個人あるいは小集団で指導を行うなど，指導目標及び指導内容に即して効果的な指導を進めるようにすることが大切である。

ア　言動	イ　てんかん	ウ　言動
エ　実態	オ　発声	カ　精神
キ　心臓疾患	ク　適応行動	ケ　能力
コ　診断書	サ　反対	シ　身体的
ス　学力	セ　個別の指導計画	ソ　技能
タ　動作	チ　情緒	ツ　喘息

テ　運動　　ト　同じ　　ナ　医療的ケア
ニ　知識

(2)　次の文章は,「各教科等を合わせて指導を行う場合【各教科等を合わせた指導の特徴と留意点】イ　遊びの指導」からの抜粋である。空欄(　①　)～(　⑨　)に当てはまる語句を答えなさい。

(ア)　児童の(　①　)的な活動を育めるようにすること。その際,児童が,(　②　)的に遊ぼうとする環境を設定すること。
(イ)　教師と児童,児童同士の関わりを促すことができるよう,(　③　)の設定,教師の対応,遊具等を工夫し,計画的に実施すること。
(ウ)　(　④　)活動が活発に展開できる遊びや室内での遊びなど児童の興味や関心に合わせて適切に環境を設定すること。
(エ)　遊びをできる限り(　⑤　)することなく,児童の(　⑥　)面や(　⑦　)面に配慮しつつ,安全に遊べる(　③　)や遊具を設定すること。
(オ)　自ら遊びに取り組むことが(　⑧　)児童には,遊びを促したり,遊びに誘ったりして,いろいろな遊びが経験できるよう配慮し,遊びの(　⑨　)を味わえるようにしていくこと。

(3)　「生活単元学習」について,次の語句をすべて用いて説明しなさい。ただし,同じ語句を複数回用いてもよい。

広範囲	社会参加	自立	実際的
指導目標	一連の活動	総合的	体系的
組織的	実際の生活上	各教科等の目標	指導内容

2024年度 京都府 難易度

【17】次の文章は,「特別支援学校高等部学習指導要領」(平成31年2月告示)「第2章　各教科　第1節　視覚障害者,聴覚障害者,肢体不自由者又は病弱者である生徒に対する教育を行う特別支援学校　第2款　各科目に関する指導計画の作成と内容の取扱い」の一部である。(　①　),(　②　)にあてはまる最も適切な語句を,以下の1～5の中からそれぞ

れ一つずつ選びなさい。

> ～略～
> 4　病弱者である生徒に対する教育を行う特別支援学校
> (1)　個々の生徒の学習状況や病気の状態，授業時数の制約等に応じて，指導内容を適切に(　①　)し，基礎的・基本的な事項に重点を置くとともに，指導内容の連続性に配慮した工夫を行ったり，各教科・科目等相互の関連を図ったりして，系統的，発展的な学習活動が展開できるようにすること。
> (2)　健康状態の維持や管理，改善に関する内容の指導に当たっては，主体的に(　②　)を深めながら学びに向かう力を高めるために，自立活動における指導との密接な関連を保ち，学習効果を一層高めるようにすること。
> ～略～

① 1　活用　2　編成　3　評価　4　精選　5　把握

② 1　興味や関心　2　自己理解　3　考え　4　知識　5　社会生活

■2023年度 ■鳥取県 ■難易度 ■■■□□

【18】次の(ア)～(オ)の文の中から，幼児児童生徒への指導上の留意点として誤っているものを2つ選び，その記号を書け。

(ア)　弱視の幼児児童生徒の場合，自分にとって学習効率の良い文字サイズを知り，拡大文字の資料を必要とする場合などに，コンピュータの拡大機能などを使って，文字サイズ，行間，コントラスト等を調整し読みやすい資料を作成できるよう指導することが大切である。

(イ)　自閉症のある幼児児童生徒の場合，聴覚の過敏さのため特定の音に不快感を抱くことがある。不快な音の刺激が強すぎたり，突然であったりすると，感情が急激に変化したり，思考が混乱したりすることがあるので，苦手な音に多く触れさせ，音に慣れさせることが必要である。

(ウ) 脳性まひの幼児児童生徒の場合，言語障害を伴うことがあるが，多くの場合，内言語や言葉の理解の困難であり，意思の表出の困難はない。よって，幼児児童生徒の興味・関心に応じた教材を活用し，語彙を増やしたり，言葉のやりとりを楽しんだりすることが必要である。

(エ) 障害に起因して心理的な安定を図ることが困難な状態にある幼児児童生徒の場合，同じ障害のある者同士の自然な関わりを大切にすること等により，心理的な安定を図り，積極的に行動しようとする態度を育てることが大切である。

(オ) 障害が重度で重複している幼児児童生徒の場合，視覚，聴覚，触覚と併せて，姿勢の変化や筋，関節の動きなどを感じ取る固有覚や前庭覚を活用できるようにすることも考慮する必要がある。

▌2023年度 ▌和歌山県 ▌難易度 ■■■■□□

【19】個別の教育支援計画について，次の(1)～(5)の内容で，正しいものには○を，間違っているものには×を，それぞれ書きなさい。

(1) 個別の教育支援計画は，適切な支援方法や関係職員との連携が記されていれば，保護者の参画は必要ない。

(2) 合理的配慮については，学校と本人及び保護者の合意形成を図った上で，個別の教育支援計画に明記することが重要である。

(3) 個別の教育支援計画は，教育課程を具体化し，障害のある児童生徒一人一人の指導目標，指導内容，指導方法を明確にして，きめ細かな指導をするために作成するものである。

(4) 個別の教育支援計画は，通常の学級に在籍する通級による指導を受けていない発達障害の可能性がある児童生徒にも必ず作成しなければならない。

(5) 個別の教育支援計画は，計画に基づき実行した結果を評価して定期的に見直し，PDCAサイクルを確立させていくことが重要である。

▌2023年度 ▌名古屋市 ▌難易度 ■■□□□

● 指導計画・指導法

【20】次の表は，特別支援学校に在籍する高等部2年生Dさんのプロフィールである。以下の問いに答えなさい。

表〈Dさんのプロフィール〉

障害名等	知的障害　(a)自閉症　療育手帳Ｂ２取得
本人の願い	自力通学できるようになりたい。
保護者の願い	(b)職場体験実習で働くことを経験し、卒業後は、企業就労もしくは職業訓練校に進学してほしい。
身辺自立	自立している。
健康面	(c)薬を服用しているが、飲み忘れることがある。
学習面	小学校４年生程度の漢字の読み書きができる。板書や作文には、時間がかかる。パソコン入力は得意である。
行動面	初めてのことには強い不安を抱き、全体指示の後、活動名を繰り返しつぶやいたり固まったりする。
対人関係	一人で過ごすことが多い。日常生活の中で関わりのある人からの質問には、応答するなどのやりとりができる。困ったことがあっても黙っている様子が見られる。
余暇活動	パソコンで動画検索や、四コマ漫画を楽しむ。

1　下線部(a)について説明した次の文章を読んで，①～⑦にあてはまる語句を，以下の〈語群〉ア～チからそれぞれ1つ選んで，その符号を書きなさい。

> 自閉症とは，(　①　)との社会的関係の形成の困難さ，(　②　)の遅れ，(　③　)が狭く特定のものにこだわることを特徴とする(　④　)である。その特徴は，(　⑤　)くらいまでに現れることが多いが，成人期に症状が顕在化することもある。(　⑥　)に何らかの(　⑦　)があると推定されている。

〈語群〉

ア	言葉の発達	イ	発育不全	ウ	自律神経系
エ	保護者	オ	他者	カ	発達の障害
キ	知的発達	ク	機能不全	ケ	中枢神経系
コ	興味や関心	サ	7歳	シ	視野
ス	3歳	セ	行動異常	ソ	知能
タ	学齢期	チ	染色体異常		

2　次の文章は，下線部(b)に関して担任が記録した昨年度のDさんの取組の様子と，(1)～(3)は，担任が作成したDさんの今年度の事前指導に向けた指導・支援の計画である。①～③にその内容を書き，文章を完成させなさい。ただし，①～③のそれぞれに，プロフィール内の言葉を少なくとも1つは引用すること。

〈昨年度のDさんの取組の様子〉
5日間のうち初めの2日間は，実習先である職場まで行ったが不安から職場体験実習に参加することができず，残りの3日間は校内実習に切り替えた。
〈今年度の事前指導に向けた指導・支援の計画〉
(1) 支援の計画として，職場体験実習日誌は(①)。
(2) 指導の計画として，職場体験実習の内容に(②)。
(3) 指導の計画として，Dさんが困った時に(③)。

3 次の文章(1)～(3)は，下線部(c)に関して，Dさんが服薬の自己管理ができることを目標として，担任が立てた指導・支援の計画である。①～⑤にその内容を書き，文章を完成させなさい。ただし，②と④は，以下の〈語群〉ア～オからそれぞれ1つ選んで，その符号を，①と③と⑤はそれぞれ20字以内で書きなさい。
(1) 薬を飲み忘れることに対して，自立活動の指導において(①)。
(2) (②)と連携して，(③)。
(3) (④)と連携して，(⑤)。
〈語群〉
ア 保健　イ 福祉　ウ 医療　エ 労働　オ 家庭

2023年度 兵庫県 難易度

解答・解説

【1】②

○**解説**○ 幼稚部の問題ではあるが，よく読めば正答できるだろう。特別支援学校に在籍する児童生徒においては，すべて個別の指導計画を作成することとされている。②は「必要に応じて」ではなく「一人一人の幼児について」が正しい。

【2】②

○解説○ 外国語活動は外国語を用いた体験的な活動を通じて，言語や文化について体験的に理解を深めること。外国語の音声や基本的な表現などに慣れ親しませることで，コミュニケーションを図る素地となる資質・能力を育成することを目的としている。また，内容においては「知的障害のある児童の学習の特性を踏まえ，育成を目指す資質・能力が確実に育まれるよう，興味・関心のあるものや日常生活と関わりがあるものなどを重視」していることにも注意したい。

【3】(4)

○解説○ 病弱等の理由で就学を猶予・免除されている学齢児童生徒についても，教科書が無償で給与されている。

【4】(1) A 教科別 B 主体的 (2) ア c イ b

○解説○ 問題は，知的障害者である児童生徒に対する教育を行う特別支援学校の「指導計画の作成と各教科全体にわたる内容の取扱い」についてである。 (1) A 「合わせて行う指導」と対となる文であり，「教科別」の指導が当てはまる。 B 「主体的」は，今回の学習指導要領改訂のキーワードの一つである。 (2) ア 知的障害の児童生徒は生活に結び付いた体験的な学びが重要であり，経験が重視される。 イ 現在や将来の生活に必要な連携の手段として，個別の指導計画による連携が求められている。成果だけでなく，学習過程が引き継がれることが生活に活かされる。

【5】④

○解説○ イは「基礎的・汎用的な事項」ではなく「基礎的・基本的な事項」が正しい。なお，本資料では「病弱者である児童生徒は入院や治療，体調不良等のため学習時間の制約や学習できない期間(学習の空白)などがあるため学びが定着せず，学習が遅れることがある」としている。指導内容の精選は，それを踏まえた内容であることを意識するとよい。

【6】(4)

○解説○ 「小学校等における医療的ケア実施支援資料」(文部科学省 令和3年6月)によると，口腔・鼻腔から気管内を吸引することは，声門部の刺激によって生じる咳反射に阻まれるため，困難であることから，気管カニューレから行うことが必要であるとされている。

【7】⑥

○解説○ 知的障害のある児童生徒については，その学習上の特性等を踏まえた指導が極めて重要である。学校教育法施行規則第130条においても，こうした知的障害のある児童生徒の特性を踏まえた指導の形態として，「各教科等を合わせた指導」の規定が明文化されている。指導の形態では，日常生活の指導，遊びの指導，生活単元学習，作業学習がある。日常生活の指導は，生活科を中心として，広範囲に各教科等の内容が扱われる。ここに示された①～⑤の内容は，全てが日常生活の指導に当たっての留意点である。

【8】②

○解説○ 「感覚統合」ではなく「ムーブメント教育」の説明である。

【9】(1)　②　　(2)　⑥

○解説○ (1)　千葉県の「障害のある人に対する情報保障のためのガイドライン」では「放送，掲示板，文書の配布，代読，手話通訳・要約筆記など様々な情報伝達手段を用いることで，確実に情報伝達がなされるよう留意する必要がある」としている。　(2)　障害の特性を踏まえ，起こりうる内容を想定し，そのような対処を講じるか考えるとよい。

【10】②

○解説○ 「知的障害のある児童生徒の教育的対応の基本」は10項目で構成されている。どれも重要なので，本資料で学習しておきたい。②は「精神年齢」ではなく「生活年齢」が正しい。

● 指導計画・指導法

【11】(1) ③　(2) 1 ⑥　2 ⑩　3 ⑦

○解説○ (1) ① LD(学習障害)，ADHD(注意欠陥／多動性障害)ともに通常の学級での対応が可能である。 ② 文部科学省通知等によると，通級による指導を受けている場合に，その児童生徒の障害の状態等を適切に把握し，その変化等に応じて，柔軟に教育措置の変更を行うことができるように配慮することが必要とされている。 ④ 通級による指導の対象とするか否かの判断に当たっては，医学的な診断の有無のみにとらわれることのないよう留意し，総合的な見地から判断することが必要である。 (2) 通級による指導にあたっては，個別の指導計画を作成する必要がある。また，授業時数は，学習障害者及び注意欠如多動性障害者について，年間10単位時間から280単位時間までを標準としている。

【12】④

○解説○ ①は聴覚障害者，②は肢体不自由者，③は病弱者である生徒に対する「各教科に関する指導計画の作成と内容の取扱い」である。

【13】問1 色素性乾皮症　問2 ア 悪性新生物　イ 医療
問3 家庭，児童福祉施設，医療機関等との連携を密にすること。

○解説○ 問1 XP(xeroderma pigmentosum)とは，色素性乾皮症のことで，日光に当たると皮膚が乾燥し，多くのシミが発生する遺伝性疾患である。皮膚がんを発症することが多い。 問2 学校教育法施行令第22条の3による「病弱者の障害の程度」には，出題の第一項のほか，第二項として「身体虚弱の状態が継続して生活規制を必要とする程度のもの」と規定されている。なお，「医療または生活規則」という文言はセットで覚えておくとよい。 問3 個別の教育支援計画は，教育，医療，福祉，保健，労働等の分野が一体となって早期から将来を見据えて計画するものである。保護者を含め，教育的支援を行う者及び関係機関との密接な連携・協力が不可欠となる。

【14】問1 オ　問2 イ　問3 ウ　問4 オ　問5 (1) ア
(2) ウ　問6 (1) ア　(2) オ

○**解説**○ 問1 自閉症とは，「①他者との社会的関係の形成の困難さ，②言葉の発達の遅れ，③興味や関心が狭く特定のものにこだわる」ことを特徴とする発達の障害である。「他者とのコミュニケーションが成立しない」，「特定のミニカーにこだわる」などの状態や，「気持ちが落ち着かなくなった時に，泣きながら飛び跳ねたり…」などの実態から，児童Mは「自閉症」と判断できる。 問2 特定の音を嫌がるときには「イヤーマフ」を使用することが合理的な配慮になることについて理解しておいてほしい。電子機器の「ノイズキャンセリングヘッドホン」も使用される。 問3 個別の教育支援計画とは，障害のある児童生徒一人一人のニーズを正確に把握し，教育の視点から適切に対応していくという考えの下，乳幼児期から学校卒業後まで一貫して的確な教育的支援を行うために作成される計画のこと。様々な関係者が子どもの障害の状態などに関わる情報を共有し，教育的支援の目標や内容，実施方法を明確にするためのツールとなる。 問4 「障害者の日常生活及び社会生活を総合的に支援するための法律」(障害者総合支援法)は，「障害者自立支援法」(平成17年法律123号)を前身として，平成25年4月1日に施行されたもの(最終改正施行日：令和5年4月1日)。 問5 (1) 「読み聞かせ」，「文字を読む」などの記述から，Cは「国語科」であると判断できる。また，「掃除」，「道具の片付け」などの記述から，Dは「生活科」であると判断できる。 (2) 下線部gは，算数科2段階の「データの活用」の内容である。 問6 ③ 「学級全体で活動を展開し」，「児童一人一人に設定するのではなく」，「学級全体を優先」などの記述は誤り。 ⑤ 「年齢相応の行動」や「障害の状態は考慮せず」などの記述は誤り。 (2) 「バッグから連絡帳を出す」の支援の手立てとして，児童Mにやる気を出すための，わかり易い手がかりを与えてあげることが適切である。

【15】1 (1) 順番を待つことが苦手で，不安定になる(18字) (2) 友だちに自分から関わることが少ない(17字) (3) 友だちには意味が伝わらないことが多い(18字) 2 (1) ① エ a 順番や待ち時間を示して，見通しを持たせる (2) ② イ b 担任を介しながらも，徐々に友だちとの関わり場面を増やしていく (3) ③ ウ

c　絵カードや写真などを使い，相手に意思を伝えるようにさせる
3 (1) カ　(2) エ　(3) イ　(4) ク　4 ① サ
② ツ　③ タ　④ キ　⑤ シ　⑥ ア　⑦ ス
⑧ オ　⑨ ク　⑩ チ

○**解説**○ 1 (1) 心理的な安定に関する実態としては，不安定になる場面について取り上げる。よって，「順番を待つことが苦手で，不安定になる」が該当する。 (2) 人間関係の形成については，対人面の困難さを取り上げる。よって，「友だちに自分から関わることが少ない」が該当する。 (3) コミュニケーションについては，人間関係の形成と区別し，意思疎通等の点から困難さを取り上げる。よって，「友だちには意味が伝わらないことが多い」が該当する。 2 出題の小学部4年生のBさんは知的障害児である。知的障害児童生徒に対する配慮事項として，「①興味・関心をもつことのできる活動を工夫する」，「②言葉による指示だけでなく，絵や写真等を用いたり，モデルを示したりすることによって，子供たちが活動内容を理解しやすくする」，「③繰り返しできる活動にしたり，活動の手順を少なくしたり，絵や写真等を用いて手順が分かりやすくなるようにしたりして，見通しをもちやすくする」，「④得意とする活動や普段の授業で学習していること，慣れている活動を行うようにして，自信をもって活躍できる場を多くする」，「⑤子供の行動の意味や心情，その背景等を必要に応じて適切に説明するなどして，子供同士が理解し合い友達になれるようにする」などが挙げられる。これらを踏まえて解答する。 (1) 心理的な安定の目標としては，課題が「順番を待つこと」であることから，順番に関することが目標となる。よって，エである。指導の手立てとしては，順番や待ち時間を示し，いつまで待てばよいかの見通しを持たせることである。 (2) 人間関係においては，「自分から関わることが少ない」ことが課題であるため，関わりに関することが目標となる。よって，イがあてはまる。指導の手立てとしては，担任を介しながら，友だちとの関わりの場面を増やしていくことである。 (3) コミュニケーションにおいては，「意味が伝わらないこと」が課題であることから，伝えることに関する目標が適切である。よって，ウがあてはまる。指導の手立てとしては，言葉だけでは伝わりにくいため，絵カードや

写真などを使い，相手に意思を伝えるような支援が必要である。
3　障害者基本法第16条第3項には「国及び地方公共団体は，障害者である児童及び生徒と障害者でない児童及び生徒との交流及び共同学習を積極的に進めることによつて，その相互理解を促進しなければならない」と示されており，「交流及び共同学習」は法的に義務付けられている。また，これを踏まえ，現行の学習指導要領総則においても，障害のある幼児児童生徒との交流及び共同学習の推進が明記されている。出題の「交流及び共同学習ガイド」(文部科学省)には，実際の教育現場でどのような交流及び共同学習が実施できるか，具体例が示されている。なお，交流及び共同学習には，小・中学校等と特別支援学校が学校間で連携して行うものや，小・中学校等が所在する地域にある特別支援学校の児童生徒等を受け入れて行うものなど，様々な形態があるが，授業時間内に行われる交流及び共同学習は，児童生徒等の在籍校の授業として位置付けられていることに留意する必要がある。また，特別支援学級と通常の学級との間で行う「交流及び共同学習」には，特定の教科等を交流学級で行い教科等のねらいの達成を目的とする「共同学習」の側面と，「給食や帰りの会，学校行事等を交流学級の児童生徒と一緒に行い，相互の触れ合いを通じて豊かな人間性を育む「交流的な」側面の2つがあるが，これらは一体であることとして捉えることが大切である。　4　知的障害児童生徒を支援するに当たって，まず，当該児童生徒の発達の状態等(身辺自立，社会生活能力，社会性，学習能力，運動機能，意思の伝達能力と手段)について把握しなければならない。次に，本人の障害の状態等(学習意欲等，自立への意欲，対人関係，身体の動き，自己の理解等)について把握しなければならない。これらは，当該児童生徒の行動観察や，知能発達検査(田中ビネー知能検査等の知能発達検査や，新版SM式社会能力検査等の適応機能検査)の実施を踏まえて把握することが必要である。行動観察や生活調査によって適応行動の困難さを判断する場合は，同年齢の子供と遊んだり，一緒に行動したりすることができるかどうか，その年齢段階において標準的に要求される身辺処理ができるかどうかなどを基準に判断する。知的障害のある児童生徒の教育に当たっては，教育における合理的配慮を含む必要な支援の内容を，児童生徒一人一人個別に検討する必要がある。例えば，学習上又は生活上の困難を改善・克服するための配慮として，できるだけ実生活につながる技術や態度を身に付けられるようにし，同時に，社会生活上の規範やルールの理解を促すよう配慮する。さらに，知的発達の遅れにより，全般的に学習内容の習得が困難な場合があることから，理解の状況に応じて学習内容の変更・調整を行うこと(焦点化を図ること，基礎的・基本的な学習内容を重視すること，生活上必要な言葉等の意味を確実に理解できるようにすること等)が挙げられる。

【16】(1) ① ク ② ウ ③ テ ④ タ ⑤ チ ⑥・⑦ イ・キ (※順不同) ⑧ ト ⑨ セ (2) ① 意欲 ② 主体 ③ 場 ④ 身体 ⑤ 制限 ⑥ 健康 ⑦ 衛生 ⑧ 難しい ⑨ 楽しさ (3) 生活単元学習は，児童生徒が生活上の目標を達成したり，(課題を解決したりするために，)一連の活動を組織的・体系的に経験することによって，自立や社会参加のために必要な事柄を実際的・総合的に学習するものである。生活単元学習では，広範囲に各教科等の目標や内容が扱われる。児童生徒の学習活動は，実際の生活上の目標や課題に沿って，指導目標や指導内容を組織されること(が大切である。)

○**解説**○ (1) 知的障害とは，知的機能の発達に明らかな遅れと適応行動の困難性を伴う状態が発達期に起こるものとされている。適応行動の困難性には，運動・動作に関わる運動機能の困難性が含まれており，知的障害のある児童生徒は言語などの認知面だけでなく，運動動作面の困難さも併せ持つことが多い。また，学習活動に参加している実感をもつことが難しいと感じることなどによって，情緒的に不安定になることも多い。 ②は「発音が明瞭でなかったり」などより「言語」，③，④は「走り方がぎこちなく」などより「運動」「動作」，⑤は「自信が持てず絶えず不安」などより「情緒」，とそれぞれ判断できる。⑥・⑦ てんかんは脳の障害によるものであり，脳の広範な領域に興奮が起こる場合には知的障害が多くみられる。また，染色体異常などの病理型の知的障害の場合は重篤な場合が多く，心臓病や運動機能の障害などを合併することもある。 ⑧・⑨ 自立活動の考え方は，他の障害と同じであり，個別の指導計画に基づき，個々の状態を十分考慮して指導することとされている。　(2)　各教科等を合わせて行う指導には，日常生活の指導，遊びの指導，生活単元学習，作業学習の4つがある。遊びの指導は，身体活動を活発にし，仲間との関わりを促し，意欲的な活動を育み，心身の発達を促していくものである。生活科や体育科等にも関わる広範囲の内容が扱われる。遊びが制限されることなく，健康面や衛生面に配慮しつつ，安全に遊べる場や遊具を設定することが重要である。　(3)　ねらい，内容，指導にあたっての留意点を押さえてまとめるとよい。指導にあたっては，実際の生活上の目標や課題に沿って指導目標や指導内容を，一連の活動として組織的・体系的に経験できるよう組織されることが大切である。また，個々の児童生徒の自立と社会参加を視野に入れ，個別の指導計画に基づき，計画・実施することが大切である。

【17】①　4　　②　2

○解説○　①　病弱者である生徒は，病気の状態等により授業時数の制約もあることから，基礎的・基本的な事項を習得させる視点から指導内容を精選することなどによって，効果的に指導する必要がある。
②「健康状態の維持や管理，改善」は，自己理解の上に成り立つため，主体的に自己理解を深めることが重要である。

【18】(イ)，(ウ)

○解説○　選択肢の文章は，特別支援学校教育要領・学習指導要領解説自立活動編(幼稚部・小学部・中学部)(平成30年3月)による。各種障害の特性，教育方法の例などについては「障害のある子供の教育支援の手引～子供たち一人一人の教育的ニーズを踏まえた学びの充実に向けて～」(令和3年6月　文部科学省)を参照すること。頻出の資料なので，十分に学習しておきたい。　(イ)　自閉症の子供は感覚が過敏であるため，特定の音を嫌がることもある。その場合は，音量の調整(小さくする)等によって，子供の気持ちを落ち着かせることが求められる。子供に対しては，自分から別の場所に移動する，音量を調節するよう依頼する，イヤーマフ等の器具を使う等を指導する。なお，自閉症のある子供の特性として，聴覚より視覚からの情報を処理するほうが得意という「視覚認知の優位」があることもおさえておこう。 (ウ) 脳性まひの子供の多くは，言語障害を随伴しているといわれるが，最も多いのはまひ性構音障害，つまりくちびるや舌など話すことで使われる筋肉の調整がうまくいかないものであり，内言語や言葉の理解能力が損なわれていないケースも見受けられる。まひ性構音障害をもつ子供に対しては文字盤やコンピュータ等，言語表出の補助的手段を活用する力を育成することが求められる。

【19】(1) × (2) ○ (3) × (4) × (5) ○

○**解説**○ (1)「保護者の参画は必要ない」が誤りである。保護者の積極的な参画を促し，保護者の意見と十分に聞いて計画を作成することが必要である。 (3)「個別の教育支援計画」ではなく，「個別の指導計画」の説明である。 (4)「必ず作成しなければならない」が誤りである。特別支援学校在籍，特別支援学級在籍，通級による指導を受ける児童生徒は作成する必要がある。通常学級に在籍する障害のある児童生徒は「作成と活用に努める」とされている。

【20】1 (1) ① オ ② ア ③ コ ④ カ ⑤ ス ⑥ ケ ⑦ ク 2 (1) ・パソコンを使って入力させるなどして，書くことの代替を行う。 ・パソコンを使って入力させるなどして，心理的負担を軽減させる。 から1つ (2) ・慣れさせるため，実際の作業を経験させるなどして，見通しを持たせる。 ・親しませるため，四コマ漫画を使って分かりやすく説明し，見通しを持たせる。 から1つ (3) 他者に質問するなどして，自分から困っていることを伝える(援助依頼する)ことができるようにさせる。

3 (1) 飲んだ後の記録を自分でつけるようにする(19字)

(2) ② オ ③ ・自宅でも服薬記録を確認してもらうよう促す(20字) ・自宅でも声かけ等の意識付けを行ってもらう(20字) ・自宅で一緒に記録をつける等配慮を依頼する(20字) から1つ

(3) ④ ウ ⑤ 薬の量や服薬の時間等を相談し参考にする(19字)

○**解説**○ 1 自閉症は先天的な脳の機能の不具合に起因する障害である。

自閉症に見られる3つの特徴は，社会的関係の障害，ことばの遅れ(コミュニケーションの困難さ)，こだわり(想像力の障害)である。自閉症は病気ではないため完全に治癒することはないが，対人関係や社会性の困難に対する配慮と，本人の特性に合った環境調整や療育・教育によって，症状の改善や発達の促進が期待できる。自閉症のある子どもに対する支援は，基本的には，自閉症やそれに類するものによる適応不全の改善を目的とする。 2 プロフィール内の言葉を引用し，「～のために…する」，「…をして，～できるようにする」のように，支援とその効果を合わせて記述する。 (1) 実習日誌については，プロフィールの「学習面」から書字に時間がかかること，パソコン入力が得意であることが把握できるため，パソコンを使用することが書くことの代替となる。 (2) プロフィールの「行動面」と昨年度の実習への取組の様子から，初めてのことに不安があることが把握できる。慣れさせるため，実際の作業を経験させ，好きなことや得意なことを活かしながら見通しを持たせることが有効である。 (3) プロフィールの「対人面」から困ったことがあっても黙っていることが把握できる。助けを求められるように依頼する練習をする必要がある。

3 (1) ① 服薬カレンダー等を活用し，記録を自分でつけるようにすることが有効である。 (2) ②・③「家庭」と連携して，服薬の声掛けや服薬記録の確認などを依頼することが考えられる。

(3) ④・⑤「医療」(機関)と連携して，薬の量や服薬の時間等を相談して服薬の自己管理ができるような指導の参考にするとよい。

教育課程・学習指導要領

ポイント

(1) 特別支援学校の教育課程については，学校教育法第77条→学校教育法施行規則→学習指導要領，という流れをおさえた上で，それぞれの内容について理解を深めておく必要がある。平成21年告示の特別支援学校学習指導要領では，すべての児童生徒に対して「個別の指導計画」を教科等においても作成することや，「個別の教育支援計画」を作成することなどが盛り込まれた。平成29年4月告示の学習指導要領では，①知的障害者である児童生徒に対する教育を行う特別支援学校で，小・中学部の各段階に目標を設定するとともに，中学部に2段階を新設し段階ごとの内容を充実，②「自立活動」の「1健康の保持」の区分に「(4)障害の特性の理解と生活環境の調整に関すること。」の項目を新設，④個別の指導計画の作成についてさらに理解を促すため，「指導すべき課題」を明確にすることを加え，手続きの各過程を整理する際の配慮事項をそれぞれ示す，などが挙げられる。なお，小・中学校等の学習指導要領においても，生涯のある児童生徒に関する記述が盛り込まれており，総則を中心に学習を深めておく必要がある。

(2) 教育課程編成の基本となる特別支援学校学習指導要領に規定されている文言については確実に覚えておきたい。併せて，学習指導要領の解説にも目を通し，内容について理解を深めておく必要がある。特に，各教科の規定が知的障害者の場合とその他の4障害(視覚障害者，聴覚障害者，肢体不自由者，病弱者)の場合で異なっている点を確認することが肝要である。また，特別支援学校では学校教育法施行規則第130条に基づき，「教科等を合わせた指導」が行われているところに特色があり，日常生活の指導，遊びの指導，生活単元学習，作業学習といった指導形態がとられている点もおさえておきたい。その他，障害の状態に応じて柔軟な教育課程を編成できるように，学習指導要領において「重複障害者等に関する教育課程の取扱い」が規定されているので確認しておきたい。

実施問題

教育課程

【1】次の記述は,「特別支援学校教育要領・学習指導要領解説　総則編(幼稚部・小学部・中学部)(平成30年3月)」に示された「第1編　総説　第1章　教育課程の基準の改善の趣旨　第1節　改訂の経緯」の一部である。下線(ア)～(オ)のうち適切ではないものを,以下の①～⑤のうちから選びなさい。

我が国は,平成19年に「(ア)障害者の権利に関する条約(平成18年国連総会で採択)」に署名し,平成26年にこれを批准した。同条約では,人間の多様性の尊重等を強化し,障害のある者がその能力等を最大限に発達させ,社会に効果的に参加することを可能とするため,障害のある者と障害のない者とが共に学ぶ仕組みとしての「(イ)インクルーシブ教育システム」の理念が提唱された。こうした状況に鑑み,同条約の署名から批准に至る過程においては,平成23年の(ウ)障害者基本法の改正,平成25年の就学先決定に関する(エ)教育基本法の改正,平成28年の(オ)障害を理由とする差別の解消の推進に関する法律の施行など,教育分野を含め,同条約の趣旨を踏まえた様々な大きな制度改正がなされたところである。

①　(ア)　②　(イ)　③　(ウ)　④　(エ)　⑤　(オ)

2024年度　神奈川県・横浜市・川崎市・相模原市　難易度■■■■□□

【2】次の記述は,「特別支援学校高等部学習指導要領(平成31年2月告示)」に示された「第1章　総則　第2節　教育課程の編成　第2款　教育課程の編成　3　教育課程の編成における共通的事項　(6)　キャリア教育及び職業教育に関して配慮すべき事項」の一部である。空欄［ア］～［ウ］に当てはまるものの組合せとして最も適切なものを,以下の①～⑥のうちから選びなさい。

第2款　教育課程の編成

3　教育課程の編成における共通的事項

(6)　キャリア教育及び職業教育に関して配慮すべき事項

ア　学校においては，第5款の1の(3)に示すキャリア教育及び職業教育を推進するために，生徒の障害の状態や特性及び心身の発達の段階等，学校や[ア]の実態等を考慮し，[ア]及び産業界や[イ]等の業務を行う関係機関との連携を図り，産業現場等における長期間の実習を取り入れるなどの[ウ]の機会を積極的に設けるとともに，[ア]や産業界や[イ]等の業務を行う関係機関の人々の協力を積極的に得るよう配慮するものとする。

①	ア	地域	イ	労働	ウ	就業体験活動
②	ア	自治体	イ	事業所	ウ	職業自立活動
③	ア	地域	イ	事業所	ウ	職業自立活動
④	ア	自治体	イ	労働	ウ	就業体験活動
⑤	ア	地域	イ	労働	ウ	職業自立活動
⑥	ア	地域	イ	事業所	ウ	就業体験活動

▌2024年度 ▌神奈川県・横浜市・川崎市・相模原市 ▌難易度 ■■■□□

【3】次は，特別支援学校小学部・中学部学習指導要領(平成29年告示)の「第1章　総則　第3節　教育課程の編成」の一部です。[A]～[D]に入る語句の組み合わせとして正しいものを，以下の(1)～(4)の中から1つ選びなさい。

3　教育課程の編成における共通的事項

(1)　内容等の取扱い

(中略)

オ　視覚障害者，聴覚障害者，肢体不自由者又は病弱者である生徒に対する教育を行う特別支援学校の中学部においては，生徒や学校，地域の実態を考慮して，生徒の特性等に応じた多様な学習活動が行えるよう，第2章に示す各教科や，特に必要な教科を，選択教科として開設し生徒に履修させることができる。その場合にあっては，全ての生徒に指導すべき内容との関連を図りつつ，選択教科の授業時数及び内容を適切に定め選択教科の指導計画を作成し，生徒の負担過重となることのないようにしなければならない。また，特に必要な教科の名称，目標，内容などについては，　A　が適切に定めるものとする。

カ　知的障害者である児童に対する教育を行う特別支援学校の小学部においては，生活，国語，算数，　B　，図画工作及び体育の各教科，　C　，特別活動並びに自立活動については，特に示す場合を除き，全ての児童に履修させるものとする。また，　D　については，児童や学校の実態を考慮し，必要に応じて設けることができる。

(1) 　A　各学校　　　　B　音楽
　　　C　道徳科　　　　D　外国語活動
(2) 　A　学校設置者　　B　生活単元学習
　　　C　道徳科　　　　D　外国語活動
(3) 　A　各学部　　　　B　総合的な学習の時間
　　　C　外国語活動　　D　道徳科
(4) 　A　各学校　　　　B　生活単元学習
　　　C　外国語活動　　D　道徳科

‖ 2024年度 ‖ 埼玉県・さいたま市 ‖ 難易度 ‖■■■□□‖

【4】次の記述は，「特別支援学校学習指導要領解説　総則編(小学部・中学部)(平成30年3月)」に示された「第3編　小学部・中学部学習指導要領解説　第2章　教育課程の編成及び実施　第4節　教育課程の実施と学習評価　1　主体的・対話的で深い学びの実現に向けた授業改善(3)　コンピュータ等や教材・教具の活用，コンピュータの基本的な操作やプログラミングの体験」についての一部である。下線(ア)～(ウ)の正誤の組合せとして最も適切なものを，以下の①～⑥のうちから選びなさい。

　小学部段階において学習活動としてプログラミングに取り組むねらいは，(ア)プログラミング言語を覚えたり，プログラミングの技能を習得したりさせ，(イ)論理的思考力を育むとともに，プログラムの働きやよさ，情報社会がコンピュータをはじめとする情報技術によって支えられていることなどに気付き，身近な問題の解決に主体的に取り組む態度やコンピュータ等を上手に活用して(ウ)よりよい社会を築いていこうとする態度などを育むこと，さらに，教科等で学ぶ知識及び技能等をより確実に身に付けさせることにある。

① (ア)－正 (イ)－正 (ウ)－誤
② (ア)－正 (イ)－誤 (ウ)－正
③ (ア)－誤 (イ)－正 (ウ)－正
④ (ア)－誤 (イ)－誤 (ウ)－正
⑤ (ア)－誤 (イ)－正 (ウ)－誤
⑥ (ア)－正 (イ)－誤 (ウ)－誤

▌2024年度 ▌神奈川県・横浜市・川崎市・相模原市 ▌難易度 ■■■□□

【5】次は，特別支援学校小学部・中学部学習指導要領(平成29年告示)の「第1章 総則 第2節 小学部及び中学部における教育の基本と教育課程の役割」の一部です。[A]～[C]に入る語句を，以下の(1)～(4)の中から1つ選びなさい。

> 4 各学校においては，児童又は生徒や学校，地域の[A]を適切に把握し，教育の目的や目標の実現に必要な教育の内容等を[B]視点で組み立てていくこと，教育課程の実施状況を評価してその改善を図っていくこと，教育課程の実施に必要な人的又は物的な体制を確保するとともにその改善を図っていくことなどを通して，教育課程に基づき組織的かつ計画的に各学校の教育活動の質の向上を図っていくこと(以下「[C]」という。)に努めるものとする。その際，児童又は生徒に何が身に付いたかという学習の成果を的確に捉え，第3節の3の(3)のイに示す個別の指導計画の実施状況の評価と改善を，教育課程の評価と改善につなげていくよう工夫すること。

(1) A ニーズ B 教科等横断的な
C カリキュラム・マネジメント
(2) A ニーズ B 自ら意欲的に取り組む
C コア・カリキュラム
(3) A 実態 B 教科等横断的な

C　カリキュラム・マネジメント

(4)　A　実態　　B　自ら意欲的に取り組む

C　コア・カリキュラム

2024年度 埼玉県・さいたま市 難易度

【6】次の記述は,「特別支援学校小学部・中学部学習指導要領(平成29年4月告示)」に示された「第1章　総則　第3節　教育課程の編成　3　教育課程の編成における共通的事項　(3)　指導計画の作成等に当たっての配慮事項」の一部である。空欄［ア］～［ウ］に当てはまるものの組合せとして最も適切なものを,以下の①～⑥のうちから選びなさい。

各学校においては,次の事項に配慮しながら,学校の創意工夫を生かし,全体として,調和のとれた具体的な指導計画を作成するものとする。

(中略)

各教科等及び各学年相互間の関連を図り,［ア］な指導ができるようにすること。

視覚障害者,聴覚障害者,肢体不自由者又は病弱者である児童に対する教育を行う特別支援学校の小学部において,学年の内容を2学年まとめて示した教科及び外国語活動については,当該学年間を見通して,児童や学校,地域の実態に応じ,児童の障害の状態や特性及び心身の発達の段階等を考慮しつつ,［イ］に指導するようにすること。

小学部においては,児童の実態等を考慮し,指導の効果を高めるため,児童の障害の状態や特性及び心身の発達の段階等並びに指導内容の関連性等を踏まえつつ,［ウ］な指導を進めること。

①　ア　系統的,発展的　　イ　合科的・関連的
　　ウ　効果的,段階的

②　ア　系統的,発展的　　イ　効果的,段階的
　　ウ　合科的・関連的

③　ア　効果的,段階的　　イ　合科的・関連的
　　ウ　系統的,発展的

④　ア　効果的,段階的　　イ　系統的,発展的

ウ　合科的・関連的
⑤　ア　合科的・関連的　　イ　効果的，段階的
ウ　系統的，発展的
⑥　ア　合科的・関連的　　イ　系統的，発展的
ウ　効果的，段階的

▌2024年度 ▌神奈川県・横浜市・川崎市・相模原市 ▌難易度 ■■■■■

【7】次は，特別支援学校小学部・中学部学習指導要領(平成29年告示)の「第1章　総則　第2節　小学部及び中学部における教育の基本と教育課程の役割」の一部です。［A］～［D］に入る語句の組み合わせとして正しいものを，以下の(1)～(4)の中から1つ選びなさい。

> 2　学校の教育活動を進めるに当たっては，各学校において，第4節の1に示す主体的・対話的で深い学びの実現に向けた［A］を通して，創意工夫を生かした特色ある教育活動を展開する中で，次の(1)から(4)までに掲げる事項の実現を図り，児童又は生徒に［B］を育むことを目指すものとする。
> (1)　基礎的・基本的な知識及び技能を確実に習得させ，これらを活用して課題を解決するために必要な思考力，判断力，表現力等を育むとともに，主体的に学習に取り組む態度を養い，個性を生かし多様な人々との協働を促す教育の充実に努めること。その際，児童又は生徒の発達の段階を考慮して，児童又は生徒の言語活動など，学習の基盤をつくる活動を充実するとともに，［C］との連携を図りながら，児童又は生徒の［D］よう配慮すること。

(1)　A　授業改善　　B　生きる力　　C　家庭
D　学習習慣が確立する
(2)　A　研修研究　　B　確かな学力　　C　地域
D　学習習慣が確立する
(3)　A　研修研究　　B　確かな学力　　C　家庭
D　資質・能力を育む
(4)　A　授業改善　　B　生きる力　　C　地域

D　資質・能力を育む

■2024年度■埼玉県・さいたま市■難易度■■■□□

【8】次の文は，特別支援学校小学部・中学部学習指導要領(平成29年4月告示)第1章第3節「3　教育課程の編成における共通的事項」の一部である。

文中の[　ア　]～[　ウ　]に当てはまる適切な語句を以下の語群から選び，記号で答えなさい。ただし，同じ記号には同じ語句が入るものとする。

知的障害者である児童又は生徒に対する教育を行う特別支援学校において，各教科，道徳科，[　ア　]，特別活動及び自立活動の一部又は全部を合わせて指導を行う場合，各教科，道徳科，[　ア　]，特別活動及び自立活動に示す[　イ　]を基に，児童又は生徒の知的障害の状態や経験等に応じて，具体的に指導[　イ　]を設定するものとする。また，各教科等の[　イ　]の一部又は全部を合わせて指導を行う場合には，[　ウ　]を適切に定めること。

《語群》

a　総合的な学習の時間	b　授業時数	c　目標
d　生活単元学習	e　年間指導計画	f　内容
g　単元計画	h　外国語活動	i　観点

■2024年度■福岡県・福岡市・北九州市■難易度■■■□□

【9】次の文は，特別支援学校幼稚部教育要領　小学部・中学部学習指導要領(平成29年4月告示)に示された，第1章　総則　第4節　教育課程の実施と学習評価から，各教科等の指導に当たっての配慮事項について，内容の一部を抜粋したものである。内容に該当しないものを，次の①～⑤の中から一つ選べ。ただし，内容に①～⑤のすべてが該当する場合は⑥を選べ。

① 児童又は生徒が学習の見通しを立てたり学習したことを振り返ったりする活動を，計画的に取り入れるよう工夫すること。

② 児童又は生徒が生命の有限性や自然の大切さ，主体的に挑戦してみることや多様な他者と協働することの重要性などを実感しながら

理解することができるよう，各教科等の特質に応じた体験活動を重視し，家庭や地域社会と連携しつつ体系的・継続的に実施できるよう工夫すること。

③　児童又は生徒が自ら学習課題や学習活動を選択する機会を設けるなど，児童又は生徒の興味・関心を生かした自主的，自発的な学習が促されるよう工夫すること。

④　学校がその目的を達成するため，学校や地域の実態等に応じ，教育活動の実施に必要な人的又は物的な体制を家庭や地域の人々の協力を得ながら整えるなど，家庭や地域社会との連携及び協働を深めること。

⑤　学校図書館を計画的に利用しその機能の活用を図り，児童又は生徒の主体的・対話的で深い学びの実現に向けた授業改善に生かすとともに，児童又は生徒の自主的，自発的な学習活動や読書活動を充実すること。また，地域の図書館や博物館，美術館，劇場，音楽堂等の施設の活用を積極的に図り，資料を活用した情報の収集や鑑賞等の学習活動を充実すること。

2024年度　岐阜県　難易度

【10】次の記述は，「特別支援学校小学部・中学部学習指導要領(平成29年4月告示)」に示された「第1章　総則　第4節　教育課程の実施と学習評価　3　学習評価の充実」の一部である。空欄［ア］～［ウ］に当てはまるものの組合せとして最も適切なものを，以下の①～⑥のうちから選びなさい。

児童又は生徒のよい点や［ア］，進歩の状況などを積極的に評価し，学習したことの意義や価値を実感できるようにすること。また，各教科等の目標の実現に向けた学習状況を把握する観点から，［イ］や時間のまとまりを見通しながら評価の場面や方法を工夫して，学習の過程や成果を評価し，［ウ］や学習意欲の向上を図り，資質・能力の育成に生かすようにすること。

①　ア　可能性　　イ　単元や題材など内容　　ウ　指導の改善
②　ア　可能性　　イ　学習の系統性　　ウ　自己肯定感
③　ア　工夫　　イ　単元や題材など内容　　ウ　自己肯定感

④　ア　工夫　　イ　学習の系統性　　ウ　自己肯定感
⑤　ア　工夫　　イ　単元や題材など内容　　ウ　指導の改善
⑥　ア　可能性　　イ　学習の系統性　　ウ　指導の改善

2024年度 ｜ 神奈川県・横浜市・川崎市・相模原市 ｜ 難易度

【11】次の文は，特別支援学校高等部学習指導要領(平成31年2月告示)第1章第2節「第2款　教育課程の編成」の一部である。

生徒が，基礎的・基本的な知識及び技能の習得も含め，学習内容を確実に身に付けることができるよう，それぞれの生徒に作成した［　A　］や学校の実態に応じて，指導方法や指導体制の工夫改善に努めること。その際，生徒の障害の状態や特性及び心身の発達の段階等並びに学習の進度を考慮して，[　ア　]を重視するとともに，グループ別学習，繰り返し学習，学習内容の習熟の程度に応じた学習，生徒の興味・関心等に応じた課題学習，補充的な学習や[　イ　]な学習などの学習活動を取り入れることや，教師間の協力による指導体制を確保することなど，指導方法や指導体制の工夫改善により，個に応じた指導の充実を図ること。

(1)　文中の［　A　］に当てはまる適切な語句を記入しなさい。
(2)　文中の[　ア　]及び[　イ　]に当てはまる適切な語句を次の語群から選び，記号で答えなさい。

《語群》

a　発展的　　b　一斉指導　　c　総合的
d　個別指導　　e　効果的　　f　ティーム・ティーチング

2024年度 ｜ 福岡県・福岡市・北九州市 ｜ 難易度

【12】教育課程について，各問いに答えよ。

1　次の文章は，平成29年告示の特別支援学校小学部・中学部学習指導要領の「第1章　第3節　3教育課程の編成における共通的事項(1)内容等の取扱い」の一部である。(　①　)～(　⑤　)に当てはまる語句を，それぞれ答えよ。

カ　知的障害者である児童に対する教育を行う特別支援学校の小学部においては，(　①　)，国語，算数，音楽，図画工作及び体育の各教科，道徳科，(　②　)並びに自立活動については，特に示す場合を除き，全ての児童に履修させるものとする。また，(　③　)については，児童や学校の実態を考慮し，必要に応じて設けることができる。

ク　知的障害者である児童又は生徒に対する教育を行う特別支援学校において，各教科の指導に当たっては，各教科の段階に示す(　④　)を基に，児童又は生徒の知的障害の状態や(　⑤　)等に応じて，具体的に指導内容を設定するものとする。その際，小学部は6年間，中学部は3年間を見通して計画的に指導するものとする。

2　次の文章は，特別支援学校教育要領・学習指導要領解説総則編(幼稚部・小学部・中学部)(平成30年3月)の「第3編　第2章　第2節　4　カリキュラム・マネジメントの充実」の一部である。(　①　)～(　③　)に当てはまる語句を，それぞれ答えよ。

(2)　カリキュラム・マネジメントの四つの側面を通して，教育課程に基づき組織的かつ計画的に各学校の教育活動の質の向上を図っていくこと

(ア)　教育の目的や目標の実現に必要な教育の内容等を(　①　)な視点で組み立てていくこと

(イ)　教育課程の実施状況を評価してその(　②　)を図っていくこと

(ウ)　教育課程の実施に必要な人的又は(　③　)な体制を確保するとともにその(　②　)を図っていくこと

(エ)　個別の指導計画の実施状況の評価と(　②　)を，教育課程の評価と(　②　)につなげていくこと

2024年度　岡山県　難易度

【13】学習指導要領に関する次の問に答えよ。

〔問〕 特別支援学校小学部・中学部学習指導要領総則の「教育課程の編成」に関する次の記述ア～エのうち，正しいものを選んだ組合せ

として適切なものは，以下の1～4のうちのどれか。

ア　知的障害者である児童に対する教育を行う特別支援学校の小学部においては，生活，国語，算数，音楽，図画工作，体育及び外国語の各教科，道徳科，特別活動並びに自立活動については，全ての児童に履修させるものとする。

イ　小学部又は中学部の各教科等の授業は，年間30週以上にわたって行うよう計画し，週当たりの授業時数が児童又は生徒の負担過重にならないようにするものとする。

ウ　小学部又は中学部の各学年の自立活動の時間に充てる授業時数は，児童又は生徒の障害の状態や特性及び心身の発達の段階等に応じて，適切に定めるものとする。

エ　特別活動の授業のうち，小学部の児童会活動，クラブ活動及び学校行事並びに中学部の生徒会活動及び学校行事については，それらの内容に応じ，年間，学期ごと，月ごとなどに適切な授業時数を充てるものとする。

1　ア・イ　　2　ア・エ　　3　イ・ウ　　4　ウ・エ

▌2024年度 ▌東京都 ▌難易度 ■■■□□

【14】次は，特別支援学校小学部・中学部学習指導要領(平成29年4月告示)第1章　第8節　重複障害者等に関する教育課程の取扱い　の一部である。下線部について，正しければ○を，誤っていれば正しい語句を答えなさい。

1　児童又は生徒の障害の状態により特に必要がある場合には，次に示すところによるものとする。その際，各教科，道徳科，外国語活動及び特別活動の当該各学年より後の各学年(知的障害者である児童又は生徒に対する教育を行う特別支援学校においては，各教科の当該各段階より後の各段階)又は当該各学部より後の各学部の目標の系統性や内容の関連に留意しなければならない。

(1)　各教科及び外国語活動の目標及び内容に関する事項の①一部又は全部を取り扱わないことができること。

(2)　各教科の各学年の目標及び内容の一部又は全部を，当該各学年より前の各学年の目標及び内容の一部又は全部によって，替えることができる。また，②道徳科の各学年の内容の一部又は全部を，当該各学年より前の学年の内容の一部又は全部によって，替えることができること。

(3) 視覚障害者，聴覚障害者，肢体不自由者又は③知的障害者である児童に対する教育を行う特別支援学校の小学部の外国語科については，外国語活動の目標及び内容の一部を取り入れることができること。

(4) 中学部の各教科及び道徳科の目標及び内容に関する事項の一部又は全部を，当該各教科に相当する小学部の各教科及び道徳科の目標及び内容に関する事項の一部又は全部によって，④指導することができること。

(5) 中学部の外国語科については，⑤小学校の外国語活動の目標及び内容の一部を取り入れることができること。

(6) 幼稚部教育要領に示す⑥各領域のねらい及び内容の一部を取り入れることができること。

2024年度 ▌滋賀県 ▌難易度 ■■■■□□

【15】次の記述は，「特別支援学校学習指導要領解説　総則等編(高等部)(平成31年2月)」に示された「第2編　高等部学習指導要領解説　第2部　高等部学習指導要領総則等の解説　第1章　教育課程の編成及び実施　第6節　生徒の調和的な発達の支援」の一部である。空欄[　ア　]～[　エ　]に当てはまるものの組合せとして最も適切なものを，以下の①～④のうちから選びなさい。

> (5) 生徒が，学校教育を通じて身に付けた知識及び技能を活用し，もてる能力を最大限伸ばすことができるよう，[　ア　]への意欲を高めるとともに，社会教育その他様々な学習機会に関する情報の提供に努めること。また，生涯を通じてスポーツや文化芸術活動に親しみ，豊かな生活を営むことができるよう，地域のスポーツ団体，文化芸術団体及び障害者福祉団体等と連携し，多様なスポーツや文化芸術活動を体験することができるよう配慮すること。

本項は，障害者の[　イ　]を豊かなものとするためには，障害のある生徒に対して学校教育段階から[　ウ　]の充実を図ることを示している。

人が豊かな人生を送っていこうとすれば，単に生活が保障され，仕事により賃金を得て，社会における役割を果たしていくのみならず，学習，文化，スポーツといった生涯にわたる学習や体験の中から[　エ　]を見つけ，人と繋がっていくことが必要となってくる。

①	ア	生涯学習	イ	日常生活
	ウ	将来を見据えた教育活動	エ	趣味
②	ア	生涯学習	イ	ライフステージ全体
	ウ	将来を見据えた教育活動	エ	生き甲斐
③	ア	働くこと	イ	ライフステージ全体
	ウ	余暇活動	エ	趣味
④	ア	働くこと	イ	日常生活
	ウ	余暇活動	エ	生き甲斐

▌2023年度 ▌神奈川県・横浜市・川崎市・相模原市 ▌難易度 ■■■□□

【16】次の文は，特別支援学校小学部・中学部学習指導要領(平成29年4月告示)に示された，第1章　総則　第8節　重複障害者等に関する教育課程の取扱いについて述べたものである。内容に誤りがあるものを，次の①～⑥の中から一つ選べ。ただし，内容に誤りがない場合は⑦を選べ。

① 各教科及び外国語活動の目標及び内容に関する事項の一部を取り扱わないことができること。

② 各教科の各学年の目標及び内容の一部又は全部を，当該各学年より前の各学年の目標及び内容の一部又は全部によって，替えることができること。また，道徳科の各学年の内容の一部又は全部を，当該各学年より前の学年の内容の一部又は全部によって，替えることができること。

③ 視覚障害者，聴覚障害者，肢体不自由者又は病弱者である児童に対する教育を行う特別支援学校の小学部の外国語科については，外国語活動の目標及び内容の一部を取り入れることができること。

④　中学部の各教科及び道徳科の目標及び内容に関する事項の一部又は全部を，当該各教科に相当する小学部の各教科及び道徳科の目標及び内容に関する事項の一部又は全部によって，替えることができること。

⑤　中学部の外国語科については，小学部の外国語活動の目標及び内容の一部を取り入れることができること。

⑥　幼稚部教育要領に示す各領域のねらい及び内容の一部を取り入れることができること。

▌2023年度 ▌岐阜県 ▌難易度 ■■■■□

【17】「特別支援学校小学部・中学部学習指導要領(平成29年4月告示)」に示された「第1章　総則　第3節　教育課程の編成　3　教育課程の編成における共通的事項」の内容として適切ではないものを，次の①～④のうちから選びなさい。

①　知的障害者である児童に対する教育を行う特別支援学校の小学部においては，生活，国語，算数，音楽，図画工作及び体育の各教科，道徳科，特別活動並びに自立活動については，特に示す場合を除き，全ての児童に履修させるものとする。

②　知的障害者である生徒に対する教育を行う特別支援学校の中学部においては，生徒や学校，地域の実態を考慮して，特に必要がある場合には，その他特に必要な教科を選択教科として設けることができる。

③　知的障害者である児童又は生徒に対する教育を行う特別支援学校において，各教科の指導に当たっては，各教科の段階に示す内容を基に，児童又は生徒の知的障害の状態や経験等に応じて，具体的に指導内容を設定するものとする。

④　知的障害者である生徒に対する教育を行う特別支援学校の中学部においては，国語，社会，数学，理科，音楽，美術，保健体育及び職業・家庭の各教科，道徳科，特別活動並びに自立活動については，特に示す場合を除き，全ての生徒に履修させるものとする。

▌2023年度 ▌神奈川県・横浜市・川崎市・相模原市 ▌難易度 ■■■□□

【18】教育課程について，各問いに答えよ。

1　次の文章は，平成29年告示の特別支援学校小学部・中学部学習指導要領「第1章　第4節　教育課程の実施と学習評価」の一部である。(　①　)～(　④　)に当てはまる語句を，次の(ア)～(シ)からそれぞれ一つ選び，記号で答えよ。

> 3　学習評価の充実
>
> 学習評価の実施に当たっては，次の事項に配慮するものとする。
>
> (1)　児童又は生徒のよい点や可能性，進歩の状況などを(　①　)に評価し，学習したことの意義や価値を実感できるようにすること。また，各教科等の目標の実現に向けた(　②　)を把握する観点から，単元や題材など内容や時間の(　③　)を見通しながら評価の場面や方法を工夫して，学習の過程や成果を評価し，指導の改善や学習意欲の向上を図り，(　④　)の育成に生かすようにすること。
>
> (3)　<u>創意工夫の中で学習評価の妥当性や信頼性が高められるよう</u>，組織的かつ計画的な取組を推進するとともに，学年や学校段階を越えて児童又は生徒の学習の成果が円滑に接続されるよう工夫すること。

(ア)　非認知能力　(イ)　自立心　(ウ)　資質・能力
(エ)　分析的　(オ)　具体的　(カ)　積極的
(キ)　実施状況　(ク)　学習状況　(ケ)　習得状況
(コ)　まとまり　(サ)　つながり　(シ)　状況

2　1の文章の下線部について，具体的な取組としてどのようなものがあるか。特別支援学校教育要領・学習指導要領解説総則編(幼稚部・小学部・中学部)(平成30年3月)を踏まえて，「評価規準」という語句を用いたもの及び「教師同士」という語句を用いたものの合わせて二つを，それぞれ簡潔に答えよ。

▌2023年度 ▌岡山県 ▌難易度 ■■■■□□

【19】「特別支援学校教育要領・学習指導要領解説総則編(幼稚部・小学部・中学部)」(平成30年3月)及び「特別支援学校学習指導要領解説総則等編(高等部)」(平成31年2月)について，次の(1)～(4)の問いに答えよ。

(1) 次の文は，「特別支援学校教育要領・学習指導要領解説総則編(幼稚部・小学部・中学部)」(平成30年3月)「第3編　第2章　第3節　教育課程の編成　2　教科等横断的な視点に立った資質・能力」に関する記述の抜粋である。文中の(　A　)～(　D　)に入る正しいものを，それぞれ以下の1～9のうちから一つずつ選べ。

> 児童生徒に「生きる力」を育むことを目指して教育活動の充実を図るに当たっては，学校教育全体及び各教科等の指導を通してどのような資質・能力の育成を目指すのかを，資質・能力の三つの柱を踏まえながら明確にすることが求められる。育成を目指す資質・能力の具体例については，様々な提案がなされており，学習指導要領に基づき各学校において，児童生徒の障害の状態や特性及び心身の発達の段階等並びに学校や地域の実態に応じてどのような資質・能力の育成を図っていくのかを明らかにしていく必要があるが，平成28年の中央教育審議会答申では，数多く論じられている資質・能力を以下のように大別している。
>
> ・　例えば国語力，数学力などのように，伝統的な教科等の枠組みを踏まえながら，社会の中で活用できる力としてのあり方について論じているもの。
>
> ・　例えば(　A　)や情報活用能力などのように，教科等を越えた全ての(　B　)として育まれ活用される力について論じているもの。
>
> ・　例えば安全で安心な社会づくりのために必要な力や，自然環境の有限性の中で持続可能な社会をつくるための力などのように，今後の社会の在り方を踏まえて，子供たちが(　C　)に対応できるようになるために必要な力の在り方について論じているもの。
>
> 1点目の教科等の枠組みを踏まえて育成を目指す資質・能力

については，各教科等の章の目標や内容において，それぞれの教科等の特質を踏まえて整理されている。これらの資質・能力の育成を目指すことが各教科等を学ぶ意義につながるものであるが，指導に当たっては，教科等ごとの枠の中だけではなく，教育課程全体を通じて目指す学校の教育目標の実現に向けた各教科等の位置付けを踏まえ，教科等横断的な視点をもってねらいを(　D　)したり，他の教科等における指導との関連付けを図りながら，幅広い学習や生活の場面で活用できる力を育むことを目指したりしていくことも重要となる。

1　学びに向かう力　　2　言語能力　　3　学習の基盤
4　基礎的能力　　5　グローバル化　　6　現代的な諸課題
7　社会の変化　　8　焦点化　　9　具体化

(2)　次の文は，「特別支援学校教育要領・学習指導要領解説総則編(幼稚部・小学部・中学部)」(平成30年3月)「第3編　第2章　第4節　教育課程の実施と学習評価　2　訪問教育の場合」に関する記述の抜粋である。文中の(　A　)～(　D　)に入る正しいものを，それぞれ以下の1～9のうちから一つずつ選べ。

児童生徒の障害は，重度・重複化，多様化しており，「障害のため通学して教育を受けることが困難な児童生徒に対して，教員を派遣して教育を行う場合」(訪問教育)は，障害の状態や(　A　)等に応じ，指導内容や指導方法及び指導体制を工夫し，効果的な指導を一層推進する必要がある。

訪問教育は，(　B　)が限られ，児童生徒の体調も変化しやすいことから，児童生徒のもてる力を最大限に引き出すためには指導内容の一層の精選が必要となる。また，児童生徒の障害の状態や訪問先(家庭，児童福祉施設，医療機関等)は様々であり，学校での指導方法をそのまま実践することが難しい場合がある。このため，訪問教育を実施する際は，一人一人の児童生徒の障害の状態や特性及び心身の発達の段階等，学習時間，学習する場所等に応じて，指導内容，指導方法及び指導体制を工夫し，学習活動が効果的に行われるようにする必要がある。

> 指導内容及び方法の工夫としては，例えば，児童生徒の治療上又は健康上の理由や，学習する場所などによって，指導時間や教材・教具等が制限される場合があることから，これらの状況等に応じ，各教科等の指導内容の精選を行うとともに，個々の児童生徒の実態や(　A　)に応じた教材・教具を活用することが重要である。
>
> また，訪問教育の対象となる児童生徒は，(　C　)や友達との関わりが少なくなるなどの課題がある。そのため，例えば，コンピュータや情報通信ネットワーク等を活用するなどして，間接的に関わり合う機会を設けることも考えられる。
>
> 指導体制の工夫としては，訪問教育の担当者だけでなく，(　D　)訪問教育を充実させるよう，校内体制を整備することが大切である。

1　授業時数　　2　訪問回数
3　病気の状態　　4　学習環境
5　社会経験　　6　地域社会全体で
7　集団への参加　　8　校長のリーダーシップのもと
9　学校全体で

(3)　次の文は，「特別支援学校教育要領・学習指導要領解説総則編(幼稚部・小学部・中学部)(平成30年3月)「第3編　第2章　第5節　児童生徒の調和的な発達の支援　1　児童生徒の調和的な発達を支える指導の充実」に関する記述の抜粋である。文中の(　A　)～(　D　)に入る正しいものを，それぞれ以下の1～9のうちから一つずつ選べ。

> (1)　学級経営，児童生徒の発達の支援
>
> (中略)
>
> 学校は，児童生徒にとって伸び伸びと過ごせる楽しい場でなければならない。児童生徒一人一人は興味や関心などが異なることを前提に，児童生徒が自分の特徴に気付き，よい所を伸ばし，(　A　)をもちながら，日々の学校生活を送ることができるようにすることが重要である。

学級は，児童生徒にとって学習や学校生活の(　B　)であり，学級担任の教師の営みは重要である。学級担任の教師は，学校・学部・学年経営を踏まえて，調和のとれた学級経営の目標を設定し，指導の方向及び内容を学級経営案として整えるなど，学級経営の全体的な構想を立てるようにする必要がある。

学級経営を行う上で最も重要なことは学級の児童生徒一人一人の実態を把握すること，すなわち確かな(　C　)である。学級担任の教師の，日ごろのきめ細かい観察を基本に，面接など適切な方法を用いて，一人一人の児童生徒を客観的かつ総合的に認識することが(　C　)の第一歩である。日ごろから，児童生徒の気持ちを理解しようとする学級担任の教師の姿勢は，児童生徒との信頼関係を築く上で極めて重要であり，愛情をもって接していくことが大切である。

また，学級を一人一人の児童生徒にとって存在感を実感できる場としてつくりあげることが大切である。すなわち，児童生徒の規範意識を育成するため，必要な場面では，学級担任の教師が毅然とした対応を行いつつ，児童生徒の障害の状態や特性及び心身の発達の段階等を踏まえた分かりやすい説明に努めながら，相手の身になって考え，相手のよさに気付いたり，よさを見付けようと努めたりする学級，互いに協力し合い，自分の力を学級全体のために役立てようとする学級，言い換えれば，児童生徒相互の好ましい(　D　)を育てていく上で，学級の風土を支持的な風土につくり変えていくことが大切である。

1　積極的な意欲	2　自己肯定感	3　自己決定の場
4　基盤	5　ガイダンス	6　支援方法の確立
7　児童生徒理解	8　人間関係	9　人格

(4)　次の文は，「特別支援学校学習指導要領解説総則等編(高等部)(平成31年2月)「第2編　第2部　第2章　第5　病弱者である生徒に対する教育を行う特別支援学校　1　指導内容の精選等」に関する記述の抜粋である。文中の(　A　)～(　D　)に入る正しいものを，それぞれ以下の1～9のうちから一つずつ選べ。

> 病弱者である生徒は入院や治療，体調不良等のため(　A　)や学習できない期間(学習の空白)等があるため学びが定着せず，学習が遅れることがある。また，(　B　)等により学習の基礎となる体験や社会生活上の経験が不足するため，学習内容の理解が難しい場合がある。さらに，病気の状態等も個々に異なっているので，各教科・科目の指導計画の作成に当たっては，個々の生徒の学習の状況を把握するとともに病気の状態や(　A　)，発達の段階や特性等も考慮する必要がある。
>
> 各教科・科目の内容に関する事項は，特に示す場合を除き取り扱わなければならない。しかし，具体的な指導内容は生徒の実態等を踏まえて決定するものなので，(　A　)等がある場合には，(　C　)を習得させる視点から(中略)効果的に指導する必要がある。また，各教科・科目の目標や内容との関連性を検討し不必要な重複を避ける，各教科・科目を合わせて指導する，各教科・科目(　D　)指導を行うなど，他の教科・科目と関連させて指導することも大切である。
>
> 例えば，国語科の話し合う活動での学習を外国語科のスピーチやディスカッション，ディベートなどの活動に生かしたり，公民科で経済活動と市場について学習する際は，家庭科の生活における経済との関わりについて関連させて指導したりすることなどが考えられる。

1　休養　　　　　　　　2　学習時間の制約
3　活動の制限　　　　　4　障害
5　効率的な学習方法　　6　基礎的・基本的な事項
7　履修が必要な教科・科目　8　統合的に
9　横断的な

2023年度　大分県　難易度■■■□□

【20】特別支援学校の教育課程について，次の(1)～(3)の各問いに答えよ。

(1)　特別支援学校小学部・中学部学習指導要領(平成29年4月告示)第3節　教育課程の編成において，知的障害者である児童に対する教育を行う特別支援学校の小学部では，特に示す場合を除き，全ての児童に履修させるものと，児童や学校の実態を考慮し，必要に応じて設けることができるものがあることが示されている。表1の(　①　)，(　②　)に当てはまる正しい組み合わせをア～オから選び，記号で答えよ。

表1

全ての児童に履修させるもの	必要に応じて設けることができるもの
(　①　)	(　②　)

ア　①　各教科，道徳科，外国語活動，自立活動
　　②　特別活動
イ　①　各教科，道徳科，特別活動，自立活動
　　②　外国語活動
ウ　①　各教科，道徳科，特別活動，自立活動
　　②　総合的な学習の時間
エ　①　各教科，道徳科，外国語活動，自立活動
　　②　特別活動，総合的な学習の時間
オ　①　各教科，道徳科，特別活動，自立活動
　　②　外国語活動，総合的な学習の時間

(2)　次の文は，特別支援学校小学部・中学部学習指導要領(平成29年4月告示)に示されている，特別の教科道徳についての抜粋である。(　①　)～(　③　)に入る適切な語句を以下の語群から選び，それぞれ記号で答えよ。

> 1　児童又は生徒の障害による学習上又は生活上の困難を改善・克服して，強く生きようとする意欲を高め，(　①　)を養うとともに，健全な(　②　)の育成を図る必要があること。
>
> 2　(略)
>
> 3　知的障害者である児童又は生徒に対する教育を行う特別支援学校において，内容の指導に当たっては，個々の児童又は生徒の知的障害の状態，(　③　)，学習状況及び経験等に応じて，適切に指導の重点を定め，指導内容を具体化し，体験的な活動を取り入れるなどの工夫を行うこと。

語群　ア　生活年齢　　　　イ　調和的発達
　　　ウ　明るい生活態度　　エ　知識及び技能
　　　オ　道徳的判断　　　　カ　感覚統合
　　　キ　人生観　　　　　　ク　集団活動

(3)　特別支援学校小学部・中学部学習指導要領解説各教科編(小学部・中学部)(平成30年3月)に示されている「各教科等を合わせた指導」の四つのうち，二つ答えよ。

▌2023年度 ▌山口県 ▌難易度 ■■■□□

解答・解説

【 1 】④

○**解説**○ (エ)は「教育基本法」ではなく「学校教育法施行令」が正しい。

【 2 】①

○**解説**○ まずは，キャリア教育と職業教育をきちんとおさえておくこと。キャリア教育とは，一人一人の社会的・職業的自立に向け，必要な基盤となる能力や態度のこと。一方，職業教育とは，一定又は特定の職業に従事するために必要な知識，技能，能力や態度を指す。つまり，キャリア教育は小学部(小学校)から通じて学習するが，職業教育は就職を考えるようになってから行うものといえる。

【 3 】(1)

○**解説**○ A　問題文のオは，選択教科を開設する際の留意事項である。選択教科の名称，目標，内容などについては，各学校が適切に定めるものとされている。　B～D　問題文のカは，知的障害者である児童に対する教育を行う特別支援学校の小学部における，各教科等の取扱いを示した事項である。今回の改訂においては，外国語活動について，児童や学校の実態を考慮し，必要に応じて設けることができることとされている。

【4】③

○解説○ アは「習得したりさせ」ではなく「習得したりといったことではなく」が正しい。情報活用能力や論理的思考力を育むことがねらいとされている。

【5】(3)

○解説○ 平成29年告示の学習指導要領では，「カリキュラム・マネジメント」の必要性が重視されており，問題文はその一部である。カリキュラム・マネジメントとは，学校教育に関わる様々な取組を，教育課程を中心に据えながら組織的かつ計画的に実施し，教育活動の質の向上につなげていくこととされている。よって，地域の実態を的確に把握すること，教育の内容を教科等横断的な視点で組み立てていくこと，評価・改善を図っていくことなどが具体的に示されている。コア・カリキュラムとは，中心となる課程を核とした教育課程のこと。

【6】②

○解説○ なお，合科的な指導とは，単元又は1コマの時間の中で，複数の教科の目標や内容を組み合わせて，学習活動を展開するもので，学校教育法施行規則や小学校学習指導要領などでも示されている。学習指導要領解説によると「指導計画の作成に当たっては，各教科等の目標，内容等を検討し，各教科等の指導の年間の見通しに立って，その教材や学習活動の関連性を具体的に確認するとともに，指導内容が広がり過ぎて焦点が定まらず十分な成果が上がらなかったり，児童に過重になったりすることのないように留意する必要がある」としている。

【7】(1)

○解説○ 平成29年告示の特別支援学校小学部・中学部学習指導要領「第1章　総則」「第2節　小学部及び中学部における教育の基本と教育課程の役割」の2においては，主体的・対話的で深い学びの実現に向けた授業改善を通して，創意工夫を生かした特色ある教育活動を展開する中で，知・徳・体のバランスのとれた「生きる力」の育成を目指すという，新たな学習指導要領の根幹となる基本的な考え方が示されている。その(1)は,「知」に当たる確かな学力に関する事項が示されている。その中で,小学部における教育の早い段階から学習習慣を確立することが重要であることから,家庭との連携を図りながら,家庭学習も視野に入れた指導を行うことの必要性が示されている。

【8】ア h　イ f　ウ b

○**解説**○ 合わせて行うことができるのは,各教科,道徳科,外国語活動,特別活動,自立活動であり,総合的な学習の時間は含まれない点を押さえておく。また,授業時数については,年間指導計画を作成した上で,適切に定めることとされている。

【9】④

○**解説**○ 出題は,特別支援学校小学部・中学部学習指導要領「総則」の「第4節　教育課程の実施と学習評価」の「1　主体的・対話的で深い学びの実現に向けた授業改善」の内容に関する設問である。①,②,③,⑤については,「活動を計画的に取り入れるよう工夫する」,「体験活動を重視し,体系的・継続的に実施できるよう工夫する」,「自主的,自発的な学習が促されるよう工夫する」,「自主的,自発的な学習活動や読書活動を充実する」と,すべての内容が,主体的・対話的で深い学びの実現に向けた授業改善の内容に関係する。一方,④については,「学校」が主語で,「学校」が家庭や地域社会との連携及び協働を深めるという内容であり,他の選択肢と異なる留意事項と判断できる。④は,「第6節　学校運営上の留意事項」の内容である。

【10】①

○**解説**○ 評価に際して,学習指導要領解説では「いわゆる評価のための評価に終わることなく,教師が児童生徒のよい点や可能性,進歩の状況などを積極的に評価」すること,「児童生徒が学習したことの意義や価値を実感できるようにすることで,自分自身の目標や課題をもって学習を進めていけるように」していくことが大切としている。さらに,教師自身が児童生徒への指導が適切だったか振り返る際の重要な指標にもなるので,有効に活用することが重要といえる。

【11】(1)　個別の指導計画　　(2)　ア　d　　イ　a

○解説○ (1)　個に応じた指導のもとになるものが「個別の指導計画」である。　(2)　高等部段階においては，個人差が大きく，個に応じた指導が求められるため，個別指導を重視するとともに，様々な指導方法や指導体制の工夫が必要となる。補充的な学習だけでなく，発展的な学習なども取り入れることも重要である。

【12】1　①　生活　　②　特別活動　　③　外国語活動　　④　内容　　⑤　経験　　2　①　教科等横断的　　②　改善　　③　物的

○解説○ 1　本問は，知的障害者である児童に対する教育を行う特別支援学校(小学部)の教育課程についての基本である。外国語活動は，児童や学校の実態に応じて設けることができることに注意したい。項目クの文中にある「各教科の段階」については，小学部は3段階，中学部は2段階で内容が示されている。その内容は，生活年齢を基盤とし，知的能力や適応能力，概念的な能力を考慮して配列されており，児童生徒の状態や経験等に応じて指導内容を設定することとされている。
2　カリキュラム・マネジメントは，学校教育に関わる様々な取組を，教育課程を中心に据えながら組織的かつ計画的に実施し，教育活動の質の向上につなげていくことである。　①　指導のねらいを明確にし，教科間等のつながりを意識して教育課程を編成する「教科等横断的」視点が重要である。　③　評価と「改善」はセットである。
③「人的」に続く語句であるので，「物的」が当てはまる。

【13】4

○解説○ ア　各教科には外国語は含まれていない。また，知的障害者である児童に対する教育を行う特別支援学校の小学部においては，知的障害の状態や経験に応じて適切に定めることとされている。
イ「30週」ではなく「35週」が正しい。

【14】①　一部　　②　○　　③　病弱者　　④　替える　　⑤　小学部　　⑥　○

○解説○ 重複障害者等に関する教育課程について，各学校には教育の内容や授業時数の配当を決定する裁量が委ねられている。特に必要がある場合には，その実態に応じて，弾力的な教育課程を編成できる。その取扱いについて挙げられた6項目が提示されている。 ①「一部」である。安易に取り扱わなくてもよいということではないことに，留意する必要がある。 ③「病弱者」である。知的障害者である児童に対する教育を行う特別支援学校については，障害の特性から別に定められている。 ④「替える」である。教育課程の取扱いであるため，基本に定められたことに対して「替える」「取り入れる」「取り扱う」等の表現が用いられている。 ⑤「小学部」である。小学部の外国語活動は教科ではないことから，中学部での外国語科として指導を行う際には，外国語活動の目標及び内容の一部を取り入れることはできるが，全部を替えることはできないことに留意する必要がある。

【15】②

○**解説**○ ア 出題の囲みの内容は，特別支援学校高等部学習指導要領(平成31年告示)総則の「第5款 生徒の調和的な発達の支援」の1(1)で，生涯学習への意欲の向上に関する事項である。テーマとなる生涯学習への意欲を高めることの説明であることを踏まえれば，イは「日常生活」ではなく，人生の節目で区切られる全ての段階という意味となる「ライフステージ全体」が当てはまる。ウは，学校教育段階から充実を図るものであるから，「余暇活動」ではなく「将来を見据えた教育活動」である。エには，「生涯を通じてスポーツや文化芸術活動に親しみ，豊かな生活を営むことができるよう」配慮するという事項の解説であることから，生きていく喜びという意味をもつ「生き甲斐」が当てはまる。

【16】⑦

○**解説**○ すべて正しい記述である。児童または生徒の障害の状態により特に必要がある場合には，①～⑥に示すところによるものとするが，その際，各教科，道徳科，外国語活動及び特別活動の当該各学年より後の各学年または当該各学部より後の各学部の目標の系統性や内容の関連に，留意しなければならない。

【17】④

○**解説**○ 全ての生徒に履修させるものとして，総合的な学習の時間が抜け落ちている。外国語科については，生徒や学校の実態を考慮し，必要に応じて設けることができるとされている。

【18】1 ①（カ） ②（ク） ③（コ） ④（ウ） 2 ・評価基準や評価方法等を明確にすること。 ・評価結果について，教師同士で検討すること。

○**解説**○ 1 特別支援学校小学部・中学部学習指導要領解説 総則編によると，学習評価の意義として「『児童生徒にどういった力が身に付いたか』という学習の成果を的確に捉え」ることで，「児童生徒自身が自らの学習を振り返って次の学習に向かうことができるようにする」こと，「教師が指導の改善を図る」ことをあげている。つまり，学習評価は児童生徒だけでなく，教師自身を評価するものでもあること，学習状況を振り替えつつ，次の学習につなげるといった未来志向が強いものであることをおさえておきたい。そして，教育課程や学習・指導方法の改善と一貫性のある取組を進めることが求められていることも知っておくこと。 2 本資料では妥当性・信頼性の向上策として，解答ほかに「実践事例を蓄積し共有していくこと」「授業研究等を通じ評価に係る教師の力量の向上を図る」をあげており，「学校として組織的かつ計画的に取り組むことが大切」としている。

【19】(1) A 2 B 3 C 6 D 9 (2) A 4 B 1 C 7 D 9 (3) A 2 B 4 C 7 D 8 (4) A 2 B 3 C 6 D 9

○**解説**○ (1) 出題箇所では教育課程全体を通して育成すべき資質・能力として，「学習の基盤となる資質・能力」「現代的な諸課題に対応して求められる資質・能力」の2つがあり，前者の具体例として言語能力，情報活用能力(情報モラルを含む)，問題発見・解決能力など，後者の具体例として健康・安全・食に関する力，主権者として求められる力，新たな価値を生み出す豊かな創造性などをあげている。 (2) まず，訪問教育は障害が重度・重複しており特別支援学校等に通学困難な児童生徒に対し，教員が家庭，児童福祉施設，医療機関等を訪問して行う教育形態であることをおさえておきたい。つまり，訪問教育では重複障害者の教育課程が適用できるケースが多くなることが予想される。重複障害者の教育課程の具体例としては，各教科，道徳科，外国語活動若しくは特別活動の目標及び内容に関する事項の一部又は各教科，外国語活動若しくは総合的な学習の時間に替えて，自立活動を主として指導を行うことができることがあげられる。 (3) 出題箇所では学級経営について「開かれた学級経営」と「充実した学級経営」の実現を求めている。具体的方法として，前者は校長等の指導の下，学部や学年の教師，生徒指導の主任，さらに養護教諭などと連携しながら学級経営を進めること。後者は，家庭や地域社会との連携が重要であり，特に保護者との関係については，学級通信や保護者会，家庭訪問などによる相互の交流を通して，児童生徒理解，児童生徒に対する指導の在り方について共通理解をしておく必要がある，としている。(4) まず，指導内容の精選については「個々の生徒の学習状況や病気の状態，授業時数の制約等に応じ」ること，「基礎的・基本的な事項に重点を置く」こと，「指導内容の連続性に配慮した工夫を行ったり，各教科・科目等相互の関連を図ったりして，系統的，発展的な学習活動が展開できるようにすること」の3点が示されていることをおさえておきたい。入院による転学等を行った生徒については，前籍校と教科書が異なる場合もあるので，それらを勘案した指導内容を検討する，といったことも必要になるので，前籍校との連携など十分な配慮を心がけたい。

【20】(1) イ (2) ① ウ ② キ ③ ア (3) 日常生活の指導，生活単元学習

○**解説**○ (1) 特別支援学校小学部・中学部学習指導要領(平成29年告示)総則「第3節 教育課程の編成」「3 教育課程の編成における共通的事項」「(1) 内容等の取扱い」には，知的障害者に教育を行う特別支援学校の小学部においては「生活，国語，算数，音楽，図画工作及び体育の各教科，道徳科，特別活動並びに自立活動については，特に示す場合を除き，全ての児童に履修させるもの」とし，「外国語活動に

ついては，児童や学校の実態を考慮し，必要に応じて設けることができる」としている。同じく中学部においては，「国語，社会，数学，理科，音楽，美術，保健体育及び職業・家庭の各教科，道徳科，総合的な学習の時間，特別活動並びに自立活動については，特に示す場合を除き，全ての生徒に履修させるもの」とし，「外国語科については，生徒や学校の実態を考慮し，必要に応じて設けることができる」としている。　(2)　道徳科の指導計画の作成と内容の取扱いについては，特別支援学校独自に示された三つの項目について，十分に配慮する必要がある。第1の項目については，児童生徒が自己の障害についての認識を深め，自ら進んで学習上又は生活上の困難を改善・克服して，強く生きようとする意欲を高めることによって，明るい生活態度や健全な人生観が育成され，人間としての生き方についての自覚が深まることがねらいである。第3の項目は，道徳の指導においても他の各教科等の内容の指導と同様に，個々の児童生徒の知的障害の状態，生活年齢，学習状況や経験等を考慮することが重要であることを示したもので，今回の学習指導要領改訂で新設された項目である。　(3)　各教科等を合わせた指導とは，各教科，道徳科，特別活動，自立活動及び小学部においては外国語活動の一部又は全部を合わせて指導を行うことであり，特別支援学校における特徴的な指導の形態である。公開解答以外では，遊びの指導，作業学習がある。知的障害者に対する教育を行う特別支援学校においては，学習や生活の流れに即して学んでいくことが効果的であることから，従前からこれらの4つの指導が実践されてきている。

学習指導要領

【1】次の記述は,「特別支援学校小学部・中学部学習指導要領(平成29年4月告示)」に示された「第1章　総則　第5節　児童又は生徒の調和的な発達の支援　1　児童又は生徒の調和的な発達を支える指導の充実」の一部である。空欄 ア ～ ウ に当てはまるものの組合せとして最も適切なものを,以下の①～⑥のうちから選びなさい。

1　児童又は生徒の調和的な発達を支える指導の充実

教育課程の編成及び実施に当たっては,次の事項に配慮するものとする。

(3)　児童又は生徒が,学ぶことと自己の将来とのつながりを見通しながら,社会的・ ア 自立に向けて必要な基盤となる資質・能力を身に付けていくことができるよう, イ を要としつつ各教科等の特質に応じて,キャリア教育の充実を図ること。その中で,中学部においては,生徒が自らの生き方を考え主体的に進路を選択することができるよう,学校の教育活動全体を通じ,組織的かつ計画的な ウ を行うこと。

① ア　精神的　イ　体験活動　ウ　学習指導
② ア　職業的　イ　特別活動　ウ　進路指導
③ ア　職業的　イ　体験活動　ウ　学習指導
④ ア　精神的　イ　体験活動　ウ　進路指導
⑤ ア　精神的　イ　特別活動　ウ　進路指導
⑥ ア　職業的　イ　特別活動　ウ　学習指導

▌2024年度 ▌神奈川県・横浜市・川崎市・相模原市 ▌難易度 ■■■□□

【2】次は,特別支援学校高等部学習指導要領(平成31年告示)の「第3章　特別の教科　道徳(知的障害者である生徒に対する教育を行う特別支援学校)」の一部です。以下の各問に答えなさい。

第1款　目標及び内容

道徳科の目標及び内容については,小学部及び中学部における目標及び内容を基盤とし,さらに,青年期の特性を考慮して，健全な［A］を営む上に必要な道徳性を一層高めることに努めるものとする。
第2款　指導計画の作成と内容の取扱い
1　(略)
2　各教科，総合的な探究の時間，特別活動及び［B］との関連を密にしながら，経験の拡充を図り，豊かな道徳的心情を育て，将来の生活を見据え，広い視野に立って道徳的判断や行動ができるように指導するものとする。
3　内容の指導に当たっては，個々の生徒の知的障害の状態，［C］，学習状況及び経験等に応じて，適切に指導の重点を定め，指導内容を具体化し，［D］活動を取り入れるなどの工夫を行うものとする。

問1　［A］に入る語句を，次の(1)～(4)の中から1つ選びなさい。
(1)　家庭生活　(2)　学校生活　(3)　社会生活
(4)　卒業後の生活

問2　［B］・［C］・［D］に入る語句の組み合わせとして正しいものを，次の(1)～(4)の中から1つ選びなさい。
(1)　B　進路指導　C　発達段階　D　体験的な
(2)　B　進路指導　C　生活年齢　D　実際生活に即した
(3)　B　自立活動　C　生活年齢　D　体験的な
(4)　B　自立活動　C　発達段階　D　実際生活に即した

2024年度　埼玉県・さいたま市　難易度■■■□□

【3】次は，特別支援学校高等部学習指導要領(平成31年告示)の「第2章　各教科　第1節　視覚障害者，聴覚障害者，肢体不自由者又は病弱者である生徒に対する教育を行う特別支援学校　第2款　各科目に関する指導計画の作成と内容の取扱い」の一部です。［A］～［C］に入る語句の組み合わせとして正しいものを，以下の(1)～(4)の中から1つ選びなさい。

> 各科目に関する指導計画の作成と内容の取扱いについては，高等学校学習指導要領第2章及び第3章に示すものに[A]ほか，視覚障害者である生徒に対する教育を行う特別支援学校については第3款から第5款まで，聴覚障害者である生徒に対する教育を行う特別支援学校については第6款から第9款までに示すところによるものとするが，生徒の障害の状態や特性及び心身の発達の段階等を十分考慮するとともに，特に次の事項に配慮するものとする。
>
> (略)
>
> 3　肢体不自由者である生徒に対する教育を行う特別支援学校
>
> (略)
>
> (2)　生徒の身体の動きの状態や認知の特性，各教科・科目の内容の習得状況等を考慮して，指導内容を適切に設定し，[B]に時間を多く配当するなど計画的に指導すること。
>
> (3)　生徒の学習時の姿勢や認知の特性等に応じて，指導方法を工夫すること。
>
> (4)　生徒の身体の動きや意思の表出の状態等に応じて，適切な補助具や補助的手段を工夫するとともに，コンピュータ等の[C]などを有効に活用し、指導の効果を高めるようにすること。

(1)　A　準ずる　　B　重点を置く事項　　C　各種教材
(2)　A　資する　　B　自立活動　　C　各種教材
(3)　A　準ずる　　B　重点を置く事項　　C　情報機器
(4)　A　資する　　B　自立活動　　C　情報機器

▌2024年度 ▌埼玉県・さいたま市 ▌難易度 ■■■□□

【4】次は，特別支援学校小学部・中学部学習指導要領(平成29年告示)の「第1章　総則　第5節　児童又は生徒の調和的な発達の支援」の一部です。[A]・[B]に入る語の組み合わせとして正しいものを，以下の(1)～(4)の中から1つ選びなさい。

> 1 児童又は生徒の調和的な発達を支える指導の充実
> 教育課程の編成及び実施に当たっては，次の事項に配慮す
> るものとする。
> (1) 学習や生活の基盤として，教師と児童又は生徒との信頼
> 関係及び児童又は生徒相互のよりよい人間関係を育てるた
> め，日頃から学級経営の充実を図ること。また，主に集団
> の場面で必要な指導や援助を行う　A　と，個々の児童又
> は生徒の多様な実態を踏まえ，一人一人が抱える課題に個
> 別に対応した指導を行う　B　の双方により，児童又は生
> 徒の発達を支援すること。
> あわせて，小学部の低学年，中学年，高学年の学年の時
> 期の特長を生かした指導の工夫を行うこと。

(1) A　ガイダンス　　B　抽出指導
(2) A　一斉指導　　　B　ピアサポート
(3) A　場面指導　　　B　抽出指導
(4) A　ガイダンス　　B　カウンセリング

|| 2024年度 || 埼玉県・さいたま市 || 難易度 ■■■■□□ |

【5】次の文は，特別支援学校学習指導要領解説各教科等編(小学部・中学部)(平成30年文部科学省)第4章第2節3(2)「ア　特別の教科　道徳」の一部である。

　文中の下線部①～④の語句について，正しいものには○を，誤っているものには適切な語句を以下の語群から選び，記号で答えなさい。

　道徳科の指導に当たっては，個々の児童生徒の①学習経験，生活に結び付いた具体的な題材を設定し，実際的な活動を取り入れたり，②コンピュータを活用したりするなどの一層の工夫を行い，児童生徒の生活や学習の③文脈を十分に踏まえた上で，道徳的④態度を身に付けるよう指導することが大切である。

《語群》
 a　障害の状態　　b　課題　　　c　視聴覚機器
 d　実践力　　　　e　感覚　　　f　興味や関心

g　生活年齢　h　判断力　i　ニーズ
j　副読本　k　状況　l　キャリア・パスポート

▌2024年度 ▌福岡県・福岡市・北九州市 ▌難易度 ■■■□□

【6】次の文は，特別支援学校学習指導要領解説総則等編(高等部)(平成31年　文部科学省)第2章第3「1　抽象的，論理的な思考力の伸長(第2章第1節第2款の2の(1))」の一部である。

文中の[　ア　]～[　ウ　]に当てはまる適切な語句を以下の語群から選び，記号で答えなさい。

ここでいう「言語活動」とは，生徒が日常使用している音声や文字，手話や指文字等を適切に活用して，[　ア　]による言語活動を積極的に促すことを示している。特に，高等部においては，生徒同士の話し合い活動やこれまでに形成された言語概念を用いた学習活動などを重視する必要がある。

また，抽象的，論理的な思考力の伸長を図るよう，例えば，経験した事柄や既習事項などを分類したり[　イ　]したりする活動，既習事項に基づき[　ウ　]に読む活動，各教科の学習過程における思考・判断に関する活動などを取り上げるなどして，指導の工夫を行うことが必要である。

《語群》

a　一般化　b　否定的　c　言葉　d　比較　e　肯定的
f　日本語　g　国語　h　普遍化　i　批判的

▌2024年度 ▌福岡県・福岡市・北九州市 ▌難易度 ■■■□□

【7】次の各文は，特別支援学校幼稚部教育要領(平成29年4月告示)第1章「第3　幼稚部における教育において育みたい資質・能力及び「幼児期の終わりまでに育ってほしい姿」の一部である。

○　身近な[　A　]に主体的に関わり様々な活動を楽しむ中で，しなければならないことを自覚し，自分の力で行うために考えたり，工夫したりしながら，諦めずにやり遂げることで[　ア　]を味わい，自信をもって行動するようになる。

○　友達と関わる中で，互いの思いや考えなどを共有し，共通の目的の実現に向けて，考えたり，工夫したり，協力したりし，[　イ　]をもってやり遂げるようになる。

○　先生や友達と心を通わせる中で，絵本や物語などに親しみながら，豊かな言葉や表現を身に付け，経験したことや考えたことなどを言葉で伝えたり，相手の話を注意して聞いたりし，言葉による　B　を楽しむようになる。

(1)　文中の　A　及び　B　に当てはまる適切な語句を記入しなさい。

(2)　文中の[　ア　]及び[　イ　]に当てはまる適切な語句を次の語群から選び，記号で答えなさい。

《語群》

a　充実感　　　b　成就感　　　c　喜び　　　d　達成感

‖2024年度‖福岡県・福岡市・北九州市‖難易度■■■□□

【8】次の(1)〜(6)の各問いに答えなさい。

(1)　次の□□□の中の文は，「特別支援学校幼稚部教育要領(平成29年告示)第2章　ねらい及び内容」の一部を抜粋したものである。文中の(　①　)〜(　④　)に当てはまる語句の組み合わせとして最も適切なものを，以下のa〜eの中から一つ選びなさい。

> 各領域に示すねらいは，幼稚部における(　①　)の全体を通じ，幼児が様々な(　②　)を積み重ねる中で相互に関連をもちながら次第に達成に向かうものであること，内容は，幼児が環境に関わって展開する(　③　)活動を通して総合的に指導されるものであることに留意しなければならない。ただし，自立活動については，個々の幼児の障害の状態や特性及び(　④　)等に応じて，他の各領域に示す内容との緊密な関連を図りながら，自立活動の内容に重点を置いた指導を行うことについて配慮する必要がある。

	①	②	③	④
a	人間関係	学習	言語	発達の程度
b	生活	体験	具体的な	発達の程度
c	人間関係	学習	具体的な	疾患の特徴
d	生活	体験	具体的な	疾患の特徴
e	人間関係	体験	言語	発達の程度

(2)　次の□の中の文は，「特別支援学校小学部・中学部学習指導要領(平成29年告示)第1章　総則　第2節　小学部及び中学部における教育の基本と教育課程の役割」の一部を抜粋したものである。文中の(　①　)～(　④　)に当てはまる語句の組み合わせとして最も適切なものを，以下のa～eの中から一つ選びなさい。

> 4　各学校においては，児童又は生徒や学校，(　①　)の実態を適切に把握し，教育の目的や目標の実現に必要な教育の内容等を教科等(　②　)的な視点で組み立てていくこと，教育課程の実施状況を(　③　)してその改善を図っていくこと，教育課程の実施に必要な人的又は物的な体制を確保するとともにその改善を図っていくことなどを通して，教育課程に基づき組織的かつ計画的に各学校の教育活動の質の向上を図っていくこと(＜略＞「(　④　)」＜略＞)に努めるものとする。＜略＞

	①	②	③	④
a	家庭	縦断	評価	カリキュラム・マネジメント
b	家庭	縦断	改革	センター的機能
c	地域	横断	評価	センター的機能
d	地域	縦断	改革	カリキュラム・マネジメント
e	地域	横断	評価	カリキュラム・マネジメント

(3)　次の□の中の文は，「特別支援学校学習指導要領解説　各教科等編(小学部・中学部)(平成30年3月　文部科学省)第4章　知的障害者である児童生徒に対する教育を行う特別支援学校の各教科　第2節　知的障害者である児童生徒に対する教育を行う特別支援学校における指導の特徴について」の一部を抜粋したものである。文中の

(①)～(④)に当てはまる語句の組み合わせとして最も適切なものを，以下のa～eの中から一つ選びなさい。ただし，( )の同じ番号には同じ語句が入るものとする。

> (①)の指導は，児童生徒の(①)が充実し，高まるように(①)の諸活動について，知的障害の状態，(②)，学習状況や経験等を踏まえながら計画的に指導するものである。
>
> (①)の指導は，(③)を中心として，特別活動の〔学級活動〕など広範囲に，各教科等の内容が扱われる。それらは，例えば，衣服の着脱，洗面，手洗い，排泄(せつ)，食事，清潔など基本的生活習慣の内容や，あいさつ，言葉遣い，礼儀作法，時間を守ること，きまりを守ることなどの(①)や(④)において，習慣的に繰り返される，必要で基本的な内容である。

	①	②	③	④
a	社会生活	精神年齢	自立活動	日常生活
b	日常生活	生活年齢	自立活動	社会生活
c	日常生活	精神年齢	生活科	社会生活
d	日常生活	生活年齢	生活科	社会生活
e	社会生活	精神年齢	生活科	日常生活

(4) 次の□の中の文は，「特別支援学校小学部・中学部学習指導要領(平成29年4月告示)第5章　総合的な学習の時間」の一部を抜粋したものである。文中の(①)～(④)に当てはまる語句の組み合わせとして最も適切なものを，以下のa～eの中から一つ選びなさい。

> 3　知的障害者である生徒に対する教育を行う特別支援学校(①)において，探究的な学習を行う場合には，知的障害のある生徒の学習上の特性として，学習によって得た知識や技能が(②)になりやすいことなどを踏まえ，(③)の学習で培われた資質・能力を総合的に関連付けながら，(④)に指導内容を設定し，生徒が自らの課題を解決できるように配慮すること。

	①	②	③	④
a	小学部	抽象的	各教科等	個別的
b	中学部	抽象的	自立活動	具体的
c	中学部	断片的	各教科等	個別的
d	中学部	断片的	各教科等	具体的
e	小学部	断片的	自立活動	個別的

(5) 次の□の中の文は,「特別支援学校小学部・中学部学習指導要領(平成29年4月告示)第7章　自立活動」の一部を抜粋したものである。文中の(　①　)～(　④　)に当てはまる語句の組み合わせとして最も適切なものを,以下のa～eの中から一つ選びなさい。ただし,(　　)の同じ番号には同じ語句が入るものとする。

> 4　重複障害者のうち(　①　)を主として指導を行うものについては,全人的な発達を促すために必要な基本的な指導内容を,個々の児童又は生徒の実態に応じて設定し,系統的な指導が展開できるようにするものとする。その際,個々の児童又は生徒の人間として(　②　)のとれた育成を目指すように努めるものとする。
> 5　(　①　)の指導は,専門的な知識や技能を有する(　③　)を中心として,全教師の協力の下に効果的に行われるようにするものとする。
> <略>
> 7　(　①　)の指導の成果が進学先等でも生かされるように,(　④　)等を活用して関係機関等との連携を図るものとする。

	①	②	③	④
a	自立活動	調和	教師	個別の教育支援計画
b	自立活動	均衡	医師	個別の指導計画
c	自立活動	調和	教師	個別の指導計画
d	教科等	均衡	教師	個別の教育支援計画
e	教科等	均衡	医師	個別の教育支援計画

(6) 次の□の中の文は,「特別支援学校小学部・中学部学習指導要領(平成29年4月告示) 第1章　総則　第4節　教育課程の実施と学習

評価」の一部を抜粋したものである。文中の(　①　)～(　④　)に当てはまる語句の組み合わせとして最も適切なものを，以下のa～eの中から一つ選びなさい。ただし，(　　)の同じ番号には同じ語句が入るものとする。

> 1　(　①　)・対話的で深い学びの実現に向けた授業改善
>
> 各教科等の指導に当たっては，次の事項に配慮するものとする。
>
> (1)　第2節の3の(1)から(3)までに示すことが偏りなく実現されるよう，単元や題材など内容や時間のまとまりを見通しながら，児童又は生徒の(　①　)・対話的で深い学びの実現に向けた授業改善を行うこと。
>
> 特に，各教科等において身に付けた(　②　)及び(　③　)を活用したり，思考力，(　④　)，表現力等や学びに向かう力，人間性等を発揮させたりして，学習の対象となる物事を捉え思考することにより，各教科等の特質に応じた物事を捉える視点や考え方(以下「見方・考え方」という。)が鍛えられていくことに留意し，児童又は生徒が各教科等の特質に応じた見方・考え方を働かせながら，(　②　)を相互に関連付けてより深く理解したり，情報を精査して考えを形成したり，問題を見いだして解決策を考えたり，思いや考えを基に創造したりすることに向かう過程を重視した学習の充実を図ること。

	①	②	③	④
a	主体的	技能	知識	判断力
b	協働的	技能	知識	想像力
c	主体的	知識	技能	想像力
d	協働的	知識	技能	判断力
e	主体的	知識	技能	判断力

2024年度　茨城県　難易度■■■■□□

【9】次の各文は，特別支援学校小学部・中学部学習指導要領(平成29年4月告示)第1章「第6節　学校運営上の留意事項」の一部である。

○　各学校においては，校長の方針の下に，校務分掌に基づき教職員が適切に役割を分担しつつ，相互に連携しながら，各学校の特色を生かした［　A　］を行うよう努めるものとする。また，各学校が行う学校評価については，教育課程の編成，実施，改善が教育活動や学校運営の中核となることを踏まえ，［　A　］と関連付けながら実施するよう留意するものとする。

○　中学部において，教育課程外の[　ア　]と教育課程との関連が図られるよう留意するものとする。特に，生徒の自主的，自発的な参加により行われる[　イ　]については，スポーツや文化，科学等に親しませ，学習意欲の向上や責任感，連帯感の涵(かん)養等，学校教育が目指す資質・能力の育成に資するものであり，学校教育の[　ウ　]として，教育課程との関連が図られるよう留意すること。その際，学校や地域の実態に応じ，地域の人々の協力，社会教育施設や社会教育関係団体等の各種団体との連携などの運営上の工夫を行い，[　エ　]な運営体制が整えられるようにするものとする。

(1)　文中の［　A　］に当てはまる適切な語句を記入しなさい。

(2)　文中の[　ア　]～[　エ　]に当てはまる適切な語句を次の語群から選び，記号で答えなさい。

《語群》

a　クラブ活動	b　教育	c　組織的	d　効果的
e　持続可能	f　課外活動	g　部活動	h　補助
i　一環	j　一部	k　学校教育活動	

▌2024年度 ▌福岡県・福岡市・北九州市 ▌難易度 ■■■■□□

【10】次の文章は，平成29年告示の特別支援学校小学部・中学部学習指導要領の「第1章　第5節　児童又は生徒の調和的な発達の支援」の一部である。(　①　)～(　⑥　)に当てはまる語句を，以下の(ア)～(チ)からそれぞれ一つ選び，記号で答えよ。

1　児童又は生徒の調和的な発達を支える指導の充実

(1)　学習や生活の基盤として，教師と児童又は生徒との信頼関係及び児童又は生徒相互のよりよい人間関係を育てるため，日頃から(　①　)の充実を図ること。また，主に集団の場面で必要な指導や援助を行う(　②　)と，個々の児童又は生徒の多様な実態を踏まえ，一人一人が抱える課題に個別に対応した指導を行う(　③　)の双方により，児童又は生徒の発達を支援すること。

(2) 児童又は生徒が，自己の(　④　)を実感しながら，よりよい人間関係を形成し，有意義で充実した学校生活を送る中で，現在及び将来における(　⑤　)を図っていくことができるよう，児童理解又は生徒理解を深め，(　⑥　)と関連付けながら，生徒指導の充実を図ること。

(ア) キャリア教育　(イ) 人格形成
(ウ) ガイダンス　(エ) よさ
(オ) 学習指導　(カ) 日常生活
(キ) 自己実現　(ク) 充実感
(ケ) 学級経営　(コ) 強み
(サ) カウンセリング　(シ) 学校行事
(ス) コミュニケーション　(セ) コンサルテーション
(ソ) 存在感　(タ) オリエンテーション
(チ) ソーシャルスキルトレーニング

2024年度 岡山県 難易度

【11】特別支援学校小学部・中学部学習指導要領(平成29年4月告示)に示されている知的障害者である児童生徒に対する教育を行う特別支援学校の国語科について，次の問1～問4に答えなさい。

問1 国語科を指導する上で，正しいものの組合せを選びなさい。

① 小学部第6学年の国語科の授業時数は，小学校第6学年の国語科の授業時数に準じて，定める必要がある。

② 知的障害のある児童生徒の学習上の特性を踏まえ，各段階の内容の〔知識及び技能〕の目標を達成した上で，〔思考力，判断力，表現力等〕に示す事項を指導する。

③ 文部科学大臣の検定を経た教科用図書，文部科学省が著作の名義を有する教科用図書又は学校教育法附則第9条第1項に規定する

教科用図書を使用する。

④ 小学部の児童のうち，小学部の3段階の国語科の内容を習得し目標を達成している者については，小学校学習指導要領に示す国語科の目標及び内容の一部を取り入れることができる。

⑤ 言葉による見方・考え方を働かせ，言語活動を通して，言葉の特徴や使い方などを理解し自分の思いや考えを深める学習の充実を図る必要がある。

ア ①②④　　イ ①②⑤　　ウ ①③④　　エ ②③⑤
オ ③④⑤

問2 国語科における指導計画の作成と内容の取扱いについての配慮事項に示されているものとして，正しいものの組合せを選びなさい。

① 平仮名，片仮名の読み書きが身に付き，字形を取ることができるなどの児童の学習状況に応じて，ローマ字を取り扱うこともできること。

② 児童の学習負担に配慮するため，学年ごとに配当されている漢字は，当該学年以降の学年において指導することとし，当該学年以前の学年では扱わないこと。

③ 内容の指導に当たっては，学校図書館などを目的をもって計画的に利用し，児童が図書に親しむことができるよう配慮すること。

④ 平仮名及び片仮名を読み，書くとともに，片仮名で書く語の種類を知り，文や文章の中で使うことができるよう指導を工夫すること。

⑤ 字形よりも速く書くことができることを優先するとともに，書写の能力を学習や生活に役立てる態度を育てるよう配慮すること。

ア ①②④　　イ ①②⑤　　ウ ①③④　　エ ②③⑤
オ ③④⑤

問3 国語科の小学部1段階に示されている内容として，正しいものの組合せを選びなさい。

① 挨拶や電話の受け答えなど，決まった言い方を使うこと。

② 教師と一緒に絵本などを見て，示された身近な事物や生き物などに気付き，注目すること。

③　身近な人との関わりや出来事について，伝えたいことを思い浮かべたり，選んだりすること。

④　身近な人からの話し掛けに注目したり，応じて応えたりすること。

⑤　自分の名前や物の名前を文字で表すことができることを知り，簡単な平仮名をなぞったり，書いたりすること。

ア　①②④　　イ　①②⑤　　ウ　①③⑤　　エ　②③④

オ　③④⑤

問4　「A　聞くこと・話すこと」における「話合い」の指導内容について，最も適切な順番を選びなさい。

①　物事を決めるために，簡単な役割や進め方に沿って話し合い，考えをまとめること。

②　互いの立場や意図を明確にしながら，計画的に話し合い，考えを広げたりまとめたりすること。

③　相手の話に関心をもち，分かったことや感じたことを伝え合い，考えをもつこと。

ア　①→②→③　　イ　②→①→③　　ウ　②→③→①

エ　③→①→②　　オ　③→②→①

‖ 2024年度 ‖ 北海道・札幌市 ‖ 難易度 ■■■□□ ‖

【12】「特別支援学校教育要領・学習指導要領解説　総則編(幼稚部・小学部・中学部)」(平成30年3月)について，次の(1)，(2)の問いに答えよ。

(1)　次の文は，「第3編　小学部・中学部学習指導要領解説　第2章　教育課程の編成及び実施　第2節　小学部及び中学部における教育の基本と教育課程の役割　4　カリキュラム・マネジメントの充実」に関する記述の抜粋である。文中の(Ａ)～(Ｅ)に入る正しいものを，それぞれ以下の1～9のうちから一つずつ選べ。

> (前略)
> 　本項は，各学校が教育課程に基づき(Ａ)かつ計画的に各学校の教育活動の質の向上を図っていくことができるよう，カリキュラム・マネジメントとは何かを定義するとともにその充実について示している。

> 教育課程はあらゆる教育活動を支える基盤となるものであり，(　B　)についても，教育課程に基づく教育活動をより効果的に実施していく観点から運営がなされなければならない。カリキュラム・マネジメントは，学校教育に関わる様々な取組を，教育課程を中心に据えながら(　A　)かつ計画的に実施し，教育活動の質の向上につなげていくことであり，本項においては，(　C　)答申の整理を踏まえ次の三つの側面から整理して示している。具体的には，
>
> ・児童生徒や学校，(　D　)の実態を適切に把握し，教育の目的や目標の実現に必要な教育の内容等を教科等(　E　)な視点で組み立てていくこと，
> ・教育課程の実施状況を評価してその改善を図っていくこと，
> ・教育課程の実施に必要な人的又は物的な体制を確保するとともにその改善を図っていくこと
>
> などを通して，教育課程に基づき(　A　)かつ計画的に各学校の教育活動の質の向上を図っていくことと定義している。

1　学校運営　　2　縦断的　　3　中央教育審議会　　4　地域
5　組織的　　6　横断的　　7　社会　　8　学級運営
9　教育再生実行会議

(2)　次の文は，「第3編　小学部・中学部学習指導要領解説　第2章　教育課程の編成及び実施　第5節　児童生徒の調和的な発達の支援　1　児童生徒の調和的な発達を支える指導の充実」に関する記述の抜粋である。文中の(　A　)～(　E　)に入る正しいものを，それぞれ以下の1～9のうちから一つずつ選べ。

> (2)　生徒指導の充実
>
> (中略)
>
> 生徒指導は，学校の教育目標を達成するために重要な機能の一つであり，一人一人の児童生徒の(　A　)を尊重し，個性の伸長を図りながら，(　B　)や行動力を高めるように指導，

援助するものである。すなわち，生徒指導は，全ての児童生徒のそれぞれの(　A　)のよりよき発達を目指すとともに，学校生活が全ての児童生徒にとって有意義で興味深く，充実したものになるようにすることを目指すものであり，単なる児童生徒の問題行動への対応という消極的な面だけにとどまるものではない。

学校教育において，生徒指導は学習指導と並んで重要な意義をもつものであり，また，両者は相互に深く関わっている。各学校においては，生徒指導が，一人一人の児童生徒の健全な成長を促し，児童生徒自ら現在及び将来における自己実現を図っていくための自己指導能力の育成を目指すという生徒指導の積極的な意義を踏まえ，学校の(　C　)を通じ，学習指導と関連付けながら，その一層の充実を図っていくことが必要である。

生徒指導を進めていく上で，その基盤となるのは児童生徒一人一人についての(　D　)の深化を図ることである。一人一人の児童生徒はそれぞれ違った能力・適性，興味・関心等をもっている。また，児童生徒の生育環境も将来の夢や希望，中学部の生徒については進路希望等も異なる。それ故，(　D　)においては，児童生徒を多面的・総合的に理解していくことが重要であり，学級担任の教師の日ごろの人間的な触れ合いに基づくきめ細かい観察や面接などに加えて，学部や学年の教師，(　E　)，小学部においては専科担当教師，中学部においては教科担任や部活動等の顧問教師などによるものを含めて，広い視野から(　D　)を行うことが大切である。また，中学部の生徒については思春期にあって生活環境の急激な変化を受けている児童生徒一人一人の不安や悩みに目を向け，児童生徒の内面に対する共感的理解をもって(　D　)を深めることが大切である。

1　意識　　2　養護教諭　　3　社会的資質
4　教育活動全体　　5　人格　　6　児童生徒理解

7　校長や教頭　　8　特別活動　　9　コミュニケーション能力

▌2024年度 ▌大分県 ▌難易度

【13】特別支援学校学習指導要領について，次の問いに答えなさい。

1　特別支援学校学習指導要領解説(総則編(小学部・中学部))(平成30年告示)「第2章　教育課程の編成及び実施」「第2節　小学部及び中学部における教育の基本と教育課程の役割」から抜粋した次の文章を読んで，以下の問いに答えなさい。

> ・学習指導要領は，法令上の根拠に基づいて国が定めた教育課程の(　①　)であると同時に，その規定は(　②　)なものであることから，学校において編成される教育課程は，児童生徒の障害の状態や特性及び心身の発達の段階等並びに学校や地域の実態を考慮し，(　③　)を加えて編成されるものである。
> ・保護者や地域住民が学校運営に参画する学校運営協議会制度(　A　)や，幅広い地域住民等の参画により(　④　)で児童生徒の成長を支え地域を(　⑤　)する地域学校共同活動等の推進により，学校と地域の連携・協働が進められてきているところであり，これらの取組を更に広げ，教育課程を介して学校と地域がつながることにより，地域でどのような子供を育てるのか，何を実現していくのかという(　⑥　)や(　⑦　)の共有が促進され，地域とともにある学校づくりが一層効果的に進められていくことが期待される。

(1)　文中の(　①　)～(　⑦　)に入る語句を，次の〈語群〉ア～セからそれぞれ1つ選んで，その符号を書きなさい。

〈語群〉

ア　校区全体	イ　ねらい	ウ　独自性	エ　普遍的
オ　基準	カ　目標	キ　地域全体	ク　創生
ケ　絶対的	コ　大綱的	サ　ビジョン	シ　創意工夫
ス　活性化	セ　理念		

(2)　文中の(　A　)は，学校運営協議会制度をカタカナで表記したものである。(　A　)に入る適切な語句を書きなさい。

2　特別支援学校学習指導要領解説(総則編(高等部))(平成31年告示)「第1章　教育課程の編成及び実施」「第6節　生徒の調和的な発達の支援」から抜粋した次の文章を読んで，以下の問いに答えなさい。

生徒が，学ぶことと自己の将来とのつながりを見通しながら，(　①　)・職業的自立に向けて必要な基盤となる資質・能力を身に付けていくことができるよう，(　②　)を要としつつ各教科・科目等又は各教科等の特質に応じて，キャリア教育の充実を図ること。その中で，生徒が自己の(　③　)を考え主体的に進路を選択できるよう，学校の(　④　)を通じ，(　⑤　)かつ計画的な進路指導を行うこと。その際，家庭及び地域や福祉，労働等の業務を行う関係機関との連携を十分に図ること。

(1)　文中の(　①　)～(　⑤　)に入る語句を，それぞれ書きなさい。

(2)　次のア～エの文について，下線部が正しいものには○を，誤っているものには正しい語句を，それぞれ書きなさい。

ア　生徒が，自己の存在感を実感しながら，よりよい人間関係を形成し，有意義で充実した学校生活を送る中で，現在及び将来における自己実現を図っていくことができるよう，生徒理解を深め，<u>学習指導</u>と関連付けながら，生徒指導の充実を図ること。

イ　キャリア教育は，生徒の将来の生活や社会，<u>進路</u>などとの関連を意識させ，キャリア発達を促すものであることから，その実施に当たっては，就業体験活動や社会人講話などの機会の確保が不可欠である。

ウ　生徒が，学校教育を通じて身に付けた知識及び技能を活用し，もてる能力を最大限に伸ばすことができるよう，<u>生涯学習</u>への意欲を高めるとともに，社会教育その他様々な学習機会に関する情報の提供に努めること。

エ　キャリア教育は，教育活動全体の中で基礎的・汎用的能力を育むものであることから職場体験活動などの<u>断定的</u>な活動だけに終わらないようにすることが大切である。

3　次の表は，特別支援学校学習指導要領解説(各教科等編(小学部・中

学部))(平成30年告示)「第4章　知的障害である児童生徒に対する教育を行う特別支援学校の各教科」に関して，各段階の構成を抜粋し，まとめたものである。表中の(　①　)~(　⑦　)に入る語句を，以下の〈語群〉ア～スからそれぞれ1つ選んで，その符号を書きなさい。ただし，同じ記号には同じ語句が入る。

表

中学部　1段階	小学部（　①　）を踏まえ，生活年齢に応じながら，主として（　②　）の積み重ねを重視するとともに，他人との（　③　）や日常生活への適応に困難が大きい生徒にも配慮した内容を示している。 この段階では，主として生徒が自ら主体的に活動に取り組み，（　②　）したことを活用したり，（　④　）を考えたりして，日常生活や社会生活の基礎を育てることをねらいとする内容を示している。
中学部　2段階	中学部1段階を踏まえ，生徒の日常生活や社会生活及び将来の（　⑤　）の基礎を育てることをねらいとする内容を示している。 この段階では，主として生徒が自ら主体的に活動に取り組み，目的に応じて（　⑥　）したり，（　⑦　）したりするなど工夫し，将来の（　⑤　）を見据えた力を身に付けられるようにしていくことをねらいとする内容を示している。

〈語群〉

ア　2段階　　イ　コミュニケーション　　ウ　3段階
エ　家庭生活　　オ　体験　　カ　意思の疎通
キ　経験　　ク　決定　　ケ　処理
コ　順番　　サ　選択　　シ　順序
ス　職業生活

4　次の(1)～(4)は，特別支援学校学習指導要領解説(自立活動編)(平成30年告示)「第7章　自立活動」について述べた文である。正しいものには○を，誤っているものには×を，それぞれ書きなさい。

(1)　小学部又は中学部の各学年の自立活動の時間に充てる授業時数は，児童又は生徒の障害の状態や特性及び心身の発達の段階等に応じて規定された時数を設定するものとする。

(2)　重複障害者には，各教科，道徳科，外国語若しくは特別活動の目標及び内容に関する事項の一部又は各教科，外国語活動若しくは総合的な学習の時間に替えて，自立活動を主として指導を行うものとする。

(3)「心理的な安定」では，自分の気持ちや情緒をコントロールして変化する状況に適切に対応するとともに，障害による学習上又は生活上の困難を主体的に改善・克服する意欲の向上を図り，他者のよさに気付く観点から内容を示している。

(4)「身体の動き」の「日常生活に必要な基本動作に関すること」

とは，食事，排泄，衣服の着脱，洗面，入浴などの身辺処理及び書字，描画等の学習のための動作などの基本動作を身に付けることができるようにすることを意味している。

2024年度 兵庫県 難易度

【14】次の各文は，特別支援学校学習指導要領における「総合的な学習の時間」及び「総合的な探究の時間」の一部である。

特別支援学校小学部・中学部学習指導要領(平成29年4月告示)

第5章　総合的な学習の時間

小学部又は中学部における総合的な学習の時間の目標，各学校において定める目標及び内容並びに指導計画の作成と内容の取扱いについては，それぞれ小学校学習指導要領第5章又は中学校学習指導要領第4章に示すものに［　A　］ほか，次に示すところによるものとする。

1　児童又は生徒の障害の状態や発達の段階等を十分考慮し，学習活動が効果的に行われるよう配慮すること。

2　[　ア　]に当たっては，安全と保健に留意するとともに，学習活動に応じて，小学校の児童又は中学校の生徒などと［　B　］を行うよう配慮すること。

3　知的障害者である生徒に対する教育を行う特別支援学校中学部において，探究的な学習を行う場合には，知的障害のある生徒の学習上の特性として，学習によって得た知識や技能が[　イ　]になりやすいことなどを踏まえ，各教科等の学習で培われた資質・能力を総合的に関連付けながら，具体的に指導内容を設定し，生徒が[　ウ　]を解決できるように配慮すること。

特別支援学校高等部学習指導要領(平成31年2月告示)

第4章　総合的な探究の時間

総合的な探究の時間の目標，各学校において定める目標及び内容並びに指導計画の作成と内容の取扱いについては，高等学校学習指導要領第4章に示すものに［　A　］ほか，次に示すところによるものとする。

1 生徒の障害の状態や発達の段階等を十分考慮し，学習活動が効果的に行われるよう配慮すること。

2 [　ア　]に当たっては，安全と保健に留意するとともに，学習活動に応じて，中学部又は中学校までの学習を踏まえ，高等学校の生徒などと[B]を行うよう配慮すること。

3 知的障害者である生徒に対する教育を行う特別支援学校において，探究的な学習を行う場合には，知的障害のある生徒の学習上の特性として，学習によって得た知識や技能が[　イ　]になりやすいことなどを踏まえ，各教科等の学習で培われた資質・能力を総合的に関連付けながら，具体的に指導内容を設定し，生徒が[　ウ　]を解決できるように配慮すること。

(1) 文中の[A]及び[B]に当てはまる適切な語句を記入しなさい。ただし，同じ記号には同じ語句が入るものとする。

(2) 文中の[　ア　]～[　ウ　]に当てはまる適切な語句を次の語群から選び，記号で答えなさい。ただし，同じ記号には同じ語句が入るものとする。

《語群》

a	自らの課題	b	身近な課題	c	断片的
d	集団活動	e	体験活動	f	問題点
g	自立活動	h	総括的	i	部分的

▍2024年度 ▍福岡県・福岡市・北九州市 ▍難易度 ■■■□□

【15】次の問1～問3の各問いに答えなさい。

問1　次の文章は，「特別支援学校小学部・中学部学習指導要領」(平成29年4月告示)に示されている「第1章　総則　第2節　小学部及び中学部における教育の基本と教育課程の役割」の一部である。(　①　)～(　④　)にあてはまる最も適切な語句の組み合わせを，以下の1～5の中から一つ選びなさい。

> ～略～
>
> 学校における自立活動の指導は，障害による学習上又は生活上の困難を改善・(①)し，(②)社会参加する資質を養うため，自立活動の時間はもとより，学校の教育活動全体を通じて適切に行うものとする。特に，自立活動の時間における指導は，各教科，道徳科，外国語活動，総合的な学習の時間及び特別活動と密接な(③)を保ち，個々の児童又は生徒の障害の状態や特性及び心身の発達の段階等を的確に把握して，適切な(④)の下に行うよう配慮すること。
>
> ～略～

1 ① 払拭 ② 積極的に ③ 連続性 ④ 教育課程
2 ① 克服 ② 積極的に ③ 関連 ④ 教育課程
3 ① 払拭 ② 自立し ③ 連続性 ④ 教育課程
4 ① 克服 ② 積極的に ③ 連続性 ④ 指導計画
5 ① 克服 ② 自立し ③ 関連 ④ 指導計画

問2 次の文章は，「特別支援学校小学部・中学部学習指導要領」(平成29年4月告示)に示されている「第2章 各教科 第2節 中学部 第2款 知的障害者である生徒に対する教育を行う特別支援学校 第1 各教科の目標及び内容」の一部である。(①)～(④)にあてはまる最も適切な語句の組み合わせを，以下の1～5の中から一つ選びなさい。なお，同じ番号の空欄には同じ語句が入る。

> ～略～
>
> 〔社 会〕
>
> 1 目標
>
> 社会的な見方・考え方を働かせ，社会的事象について関心をもち，具体的に考えたり関連付けたりする活動を通して，自立し生活を豊かにするとともに，(①)で民主的な国家及び社会の形成者に必要な公民としての資質・能力の基礎を次のとおり育成することを目指す。
>
> (1) 地域や我が国の国土の地理的環境，現代社会の仕組みや役割，地域や我が国の歴史や伝統と文化及び外国の様

子について，具体的な活動や体験を通して理解するとともに，経験したことと関連付けて，調べまとめる技能を身に付けるようにする。
(2) 社会的事象について，自分の生活と結び付けて具体的に考え，社会との関わりの中で，選択・判断したことを適切に表現する力を養う。
(3) 社会に主体的に関わろうとする態度を養い，地域社会の一員として人々と共に生きていくことの大切さについての(②)を養う。

～中略～

〔外国語〕

1 目標

外国語によるコミュニケーションにおける見方・考え方を働かせ，外国語の音声や基本的な表現に触れる活動を通して，コミュニケーションを図る(③)となる資質・能力を次のとおり育成することを目指す。
(1) 外国語を用いた体験的な活動を通して，身近な生活で見聞きする外国語に興味や関心をもち，外国語の音声や基本的な表現に(④)ようにする。
(2) 身近で簡単な事柄について，外国語で聞いたり話したりして自分の考えや気持ちなどを伝え合う力の(③)を養う。
(3) 外国語を通して，外国語やその背景にある文化の多様性を知り，相手に配慮しながらコミュニケーションを図ろうとする態度を養う。

1 ① 平等 ② 感性 ③ 意欲 ④ 触れる
2 ① 平和 ② 自覚 ③ 素地 ④ 慣れ親しむ
3 ① 平等 ② 自覚 ③ 意欲 ④ 慣れ親しむ
4 ① 平和 ② 感性 ③ 素地 ④ 慣れ親しむ
5 ① 平等 ② 自覚 ③ 意欲 ④ 触れる

問3 次の文章は，「特別支援学校小学部・中学部学習指導要領」(平成

29年4月告示)に示されている「第6章　特別活動」である。(　①　)～(　③　)にあてはまる最も適切な語句の組み合わせを，以下の1～5の中から一つ選びなさい。なお，同じ番号の空欄には同じ語句が入る。

> 小学部又は中学部の特別活動の目標，各活動・学校行事の目標及び内容並びに指導計画の作成と内容の取扱いについては，それぞれ小学校学習指導要領第6章又は中学校学習指導要領第5章に示すものに準ずるほか，次に示すところによるものとする。
>
> 1　学級活動においては，適宜他の学級や学年と合同で行うなどして，少人数からくる種々の制約を解消し，活発な(　①　)が行われるようにする必要があること。
>
> 2　児童又は生徒の経験を広めて積極的な態度を養い，社会性や豊かな(　②　)を育むために，(　①　)を通して小学校の児童又は中学校の生徒などと交流及び共同学習を行ったり，地域の人々などと活動を共にしたりする機会を積極的に設ける必要があること。その際，児童又は生徒の障害の状態や特性等を考慮して，活動の種類や時期，実施方法等を適切に定めること。
>
> 3　知的障害者である児童又は生徒に対する教育を行う特別支援学校において，内容の指導に当たっては，個々の児童又は生徒の知的障害の状態，生活年齢，学習状況及び経験等に応じて，適切に指導の(　③　)を定め，具体的に指導する必要があること。

1　①　集団活動　②　人間性　③　重点
2　①　体験活動　②　人間性　③　重点
3　①　集団活動　②　道徳性　③　基準
4　①　体験活動　②　人間性　③　基準
5　①　体験活動　②　道徳性　③　重点

2024年度　鳥取県　難易度 ■■■■□□

【16】学習指導要領について，次の(1)～(4)の問いに答えなさい。

(1) 次の文は，「特別支援学校小学部・中学部学習指導要領」の「児童又は生徒の調和的な発達の支援」で示された内容である。[1]～[5]にあてはまる最も適当な語句を，以下の解答群からそれぞれ一つずつ選びなさい。

・ 学習や生活の基盤として，教師と児童又は生徒との([1])及び児童又は生徒相互のよりよい人間関係を育てるため，日頃から([2])の充実を図ること。

・ 児童又は生徒が，学ぶことと([3])とのつながりを見通しながら，社会的・職業的自立に向けて必要な基盤となる資質・能力を身に付けていくことができるよう，特別活動を要としつつ各教科等の特質に応じて，キャリア教育の充実を図ること。

・ ([4])等との連絡を密にし，児童又は生徒の障害の状態等に応じた保健及び安全に十分留意すること。

・ 海外から帰国した児童又は生徒などについては，学校生活への適応を図るとともに，外国における([5])を生かすなどの適切な指導を行うものとする。

＜解答群＞

① 未来の社会　② 生活経験　③ 学校医
④ 生徒指導　⑤ 学級経営　⑥ 自己の将来
⑦ 信頼関係　⑧ 言語体験　⑨ 教育委員会
⑩ コミュニケーション

(2) 「特別支援学校学習指導要領解説　総則編(小学部・中学部)」の小学部及び中学部における教育の基本について示されたものとして，適当なものを次の①～④のうちから全て選びなさい。

① 確かな学力の育成については，家庭との連携を図りながら行うものであるが，宿題や予習・復習など家庭での学習課題を課すことは，児童生徒の負担となるため行うべきではない。

② 道徳教育について，人格の基盤を形成する小学部段階においては，児童自らが自己を見つめ，「自己の生き方」を考えることができるようにすることが大切である。

③ 体育に関する指導については，積極的に運動する児童生徒とそ

うでない児童生徒の二極化傾向が指摘されていることなどから，自ら進んで運動に親しむ資質・能力を身に付けることができるようにすることが大切である。

④　自立活動の指導は，自立活動の時間における指導でのみ行われるものである。

(3)「特別支援学校学習指導要領解説　各教科等編(小学部・中学部)」の各教科の目標及び内容等について示されたものとして，適当でないものを次の①～④のうちから一つ選びなさい。

①　弱視の児童生徒の見え方は様々であり，視力のほかに，視野，色覚，眼振や羞明などに影響を受ける。指導の効果を高めるために，拡大教材を用意したり，見やすい環境を整えたりすることが大切である。

②　聴覚障害者である児童生徒に対しては，様々な機会を通じて，児童生徒の音楽活動の活発化を促すことが，それぞれの全人的な育成を図る上で極めて重要なこととなる。

③　脳性疾患等の児童生徒には，視覚的な情報や複合的な情報を処理することを苦手とし，提示された文字や図の正確な把握，それらの書き写し，資料の読み取りなどに困難がある場合がある。

④　病弱の児童生徒は，治療のため身体活動が制限されていたり，運動・動作の障害があったりするので，各教科や特別活動等での体験的な活動を伴う内容の指導に当たっては，児童生徒が活動できるように指導内容を検討する。

(4)「特別支援学校教育要領・学習指導要領解説　自立活動編(幼稚部・小学部・中学部)」に示されたものとして，適当でないものを次の①～④のうちから一つ選びなさい。

①　自立活動の内容は，各教科等のようにそのすべてを取り扱うものではなく，個々の幼児児童生徒の実態に応じて必要な項目を選定して取り扱うものである。つまり，自立活動の内容は，個々の幼児児童生徒に，その全てを指導すべきものとして示されているものではないことに十分留意する必要がある。

②　自立活動の指導は，個々の幼児児童生徒が自立を目指し，障害による学習上又は生活上の困難を主体的に改善・克服しようとす

る取組を促す教育活動であり，個々の障害の状態や特性及び心身の発達の段階等に即して指導を行うことが基本である。

③ 自立活動の内容は大綱的に示されており，担当する教師には，個々の幼児児童生徒の実態を踏まえ，具体的な指導内容の設定を工夫することが求められる。

④ 小・中学校等における障害に応じた特別な指導は，通級による指導の目的を前提とするため，障害の状態に応じて各教科の遅れを取り戻す，補充的な指導を行うことが重要である。

2024年度 千葉県・千葉市 難易度

【17】次は，特別支援学校小学部・中学部学習指導要領(平成29年4月告示)第1章　第4節　3　学習評価の充実　の一部である。(①)～(⑩)にあてはまる語句を，以下の語群のア～ツから選び，記号で答えなさい。

3　学習評価の充実

学習評価の実施に当たっては，次の事項に配慮するものとする。

(1) 児童又は生徒のよい点や(①)，進歩の状況などを積極的に評価し，学習したことの意義や(②)を実感できるようにすること。また，各教科等の目標の実現に向けた(③)を把握する観点から，単元や題材など内容や時間の(④)を見通しながら評価の場面や方法を工夫して，(⑤)や成果を評価し，指導の改善や学習意欲の向上を図り，(⑥)の育成に生かすようにすること。

(2) 各教科等の指導に当たっては，(⑦)に基づいて行われた(③)や結果を適切に評価し，指導目標や指導内容，指導方法の改善に努め，より効果的な指導ができるようにすること。

(3) 創意工夫の中で学習評価の(⑧)や信頼性が高められるよう，(⑨)かつ計画的な取組を推進するとともに，学年や学校段階を越えて児童又は生徒の学習の成果が円滑に(⑩)されるよう工夫すること。

語群

ア　学習の過程	イ　資質・能力	ウ　児童生徒の実態
エ　実施	オ　妥当性	カ　個別の指導計画

キ	教育の内容	ク	連続性	ケ	学びに向かう力
コ	学習状況	サ	組織的	シ	知識及び技能
ス	接続	セ	まとまり	ソ	価値
タ	指導の形態	チ	横断的	ツ	可能性

2024年度 滋賀県 難易度

【18】次の各文について，特別支援学校高等部学習指導要領(平成31年2月告示)第2章第1節第2款「4　病弱者である生徒に対する教育を行う特別支援学校」に示されているものを二つ選んで，記号で答えなさい。

a　生徒の興味・関心を生かして，主体的な言語活動を促すとともに，抽象的，論理的な思考力の伸長に努めること。

b　体験的な活動を通して言語概念等の形成を一層図り，生徒の障害の状態や発達の段階に応じた思考力，判断力，表現力等の育成に努めること。

c　生徒の言語力等に応じて，適切な読書習慣や書いて表現する力の育成を図り，主体的に情報を収集・獲得し，適切に選択・活用する態度を養うようにすること。

d　生徒の身体活動の制限や認知の特性，学習環境等に応じて，教材・教具や入力支援機器等の補助用具を工夫するとともに，コンピュータ等の情報機器などを有効に活用し，指導の効果を高めるようにすること。

e　病気のため，姿勢の保持や長時間の学習活動が困難な生徒については，姿勢の変換や適切な休養の確保などに留意すること。

2023年度 福岡県・福岡市・北九州市 難易度

【19】次の各文は，特別支援学校学習指導要領解説知的障害者教科等編(上)(高等部)(平成31年文部科学省)第5章第2節「3　指導の形態について」の一部である。

文中の[　ア　]～[　エ　]に当てはまる適切な語句を以下の語群から選び，記号で答えなさい。ただし，同じ記号には同じ語句が入るものとする。

○　知的障害者である生徒に対する教育を行う特別支援学校において

は，特別支援学校高等部学習指導要領に示す知的障害者である生徒に対する教育を行う特別支援学校の各教科を基に各教科の内容の指導を行うこととなるが，教科ごとの時間を設けて指導を行う場合は「[　ア　]」と呼ばれている。

○ [　ア　]を計画するに当たっては，[　ア　]で扱う内容について，一人一人の生徒の[　イ　]に合わせて，個別的に選択・組織しなければならないことが多い。その場合，一人一人の生徒の興味や関心，生活年齢，学習状況や経験等を十分に考慮することが大切である。

○ 各教科等を合わせて指導を行う場合とは，各教科，道徳科，[　ウ　]及び自立活動の一部又は全部を合わせて指導を行うことをいう。

○ 高等部においては，[　エ　]を適切に設けて指導をすることに留意する必要がある。

《語群》

a　作業学習	b　学習意欲	c　教科別の指導
d　領域別の指導	e　卒業後の進路	f　情報
g　実態	h　総合的な探究の時間	i　各教科の学習
j　生活単元学習	k　外国語	m　特別活動

▌2023年度 ▌福岡県・福岡市・北九州市 ▌難易度 ■■■■□□

【20】次の記述は，「特別支援学校小学部・中学部学習指導要領(平成29年4月告示)」に示された「第3章　特別の教科　道徳」の一部である。空欄[　ア　]～[　ウ　]に当てはまるものの組合せとして最も適切なものを，以下の①～④のうちから選びなさい。

1　児童又は生徒の障害による学習上又は生活上の困難を改善・克服して，強く生きようとする意欲を高め，[　ア　]生活態度を養うとともに，健全な人生観の育成を図る必要があること。

2　各教科，外国語活動，総合的な学習の時間，特別活動及び自立活動との関連を密にしながら，経験の拡充を図り，豊かな[　イ　]を育て，広い視野に立って道徳的判断や行動ができるように指導する必要があること。

3　知的障害者である児童又は生徒に対する教育を行う特別支援学校

において，内容の指導に当たっては，個々の児童又は生徒の知的障害の状態，生活年齢，学習状況及び経験等に応じて，適切に指導の重点を定め，指導内容を具体化し，[　ウ　]な活動を取り入れるなどの工夫を行うこと。

① ア　規律正しい　イ　道徳的心情　ウ　実践的
② ア　明るい　イ　感性　ウ　実践的
③ ア　明るい　イ　道徳的心情　ウ　体験的
④ ア　規律正しい　イ　感性　ウ　体験的

▌2023年度 ▌神奈川県・横浜市・川崎市・相模原市 ▌難易度 ■■■

【21】次の各文は，特別支援学校幼稚部教育要領(平成29年4月告示)第1章「第7　幼稚部に係る学校運営上の留意事項」の一部である。

○　各学校が行う学校評価については，教育課程の編成，実施，改善が教育活動や学校運営の中核となることを踏まえ，[A]と関連付けながら実施するよう留意するものとする。

○　家庭との連携に当たっては，保護者との[B]の機会を設けたり，保護者と幼児との活動の機会を設けたりなどすることを通じて，保護者の幼児期の教育に関する理解が深まるよう配慮するものとする。

○　幼稚部における教育と小学部における教育又は小学校教育の円滑な[　ア　]のため，幼稚部の幼児と小学部又は小学校の児童との[　イ　]の機会を積極的に設けるようにするものとする。

(1) 文中の[A]及び[B]に当てはまる適切な語句を記入しなさい。

(2) 文中の[　ア　]及び[　イ　]に当てはまる適切な語句を次の語群から選び，記号で答えなさい。

《語群》

a　引継ぎ　b　交流　c　遊び　d　関係　e　学習
f　接続

▌2023年度 ▌福岡県・福岡市・北九州市 ▌難易度 ■■■

【22】次の文は，特別支援学校小学部・中学部学習指導要領(平成29年4月告示)に示された，第1章　総則　第7節　道徳教育に関する配慮事項の中で，小学部の各学年段階における留意事項について述べた内容から一部抜粋したものである。小学部の内容に含まれないものを，次の①～⓪の中から一つ選べ。

[第1学年及び第2学年]

① 挨拶などの基本的な生活習慣を身に付けること

② 善悪を判断し，してはならないことをしないこと

③ 社会生活上のきまりを守ること

[第3学年及び第4学年]

④ 善悪を判断し，正しいと判断したことを行うこと

⑤ 身近な人々と協力し助け合うこと

⑥ 集団や社会のきまりを守ること

[第5学年及び第6学年]

⑦ 相手の考え方や立場を理解して支え合うこと

⑧ 法やきまりの意義を理解して進んで守ること

⑨ 集団生活の充実に努めること

⓪ 国際社会に生きる日本人としての自覚を身に付けること

▌2023年度 ▌岐阜県 ▌難易度 ■■■□□

【23】「中学校学習指導要領(平成29年告示)解説　特別の教科　道徳編」について，次の各問いに答えなさい。

(1) 「第3章　道徳科の内容　第1節　内容の基本的性格　1(1)」には，道徳科における内容の捉え方について，次のように述べられている。(　　)に当てはまる語句を以下の選択肢から1つ選び記号で答えなさい。

> 学習指導要領第3章の「第2　内容」は，教師と生徒が人間としてのよりよい生き方を求め，共に考え，共に語り合い，その実行に努めるための共通の課題である。学校の教育活動全体の中で，様々な場や機会を捉え，多様な方法によって進められる学習を通して，生徒自らが(　　)な道徳性を養うためのものである。

[選択肢]　ア　社会的　　イ　調和的　　ウ　独創的
　　　　　エ　安定的

(2)　「第4章　指導計画の作成と内容の取扱い　第3節　指導の配慮事項　3(2)」には，生徒が自ら考え理解し，主体的に学習に取り組む工夫について，次のように述べられている。(　　)に当てはまる語句を以下の選択肢から1つ選び記号で答えなさい。

道徳科の目標や指導のねらいを明らかにして，生徒一人一人が(　　)をもって主体的に考え，学ぶことができるようにする必要がある。また，道徳科の目標と指導内容との関係を明確にして取り組み，道徳的な内容を学ぶことの意義を理解させたり，学んだことを振り返らせたりする指導が重要である。

[選択肢]　ア　目的意識　　イ　問題　　ウ　見通し
　　　　　エ　意欲

2023年度　宮崎県　難易度■■■■■

【24】次の(1)～(6)の各問いに答えなさい。

(1)　次の文は，「特別支援学校幼稚部教育要領(平成29年4月告示　文部科学省)第1章　総則　第3　幼稚部における教育において育みたい資質・能力及び「幼児期の終わりまでに育ってほしい姿」」の一部を抜粋したものである。(　①　)～(　④　)に入る語句の組み合わせとして最も適切なものを，以下のa～eの中から一つ選びなさい。

3　次に示す「幼児期の終わりまでに育ってほしい姿」は，第2章に示すねらい及び内容に基づく活動全体を通して資質・能力が育まれている幼児の幼稚部修了時の具体的な姿であり，幼児の障害の状態や特性及び発達の程度等に応じて，教師が指導を行う際に考慮するものである。

(1)　健康な(　①　)
(2)　自立心
(3)　(　②　)
(4)　道徳性・規範意識の芽生え
(5)　(　③　)との関わり

(6) 思考力の芽生え
(7) 自然との関わり・生命尊重
(8) (④), 標識や文字などへの関心・感覚
(9) 言葉による伝え合い
(10) 豊かな感性と表現

※(1)〜(10)は見出しのみ抜粋，本文は略。

a	① 身体	② 多様性	③ 社会生活	④ 数量や図形
b	① 身体	② 多様性	③ 社会生活	④ 絵
c	① 心と体	② 協同性	③ 他者	④ 絵
d	① 心と体	② 多様性	③ 他者	④ 数量や図形
e	① 心と体	② 協同性	③ 社会生活	④ 数量や図形

(2) 次の文は，「特別支援学校小学部・中学部学習指導要領(平成29年4月告示 文部科学省)第1章 総則 第2節 小学部及び中学部における教育の基本と教育課程の役割」の一部を抜粋したものである。(①)〜(④)に入る語句の組み合わせとして最も適切なものを，以下のa〜eの中から一つ選びなさい。

2 学校の教育活動を進めるに当たっては，各学校において，第4節の1に示す(①)・対話的で深い学びの実現に向けた授業改善を通して，創意工夫を生かした特色ある教育活動を展開する中で，次の(1)から(4)までに掲げる事項の実現を図り，児童又は生徒に生きる力を育むことを目指すものとする。

(1) 基礎的・基本的な知識及び(②)を確実に習得させ，これらを活用して課題を解決するために必要な思考力，(③)，表現力等を育むとともに，(①)に学習に取り組む態度を養い，個性を生かし多様な人々との協働を促す教育の充実に努めること。その際，児童又は生徒の(④)を考慮して，児童又は生徒の言語活動など，学習の基盤をつくる活動を充実するとともに，家庭との連携を図りながら，児童又は生徒の学習習慣が確立するよう配慮すること。

a ① 積極的 ② 技能 ③ 集中力 ④ 発達の段階
b ① 主体的 ② 技能 ③ 判断力 ④ 発達の段階
c ① 積極的 ② 技能 ③ 判断力 ④ 障害の状態
d ① 主体的 ② 情報 ③ 判断力 ④ 障害の状態
e ① 主体的 ② 情報 ③ 集中力 ④ 障害の状態

(3) 次の文は，「特別支援学校小学部・中学部学習指導要領(平成29年4月告示　文部科学省)第2章　各教科　第2節　中学部　第2款　知的障害者である生徒に対する教育を行う特別支援学校　第1　各教科の目標及び内容〔国語〕1　目標」の一部を抜粋したものである。(①)～(④)に入る語句の組み合わせとして最も適切なものを，以下のa～eの中から一つ選びなさい。

> 言葉による見方・考え方を働かせ，言語活動を通して，国語で理解し(①)する資質・能力を次のとおり育成することを目指す。
> (1) (②)や社会生活に必要な国語について，その特質を理解し適切に使うことができるようにする。
> (2) (②)や社会生活における人との関わりの中で伝え合う力を高め，思考力や(③)を養う。
> (3) 言葉がもつよさに気付くとともに，(④)を養い，国語を大切にしてその能力の向上を図る態度を養う。

a ① 表現 ② 学校生活 ③ 想像力 ④ 言語感覚
b ① 思考 ② 学校生活 ③ 想像力 ④ 語い
c ① 表現 ② 日常生活 ③ 理解力 ④ 語い
d ① 思考 ② 日常生活 ③ 理解力 ④ 語い
e ① 表現 ② 日常生活 ③ 想像力 ④ 言語感覚

(4) 次の文は，「特別支援学校小学部・中学部学習指導要領(平成29年4月告示　文部科学省)第6章　特別活動」の一部を抜粋したものである。(①)～(④)に入る語句の組み合わせとして最も適切なものを，以下のa～eの中から一つ選びなさい。

> 小学部又は中学部の特別活動の目標，各活動・学校行事の目

標及び内容並びに指導計画の作成と内容の取扱いについては，それぞれ小学校学習指導要領第6章又は中学校学習指導要領第5章に示すものに準ずるほか，次に示すところによるものとする。
1　学級活動においては，適宜他の学級や学年と合同で行うなどして，少人数からくる種々の制約を解消し，活発な(　①　)が行われるようにする必要があること。
2　児童又は生徒の(　②　)を広めて(　③　)な態度を養い，社会性や豊かな人間性を育むために，(　①　)を通して小学校の児童又は中学校の生徒などと交流及び(　④　)を行ったり，地域の人々などと活動を共にしたりする機会を(　③　)に設ける必要があること。その際，児童又は生徒の障害の状態や特性等を考慮して，活動の種類や時期，実施方法等を適切に定めること。

a　①　集団活動　②　知識　③　積極的
　④　レクリエーション
b　①　集団活動　②　知識　③　相互的
　④　共同学習
c　①　集団活動　②　経験　③　積極的
　④　共同学習
d　①　授業　②　経験　③　相互的
　④　共同学習
e　①　授業　②　経験　③　相互的
　④　レクリエーション

(5)　次の文は，「特別支援学校小学部・中学部学習指導要領(平成29年4月告示　文部科学省)第7章　自立活動　第2　内容」の一部を抜粋したものである。(　①　)～(　④　)に入る語句の組み合わせとして最も適切なものを，以下のa～eの中から一つ選びなさい。

1　(　①　)の保持
(1)　生活のリズムや生活習慣の形成に関すること。
(2)　病気の状態の(　②　)と生活管理に関すること。

(3) 身体各部の状態の(　②　)と養護に関すること。
<略>
3 (　③　)
(1) 他者とのかかわりの基礎に関すること。
(2) 他者の意図や感情の(　②　)に関すること。
<略>
5 (　④　)
(1) 姿勢と運動・動作の基本的技能に関すること。
(2) 姿勢保持と運動・動作の補助的手段の活用に関すること。

a ① 身体機能　② 理解　③ コミュニケーション
④ 動きの訓練
b ① 健康　② 理解　③ 人間関係の形成
④ 身体の動き
c ① 身体機能　② 理解　③ コミュニケーション
④ 身体の動き
d ① 健康　② 改善　③ 人間関係の形成
④ 身体の動き
e ① 身体機能　② 改善　③ 人間関係の形成
④ 動きの訓練

(6) 次の文は,「特別支援学校高等部学習指導要領(平成31年2月告示文部科学省)第1章　総則　第2節　教育課程の編成　第5款　生徒の調和的な発達の支援」の一部を抜粋したものである。(　①　)～(　④　)に入る語句の組み合わせとして最も適切なものを,以下のa～eの中から一つ選びなさい。

1 生徒の調和的な発達を支える指導の充実
教育課程の編成及び実施に当たっては,次の事項に配慮するものとする。
<略>
(3) 生徒が,学ぶことと自己の将来とのつながりを見通しながら,社会的・(　①　)自立に向けて必要な基盤となる資

質・能力を身に付けていくことができるよう，(②)を要としつつ(③)・科目等又は(③)等の特質に応じて，キャリア教育の充実を図ること。その中で，生徒が自己の在り方生き方を考え主体的に進路を選択することができるよう，学校の教育活動全体を通じ，組織的かつ計画的な進路指導を行うこと。その際，家庭及び地域や福祉，(④)等の業務を行う関係機関との連携を十分に図ること。

	①		②		③		④	
a	①	職業的	②	特別活動	③	教育課程	④	労働
b	①	職業的	②	自立活動	③	教育課程	④	医療
c	①	職業的	②	特別活動	③	各教科	④	労働
d	①	経済的	②	自立活動	③	各教科	④	医療
e	①	経済的	②	自立活動	③	各教科	④	労働

▌2023年度 ▌茨城県 ▌難易度 ■■■■□□

【25】次の文章は，特別支援学校学習指導要領解説各教科等編(小学部・中学部)(平成30年3月)及び特別支援学校学習指導要領解説総則等編(高等部)(平成31年2月)に示されている「第8章特別活動」の一部を抜粋したものである。ただし，〔　　〕は特別支援学校学習指導要領解説総則等編(高等部)によるものである。以下の(1)，(2)の問いに答えよ。

〔高等部における〕特別活動の目標，内容及び指導計画の作成と内容の取扱いについては，各特別支援学校を通じて，小学校又は中学校〔高等学校〕に準ずることとしている。ここでいう「準ずる」とは，原則として[　　]ということを意味している。しかしながら，指導計画の作成と内容の取扱いについては，小学校又は中学校の学習指導要領〔高等学校〕に準ずるのみならず，次のような<u>特別支援学校独自の項目が三つ示されており</u>，これらの事項に十分配慮する必要がある。

(1) [　　]に当てはまる語句を記せ。

(2) 下線部にある，特別支援学校独自に示されている三つの項目について，それぞれの配慮事項を説明せよ。

2023年度 山梨県 難易度

【26】次の文は，特別支援学校小学部・中学部学習指導要領(平成29年4月告示)「第3章　特別の教科　道徳」である。以下の問に答えよ。

> 小学部又は中学部の①道徳科の目標，内容及び指導計画の作成と内容の取扱いについては，それぞれ小学校学習指導要領第3章又は中学校学習指導要領第3章に示すものに準ずるほか，次に示すところによるものとする。
>
> 1　児童又は生徒の障害による学習上又は生活上の困難を改善・克服して，強く生きようとする意欲を高め，明るい生活態度を養うとともに，[　ア　]の育成を図る必要があること。
>
> 2　各教科，外国語活動，総合的な学習の時間，特別活動及び自立活動との関連を密にしながら，経験の拡充を図り，豊かな道徳的心情を育て，広い視野に立って道徳的判断や行動ができるように指導する必要があること。
>
> 3　知的障害者である児童又は生徒に対する教育を行う特別支援学校において，内容の指導に当たっては，個々の児童又は生徒の知的障害の状態，生活年齢，学習状況及び経験等に応じて，適切に指導の[　イ　]を定め，指導内容を具体化し，[　ウ　]を取り入れるなどの工夫を行うこと。

問1　[　ア　]～[　ウ　]にあてはまる語句をA～Fから選び，記号で答えよ。

A　健全な人生観　　B　重点　　C　良好な人間関係
D　ICT機器の活用　　E　体験的な活動　　F　方針

問2　下線部①について，ある法令の一部を改正する省令(平成27年3月27日　文部科学省令第11号)により，名称が「道徳」から「特別の教科である道徳」へと改められた。この法令の名称を答えよ。

問3　次の文は，中学校学習指導要領(平成29年3月告示)「第3章　特別の教科　道徳」の一部である。[　エ　]～[　カ　]にあてはまる語句を答えよ。

> 第2　内容
> 　学校の教育活動全体を通じて行う道徳教育の要である道徳科においては，以下に示す項目について扱う。
> 　A　主として[　エ　]に関すること
> 　[自主，自律，自由と責任]
> 　(　略　)
> 　B　主として[　オ　]に関すること
> 　[思いやり，感謝]
> 　(　略　)
> 　C　主として[　カ　]に関すること
> 　[遵法精神，公徳心]
> 　(　略　)
> 　D　主として生命や自然，崇高なものとの関わりに関すること
> 　[生命の尊さ]
> 　(　略　)

▌2023年度 ▌島根県 ▌難易度 ■■■■□□

【27】特別支援学校教育要領(平成29年告示)・特別支援学校学習指導要領(小・中学部：平成29年告示，高等部：平成31年告示)及び特別支援学校学習指導要領解説(各教科等編(小学部・中学部))(平成30年告示)について，次の問いに答えなさい。

1　次の(1)～(4)の文章は，すべて下線部の語句が誤っている。それぞれ正しい語句を書きなさい。

(1)　幼稚部における教育の領域には，「健康」，「人間関係」，「<u>自然</u>」，「言葉」，「表現」，「自立活動」の6領域がある。

(2)　知的障害者である児童生徒に対する教育を行う特別支援学校の各教科における各段階の内容は，各段階の目標を達成するために必要な内容として，児童生徒の生活年齢を基盤とし，<u>コミュニケーション</u>能力や適応能力及び概念的な能力等を考慮しながら段階毎に配列されている。

(3) 知的障害者である生徒に対する教育を行う特別支援学校の中学部の各教科の各段階の構成について，2段階では，主として生徒が自ら主体的に活動に取り組み，目的に応じて選択したり，処理したりするなど工夫し，将来の社会生活を見据えた力を身に付けられるようにしていくことをねらいとする内容を示している。

(4) 知的障害者である生徒に対する教育を行う特別支援学校の高等部における「特別の教科　道徳」の目標及び内容については，小学部及び中学部における目標及び内容を基盤とし，さらに，学齢期の特性を考慮して，健全な社会生活を営む上に必要な道徳性を一層高めることに努めるものとすることとしている。

2　特別支援学校小学部・中学部学習指導要領(平成29年告示)「第1章　総則」「第4節　教育課程の実施と学習評価」について，次の問いに答えなさい。

(1) 学習評価の充実の配慮事項として示した次の文章の①～⑤にあてはまる語句を，以下の〈語群〉ア～シからそれぞれ1つ選んで，その符号を書きなさい。

・児童又は生徒の(　①　)や可能性，進歩の状況などを積極的に評価し，学習したことの意義や価値を実感できるようにすること。また，各教科等の目標の実現に向けた学習状況を把握する観点から，単元や題材など内容や時間の(　②　)を見通しながら評価の場面や方法を工夫して，学習の過程や成果を評価し，指導の改善や学習意欲の向上を図り，資質・能力の育成に生かすようにすること。
・各教科等の指導に当たっては，(　③　)に基づいて行われた学習状況や結果を適切に評価し，指導目標や指導内容，指導方法の(　④　)に努め，より効果的な指導ができるようにすること。
・創意工夫の中で(a)学習評価の妥当性や信頼性が高められるよう，組織的かつ計画的な取組を推進するとともに，学年や学校段階を越えて児童又は生徒の学習の成果が円滑に(　⑤　)されるよう工夫すること。

〈語群〉

ア　工夫	イ　課題	ウ　改善
エ　個別の指導計画	オ　よい点	カ　確立
キ　発達検査	ク　まとまり	ケ　接続
コ　客観的判断	サ　授業計画	シ　経過

(2)　下線部(a)に関して，学校として事前に取り組むべきことを2つ簡潔に書きなさい。ただし，その際誰が行うか，またはその取組を誰に対して行うかが分かるように書きなさい。

3　特別支援学校小学部・中学部学習指導要領(平成29年告示)「第7章自立活動」について，次の問に答えなさい。

(1)　自立活動で指導する内容について，次の文章の①～⑦にあてはまる語句を，②と④は4字，それ以外は2字で書きなさい。

・(　①　)に応じたコミュニケーションに関すること。
・障害の特性の理解と(　②　)の調整に関すること。
・(　③　)に必要な動作と円滑な遂行に関すること。
・感覚の補助及び(　④　)の活用に関すること。
・(　⑤　)の理解と行動の調整に関すること。
・感覚や(　⑥　)の特性についての理解と対応に関すること。
・言語の(　⑦　)と表出に関すること。

(2)　自立活動の個別の指導計画の作成と内容の取扱いについて示した次の文章のうち，ア～エの【　　】内に示した語句のうち適切なものを1つ選んで，その語句を書きなさい。

・児童又は生徒の実態把握に基づいて得られた指導すべき課題相互の関連を検討すること。その際，これまでのア【生活習慣・学習状況・生育歴・経験】や将来の可能性を見通しながら，長期的及び短期的な観点から指導目標を設定し，それらを達成するために　イ【一部の・必要な・特定の・全ての】指導内容を段階的に取り上げること。

・各教科，道徳科，　ウ【学級活動・体験活動・外国語活動・自立活動】，総合的な学習の時間及び特別活動の指導と密接な関連を保つようにし，計画的，組織的に指導が行われるようにするものとする。

・重複障害者のうち自立活動を主として指導を行うものについては，　エ【全人的・全般的・総合的・健全】な発達を促すために必要な基本的な指導内容を，個々の児童又は生徒の実態に応じて設定し，系統的な指導が展開できるようにするものとする。

4　次の表は，特別支援学校学習指導要領解説(各教科等編(小学部・中学部))(平成30年告示)「第4章　知的障害者である児童生徒に対する教育を行う特別支援学校の各教科」に関して，各教科等を合わせた指導を行う場合の留意点についてまとめたものである。それぞれ①～④にあてはまる，各教科等を合わせた指導の名称を書きなさい。

表

各教科等を合わせた指導の名称	指導の留意点
（ ① ）	できつつあることや意欲的な面を考慮し、適切な支援を行うとともに、生活上の目標を達成していくために、学習状況等に応じて課題を細分化して段階的な指導ができるものであること。
（ ② ）	一人一人の児童生徒が力を発揮し、主体的に取り組むとともに、学習活動の中で様々な役割を担い、集団全体で単元の活動に協働して取り組めるものであること。
（ ③ ）	教師と児童、児童同士の関わりを促すことができるよう、場の設定、教師の対応、遊具等を工夫し、計画的に実施すること。
（ ④ ）	地域性に立脚した特色をもつとともに、社会の変化やニーズ等にも対応した永続性や教育的価値のある作業種を選定すること。

2023年度　兵庫県　難易度

【28】学習指導要領に関する次の各問に答えよ。

〔問1〕特別支援学校小学部・中学部学習指導要領総則の「児童又は生徒の調和的な発達の支援」に関する記述ア～エのうち，正しいものを選んだ組合せとして適切なものは，以下の1～6のうちのどれか。

ア　主に集団の場面で必要な指導や援助を行うカウンセリングと，個々の児童又は生徒の多様な実態を踏まえ，一人一人が抱える課題に個別に対応した指導を行うガイダンスの双方により，児童又は生徒の発達を支援すること。

イ　児童又は生徒が，自己の存在感を実感しながら，よりよい人間関係を形成し，有意義で充実した学校生活を送る中で，現在及び将来における自己実現を図っていくことができるよう，児童理解又は生徒理解を深め，学習指導と関連付けながら，生徒指導の充実を図ること。

ウ　児童又は生徒が，学ぶことと自己の将来とのつながりを見通しながら，社会的・職業的自立に向けて必要な基盤となる資質・能力を身に付けていくことができるよう，総合的な学習の時間を要としつつ各教科等の特質に応じて，キャリア教育の充実を図ること。

エ　児童又は生徒が，学校教育を通じて身に付けた知識及び技能を活用し，もてる能力を最大限伸ばすことができるよう，生涯学習への意欲を高めるとともに，社会教育その他様々な学習機会に関する情報の提供に努めること。

1　ア・イ　　2　ア・ウ　　3　ア・エ　　4　イ・ウ

5　イ・エ　　6　ウ・エ

〔問2〕 特別支援学校小学部・中学部学習指導要領の「各教科」における，次のア～エの特別支援学校において配慮する事項に関する記述として適切なものは，以下の1～4のうちのどれか，それぞれ選び答えよ。

ア　視覚障害者である児童・生徒に対する教育を行う特別支援学校

イ　聴覚障害者である児童・生徒に対する教育を行う特別支援学校

ウ　肢体不自由者である児童・生徒に対する教育を行う特別支援学校

エ　病弱者である児童・生徒に対する教育を行う特別支援学校

1　児童・生徒の身体の動きや意思の表出の状態等に応じて，適切な補助具や補助的手段を工夫するとともに，コンピュータ等の情報機器などを有効に活用し，指導の効果を高めるようにすること。

2　児童・生徒が場の状況や活動の過程等を的確に把握できるよう配慮することで，空間や時間の概念を養い，見通しをもって意欲的な学習活動を展開できるようにすること。

3　児童・生徒の身体活動の制限や認知の特性，学習環境等に応じて，教材・教具や入力支援機器等の補助用具を工夫するとともに，コンピュータ等の情報機器などを有効に活用し，指導の効果を高めるようにすること。

4 体験的な活動を通して，学習の基盤となる語句などについて的確な言語概念の形成を図り，児童・生徒の発達に応じた思考力の育成に努めること。

2023年度 東京都 難易度

【29】学習指導要領について，次の(1)～(5)の問いに答えなさい。

(1) 次の文章は，「特別支援学校小学部・中学部学習指導要領」に示された，「第1章　第4節　教育課程の実施と学習評価」の内容である。[1]～[5]にあてはまる最も適当な語句を，以下の解答群からそれぞれ一つずつ選びなさい。

・ 単元や題材など内容や時間の[1]を見通しながら，児童又は生徒の主体的・対話的で深い学びの実現に向けた授業改善を行うこと。

・ 言語能力の育成を図るため，各学校において必要な言語環境を整えるとともに，[2]を要としつつ各教科等の特質に応じて，児童又は生徒の言語活動を充実すること。

・ [3]を計画的に利用し，その機能の活用を図り，児童又は生徒の主体的・対話的で深い学びの実現に向けた授業改善に生かすとともに，児童又は生徒の自主的，自発的な学習活動や読書活動を充実すること。

・ 各教科等の指導に当たっては，[4]に基づいて行われた学習状況や結果を適切に評価し，指導目標や指導内容，指導方法の[5]に努め，より効果的な指導ができるようにすること。

<解答群>

① 移行支援計画	② 国語科	③ 学校図書館
④ 道徳科	⑤ パソコン室	⑥ 個別の指導計画
⑦ まとまり	⑧ 改善	⑨ 教科用図書
⑩ 継続		

(2) 「特別支援学校高等部学習指導要領」の「第1章　第2節　第2款　教育課程の編成」で示されたものとして，適当でないものを次の①～⑤のうちから一つ選びなさい。

① 学校においては，生徒や学校，地域の実態及び学科の特色等に応じ，特色ある教育課程の編成に資するよう，学校設定教科及び当該教科に関する科目を設けることができる。

② 学校においては，学校設定教科に関する科目として「産業社会と人間」を設けることができる。

③ 総合的な探究の時間については，生徒の障害の状態や特性及び心身の発達の段階等に応じて履修させるものとし，その単位数は，各学校において，生徒や学校の実態に応じて適切に定めるものとする。

④ 各教科・科目，ホームルーム活動及び自立活動の授業は，年間35週行うことを標準とし，必要がある場合には，各教科・科目及び自立活動の授業を特定の学期又は特定の期間に行うことができる。

⑤ 各学年の自立活動の時間に充てる授業時数は，生徒の障害の状態や特性及び心身の発達の段階等に応じて，適切に定めるものとする。

(3) 「特別支援学校学習指導要領解説　各教科等編(小学部・中学部)」に示された，各教科等を合わせた指導の特徴と留意点について述べたものとして，適当でないものを次の①～④のうちから一つ選びなさい。

① 生活単元学習の指導計画の作成に当たっては，単元は，各教科等に係る見方・考え方を生かしたり，働かせたりすることのできる内容を含む活動で組織され，児童生徒がいろいろな単元を通して，多種多様な意義のある経験ができるよう計画されていること。

② 日常生活の指導に当たっては，できつつあることや意欲的な面を考慮し，適切な支援を行うとともに，生活上の目標を達成していくために，学習状況等に応じて課題を細分化して段階的な指導ができるものであること。

③ 遊びの指導に当たっては，遊びをできる限り制限し，児童の健

康面や衛生面に配慮しつつ，安全に遊べる場や遊具を設定すること。

④ 生活単元学習の指導計画の作成に当たっては，単元は，実際の生活から発展し，児童生徒の知的障害の状態や生活年齢等及び興味や関心を踏まえたものであり，個人差の大きい集団にも適合するものであること。

(4) 「特別支援学校学習指導要領解説　総則等編(高等部)」の「第2章第3節　道徳教育の充実」に示されたものとして，適当でないものを次の①～④のうちから一つ選びなさい。

① 知的障害者である生徒に対する教育を行う特別支援学校における道徳教育は，道徳科の指導方針及び道徳科に示す内容との関連を踏まえた各教科，総合的な探究の時間，特別活動及び自立活動における指導の内容及び時期並びに家庭や地域社会との連携の方法を示すことを示した。

② 知的障害者である生徒に対する教育を行う特別支援学校における道徳教育においては，これまでの「道徳の時間」を要として学校の教育活動全体を通じて行うという道徳教育の基本的な考え方を，今後も引き継ぐとともに，道徳の時間を「特別の教科である道徳」として新たに位置付けた。

③ 道徳教育の目標について，「人間としての在り方生き方を考え，主体的な判断の下に行動し，自立した人間として他者と共によりよく生きるための基盤となる道徳性を養うこと」と簡潔に示した。

④ 視覚障害者，聴覚障害者，肢体不自由者又は病弱者である生徒に対する教育を行う特別支援学校においては，総合的な探究の時間並びに特別活動が，人間としての在り方に関する中核的な指導の場面であることを示した。

(5) 「特別支援学校教育要領・学習指導要領解説　自立活動編(幼稚部・小学部・中学部)」の「第7章　自立活動の個別の指導計画の作成と内容の取扱い」で示されたものとして，適当でないものを次の①～④のうちから一つ選びなさい。

① 児童生徒に対する自立活動を主とした指導計画の作成に当たっては，全人的な発達を促すことをねらいとし，そのために必要な

基本的な指導内容を個々の児童生徒の実態に応じて適切に設定する必要がある。

② 全人的な発達を促すとは，個々の幼児児童生徒の発達の遅れや不均衡を改善したり，発達の進んでいる側面を更に伸ばすことによって遅れている側面の発達を促すようにしたりして，全人的な発達を促進することを意味している。

③ 個別の指導計画を作成する際，自立活動の時間における指導はもとより，学校の教育活動全体を視野に入れ，効果的に指導が行われるようにする必要がある。

④ 自立活動の指導は，教師が幼児児童生徒の実態を的確に把握した上で個別の指導計画を作成して行われる。したがって，幼児児童生徒の学習状況や指導の結果に基づいて，修正をしてはならない。

▌2023年度 ▌千葉県・千葉市 ▌難易度 ■■■□□

【30】次は，特別支援学校小学部・中学部学習指導要領(平成29年4月告示)第1章 第4節 1の一部である。(①)～(⑫)にあてはまる語句を，以下のア～ソから選び，記号で答えなさい。

(3) 第3節の2の(1)に示す情報活用能力の育成を図るため，各学校において，コンピュータや(①)などの情報手段を活用するために必要な(②)を整え，これらを適切に活用した(③)の充実を図ること。また，各種の(④)や新聞，(⑤)や教育機器などの教材・教具の適切な活用を図ること。

あわせて，(⑥)においては，各教科等の特質に応じて，次の学習活動を計画的に実施すること。

ア 児童がコンピュータで(⑦)を入力するなどの学習の(⑧)として必要となる情報手段の(⑨)を習得するための(③)

イ 児童が(⑩)を体験しながら，コンピュータに意図した(⑪)を行わせるために必要な(⑫)を身に付けるための(③)

ア 論理的思考力 イ 環境

ウ　視聴覚教材　　　エ　情報通信ネットワーク
オ　基盤　　　　　　カ　学習活動
キ　文字　　　　　　ク　処理
ケ　基本的な操作　　コ　小学部
サ　統計資料　　　　シ　プログラミング
ス　中学部　　　　　セ　概念形成
ソ　指導体制

2023年度 | 滋賀県 | 難易度 ■■■■□

解答・解説

【1】②

○解説○「調和的な発達」とは，発達の遅れや不均衡を改善すること，具体的には「発達の進んでいる側面をさらに伸ばし，遅れている側面を補うこと」といえるだろう。また，キャリア教育の充実について，学習指導要領解説では「特別活動の学級活動を要としながら，総合的な学習の時間や学校行事，道徳科や各教科における学習，個別指導としての教育相談等の機会を生かしつつ，学校の教育活動全体を通じて必要な資質・能力の育成を図っていく取組が重要」としていることもおさえておくこと。

【2】問1　(3)　　問2　(3)

○解説○ 問1　道徳教育は，人間としての在り方生き方に関する教育であることから，高等部段階では，高等部卒業後の社会生活を営む上で必要な道徳性を高めることが重要である。　問2　B　第2款の2では，道徳科における指導においても，各教科，総合的な探究の時間，特別活動及び自立活動の指導との関連を密にしながら，経験の拡充を図ることについて，特に留意する必要があることが示されている。

C・D　第2款の3は，道徳科の内容を指導する場合においても，他の各教科等の内容の指導と同様に，個々の生徒の知的障害の状態，生活年齢，学習状況や経験等を考慮することが重要であることを示したものであり，今回の改訂において新設された事項である。

【3】(3)

○解説○ A　特別支援学校高等部学習指導要領(平成31年告示)において，各教科の指導計画の作成と内容の取扱いは，高等学校学習指導要領に準ずるとされている。準ずるとは原則として同一ということであるが，生徒の障害の状態や特性，心身の発達の段階等を十分考慮しなければならない。　B　肢体不自由者である生徒に対する教育を行う特別支援学校では，従前の「基礎的・基本的な事項に重点を置くなど」としていた点が，今回の改訂において，「重点を置く事項に時間を多く配当するなど」に改められた。学習効果を高めるため，重点の置き方，指導の順序，まとめ方，時間配分を工夫して，計画的に指導することが重要であることが示されている。　C　歩行や筆記などが困難な生徒や，話し言葉が不自由な生徒などに対して，補助具や補助的手段を工夫するとともに，コンピュータ等の情報機器などを有効に活用して指導の効果を高めることが必要である。

【4】(4)

○解説○ 平成29年告示の学習指導要領では，児童生徒一人一人の調和的な発達を支える視点から，学級経営や生徒指導，キャリア教育の充実について示された。その支援として，ガイダンスとカウンセリングの双方による発達支援が重要であることが示されている。ガイダンスは，主に集団の場面で必要な指導援助を行う。カウンセリングは個々の抱える課題に対して，主に個別の会話・面談や言葉掛けを通して指導や援助を行う。ピアサポートとは，同じ悩みを持つ仲間同士で互いに支え合うことである。

【5】① f　② c　③ ○　④ d

○解説○ 問題文は，知的障害のある児童生徒に対する教育を行う特別支援学校における「特別の教科　道徳」についての説明である。

① 学習経験ではなく，fの「興味や関心」が正しい。　② コンピュ

ータではなく，cの「視聴覚機器」が正しい。コンピュータも視聴覚機器として活用できる。　④　態度ではなく，dの「実践力」が正しい。体験的かつ具体的な指導により実践力を身に付けることが重要である。

【6】ア　f　　イ　a　　ウ　i

○**解説**○ 今回の学習指導要領改訂により，従前の「積極的な言語活動」が「主体的な言語活動」に改められた。このことは，生徒が日常使用している音声や文字，手話や指文字等を適切に活用して，日本語による言語活動を積極的に促すことを示している。また，抽象的，論理的な思考力の伸長については，経験した事柄や既習事項を分類したり，一般化したりすることが抽象的な思考につながる。さらに，既習事項を批判的に読むことは，論理的思考力を高める活動である。なお，一般化とはある事柄を広く認められる形にしていくこと，普遍化とは共通性を見出し概念や法則等を引き出していくこと，否定的とはそうでないと認めないこと，批判的とは誤りを指摘し正すべき方向性を示すことである。

【7】(1)　A　環境　　B　伝え合い　　(2)　ア　d　　イ　a

○**解説**○ 問題文の「幼児の終わりまでに育ってほしい姿」の1つ目は「自立心」，2つ目は「協同性」，3つ目は「言葉による伝え合い」についてである。幼児期は，信頼する教師に支えられながら，身近な環境に主体的に関わる中で，やり遂げる満足感を味わうことが自信を持って行動する「自立心」につながる。「協同性」については，友達と一緒に活動することで互いの良さを認め合う関係ができ，充実感を持ってやり遂げることが重要である。「言葉による伝え合い」では，やり取りの楽しさを感じ，やり取りを通して相手の話を理解したり，共感したりするようになっていくよう援助する。

【8】(1)　b　　(2)　e　　(3)　d　　(4)　d　　(5)　a　　(6)　e

○**解説**○ (1)　各領域に示されている「ねらい」は，幼稚部における生活の全体を通して幼児が様々な体験を積み重ねる中で相互に関連をもちながら次第に達成に向かうものであり，「内容」は，幼児が環境に関わって展開する具体的な活動を通して総合的に指導されなければならないものである。　(2)　各学校が教育課程に基づき組織的かつ計画的に各学校の教育活動の質の向上を図っていくために，カリキュラム・マネジメントの充実を図ることが重要であることを示している。

(3)　各教科等を合わせて指導を行う場合には，従前から「日常生活の指導」，「遊びの指導」，「生活単元学習」，「作業学習」が実践されてきている。「日常生活の指導」は，生活科を中心として，知的障害の状態，生活年齢，学習状況や経験等を踏まえながら計画的に指導するものである。　(4)　探究的な学習を行うのは，知的障害者である生徒に対する教育を行う特別支援学校中学部においてである。知的障害のある生徒の学習上の特性として，抽象的な内容が分かりにくいことや，学習した知識や技能が断片的になりやすいことなどを踏まえ，実際の生活に関する課題の解決に応用されるようにしていくためには，具体の場面や物事に即しながら段階的な継続した指導が必要になる。

(5)「重複障害者のうち，障害の状態により特に必要がある場合には，各教科，道徳科，外国語活動若しくは特別活動の目標及び内容に関する事項の一部又は各教科，外国語活動若しくは総合的な学習の時間に替えて，自立活動を主として指導を行うことができるものとする。」と，特別支援学校小学部・中学部学習指導要領(平成29年告示)の総則に示されている。特別支援学校の教育においては，障害のある幼児児童生徒を対象として，小・中学校等と同様に，学校の教育活動全体を通じて，幼児児童生徒の人間として調和のとれた育成を目指している。

(6)　(5)と同じく「総則」の第4節，「教育課程の実施と学習評価」からの出題である。今回の改訂の趣旨の一つである「主体的・対話的で深い学びの実現」に向けた授業改善の内容である。②〜④については，今回の改訂における育成を目指す資質・能力の三つの柱を表している。

【9】(1)　カリキュラム・マネジメント　(2)　ア　k　イ　g　ウ　i　エ　e

○**解説**○ (1)　カリキュラム・マネジメントは今回の学習指導要領の改訂

において示された内容で，学校教育に関わる様々な取組を，教育課程を中心に据えながら組織的かつ計画的に実施し，教育活動の質の向上につなげていくものである。 (2) クラブ活動は小学部の教育課程の特別活動に位置付けられている活動であるが，部活動は，生徒の自主的，自発的な参加により行われる教育課程外の学校教育活動である。部活動は，学校教育の一環として，教育課程との関連が図られるよう留意することが重要である。また，教員の働き方改革が検討されている点からも持続可能な運営体制が重要であり，今後も部活動の在り方を注視していく必要がある。

【10】① (ケ) ② (ウ) ③ (サ) ④ (ソ) ⑤ (キ)
⑥ (オ)

○**解説**○ ① 学級は学習や生活の基盤であることから「学級経営」である。 ②・③ 学校生活への適応や，人間関係の形成などについては，集団の場面で行う「ガイダンス」と，生徒一人一人に個別に対応する「カウンセリング」の双方の趣旨を踏まえて指導を行うこととされている。 ④～⑥ 生徒指導は単なる問題行動への指導といった面だけでなく，人格の発達を促すものである。また，生徒指導は学校の教育活動全体を通じて行うものであり，「学習指導」と関連づけることが重要である。

【11】問1 オ 問2 ウ 問3 エ 問4 エ

○**解説**○ 本問は，国語科だけでなく，教育課程編成全般にわたる内容に関する設問である。 問1 ①②は誤り。指導を行う教科やその授業時数の定め方は，対象となる児童生徒の実態によっても異なる。したがって，教科別の指導を計画するに当たっては，教科別の指導で扱う内容について，一人一人の児童生徒の実態に合わせて，個別的に選択・組織しなければならないことが多い。一人一人の児童生徒の興味や関心，生活年齢，学習状況や経験等を十分に考慮し，例えば，各教科の目標や内容を下学年の教科のそれに替えたりするなど，実態に応じた教育課程を編成することが規定されている。 問2 ②⑤は誤り。②の漢字の取扱いについては，「日常生活や他教科等で必要な漢字を読み，文や文章の中で使うなど，適切に指導内容を設定し，指導すること」と示されており，当該学年以前での取扱いを禁じてはいない。また，⑤については，文字は字形を含めて丁寧に書くことが求められ，「速く書く」ことは求めていない。　問3　小学部1段階の内容は，②の「読むこと」，③の「書くこと」，④の「聞くこと・話すこと」である。①は3段階の「聞くこと・話すこと」，⑤は2段階の「書くこと」であるので誤り。　問4　話し合いを進めるためには，「相手の話を聞くこと」，そして「感じたことを伝えること」，「(自分の)考えをもつこと」が最初の段階である。次に，何かを決めなくてはならないときには，「(話し合いの)進め方に沿って話ができる」，「(話し合いの)進め方に沿って考えをまとめることができる」ことが重要となり，そして，最終的には「計画的に話し合い」ができるよう進めていかなくてはならない。

【12】(1)　A　5　　B　1　　C　3　　D　4　　E　6　(2)　A　5　　B　3　　C　4　　D　6　　E 2

○**解説**○ (1)　文部科学省の資料「カリキュラム・マネジメント」では，「カリキュラム・マネジメント」を「『社会に開かれた教育課程』の理念の実現に向けて，学校教育に関わる様々な取組を，教育課程を中心に据えながら，組織的かつ計画的に実施し，教育活動の質の向上につなげていくこと」と定義している。さらに，「カリキュラム・マネジメント」の3つの側面として，「教師が連携し，複数の教科等の連携を図りながら授業をつくる」，「学校教育の効果を常に検証して改善する」，「地域と連携し，よりよい学校教育を目指す」を挙げている。特別支援学校教育要領・学習指導要領においては，自立と社会参加に向けた教育の充実を目指し，卒業までに育成を目指す資質・能力を育む観点からカリキュラム・マネジメントを計画的・組織的に行うことが規定されている。　(2)　生徒指導とは，一人一人の児童生徒の人格を尊重し，個性の伸長を図りながら社会的資質や行動力を高めるように指導・援助するもので，学校教育において，学習指導と並んで重要な意義をもつものであって，両者は相互に深く関わっていることについて理解を深めておく必要がある。併せて，生徒指導の基本書である

『生徒指導提要』(2022年12月　文部科学省)に明記されている生徒指導の定義，すなわち，「生徒指導とは，児童生徒が，社会の中で自分らしく生きることができる存在へと，自発的・主体的に成長や発達する過程を支える教育活動のことである。なお，生徒指導上の課題に対応するために，必要に応じて指導や援助を行う」，及びその目的「生徒指導は，児童生徒一人一人の個性の発見とよさや可能性の伸長と社会的資質・能力の発達を支えると同時に，自己の幸福追求と社会に受け入れられる自己実現を支えることを目的とする」を確実に押さえておくこと。

【13】1　(1)　①　オ　②　コ　③　シ　④　キ　⑤　ク　⑥　カ　⑦　サ　(2)　A　コミュニティ・スクール　2　(1)　①　社会的　②　特別活動　③　在り方生き方　④　教育活動全体　⑤　組織的　(2)　ア　○　イ　職業　ウ　○　エ　固定的　3　①　ウ　②　キ　③　カ　④　コ　⑤　ス　⑥　サ　⑦　ケ　4　(1)　×　(2)　×　(3)　×　(4)　○

○解説○　1　学習指導要領は教育課程の基準であり大綱的なものである。出題の特別支援学校学習指導要領解説総則編(小学部・中学部)には，「各学校では，校長を中心として全教職員が連携協力しながら，学習指導要領を含む教育課程に関する法令の内容について十分理解したうえで創意工夫を加え，学校として統一された特色ある教育課程を編成することが大切である」旨が示されている。学校における教育活動が学校の教育目標に沿って一層効果的に展開されるためには，家庭や地域社会と学校との連携を密にすることが必要である。そのためには，学校の教育方針や特色ある教育活動の取組，児童生徒の状況などを家庭や地域社会に説明し理解を求め協力を得ること，学校が家庭や地域社会からの要望に応えることが重要となる。このような学校と地域の連携・協議は，学校運営協議会制度(コミュニティ・スクール)や地域学校協働活動等によって推進されている。2　(1)　キャリア教育の充実についての文章である。　①　学校と社会との接続を意識させる必要がある。　②　特別活動はホームルーム活動を要とすると示されている。　③「在り方生き方」を考えることは，職業選択だけに留まらず，将来を見据えた取り組みである。　④・⑤　特別支援学校学習指導要領解説総則等編(高等部)には，高等部におけるキャリア教育や進路指導とは，生徒が社会において果たさなければならない使命の自覚に基づき，個性に応じて将来の進路を決定させることや，生徒の個性の確立に努めることを目指して行われるものであり，全校の教職員の共通理解と協力的指導体制に基づき，学校の教育活動全体を通じて組織的，計画的，継続的に行われるべきである旨が示されている。
(2)　イ　高等部生徒のためのキャリア教育について解説している箇所であるので，「職業」が正しい。　エ　キャリア教育は，生徒に将来の生活や社会，職業などとの関連を意識させ，キャリア発達を促すものであることから，就業体験活動や社会人講話などの機会の確保が不可欠である。しかし，こうした機会を固定的な活動にするのではなく，「社会に開かれた教育課程」の理念のもと，幅広い地域住民等(キャリア教育や学校との連携をコーディネートする専門人材，高齢者，若者，PTA・青少年団体，企業・NPO等)と目標やビジョンを共有し，連携・協働して生徒を育てていくことが求められる。　3　従前の「各教科」では，小学部では各教科の目標の下に3つの段階の内容が示されていたが，中学部の教科には段階がなく，教科の目標の下に内容が示されていた。今回の改訂(特別支援学校幼稚部教育要領及び特別支援学校小学部・中学部学習指導要領：平成29年4月公示，特別支援学校高等部学習指導要領：平成31年2月公示)では，小学部，中学部及び高等部の内容のつながりを充実させるために，中学部に新たに「1段階」及び「2段階」が設定された。また，各段階間の円滑な接続を図るため，各段階の内容のつながりを整理し，段階間で系統性のある内容が設定された。段階ごとに目標と内容がどのように発展していくか，整理しておくこと。　4　(1)「規定された時数を設定するものとする」ではなく「適切に定めるものとする」とされている。一律に標準の時数を示していない。　(2)「重複障害者には」ではなく「重複障害者のうち，障害の状態により特に必要がある場合には」が正しい。　(3)「他者のよさに気付く」ではなく「自己のよさに気付く」が正しい。　(4)は正しい記述である。

【14】(1)　A　準ずる　　B　交流及び共同学習　　(2)　ア　e　　イ　c　ウ　a

○解説○ (1)　A　総合的な学習の時間は，視覚障害者，聴覚障害者，肢体不自由者，病弱者である児童生徒に対する教育を行う特別支援学校においては小学部第3学年以上及び中学部，知的障害者である児童に対する教育を行う特別支援学校においては中学部で，適切な時間を定めることとされている。目標，内容，指導計画の作成と内容の取扱いについては，小学校または中学校に「準ずる」とされている。準ずるとは，原則として同一ということを意味している。　B　2の項に示された「交流及び共同学習」を行う配慮については，特別支援学校独自に示された内容である。　(2)　3の項は今回の学習指導要領改訂で示されたものである。知的障害である生徒の学習上の特性として，抽象的な指導内容がわかりにくいことや学習によって得た知識や技能が断片的になりやすいことが挙げられる。よって，体験活動等を通じた具体的な指導が重要となる。また，主体的・協働的に取り組めるよう配慮し，自らの課題を解決できるよう配慮することが求められている。

【15】問1　5　　問2　2　　問3　1

○解説○ 問1　①・②　特別支援学校小学部・中学部学習指導要領(平成29年告示)総則「第1節　教育目標」に，「小学部及び中学部を通じ，児童及び生徒の障害による学習上又は生活上の困難を改善・克服し自立を図るために必要な知識，技能，態度及び習慣を養うこと」が示されている。　③　自立活動の指導は，自立活動の時間における指導はもとより，学校の教育活動全体を通じて行うものであることから，自立活動の時間における指導と各教科等における指導とが密接な関連を保つことが必要である。　④　個々の児童生徒の実態に即して作成された個別の指導計画の下に，適切な授業実践が行われることが必要である。　問2　①「グローバル化する国際社会に主体的に生きる平和で民主的な国家及び社会の形成者に必要な公民としての資質・能力の基礎を次のとおり育成することを目指す」とは，小学校及び中学校における社会科の指導を通して，その実現を目指す究極的なねらいである。特別支援学校中学部においては，「平和で」以降が共通の目標として示されている。 ② 目標の(3)は学びに向かう力，人間性等に関するものであり，「どのように社会や世界と関わり，よりよい人生を送るか」に関わる資質・能力である。特別支援学校中学部においては，「社会に主体的に関わろうとする態度」と「地域社会の一員として人々と共に生きていくことの大切さについての自覚」が示されている。③ 「素地」という表現は，中学部段階の生徒の実態を踏まえ，高等部の段階における外国語科の学習で育む資質・能力の素地を育むことを意図したものである。 ④ 目標(2)では，外国語の音声や基本的な表現を聞いたり話したりする体験的な活動を通して慣れ親しみ，生徒が日本語と外国語の音声などの違いに気付くことができるようにすることを目指すことが示されている。 問3 ① 特別活動における集団活動は，他者との話合い活動や，体験したことや調べたことをまとめたり発表し合ったりする活動などが多様に展開されることから，言語力の育成や活用の場として重要な役割を果たしている。 ② 項目2は，「交流及び共同学習」や「活動を共に」する際の配慮事項が示されている。この内容は，総則「第6節 学校運営上の留意事項」にも示されているものである。 ③ 児童生徒一人一人の知的障害の状態，生活年齢，学習状況及び経験等に応じた指導の重点を明確にし，具体的なねらいや指導内容を設定することが重要である。

【16】(1) 1 ⑦ 2 ⑤ 3 ⑥ 4 ③ 5 ② (2) ②，③ (3) ② (4) ④

○**解説**○ (1) 一つめの文章は児童生徒との信頼関係構築について述べられているが，これは健常者でも同様である。二つめの文章は「キャリア教育」からイメージするとよい。四つめの文章について，学習指導要領解説では「異文化における生活経験等を通して，我が国の社会とは異なる言語や生活習慣，行動様式を身に付けているが，一人一人の実態は，それぞれの言語的・文化的背景，年齢，就学形態や教育内容・方法，さらには家庭の教育方針などによって様々である」とし，「これらの児童生徒の受入れに当たっては，一人一人の実態を的確に把握し，当該児童生徒が自信や誇りをもって学校生活において自己実現を図ることができるように配慮することが大切」としている。

(2) ① 確かな学力の育成について，本資料では「家庭との連携を図りながら，宿題や予習・復習など家庭での学習課題を適切に課したり，発達の段階に応じた学習計画の立て方や学び方を促したりするなど家庭学習も視野に入れた指導を行う必要がある」としている。 ④ 自立活動の指導については「障害による学習上又は生活上の困難を改善・克服し，自立し社会参加する資質を養うため」とし，「自立活動の時間はもとより，学校の教育活動全体を通じて適切に行う」としている。 (3)「音楽活動」ではなく「読書活動」が正しい。その理由として，本資料では「聴覚障害のある児童生徒は，聴覚を通した情報の獲得が困難であることが多いことから，書かれた文字等を通して情報を収集したり，理解したりすることが必要」としている。

(4) ④ 本資料によると，障害に応じた特別の指導については「障害による学習上又は生活上の困難を改善し，克服することを目的とする指導とし，特に必要があるときは，障害の状態に応じて各教科の内容を取り扱いながら行うことができる」としている。

【17】① ツ ② ソ ③ コ ④ セ ⑤ ア ⑥ イ ⑦ カ ⑧ オ ⑨ サ ⑩ ス

○解説○ ①～⑥ (1)の事項は，指導の評価と改善に関する配慮事項である。今回の学習指導要領改訂においては，単元や題材など内容や時間のまとまりを見通して，その中で育む資質・能力の育成に向けて，「主体的・対話的で深い学び」の実現に向けた授業改善を進めることが示された。評価にあたっては，児童生徒が自分自身の目標や課題をもって学習を進めていけるように評価を行うことが大切である。そのためには，教師が児童生徒のよい点や可能性，進歩の状況などを積極的に評価し，児童生徒が学習したことの意義や価値を実感できるようにすることが必要である。 ⑦ (2)の事項は，個別の指導計画の作成と実施に対する学習評価に当たっての配慮事項である。個別の指導計画に基づいて児童生徒に何が身に付いたかという学習の成果を的確に捉え，個別の指導計画の実施状況の評価と改善を，教育課程の評価と改善につなげていくよう工夫することが大切となる。 ⑧ (3)の事項は，学習評価の工夫に関する配慮事項である。学習評価の実施に当たっては，評価結果が評価の対象である児童生徒の資質・能力を適切に反映しているものであるという学習評価の妥当性や信頼性が確保されていることが重要である。　⑨　学習評価は，学校教育全体の取組に位置付けて，組織的かつ計画的に取り組むことが必要である。　⑩　学年間における学習の成果が円滑に接続されるよう学習評価に取り組むほか，今回の改訂においては，学部間並びに学校間の接続も重視されており，進学時に児童生徒の学習評価がより適切に引き継がれるよう努めていくことが重要である。

【18】d，e

◯**解説**◯　bは，肢体不自由者である生徒に関わる事項である。病弱者である生徒の体験的な活動に関する指導については，間接体験や疑似体験，仮想体験等を取り入れるなど，指導方法を工夫し，効果的な学習活動が展開できるようにすることと示されている。aとcは，聴覚障害者である生徒に関わる事項である。

【19】ア　c　イ　g　ウ　m　エ　h

◯**解説**◯　今回の学習指導要領において，特別支援学校(知的障害)については，指導の形態として，①「教科別に指導を行う場合」，②「道徳科，(外国語活動,)特別活動，自立活動の時間を設けて指導を行う場合」，③「各教科等を合わせて指導を行う場合」の3通りが示された。②については，道徳科が位置付けられたことによって，従前の「領域別の指導」とされていた点が変更された。　ア・イ　教科別の指導の計画においては，生徒の実態に合わせて，個別的に選択・組織することが特徴である。教科別の指導に当たっては，生活に即した活動を十分に取り入れながら，学んでいることの目的や意義が理解できるよう段階的に指導する必要がある。　ウ・エ　各教科等を合わせて指導を行うことは，学校教育法施行規則第130条第2項の規定を根拠としている。各教科等とは，各教科，道徳科，特別活動及び自立活動を指す。各教科等を合わせて指導を行う場合に，総合的な探究の時間は含まれていない。一方，高等部において道徳科，特別活動，自立活動の時間を設けて指導を行う場合には，総合的な探究の時間を設けて指導を行うことが示されている。

【20】③

○解説○ 特別の教科道徳の指導に関しては，原則として小学校(中学校)学習指導要領(平成29年告示)に準じるが，指導計画の作成と内容の取扱いについては，特別支援学校独自の項目が3つ示された。 ア 学習上又は生活上の困難を改善・克服して，強く生きようとする意欲を高めることによって，明るい生活態度や健全な人生観を育成することが期待される。 イ 道徳的心情は，道徳的価値の大切さを感じ取り，善を行うことを喜び，悪を憎む感情であり，道徳的教育で求められる力の一つである。 ウ 生活に結び付いた内容を具体的な活動を通して指導することが効果的であることから，実際的な体験を重視することの必要性が示されている。

【21】(1) A カリキュラム・マネジメント B 情報交換
(2) ア f イ b

○解説○ (1) A 今回の学習指導要領改訂において，特別支援学校幼稚部における学校評価については，新たにカリキュラム・マネジメントと関連付けながら実施するように留意することが示された。 B 保護者との情報交換は，保護者が幼児期の教育に関する理解を深める方策の一つである。保護者会や下校時，連絡帳や学校だより等を活用して，子どもの様子や成長の姿を伝え合うことが大切である。 (2) 3つ目の項目は，学校間の交流及び共同学習に関する事項である。学校間交流及び共同学習等を通じて，相互の理解を図り，幼稚部から小学部へ，小学校教育への，円滑な接続を図ることが求められている。

【22】⓪

○解説○ 正しくは，「伝統と文化を尊重し，それらを育んできた我が国と郷土を愛するとともに，他国を尊重すること」である。⓪の記述は，小学部ではなく中学部の留意事項のひとつとして示されているものである。

【23】(1) イ　(2) ウ

○解説○ (1) 道徳科における「内容」に記載されている事柄は，教師と生徒が人間としてのよりよい生き方を求め，共に考え，共に語り合い，その実行に努めるための共通の課題である。つまり，「全教育活動において指導される」べきものであり，出題にあるように「教育活動全体の中で，様々な場や機会を捉え，多様な方法で進められる学習を通して，生徒自らが調和的な道徳性を養うためのもの」であり，また，「生徒が人間として他者と共によりよく生きていく上で学ぶことが 必要と考えられる道徳的価値を含む内容を，短い文章で平易に表現したもの」であり，「生徒自らが道徳性を養うための手掛かり」であると捉えられる。 (2) 道徳科の授業において，教師が特定の価値観を生徒に押し付けたり，指示どおりに主体性をもたず言われるままに行動するよう指導したりすることは，道徳教育が目指す方向の対極にあるものである。中学生になると，自分の考え方や生き方を主体的に見つめ直し，人間としての生き方や在り方について考えを深め，自分自身の人生の課題や目標を見つけようとする傾向が強まる。したがって，生徒自身が人生の課題や目標に向き合い，道徳的価値を視点に自らの人生を振り返り，これからの自己の生き方を主体的に判断するとともに，人間としての生き方について理解を深めることができるよう支援することが大切になる。

【24】(1) e　(2) b　(3) e　(4) c　(5) b　(6) c

○解説○ (1) 幼稚部修了時の具体的な姿は，全部で10の事項が示されている。設問部分の(1)は，充実感をもって自分のやりたいこと向かって心と体を十分に働かせ，見通しをもって行動し，自ら健康で安全な生活をつくり出すようになることに考慮する。(3)は，友だちと関わる中で，互いの思いや考えなどを共有し，共通の目的の実現に向けて考えたり，工夫したり，協力したりし，充実感をもってやり遂げるようになれるよう考慮する。(5)は，家族を大切にしようとする気持ちをもつとともに，地域の身近な人と触れ合う中で，人との様々な関わり方に気付き，相手の気持ちを考えて関わり，自分が役に立つ喜びを感じ，地域に親しみをもつようになれる等に考慮する。(8)は，遊びや生活の中で，数量や図形，標識や文字などに親しむ体験を重ねたり，標識や文字の役割に気付いたりし，自らの必要感に基づきこれらを活用し，興味や関心，感覚をもつようになれるよう考慮する。(2)　本問の(1)のあとに，以下のことが示されている。(2)は，道徳教育や体験活動，鑑賞の活動等を通して，豊かな心や創造性の涵養を目指した教育の充実に努めること。(3)は，体育・健康に関する指導を，児童・生徒の発達の段階を考慮して，学校の教育活動全体を通じて適切に行い，健康で安全な生活と豊かなスポーツライフの実現を目指した教育の充実に努めること。(4)は，自立活動の指導は，障害による学習上・生活上の困難を改善・克服し，自立し社会参加する資質を養うため，自立活動の時間・学校の教育活動全体を通じて適切に行うこと。(3)　知的障害者である児童生徒に対する教育を行う特別支援学校の各教科等の基本的な考え方については，各教科等を合わせた指導の在り方とあわせ，特別支援学校の教員を目指す者として極めて重要な内容と認識し，理解を深めておく必要がある。各教科の目標については，今回の改訂を踏まえた見直しが明確に表れている部分である。目標では，はじめに国語科で育成を目指す「国語で理解し表現する資質・能力」を示し，3つの柱で目標を示している。(1)は「知識及び技能」，(2)は「思考力，判断力，表現力等」，(3)は「学びに向かう力，人間性等」である。これを踏まえ，段階ごとに，3の柱に即し段階の目標を示している。(4)　特別活動の実施に当たっては，児童生徒が互いのよさや可能性を発揮しながら，多様な他者と協働することが重要だが，特別支援学校の1学級当たりの児童生徒が少人数のため，学級を単位として行われる学級活動を実施する上で，集団の構成上創意工夫が必要となることが多い。他の学級や学年と合併することなどによって，少人数からくる制約を解消するようにすることが重要になる。　(5)　自立活動については，特別支援教育の中核を担う指導である。自立活動の内容は，人間としての基本的な行動を遂行するために必要な要素と，障害による学習上又は生活上の困難を改善・克服するために必要な要素が6つの区分の下に分類・整理されている。1　健康の保持，2　心理的な安定，3　人間関係の形成，4　環境の把握，5　身体の動き，6　コミュニケーション，である。　(6)　生徒の調和的な発達の支援については，今回の改訂において見直された部分である。本問の(3)は，キャリア教育の充実である。キャリア教育や進路指導は，高等部における教育の目標である「社会において果たさなければならない使命の自覚に基づき，個性に応じて将来の進路を決定させ」ることや，「個性の確立に努める」ことを目指して行われるものである。全校の教職員の共通理解と協力的指導体制によって，学校の教育活動全体を通じて組織的，計画的，継続的に行われなければならない。家庭や地域社会，公共職業安定所をはじめとする関係機関との連携についても十分配慮していく必要がある。

【25】(1)　同一　　(2)　・集団の構成に当たって配慮が必要となる。特別活動の実施に当たっては，多様な他者と協働すること，他の学級や学年と合併することなどによって，少人数からくる制約を解消するよう努めることが重要になる。　・「交流及び共同学習」や「活動を共に」する際の配慮である。交流及び共同学習を行ったり，地域の人々などと活動を共にしたりする機会を積極的に設けることが必要である。実施に当たっては，活動の種類や時期，実施方法を適切に定めることが必要である。　・知的障害者である児童生徒に対する指導についての配慮である。個々の児童生徒の知的障害の状態や経験等を考慮することが重要である。生活年齢や個々の学習状況を踏まえた指導内容の設定に考慮することが重要である。特に児童生徒の理解に基づく，生活に結び付いた内容を，実際的な場面で具体的な活動を通して指導することが必要である。

○**解説**○ 特別活動の実施に当たっては，児童生徒が互いのよさや可能性を発揮しながら，多様な他者と協働することが大変重要であるが，特別支援学校における1学級当たりの児童生徒数は，小・中学校に比較するとかなり少なくなっており，学級を単位として行われる学級活動を実施する上で，集団の構成上創意工夫が必要となることが多い。交流及び共同学習や活動を共にすることについては，学習指導要領の総則の項で既に明記されていることであるが，特別活動においてより成果が期待できることから，自立活動の項においても特に示されているものである。また，知的障害者である児童生徒に対する配慮事項として，今回の学習指導要領の改訂から，新たに「生活年齢」及び「学習状況」が追加されたことに留意しよう。これは，従前の知的障害の状態や経験だけでなく，生活年齢や個々の学習状況を踏まえた指導内容の設定に考慮することが重要であることを受け，新たに加筆されたものである。例えば，学校行事等を設定する際にも，生活年齢を十分に踏まえ，学年にふさわしい内容を工夫していくようにすることが大切である。

【26】問1　ア　A　　イ　B　　ウ　E　　問2　学校教育法施行規則　問3　エ　自分自身　　オ　人との関わり　　カ　集団や社会との関わり

○**解説**○ 問1　ア　教育基本法に示されている人格の完成をめざし，障害があっても「健全な人生観」を育成することが大切である。　イ　適切に指導の「重点」を定めることが求められる。「方針」ではなく，重きを置く部分を明確にすることに留意する。　ウ　知的障害者である児童に対しては，具体的かつ「体験的な活動」をさせるのがより理解しやすい。　問2　学校教育法施行規則が改正され，学習指導要領が改訂された。　問3　道徳教育の内容は，「自分自身」→「人との関わり」→「集団や社会との関わり」→「生命や自然，崇高なものとの関わり」のように，自分自身から対象が広がっていく順序で整理されている。

【27】1　(1)　環境　　(2)　知的　　(3)　職業　　(4)　青年
2　(1)　①　オ　　②　ク　　③　エ　　④　ウ　　⑤　ケ
(2)　・教員間で，評価規準や評価方法等を明確にする。　・評価結果について教師同士で検討する。　・授業研究等を通じ評価に係る教師の力量を図る。　から1つ　・保護者に，評価に関する仕組みについて事前に説明する。　・保護者に，評価結果についてより丁寧に説明する。　・保護者に，評価に関する情報を積極的に提供し，保護者の理解を得る。　から1つ　3　(1)　①　状況　　②　生活環境　　③　作業　　④　代行手段　　⑤　自己　　⑥　認知　⑦　受容　　(2)　ア　学習状況　　イ　必要な　　ウ　外国語活動

エ　全人的　4　①　日常生活の指導　②　生活単元学習
③　遊びの指導　④　作業学習

○解説○ 1　(1)　保育や幼児教育でいう5領域(健康，人間関係，「環境」，言葉，表現)に自立活動を加えた6領域が，特別支援学校幼稚部における教育の領域である。(2)　各教科の目標，内容に関して，知的障害者であることを考慮するとは，「知的」能力や適応能力及び概念的な能力を考慮するということである。　(3)　中学部の教育では，将来の「職業」生活を見据えた教育が重視される。　(4)　高等部の道徳教育に関する記述であるため，「青年」期が正しい。　2　(1)　①　学習評価においては，「よい点」や可能性などのプラス面や学習の過程を積極的に評価する。　②　単発の内容に対する評価ではなく，学習の過程を評価するには，学習自体の内容や時間の「まとまり」を見通すことが求められる。　③　特別支援学校の教育は「個別の指導計画」に基づいて行われる。　④　学習評価は，評価ののち指導方法の「改善」を行い，次の指導に活かすことが重要である。　⑤　評価，改善を繰り返し，学年や学校段階を越えて成果がつながっていく(「接続」される)ような工夫が求められている。　(2)　教師間で行うことと，保護者に対して行うことの2点から文章を構成し，解答する。教師間では，評価規準や評価方法を明確化し，評価結果を検討し，評価に係る力量を図ることなどにより，評価自体が適切に行われることになる。また，保護者に対しては，評価に関する仕組みについて事前説明をし，評価結果について丁寧に説明をし，評価に関する情報を積極的に提供して理解を促進するなど，評価の仕組みを明確にすることで，保護者の評価結果に対する理解が得られやすくなる。　3　(1)　自立活動の6つの区分，27の領域に関する問題である。　①・⑦「コミュニケーション」区分に関することである。①は人間関係や状況把握が重要であることを意味している。⑦は「表出」に対する言葉であり，「受容」が適切である。　②「健康の保持」区分に関することである。障害の特性の理解と「生活環境」の調整に関することは，自ら主体的に生活環境に働きかけ，過ごしやすい生活環境を整える力を身に付けるために必要なこととして，今回の学習指導要領の改訂で新たに示された部分である。　③「身体の動き」区分に関することである。「作業」に関する基本的動作や巧緻性，持続性の向上を図る内容の領域のことである。④・⑥「環境の把握」区分に関することである。④の「代行手段」の活用とは，保有する感覚を用いて状況の把握をしやすくするような補助機器の活用などを意味している。⑥は「認知」の特性に関する理解についてであり，認知の偏りなどの特性を理解し，適切に対応できるようにすることを意味している。 ⑤「人間関係の形成」区分に関することである。「自己」の理解と行動の調整とは，自分の得意なことや不得意なこと等を理解し，集団の中で状況に応じて行動できるようにすることを意味している。なお，出題にはないが，6つ目の区分として「心理的な安定」区分があることをおさえておきたい。

(2) ア 個別の指導計画に関することであることから，「学習状況」が適切である。 イ 自立と社会参加を目指し「必要な」学習を推進するのが自立活動である。 ウ 各教科，道徳科，総合的な学習の時間，特別活動と併記される文脈であることから，教育課程の用語が適切であり，ここでは「外国語活動」があてはまる。なお，本文は自立活動との関係を記述したものであるため，選択肢「自立活動」は不適。エ「全人的」とは，身体や精神といった一面的な側面から見るのではなく，人格や社会的立場等からも総合的にみるということであり，重複障害者の能力や障害面からの発達促進を促すだけでなく，人としての発達を促すという視点のことである。 4 各教科を合わせた指導と呼ばれているのは，「日常生活の指導」，「遊びの指導」，「生活単元学習」，「作業学習」である。 ①「生活上の目標を達成」という文言から，日常生活の指導と判断できる。 ②「集団全体で単元の活動」という文言から，生活単元学習と判断できる。 ③「遊具等を工夫」という文言から，遊びの指導と判断できる。 ④「作業種を選定」という文言から，作業学習と判断できる。

【28】問1 5 問2 ア 2 イ 4 ウ 1 エ 3

○解説○ 問1 児童生徒の調和的な発達を支える視点から学級経営や生徒指導，キャリア教育の充実について示された内容である。 ア「カウンセリング」と「ガイダンス」の説明が逆である。 ウ「総合的な学習の時間」ではなく「特別活動」が正しい。 問2 ア 視覚障害者の特徴を捉えると，2の「場の状況や活動の過程」，「空間や時間の概念を養い，見通しをもって」学習できるようにする配慮が適切である。　イ　聴覚障害者の特徴から，4の「言語概念の形成」，「思考力の育成」が配慮する事項である。　ウ　肢体不自由者については，1の「身体の動きや意思の表出の状態等に応じて」，「適切な補助具や補助的手段を工夫」が配慮すべき事項である。　エ　病弱者への配慮としては，3の「身体活動の制限や認知の特性」，「学習環境等に応じて補助用具を工夫する」が特徴である。

【29】(1)　1　⑦　　2　②　　3　③　　4　⑥　　5　⑧　　(2)　③
(3)　③　　(4)　④　　(5)　④

○**解説**○ (1)「主体的・対話的で深い学びの実現に向けた授業改善」の項からの出題である。児童が各教科の知識等を関連付けてより理解したり，情報を精査して考えを形成したり，創造したりする学習における配慮について示している。⑥の「個別の指導計画」については「個別の教育支援計画」との棲み分けに注意すること。どちらも障害を持つ児童生徒が適切な教育を受けるための計画だが，「個別の指導計画」は短期計画，「個別の教育支援計画」は長期計画に該当する。
(2)　総合的な探究の時間の履修対象は「全ての生徒」である。
(3)　遊びの指導については「遊びをできる限り制限し」ではなく，「遊びをできる限り制限することなく」が正しい。　(4)「総合的な探究の時間」ではなく，「公民科の『公共』及び『倫理』」が正しい。
(5)　自立活動の指導は，いわゆる「PDCAサイクル」によって進められる。したがって，児童生徒の学習状況や結果を適切に評価し，個別の指導計画や具体的な指導の改善に生かすことが求められる。

【30】①　エ　　②　イ　　③　カ　　④　サ　　⑤　ウ　　⑥　コ
⑦　キ　　⑧　オ　　⑨　ケ　　⑩　シ　　⑪　ク　　⑫　ア

○**解説**○ 特別支援学校教育要領・学習指導要領解説 総則編(幼稚部・小学部・中学部)によると，情報活用能力について「世の中の様々な事象を情報とその結び付きとして捉え，情報及び情報技術を適切かつ効果的に活用して，問題を発見・解決したり自分の考えを形成したりしていくために必要な資質・能力」としている。つまり，情報活用能力には，機器の使用だけでなく，情報を選択したり活用したりする力も含まれることに注意したい。児童生徒が学習や日常生活に活用できるようにするために，各教科の指導においてこれらを適切に活用した学習活動の充実を図ることとされている。なお，問題のアは文字入力について，イはプログラミングについて示されている。

自立活動

ポイント

「自立活動」は特別支援学校において独自に設けられている教育課程の編成領域であり，頻出事項であるので歴史的変遷や目標・内容及び具体的な指導のあり方等をしっかりと理解しておく必要がある。歴史的には，昭和46年度の学習指導要領で「養護・訓練」が新設され，平成11年の改訂で「自立活動」となった点をおさえておきたい。また，平成21年の改訂では，「人間関係の形成」が設けられて，6つの区分の下に26項目が示された。平成29年の学習指導要領の改訂では， 6つの区分は従前と同様だが，多様な障害の種類や状態等に応じた指導を一層充実するため，「1健康の保持」の区分に「(4)障害の特性の理解と生活環境の調整に関すること。」の項目を新たに設けた。また，発達の段階を踏まえた指導を充実するため，「4環境の把握」の区分の下に設けられていた「(2)感覚や認知の特性への対応に関すること」の項目を「(2)感覚や認知の特性についての理解と対応に関すること。」と改めた。さらに，周囲の状況を把握し，それを踏まえて的確な判断や行動ができるようにすることを明確にするため，「(4)感覚を総合的に活用した周囲の状況の把握に関すること。」の項目を「(4)感覚を総合的に活用した周囲の状況についての把握と状況に応じた行動に関すること。」と改められている。区分と内容を対応させて学習する必要がある。自立活動については，特別支援学校学習指導要領だけでなく，「特別支援学校学習指導要領解説自立活動編」も出されており，具体的指導内容や留意点が示されているので熟読しておきたい。

特別支援教育　自立活動

実施問題

【1】次の記述は，「特別支援学校教育要領・学習指導要領解説　自立活動編(幼稚部・小学部・中学部)(平成30年3月)」に示された「第2章　今回の改訂の要点　1　自立活動の変遷　(4)　自立活動への改訂」の一部である。下線(ア)～(ウ)の正誤の組合せとして最も適切なものを，以下の①～⑥のうちから選びなさい。

平成10年7月にまとめられた(ア)教育課程審議会の答申では，「養護・訓練については，一人一人の幼児児童生徒の実態に対応した(イ)個別の活動であり，自立を目指した活動であることを一層明確にするため，名称を「自立活動」と改めるとともに，目標・内容についても見直し，幼児児童生徒の障害の状態の(ウ)多様化に対応し，適切かつ効果的な指導が行われるようにする。」と提言された。これを受けて，養護・訓練の名称，目標，内容等が見直された。

① (ア)－正　(イ)－正　(ウ)－誤
② (ア)－正　(イ)－誤　(ウ)－正
③ (ア)－誤　(イ)－正　(ウ)－正
④ (ア)－誤　(イ)－誤　(ウ)－正
⑤ (ア)－誤　(イ)－正　(ウ)－誤
⑥ (ア)－正　(イ)－誤　(ウ)－誤

■2024年度 ■神奈川県・横浜市・川崎市・相模原市 ■難易度■■■□□

【2】次の記述は，「特別支援学校教育要領・学習指導要領解説　自立活動編(幼稚部・小学部・中学部)(平成30年3月)」に示された「第2章　今回の改訂の要点　2　障害の捉え方と自立活動　(1)　障害の捉え方の変化」の一部である。空欄［　ア　］～［　エ　］に当てはまるものの組合せとして最も適切なものを，以下の①～⑥のうちから選びなさい。

昭和55年にWHO(世界保健機関)が「［　ア　］(ICIDH)」を発表し，その中では疾病等に基づく個人の様々な状態をインペアメント，［　イ　］，［　ウ　］の概念を用いて分類した。インペアメントは，身体の機能損傷又は機能不全で，疾病等の結果もたらされたものであり，医療の対象となるものである。［　イ　］は，インペアメントなどに基づいてもたらされた日常生活や学習上の種々の困難であって，教育によって改善し，又は克服することが期待されるものである。［　ウ　］は，インペアメントや［　イ　］によって，一般の人々との間に生ずる社会生活上の不利益であり，福祉施策等によって補うことが期待されるものである。ICIDHについては，各方面から，疾病等に基づく状態のマイナス面のみを取り上げているとの指摘があった。そこで，WHOは検討を重ね，平成13年5月の総会において，ICIDHの改訂版として「［　エ　］(ICF)」を採択した。

① ア 国際機能分類　イ ハンディキャップ
　ウ ディスアビリティ　エ 国際生活機能分類
② ア 国際障害分類　イ ハンディキャップ
　ウ ディスアビリティ　エ 国際機能分類
③ ア 国際障害分類　イ ハンディキャップ
　ウ ディスアビリティ　エ 国際生活機能分類
④ ア 国際障害分類　イ ディスアビリティ
　ウ ハンディキャップ　エ 国際生活機能分類
⑤ ア 国際障害分類　イ ディスアビリティ
　ウ ハンディキャップ　エ 国際機能分類
⑥ ア 国際機能分類　イ ディスアビリティ
　ウ ハンディキャップ　エ 国際生活機能分類

2024年度 ｜ 神奈川県・横浜市・川崎市・相模原市 ｜ 難易度

【3】特別支援学校高等部学習指導要領(平成31年告示)の「第6章　自立活動　第2款　内容　3　人間関係の形成」に示されていないものを，次の(1)～(4)の中から1つ選びなさい。

(1) 他者とのかかわりの基礎に関すること。
(2) 言語の受容と表出に関すること。
(3) 自己の理解と行動の調整に関すること。
(4) 他者の意図や感情の理解に関すること。

2024年度 ｜ 埼玉県・さいたま市 ｜ 難易度

【4】次の記述は,「特別支援学校教育要領・学習指導要領解説　自立活動編(幼稚部・小学部・中学部)(平成30年3月)」に示された「第7章　自立活動の個別の指導計画の作成と内容の取扱い　2　個別の指導計画の作成手順」の一部である。この記述が示すものとして最も適切なものを,以下の①～④のうちから選びなさい。

作成された個別の指導計画に基づいた実践の過程においては,常に幼児児童生徒の学習状況を評価し指導の改善を図ることが求められる。さらに,評価を踏まえて見直された計画により,幼児児童生徒にとってより適切な指導が展開されることになる。すなわち,評価を通して指導の改善が期待されるのである。

①　PDCAサイクル
②　スタートカリキュラム
③　アクティブ・ラーニング
④　学校評価ガイドライン

▌2024年度 ▌神奈川県・横浜市・川崎市・相模原市 ▌難易度 ■■■□□

【5】次は,特別支援学校高等部学習指導要領(平成31年告示)の「第6章　自立活動　第1款　目標」です。[A]～[C]に入る語の組み合わせとして正しいものを,以下の(1)～(4)から1つ選びなさい。

> 個々の生徒が自立を目指し,障害による[A]又は[B]の困難を主体的に改善・克服するために必要な知識,技能,態度及び習慣を養い,もって心身の[C]発達の基盤を培う。

(1)	A	健康面	B	運動面	C	調和的
(2)	A	心理面	B	運動面	C	段階的
(3)	A	学習上	B	生活上	C	調和的
(4)	A	学習上	B	社会生活上	C	段階的

▌2024年度 ▌埼玉県・さいたま市 ▌難易度 ■■■□□

【6】次の記述は,「特別支援学校小学部・中学部学習指導要領(平成29年4月告示)」に示された「第7章　自立活動　第3　個別の指導計画の作成と内容の取扱い」についての一部である。個別の指導計画の作成に

当たって，具体的な指導内容を設定する際に考慮する内容として挙げられているものとして適切ではないものを，次の①～⑤のうちから選びなさい。

① 児童又は生徒が，興味をもって主体的に取り組み，成就感を味わうとともに自己を肯定的に捉えることができるような指導内容を取り上げること。

② 児童又は生徒が，障害による学習上又は生活上の困難を改善・克服しようとする意欲を高めることができるような指導内容を重点的に取り上げること。

③ 個々の児童又は生徒が，発達の遅れている側面を伸ばすことを中心とした指導内容を取り上げること。

④ 個々の児童又は生徒に対し，自己選択・自己決定する機会を設けることによって，思考・判断・表現する力を高めることができるような指導内容を取り上げること。

⑤ 個々の児童又は生徒が，自立活動における学習の意味を将来の自立や社会参加に必要な資質・能力との関係において理解し，取り組めるような指導内容を取り上げること。

▌2024年度 ▌神奈川県・横浜市・川崎市・相模原市 ▌難易度

【7】次の各文は，特別支援学校教育要領・学習指導要領解説自立活動編(幼稚部・小学部・中学部)(平成30年文部科学省)第6章「1　健康の保持」の一部である。

ア～ウで示されている疾患名を以下の語群から選び，記号で答えなさい。

ア　治療後に起きる成長障害や内分泌障害等の晩期合併症のリスクがあることを理解して，体調の変化や感染症予防等に留意するなど，病気の予防や適当な運動や睡眠等の健康管理を自らできるようにする必要がある。

イ　身体の状態に応じて運動の自己管理ができるように指導することが大切である。特に，心臓機能や呼吸機能の低下は命に関わることであるため，筋肉に過度の負担をかけないように留意しつつ機能低下を予防することが重要である。

ウ　食欲の減退などの身体症状，興味や関心の低下や意欲の減退などの症状が見られるが，それらの症状が病気によるものであることを理解できないことが多い。このような場合には，医師の了解を得た上で，幼児児童生徒が病気の仕組みと治療方法を理解するとともに，ストレスがそれらの症状に影響を与えることが多いので，自らその軽減を図ることができるように指導することが大切である。

《語群》

a　小児がん　　b　二分脊椎　　c　うつ病　　d　脳性まひ

e　糖尿病　　f　筋ジストロフィー

2024年度　福岡県・福岡市・北九州市　難易度■■■□□

【8】次の記述は，「特別支援学校教育要領・学習指導要領解説　自立活動編(幼稚部・小学部・中学部)(平成30年3月)」に示された「第6章　自立活動の内容」のうち「4環境の把握　及び　5身体の動き」の，肢体不自由のある幼児児童生徒に対する具体的な指導内容例と留意点の一部である。空欄［ア］～［ウ］に当てはまるものの組合せとして最も適切なものを，以下の①～④のうちから選びなさい。

運動・動作に伴う筋の収縮・伸張，関節の屈曲・伸展などに制限や偏りがあり，自分自身の体位や動きを把握し，調整することに困難さが見られる。そこで，自分自身の体位や動きについて，視覚的なイメージを提示したり，［ア］伝えたりして，自分の身体を正しく調整することができる力を身に付けることが大切である。

作業に必要な基本動作を習得するためには，［イ］が前提として必要である。つまり，自分一人で，あるいは補助的手段を活用して座位保持ができ，机上で上肢を曲げたり伸ばしたり，ものを握ったり放したりするなどの動作ができなければならない。

指の曲げ伸ばしをしたり，指を対向させたりするような［ウ］を取り入れるとともに，必要に応じて片方のひもを押さえておく補助具を活用することが有効である。

①　ア　分かりやすい言葉で　　イ　姿勢保持と上肢の基本動作の習得
　　ウ　物を介さない基本的な動き

②　ア　体に触れて具体的に　　イ　姿勢保持と上肢の基本動作の習得

ウ　微細な動き

③　ア　分かりやすい言葉で　　イ　安定した座位と手指の操作性の向上

ウ　物を介さない基本的な動き

④　ア　体に触れて具体的に　　イ　安定した座位と手指の操作性の向上

ウ　微細な動き

▌2024年度 ▌神奈川県・横浜市・川崎市・相模原市 ▌難易度 ■■■□□

【9】次の文は，特別支援学校教育要領・学習指導要領解説　自立活動編(幼稚部・小学部・中学部)(平成30年3月)に示された，第3章　自立活動の意義と指導の基本　2　自立活動の指導の基本から，自立活動の指導の特色について，内容の一部を抜粋したものである。ア～オに当てはまる語句の組合せとして正しいものを，以下の①～⑤の中から一つ選べ。

自立活動の指導は，個々の幼児児童生徒が自立を目指し，障害による学習上又は生活上の困難を[　ア　]しようとする取組を促す教育活動であり，個々の幼児児童生徒の[　イ　]及び[　ウ　]等に即して指導を行うことが基本である。そのため，自立活動の指導に当たっては，個々の幼児児童生徒の的確な[　エ　]に基づき，指導すべき課題を明確にすることによって，個別に指導目標(ねらい)や具体的な指導内容を定めた[　オ　]が作成されている。

①　ア　主体的に改善・克服　　イ　障害の種類や特徴

ウ　心身の発達の段階　　エ　アセスメント

オ　個別の教育支援計画

②　ア　自発的に改善・克服　　イ　障害の種類や特徴

ウ　心理の状態　　エ　実態把握

オ　個別の指導計画

③　ア　主体的に改善・克服　　イ　障害の状態や特性

ウ　心身の発達の段階　　エ　実態把握

オ　個別の指導計画

④　ア　自発的に改善・克服　　イ　障害の種類や特徴

ウ　心理の状態　　エ　アセスメント

オ　個別の教育支援計画

⑤ ア 主体的に改善・克服 イ 障害の状態や特性
ウ 心身の発達の段階 エ アセスメント
オ 個別の指導計画

▌2024年度 ▌岐阜県 ▌難易度

【10】次の文章は，「特別支援学校教育要領・学習指導要領解説　自立活動編(幼稚部・小学部・中学部)」(平成30年3月)に示されている「第6章　自立活動の内容　2　心理的な安定　(2)　状況の理解と変化への対応に関すること」のうち，視覚障害のある幼児児童生徒への指導内容について解説した内容の一部である。(　①　)，(　②　)にあてはまる最も適切な語句を，以下の1～5の中からそれぞれ一つずつ選びなさい。

> 視覚障害のある幼児児童生徒の場合，見えにくさから周囲の状況を把握することが難しいため，初めての場所や周囲の変化に対して，不安になる場合がある。このような場合には，一人一人の見え方やそれに起因する困難を踏まえた上で，周囲がどのような状況かを教師が言葉で説明したり，あらかじめ幼児児童生徒とその場に移動して一緒に確かめたりすることによって(　①　)を図るようにする。その上で，幼児児童生徒が周囲を見回したり，(　②　)を活用したりして状況を把握することや，周囲の状況やその変化について教師や友達に尋ねて情報を得るようにすることなどを指導することが大切である。

① 1 コミュニケーション 2 主体的に改善・克服
3 情緒的な安定 4 環境の改善
5 人間関係の形成

② 1 聴覚などの保有する感覚 2 空間や時間などの概念
3 手話，指文字 4 絵や写真
5 白杖

▌2024年度 ▌鳥取県 ▌難易度

【11】次の文は，特別支援学校教育要領・学習指導要領解説自立活動編(平成30年3月告示)「第7章　第3　個別の指導計画の作成と内容の取扱

い」の一部である。以下の問に答えよ。

> 第3 個別の指導計画の作成と内容の取扱い
> 1 自立活動の指導に当たっては，個々の児童又は生徒の障害の状態や特性及び心身の発達の段階等の的確な把握に基づき，指導すべき課題を明確にすることによって，指導目標及び指導内容を設定し，個別の指導計画を作成するものとする。その際，①第2に示す内容の中からそれぞれに必要とする項目を選定し，それらを相互に関連付け，②具体的に指導内容を設定するものとする。

問1 下線部①について，「第2に示す内容」に示されている項目は，次の六つの区分に分類される。[ア]～[エ]にあてはまる語句を答えよ。

1 [ア]の保持　　2 心理的な安定
3 [イ]の形成　　4 [ウ]の把握
5 [エ]の動き　　6 コミュニケーション

問2 下線部②について，次の事例の児童への自立活動の指導において，児童が状況の変化を理解して，適切に対応することを指導目標とするとき，当該児童に見られる障がいの特性と，その特性に対しての具体的な支援内容を一つ記せ。

> 【事例】
> 特別支援学校小学部第6学年で自閉症のある児童Aは，日々の日課と異なる学校行事がある時に予定の変更に対応することができず，混乱したり不安になったりして，どのように行動したらよいか分からなくなることがある。

▌2024年度 ▌鳥取県 ▌難易度 ■■■■□□

【12】次は，特別支援学校小学部・中学部学習指導要領(平成29年4月告知)第7章 自立活動 第2 内容 の一部である。(①)～(⑭)にあてはまる語句を答えなさい。

第2 内 容

1　健康の保持

(1)　生活のリズムや(　①　)の形成に関すること。

(2)　病気の状態の理解と生活管理に関すること。

(3)　(　②　)の状態の理解と養護に関すること。

(4)　障害の特性の理解と生活環境の調整に関すること。

(5)　健康状態の維持・改善に関すること。

2　心理的な安定

(1)　(　③　)の安定に関すること。

(2)　状況の理解と(　④　)への対応に関すること。

(3)　障害による(　⑤　)又は生活上の困難を改善・克服する意欲に関すること。

3　人間関係の形成

(1)　他者との(　⑥　)の基礎に関すること。

(2)　他者の意図や感情の理解に関すること。

(3)　(　⑦　)の理解と行動の調整に関すること。

(4)　集団への参加の基礎に関すること。

4　環境の把握

(1)　保有する感覚の活用に関すること。

(2)　感覚や(　⑧　)の特性についての理解と対応に関すること。

(3)　感覚の補助及び代行手段の活用に関すること。

(4)　感覚を総合的に活用した(　⑨　)の状況についての把握と状況に応じた行動に関すること。

(5)　(　⑧　)や行動の手掛かりとなる概念の形成に関すること。

5　身体の動き

(1)　姿勢と運動・動作の基本的技能に関すること。

(2)　姿勢保持と運動・動作の(　⑩　)の活用に関すること。

(3)　日常生活に必要な基本動作に関すること。

(4)　身体の(　⑪　)に関すること。

(5)　作業に必要な動作と円滑な遂行に関すること。

6　コミュニケーション

(1)　コミュニケーションの基礎的能力に関すること。

(2)　言語の受容と表出に関すること。

(3)　言語の(　⑫　)と活用に関すること。

(4)　コミュニケーション手段の(　⑬　)と活用に関すること。

(5)　(　⑭　)に応じたコミュニケーションに関すること。

▌2024年度 ▌滋賀県 ▌難易度 ■■■■■

【13】「特別支援学校教育要領・学習指導要領解説　自立活動編(幼稚部・小学部・中学部)」(平成30年3月)について，次の(1)，(2)の問いに答えよ。

(1)　次の文は，「第3章　自立活動の意義と指導の基本　2　自立活動の指導の基本」に関する記述の抜粋である。文中の(　A　)〜(　E　)に入る正しいものを，それぞれ以下の1〜9のうちから一つずつ選べ。

> (4)　知的障害者である幼児児童生徒に対する教育を行う特別支援学校の自立活動
>
> 知的障害者である幼児児童生徒に対する教育を行う特別支援学校に在学する幼児児童生徒には，全般的な知的発達の程度や(　A　)の状態に比較して，言語，運動，動作，情緒，行動等の特定の分野に，顕著な(　B　)や特に配慮を必要とする様々な状態が知的障害に随伴して見られる。そのような障害の状態による困難の改善等を図るためには，自立活動の指導を効果的に行う必要がある。
>
> ここでいう顕著な(　B　)や特に配慮を必要とする様々な知的障害に随伴する状態とは，例えば，言語面では，発音が明瞭でなかったり，言葉と言葉を組み立てて話すことが難しかったりすることなどである。(中略)
>
> また，知的障害者である児童生徒に対する教育を行う特別支援学校の小学部，中学部及び高等部においては，知的障害のある児童生徒のための(　C　)等が設けられており，知的障害のある児童生徒はこれを履修することになっている。
>
> (中略)
>
> なお，学校教育法施行規則第130条第2項に基づいて，

(C), 特別の教科道徳(以下「道徳科」という。), 特別活動及び自立活動の一部又は全部について, (D)を行う場合においても, 自立活動について(E)を作成し, 指導目標や指導内容を明記する必要がある。

1 問題行動　2 各教科　3 個別の教育支援計画
4 学習の遅れ　5 発達の遅れ　6 適応行動
7 個別の指導計画　8 訪問教育　9 合わせた指導

(2) 次の文は,「第6章　自立活動の内容　2　心理的な安定」に関する記述の抜粋である。文中の(A)~(E)に入る正しいものを, それぞれ以下の1~9のうちから一つずつ選べ。

(3) 障害による学習上又は生活上の困難を改善・克服する意欲に関すること

① この項目について

「(3)障害による学習上又は生活上の困難を改善・克服する意欲に関すること。」は, 自分の(A)を理解したり, 受容したりして, 主体的に障害による学習上又は生活上の困難を改善・克服しようとする意欲の向上を図ることを意味している。

② 具体的指導内容例と留意点

障害による学習上又は生活上の困難を理解し, それを改善・克服する意欲の向上を図る方法は, (A)により様々であるが, 指導を行うに当たっては, 幼児児童生徒の(B)を把握した上で指導内容・方法を工夫することが必要である。

(C)の幼児児童生徒の場合, 小学部低学年のころは歩行が可能であるが, 年齢が上がるにつれて歩行が困難になり, その後, 車いす又は電動車いすの利用や酸素吸入などが必要となることが多い。また, 同じ病棟内の友達の病気の進行を見ていることから将来の自分の病状についても認識している場合がある。

こうした状況にある幼児児童生徒に対しては, 卒業後も視野に入れながら学習や運動において打ち込むことができることを見つけ，それに取り組むことにより，生きがいを感じることができるよう工夫し，少しでも困難を改善・克服しようとする意欲の向上を図る指導が大切である。
(中略)
(D)のある児童生徒の場合，数字の概念や規則性の理解や，計算することに時間がかかったり，文章題の理解や推論することが難しかったりすることで，自分の思う結果が得られず，学習への意欲や関心が低いことがある。そこで，自己の特性に応じた方法で学習に取り組むためには，周囲の励ましや期待，賞賛を受けながら，何が必要かを理解し，できる，できたという成功体験を積み重ねていくことが大切である。
障害に起因して心理的な安定を図ることが困難な状態にある幼児児童生徒の場合，同じ障害のある者同士の(E)かかわりを大切にしたり，社会で活躍している先輩の生き方や考え方を参考にできるようにして，心理的な安定を図り，障害による困難な状態を改善・克服して積極的に行動しようとする態度を育てることが大切である。

1 自然な　2 疾患　3 障害の状態
4 ADHD　5 心理状態　6 筋ジストロフィー
7 密な　8 肢体不自由　9 LD

2024年度 大分県 難易度

【14】次の記述は，「特別支援学校教育要領・学習指導要領解説　自立活動編(幼稚部・小学部・中学部)(平成30年3月)」に示された「第6章　自立活動の内容　4　環境の把握　(5)　認知や行動の手掛かりとなる概念の形成に関すること　②具体的指導内容例と留意点」の一部である。空欄［ア］～［ウ］に当てはまるものの組合せとして最も適切なものを，以下の①～④のうちから選びなさい。

視覚障害のある幼児児童生徒の場合，事物・事象の全体像を捉え，必要な情報を抽出して，［ア］を形成することが難しい。そこで，幼児児童生徒が触覚や保有する視覚などを用い，［イ］や大きさ，手触り，構造，機能等を観察することで，[ア]を形成できるようにするとともに，それらの概念を日常の学習や生活における[ウ]の手掛かりとして活用できるように指導することが大切である。

① ア 認知や行動 イ 的確な概念 ウ 対象物の形
② ア 的確な概念 イ 対象物の形 ウ 認知や行動
③ ア 認知や行動 イ 対象物の形 ウ 的確な概念
④ ア 的確な概念 イ 認知や行動 ウ 対象物の形

▌2024年度 ▌神奈川県・横浜市・川崎市・相模原市 ▌難易度

【15】次の各文は，特別支援学校小学部・中学部学習指導要領(平成29年4月告示)第7章自立活動「第3 個別の指導計画の作成と内容の取扱い」の一部である。

文中の[ア]～[ウ]に当てはまる適切な語句を以下の語群から選び，記号で答えなさい。

○ 個々の児童又は生徒の実態に応じた具体的な指導方法を創意工夫し，[ア]を促すようにするものとする。
○ 自立活動の指導は，専門的な知識や技能を有する教師を中心として，[イ]の協力の下に効果的に行われるようにするものとする。
○ 自立活動の指導の成果が[ウ]等でも生かされるように，個別の教育支援計画等を活用して関係機関等との連携を図るものとする。

《語群》

a 医療機関 b 家庭 c 保護者
d 意欲的な活動 e 将来の自立 f 地域社会
g 進学先 h 全教師 i 主体的な活動

▌2024年度 ▌福岡県・福岡市・北九州市 ▌難易度

【16】自立活動について，各問いに答えよ。

1 次の文章は，平成29年告示の特別支援学校小学部・中学部学習指導要領の「第7章 自立活動 第3 個別の指導計画の作成と内容の取扱い」の一部である。(①)～(⑤)に当てはまる語句を，それぞれ漢字で答えよ。ただし，(④)，(⑤)の回答の順序は問わない。

> 2　個別の指導計画の作成に当たっては，次の事項に配慮するものとする。
> 　(3)　具体的な指導内容を設定する際には，以下の点を考慮すること。
> 　　ア　児童又は生徒が，興味をもって(　①　)に取り組み，(　②　)を味わうとともに自己を肯定的に捉えることができるような指導内容を取り上げること。
> 　　エ　個々の児童又は生徒が，活動しやすいように自ら(　③　)を整えたり，必要に応じて周囲の人に支援を求めたりすることができるような指導内容を計画的に取り上げること。
> 　　オ　個々の児童又は生徒に対し，(　④　)・(　⑤　)する機会を設けることによって，思考・判断・表現する力を高めることができるような指導内容を取り上げること。

2　次の文章は，特別支援学校教育要領・学習指導要領解説自立活動編(幼稚部・小学部・中学部)(平成30年3月)の「第7章　自立活動の個別の指導計画の作成と内容の取扱い　4指導方法の創意工夫」について述べたものである。(1)～(4)について，正しいものには○，間違っているものには×の記号で，それぞれ答えよ。

> (1)　心理療法，感覚訓練や動作の訓練等，自立活動の指導に適用できると思われる方法又は方法の裏付けとなっている理論が幾つかあるが，それらは実際の臨床においてそれなりの効果があると評価されているため，それをそのまま自立活動の指導に適用しても，無理は生じない。
> (2)　児童生徒の意欲的な活動を促すためには，児童生徒が興味や関心をもって主体的に取り組み，成就感を味わうことのできるような指導方法を工夫することが大切である。この場合，少なくとも，教師からの一方的な働き掛けに終始する方法や画一的な方法にならないよう留意する必要がある。

(3)　個々の児童生徒の実態に応じて，具体的な指導内容が明確にされ，次いで指導目標が設定され，それらを組織して個別の指導計画が作成されるが，それに基づいた指導に当たっては，それらの指導内容にふさわしい指導方法を工夫する必要がある。

(4)　児童生徒の障害の状態や特性及び心身の発達の段階等は多様である。このため，個別の指導計画を立てることが不可欠であると同時に，指導方法も児童生徒一人一人に適したものでなければならない。

2024年度　岡山県　難易度

【17】次の各文は，特別支援学校教育要領・学習指導要領解説自立活動編(幼稚部・小学部・中学部)(平成30年文部科学省)「第6章　自立活動の内容」の一部である。

① [　A　]とは，筋肉や関節の動きなどによって生じる自分自身の身体の情報を受け取る感覚であり，主に力の加減や動作等に関係している感覚である。[　A　]のはたらきにより，運動は絶えず軌道修正され，目を閉じていてもある程度正しく運動することができる。

② [　B　]とは，重力や動きの加速度を感知する感覚であり，主に姿勢のコントロール等に関係している感覚である。[　B　]のはたらきにより，重力に対してどのような姿勢にあり，身体が動いているのか止まっているのか，どのくらいの速さでどの方向に動かしているのかを知ることができる。

③　障害が重度で重複している幼児児童生徒の場合，視覚，聴覚，触覚と併せて，姿勢の変化や筋，関節の動きなどを感じ取る[　A　]や[　B　]を活用できるようにすることも考慮する必要がある。

(1)　文中の[　A　]及び[　B　]に当てはまる適切な語句を記入しなさい。ただし，同じ記号には同じ語句が入るものとする。

(2)　③が示されている自立活動の区分を，以下の語群から選び，記号で答えなさい。

《語群》

a　健康の保持　　b　人間関係の形成　　c　環境の把握

d　身体の動き

▌2023年度 ▌福岡県・福岡市・北九州市 ▌難易度 ■■■□□

【18】自立活動について，次の各問いに答えなさい。

(1)　次の文は，「特別支援学校教育要領・学習指導要領解説　自立活動編(平成30年3月)　第3章　自立活動の意義と指導の基本　1　自立活動の意義　(1)　自立活動とは」から抜粋したものである。(　　)に当てはまる語句を以下の選択肢からそれぞれ1つ選び，記号で答えなさい。

> (前略)
>
> 障害のある幼児児童生徒は，その障害によって，各教科等において育まれる資質・能力の育成につまずきなどが生じやすい。そのため，個々の(　①　)によって導かれる「人間としての基本的な行動を遂行するために必要な要素」及び「障害による(　②　)の困難を改善・克服するために必要な要素」，いわゆる心身の(　③　)の基盤に着目して指導するものが自立活動であり，自立活動の指導が各教科等において育まれる資質・能力を支える役割を担っている。

ア　調和的な発達　　イ　自立又は社会参加

ウ　配慮　　エ　合理的配慮

オ　状態　　カ　学習上又は生活上

キ　行動観察　　ク　実態把握

ケ　総合的な発達

(2)　次の文は，「特別支援学校教育要領・学習指導要領解説　自立活動編(平成30年3月)　第6章　自立活動の内容　2　心理的な安定」から抜粋したものである。(　　)に当てはまる語句を以下の選択肢からそれぞれ1つ選び，記号で答えなさい。ただし，同じ番号には同じ記号が入るものとする。

(前略)
白血病の幼児児童生徒の場合，入院中は治療の(　①　)による貧血や嘔吐などが長期間続くことにより，(　②　)が不安定な状態になることがある。そのようなときは，悩みを打ち明けたり，自分の不安な気持ちを(　③　)できるようにしたり，心理的な不安を(　③　)できるような活動をしたりするなどして，(　②　)の安定を図ることが大切である。(後略)

ア　効果　　イ　理解　　ウ　副作用　　エ　情緒　　オ　想い
カ　服薬　　キ　表現　　ク　病状

(3)　次の文は，「特別支援学校教育要領・学習指導要領解説　自立活動編(平成30年3月)　第6章　自立活動の内容　5　身体の動き　(1) 姿勢と運動・動作の基本的技能に関すること」から抜粋したものである。(　　)に当てはまる語句を以下の選択肢からそれぞれ1つ選び，記号で答えなさい。

(前略)
②　具体的指導内容例と留意点
(　①　)のある幼児児童生徒の場合，基本動作が未習得であったり，間違って身に付けてしまったりしているために，生活動作や作業動作を十分に行うことができない場合がある。そこで，個々の幼児児童生徒の運動・動作の状態に即した指導を行うことが大切である。
例えば，全身又は身体各部位の筋緊張が強すぎる場合，その緊張を弛めたり，弱すぎる場合には，適度な緊張状態をつくりだしたりすることができるような指導が必要である。
一方，(　②　)の幼児児童生徒の場合，関節拘縮や変形予防のための筋力の維持を図る適度な運動が必要である。
(　③　)のある幼児児童生徒の中には，知的発達の程度等に比較して，身体の部位を適切に動かしたり，指示を聞いて姿勢を変えたりすることが困難な者がいる。このような幼児児童生徒に対しては，より基本的な動きの指導から始め，徐々に複雑な動きを指導することが考えられる。そして，次第に，目的の動きに近付けていくことにより，必要な運動・動作が幼児児童生徒に確実に身に付くよう指導することが重要である。

　また，（　④　）のある幼児児童生徒の場合，身体の動き等を模倣することを通して基本的な運動・動作を習得することが困難であることが多い。そこで，姿勢や身体の動きについて，教師の身体や模型などに直接触らせて確認させた後，幼児児童生徒が自分の身体を実際に使って，その姿勢や動きを繰り返し学習するとともに，その都度教師が，口頭で説明したり，手を添えたりするなどして，正しい姿勢の保持や運動・動作を習得することが大切である。

　なお，このような指導を行う場合には，必要に応じて医師等の専門家と十分な連携を図ることが大切である。

ア　聴覚障害　　イ　糖尿病　　ウ　視覚障害　　エ　知的障害
オ　肢体不自由　　カ　筋ジストロフィー

2023年度 ▌宮崎県 ▌難易度■■■■■□□

【19】自立活動に関する次の各問に答えよ。
〔問1〕　次の記述ア～エは，特別支援学校小学部・中学部学習指導要領の「自立活動」の「内容」に示されているものである。ア～エに当てはまる区分として適切なものは，以下の1～6のうちのどれか，それぞれ答えよ。
ア　他者の意図や感情の理解に関すること。
イ　感覚の補助及び代行手段の活用に関すること。
ウ　状況の理解と変化への対応に関すること。
エ　日常生活に必要な基本動作に関すること。
　1　健康の保持　　2　心理的な安定　　3　人間関係の形成
　4　環境の把握　　5　身体の動き　　6　コミュニケーション
〔問2〕　特別支援学校における自立活動の指導に関する次の記述ア～エのうち，正しいものを選んだ組合せとして適切なものは，以下の1

〜6のうちのどれか。

ア　障害による学習上又は生活上の困難を改善・克服するために
　　は，児童・生徒が，困難を改善・克服するために必要となる知
　　識・技能等を身に付けるとともに，活動しやすいように環境を整
　　えることが重要である。

イ　個々の児童・生徒について，障害の状態，発達や経験の程度，
　　興味・関心，生活や学習環境などの実態を的確に把握するに当た
　　って，児童・生徒が困難なことのみを観点にすることが大切であ
　　る。

ウ　心理療法，感覚訓練，動作の訓練，運動療法，言語治療等の理
　　論・方法は，いずれも自立活動の指導という観点から成り立って
　　いるため，そのまま自立活動の指導に適用することができる。

エ　自立活動の指導は，児童・生徒の障害の状態によっては，かな
　　り専門的な知識や技能を必要としているので，いずれの学校にお
　　いても，自立活動の指導の中心となる教師は，それにふさわしい
　　専門性を身に付けておくことが必要である。

1　ア・イ　　2　ア・ウ　　3　ア・エ　　4　イ・ウ

5　イ・エ　　6　ウ・エ

┃ 2023年度 ┃ 東京都 ┃ 難易度 ┃■■■□□┃

【20】次の記述は，「特別支援学校教育要領・学習指導要領解説　自立活
　動編(幼稚部・小学部・中学部)(平成30年3月)」に示された「第6章　自
　立活動の内容　5　身体の動き　(4)　身体の移動能力に関すること
　②　具体的指導内容例と留意点」の一部である。

　　空欄[　ア　]〜[　ウ　]に当てはまるものの組合せとして最も適切な
　ものを，以下の①〜④のうちから選びなさい。

　　視覚障害のある幼児児童生徒の場合，発達の段階に応じて，伝い歩
　きやガイド歩行，基本的な[　ア　]の操作技術，他者に[　イ　]を依頼
　する方法などを身に付けて安全に目的地まで行けるように指導するこ
　とが重要である。また，弱視の児童生徒の場合は，[　ア　]を用いた
　歩行の際に，保有する視覚を十分に活用したり，[　ウ　]を適切に使
　ったりできる力を付けることも必要である。

① ア　白杖　　イ　同行　　ウ　触地図
② ア　多脚杖　イ　同行　　ウ　視覚補助具
③ ア　白杖　　イ　援助　　ウ　視覚補助具
④ ア　多脚杖　イ　援助　　ウ　触地図

▍2023年度 ▍北海道・札幌市 ▍難易度

解答・解説

【1】②

○解説○ イは「個別の活動」ではなく「主体的な活動」が正しい。なお，目標について，学習指導要領解説では『個々の幼児児童生徒が自立を目指し，障害に基づく種々の困難を主体的に改善・克服しようとする取組を促す教育活動であることがより明確になるよう，「児童又は生徒」が「個々の児童又は生徒」に，「心身の障害の状態を改善し，又は克服する」が「自立を目指し，障害に基づく種々の困難を主体的に改善・克服する」にそれぞれ改められた』としている。

【2】④

○解説○ アのICIDH(国際障害分類)では「疾患・変調」「機能不全」「能力低下」といった面から構成されるが，エのICF(国際生活機能分類)では，障害を疾病に基づく面から捉えるだけでなく，環境との相互作用によって生活機能に障害があると捉える考え方に改められた。

【3】(2)

○解説○ (2)は「コミュニケーション」の内容である。「人間関係の形成」においては選択肢(1)(3)(4)の他に，「集団への参加の基礎に関すること」が示されている。

【4】①

○解説○ 「PDCAサイクル」とは，「計画(Plan)-実践(Do)-評価(Check)-改

善(Action)」を1つのまとまりとして，業務の改善を図るもので，1つの業務を何度も「PDCAサイクル」にかけることで，改善し続けることも可能である。なお，評価は個別の指導計画による児童生徒への評価という面だけでなく，教師の指導に対する評価でもある。よって，教師の指導という面から「PDCAサイクル」をかけることで，教師の指導力向上を図ることも考えられる。

【5】(3)

○解説○ A・B　前回の改訂から障害の捉え方が社会モデルへと変化したことにより，自立活動の目標についても，「障害に基づく種々の困難」から「障害による学習上又は生活上の困難」に改められた。
C 「調和的発達の基盤を培う」とは，児童生徒一人一人の発達の遅れや不均衡を改善したり，発達の進んでいる側面を更に伸ばすことによって遅れている側面の発達を促すようにしたりして，全人的な発達を促進することを意味している。

【6】③

○解説○ ③の「発達の遅れている側面を伸ばすことを中心とした指導」ではなく「発達の遅れている側面を補うために，発達の進んでいる側面を更に伸ばすような指導」が正しい。この背景として，学習指導要領解説では「発達の進んでいる側面を更に促進させることによって，幼児児童生徒が自信をもって活動や学習に取り組むなど，意欲を喚起し，遅れている面の伸長や改善に有効に作用することも少なくない」と指摘している。一方で，「児童又は生徒が，障害による学習上又は生活上の困難を改善・克服しようとする意欲を高めることができるような指導内容を重点的に取り上げること」としていること，つまりバランスのよい指導が求められていることをおさえておきたい。

【7】ア　a　　イ　f　　ウ　c

○解説○ 問題文は，「1　健康の保持」の中の「具体的指導内容例と留意点」の項からの抜粋である。出題の疾患以外にも，糖尿病やてんかんなど，主な疾患の特徴について押さえておくこと。　ア 「成長障害」

や「晩期合併症」は小児がんのキーワードである。　イ「心臓機能や呼吸機能の低下」,「筋肉に過度の負担をかけない」点が，筋ジストロフィーの特徴である。　ウ「ストレス」が症状に影響を与えることが多い点が，うつ病の特徴である。

【8】①

○**解説**○ 1つめの文章は4の「(1)保有する感覚の活用に関すること」, 2～3つめの文章は5の「(5)作業に必要な動作と円滑な遂行に関すること」に関するものである。学習する際は「4 環境の把握」では「感覚を有効に活用し，空間や時間などの概念を手掛かりとして，周囲の状況を把握したり，環境と自己との関係を理解したりして，的確に判断し，行動できるようにする」ことを,「5 身体の動き」では「日常生活や作業に必要な基本動作を習得し，生活の中で適切な身体の動きができるようにする」ことから内容が示されていることを念頭におくとよい。

【9】③

○**解説**○ ア～ウ　特別支援学校小学部・中学部学習指導要領(平成29年告示)総則には，小学部・中学部における教育目標として「児童及び生徒の障害の状態や特性及び心身の発達の段階等を十分考慮して」，目標の達成に努めなければならないことが示され，さらに自立活動のねらいには,「障害による学習上又は生活上の困難を主体的に改善・克服するために必要な知識，技能，態度及び習慣を養う」ことが示されている。これらの目標を確実に押さえていれば，適切な選択肢を選ぶことができるはずである。　エ・オ　自立活動の指導に当たっては，幼児児童生徒一人一人の実態を的確に把握して個別の指導計画を作成し，それに基づいて指導を展開しなければならない。

【10】①　3　　②　1

○**解説**○ 「状況の理解と変化への対応に関すること」は，場所や場面の状況を理解して心理的抵抗を軽減したり，変化する状況を理解して適切に対応したりするなど，行動の仕方を身に付けることを意味している。　①　問題文の1文目に,「…不安になる場合がある」と記されていることから，情緒的な安定を図ることがねらいと分かる。　② 視覚障害者の場合，慣れない場所で自分自身の感覚で状況を把握する際には，聴覚などの保有する感覚を活用して行うことなどを指導することが大切である。

【11】問1　ア　健康　　イ　人間関係　　ウ　環境　　エ　身体
問2　障がいの特性…同じものやことへのこだわり　　具体的な支援内容…予定されているスケジュールや予想される事態や状況を伝える。

○解説○ 問1　自立活動の目標と内容は6区分27項目に分けられるが，その6区分の名称が問われている。「1　健康の保持」区分には，「生活のリズムや生活習慣の形成に関すること」などの5つの項目がある。「2　心理的な安定」区分には，「情緒の安定に関すること」などの3つの項目がある。「3　人間関係の形成」区分には，「他者とのかかわりの基礎に関すること」などの4つの項目がある。「4　環境の把握」区分には，「保有する感覚の活用に関すること」などの5つの項目がある。「5　身体の動き」区分には，「姿勢と運動・動作の基本的技能に関すること」などの5つの項目がある。「6　コミュニケーション」区分には，「コミュニケーションの基礎的能力に関すること」などの5つの項目がある。　問2　自閉症児は，いつも同じであることを好む傾向が強く，活動がパターン化しやすい。気持ちや行動を臨機応変に切り替えることが苦手なため，急な予定変更があると次にどうしたらいいのかわからず不安に駆られる。具体的な支援内容としては，事前に予定等やその変更の可能性等を伝えておく，変更の内容を詳細に知らせておく，見通しをわかりやすく伝えておく，予定が変わったときに取るべき行動を教えておく，などが考えられる。

【12】① 生活習慣　② 身体各部　③ 情緒　④ 変化　⑤ 学習上　⑥ かかわり　⑦ 自己　⑧ 認知　⑨ 周囲　⑩ 補助的手段　⑪ 移動能力　⑫ 形成　⑬ 選択　⑭ 状況

○解説○ 自立活動の内容は，人間としての基本的な行動を遂行するために必要な要素と，障害による学習上又は生活上の困難を改善・克服するために必要な要素を検討して，6区分27項目に分類・整理された。各項目のキーワードを「生活リズムと生活習慣」といったように，セットで覚えておくとよい。 ①・② 「健康の保持」の区分は，日常生活を行うために必要な健康状態の維持・改善を身体的な側面を中心として図る観点からの内容である。「障害の特性の理解と生活環境の調整に関すること」は，今回の改訂で新たに追加された項目である。 ③〜⑤ 「心理的な安定」の区分は，気持ちや情緒をコントロールして変化する状況に適切に対応することや，障害による困難を主体的に改善・克服する意欲の向上を図り，自己のよさに気付く観点からの内容である。 ⑥・⑦ 「人間関係の形成」の区分は，自他の理解を深め，対人関係を円滑にし，集団参加の基盤を培う観点からの内容である。 ⑧・⑨ 「環境の把握」の区分は，感覚を有効に活用し，周囲の状況を把握したり，環境と自己との関係を理解したりして，的確に判断し，行動できるようにする観点からの内容である。今回の改訂では，「感覚や認知の特性への対応」については「対応」だけなく「理解と対応」に改められた。「感覚を総合的に活用した周囲の状況の把握」については，「状況の把握」だけでなく「状況についての把握と状況に応じた行動」に改められた。 ⑩・⑪ 「身体の動き」の区分は，日常生活や作業に必要な基本動作を習得し，生活の中で適切な身体の動きができるようにする観点からの内容である。 ⑫〜⑭ 「コミュニケーション」の区分は，場や状況に応じて，コミュニケーションを円滑に行うことができるようにする観点からの内容である。言語はコミュニケーションだけでなく思考力にもつながるため，言語の形成と活用は特に重要である。

【13】(1) A 6　B 5　C 2　D 9　E 7　(2) A 3　B 5　C 6　D 9　E 1

○**解説**○ (1) 自立活動は，特別支援学校で教科の学習の他に設けられた特別の指導領域である。自立活動とは，「個々の幼児児童生徒が自立を目指し，障害による学習上又は 生活上の困難を主体的に改善・克服しようとする取組を促す教育活動」を指し，知的障害のある幼児児童生徒が，実際の生活場面に即しながら繰り返して学習することにより，日常生活や社会生活を送る上で必要な知識や技能等を身に付けられるようにする継続的，段階的な指導が行われる。教科指導では共通の目標・内容を設定するのに対し，自立活動では，幼児児童生徒個々の課題に即した目標・内容を設定し個別指導を行うのが大きな違いである。自立活動の内容は六つの区分(「1　健康の保持」，「2　心理的な安定」，「3　人間関係の形成」，「4　環境の把握」，「5　身体の動き」，「6　コミュニケーション」)に分類・整理され，それぞれの区分ごとに3～5項目ずつ合計27の項目が設けられている。それぞれの項目を確認しておいてほしい。　(2)　(1)の解説で言及した6つの区分のうち，「2　心理的な安定」では，自分の気持ちや情緒をコントロールして変化する状況に適切に対応するとともに，障害による学習上又は生活上の困難を主体的に改善・克服する意欲の向上を図り，自己のよさに気付く観点から内容を示している。本区分には，「(1)　情緒の安定に関すること」，「(2)　状況の理解と変化への対応に関すること」，「(3)　障害による学習上又は生活上の困難を改善・克服する意欲に関すること」の3つの項目が設けられており，このうち(3)の「意欲」に関する出題である。障害による困難な状態を改善・克服して積極的に行動しようとする態度を育てるためには，単独の項目でなく，他の区分や他の項目と関連付けた指導が奏功することが少なくない。例えば，聴覚障害のある幼児児童生徒は，学習場面や生活場面において，人とかかわることや新しい体験をすることに対して，消極的になってしまうことがある。このため，自分自身の聞こえにくさによって人とかかわる際にどのような困難さが生じるのかや，新しい体験をする際にどのように行動したり，周囲に働きかけたりするとよいのかを考えたり，体験したりすることを通して，積極的に問題解決に向かう意欲を育てることが重要である。よって，意欲の向上を図るためには，この項目と併せて「1　健康の保持」や「4　環境の把握」，「6　コミュニケーション」等の関連する区分に示されている項目の中から必要な項目を選定し，それらを相互に関連付けて具体的な指導内容を設定することが大切である。

● 自立活動

【14】 ②

○解説○ 本資料では「(5)認知や行動の手掛かりとなる概念の形成に関すること」について,「ものの機能や属性,形,色,音が変化する様子,空間・時間等の概念の形成を図ることによって,それを認知や行動の手掛かりとして活用できるようにすること」としている。そして,具体例として「校舎模型を使って諸室をていねいに確認する学習に取り組み,その位置関係をしっかりと理解することで,様々な教室間の移動を容易にすること」「駅の発車案内板の位置や表示の仕組みを十分に理解しておくことで,駅で単眼鏡を使っての読み取りが容易になり,見通しを持って行動できるようになる」といったことをあげている。

【15】ア d　イ h　ウ g

○解説○ ア　1文目は指導方法の創意工夫についてである。児童生徒の意欲的な活動を促すためには,興味関心を持って主体的に取り組み,成就感を味わうことのできるような指導方法を工夫することが大切である。　イ　2文目は自立活動の指導における注意事項である。専門的な知識や技能を有する教師を中心とし,全教師の協力の下に行うこととされている。　ウ　3文目は今回の学習指導要領改訂で新たに示された点である。児童生徒には,対人面や環境の変化により困難さが生じることがあるため,自立活動の成果が進学先や就学先でも生かされるように連携を図ることが大切である。

【16】1 ①　主体的　②　成就感　③　環境　④　自己選択　⑤　自己決定　2 (1)　×　(2)　○　(3)　×　(4)　○

○解説○ 1　具体的な内容を設定する際に考慮する点として挙げられている6つの指導内容のうち,「主体的に取り組む」,「自ら環境を整える」,「自己選択・自己決定を促す」ことについての出題である。　ア　自立活動の効果を高めるためには,主体的に取り組み,成就感を味わうことが大切である。　エ　困難を改善・克服するためには,活動しやすいように環境を整えることが重要である。　オ　児童生徒が自らの目標を自覚し,自己選択や自己決定をすることは,学びを深めることにつながるとされている。　2　(1)　各種療法はいずれも自立活動の指導という観点から成り立っているわけではなく，実際の臨床において効果を評価されていても，そのまま自立活動の指導に適用しようとすると，「当然無理を生じることをあらかじめ知っておく必要がある」とされている。　(3)　個々の児童生徒の実態に応じて，「指導目標」が明確にされ，次いで具体的な「指導内容」が設定される。指導目標と指導内容の記述が逆である。後半部分の記述は正しい。

【17】(1)　A　固有覚　　B　前庭覚　　(2)　c

○**解説**○　自立活動の内容の「4環境の把握」の「(1)保有する感覚の活用に関すること」についての解説の一部である。該当の事項の内容は，保有する視覚，聴覚，触覚，嗅覚のほか，固有覚，前庭覚などの感覚を十分に活用できるようにすることをねらいとしている。

【18】(1)　①　ク　　②　カ　　③　ア　　(2)　①　ウ　　②　エ　　③　キ　　(3)　①　オ　　②　カ　　③　エ　　④　ウ

○**解説**○　(1)　①　自立活動においては子どもの状態とニーズを把握すること，すなわち実態把握が重要である。　②　学習上又は生活上の困難を改善・克服し，自立と社会参加をめざすのが自立活動である。　③　自立活動の目標は「心身の調和的発達の基盤を培う」ことである。　(2)　①・②　投薬治療の副作用が長期間続くことにより，心理的に不安定な状態が続くことがある。　③　理解することを求めるのではなく，心理的な安定のために表現することが大切である。　(3)　①　肢体不自由の幼児児童生徒は，基本動作が未習得であったり，筋緊張が強かったり弱かったりするといった特徴を持つ。　②　筋ジストロフィーは進行性の筋力低下が見られる難病である。　③　文中に「知的発達の程度等に比較して」，「基本的な動きの指導から始め，徐々に複雑な動きを指導する」といった点が示されていることから考える。　④　見て模倣することが困難であり，触らせて確認することが留意点であることから考える。

●自立活動

【19】問1　ア　3　　イ　4　　ウ　2　　エ　5　　問2　3

○**解説**○　問1　ア　他者の意図や感情を理解し，場に応じた適切な行動をとることができるようにすることを意味しており，自他の理解を深め対人関係を円滑にすることに関連している。したがって「人間関係の形成」の内容である。　イ　保有する感覚を用いて状況を把握しやすくするよう各種の補助機器を活用できるようにしたり，他の感覚や機器での代行が的確にできるようにしたりすることを意味しており，感覚を有効に活用し，周囲の状況を把握することに関連している。したがって「環境の把握」の内容である。　ウ　場所や場面の状況を理解して心理的抵抗を軽減したり，変化する状況を理解して適切に対応したりするなど，行動の仕方を身に付けることを意味しており，自分の気持ちや感情をコントロールして変化する状況に適切に対応することに関連している。したがって「心理的な安定」の内容である。

エ　食事，排泄，衣服の着脱，洗面，入浴などの身辺処理及び書字，描画等の学習のための動作などの基本動作を身に付けることができるようにすることを意味しており，日常生活や作業に必要な基本動作を習得することに関連している。したがって「身体の動き」に関する内容である。なお，1の「健康の保持」は健康状態の維持・改善を図る内容のことであり，6の「コミュニケーション」は場や状況に応じてコミュニケーションを円滑に行うことができるようにする内容のことである。　問2　イ「困難なことのみを観点にする」が不適切である。「困難なことのみを観点にするのではなく，長所や得意としていることも把握することが大切である」が正しい。　ウ「これらの理論・方法は，いずれも自立活動の指導という観点から成り立っている」，「そのまま自立活動の指導に適用することができる」が不適切である。これらの理論・方法は，自立活動の指導という観点から成り立っているわけではない。実際の臨床においてそれなりの効果があると評価されていても，それぞれの理論的な立場からの問題の把握及びその解決を追求しているものであり，自立活動にそのまま適応しようとすると無理が生じる。有効であると思われる方法を選択し，自立活動の指導に適合するように工夫して応用することが大切であるとされている。

【20】③

○解説○ ア　視覚に障害のある人が使用する杖は，基本的には白杖である。多脚杖は杖先が3点又は4点ある杖のことで，段のない病院や介護施設などで用いられることが多い。　イ　安全に目的地まで行くには，何か困難に直面したとき他者に援助を求めて解決することが考えられる。そのためには，他者に援助を依頼する方法を会得しておくことが重要である。　ウ　弱視の場合は，できるだけ視覚情報を活用することが考えられることから，視覚補助具を適切に使いこなす力が求められる。触地図は凹凸で表された地図で，視覚情報が使えない人のためのツールである。

各種障害

実施問題

視覚障害

【1】次は，視覚障害者の歩行に関する文です。内容が正しいものを，(1)～(4)の中から1つ選びなさい。

(1) 道路交通法では，目が見えない者(目が見えない者に準ずる者も含む。)は，道路を通行する時は，政令で定めるつえを携え，又は政令で定める盲導犬を連れていなければならないと定められている。

(2) 白杖を持っている人とガイド歩行をする場合は，ガイドが前から腕や白杖を引いて目的地へ連れていく方が良い。

(3) 盲導犬は，視覚障害者が次に進む道を指示したり，信号を渡るタイミングを判断したりしている。

(4) 白杖の操作方法を習得する時は，最初から実際に通行する道路で実践的に練習した方が良い。

2024年度 ▌埼玉県・さいたま市 ▌難易度 ■■■□□

【2】次の文は，障害のある子供の教育支援の手引(令和3年文部科学省)に示された「視覚の検査」の一部である。

視力の値は，例えば，0.04(1.0×－5.0[　A　])というように記載されている。0.04は裸眼視力，括弧内の1.0は矯正視力，×に続く－5.0[　A　]は5ジオプトリー(レンズの[　ア　]を表す数字で，焦点距離の逆数)の[　イ　]矯正レンズで視力を矯正していることを示している。要するに裸眼では0.04でも矯正視力では1.0であることを意味しているのである。

(1) 文中の[　A　]に当てはまる単位を表すアルファベットを大文字で記入しなさい。

(2) 文中の[　ア　]及び[　イ　]に当てはまる適切な語句を次の語群から選び，記号で答えなさい。

《語群》

a　反射力　　b　屈折力　　c　吸収力　　d　近視用

e　遠視用

(3)　[　イ　]矯正レンズは凹レンズか，凸レンズかを記入しなさい。

(4)　下線部の視力0.04は，視力表の0.1の視標を何mの距離で正解したことになるかを数字で答えなさい。

2024年度　福岡県・福岡市・北九州市　難易度

【3】次の各文は，特別支援学校小学部・中学部学習指導要領(平成29年4月告示)第2章第1節第1款「1　視覚障害者である児童に対する教育を行う特別支援学校」及び特別支援学校高等部学習指導要領(平成31年2月告示)第2章第1節第2款「1　視覚障害者である生徒に対する教育を行う特別支援学校」の一部である。

特別支援学校小学部・中学部学習指導要領(平成29年4月告示)

○　[　A　]やコンピュータ等の情報機器，触覚教材，拡大教材及び音声教材等各種教材の効果的な活用を通して，児童が[　ア　]に情報を[　B　]し，主体的な学習ができるようにするなど，児童の視覚障害の状態等を考慮した指導方法を工夫すること。

特別支援学校高等部学習指導要領(平成31年2月告示)

○　[　A　]やコンピュータ等の情報機器，触覚教材，拡大教材及び音声教材等各種教材の活用を通して，生徒が[　イ　]に多様な情報を[　B　]し，主体的な学習ができるようにするなど，生徒の視覚障害の状態等を考慮した指導方法を工夫すること。

(1)　文中の[　A　]及び[　B　]に当てはまる適切な語句を記入しなさい。ただし，同じ記号には同じ語句が入るものとする。

(2)　文中の[　ア　]及び[　イ　]に当てはまる適切な語句を次の語群から選び，記号で答えなさい。

《語群》

a　効率的　　b　系統的　　c　積極的　　d　容易

2024年度　福岡県・福岡市・北九州市　難易度

【4】次の文は，特別支援学校幼稚部教育要領(平成29年4月告示)第1章「第6　特に留意する事項」の一部である。

文中の[　A　]～[　C　]に当てはまる適切な語句を記入しなさ

い。

視覚障害者である幼児に対する教育を行う特別支援学校においては，早期からの[　A　]との関連を図り，幼児が聴覚，触覚及び[　B　]などを十分に活用して周囲の状況を把握できるように配慮することで，安心して活発な活動が展開できるようにすること。また，身の回りの具体的な事物・事象及び動作と言葉とを結び付けて基礎的な[　C　]を図るようにすること。

▌2024年度 ▌福岡県・福岡市・北九州市 ▌難易度 ■■■■□□

【5】次の文は，特別支援学校学習指導要領解説各教科等編(小学部・中学部)(平成30年文部科学省)第3章第2「3　指導内容の精選等(第2章第1節第1款の1の(3))」の一部である。

文中の[　ア　]～[　エ　]に当てはまる適切な語句を以下の語群から選び，記号で答えなさい。

児童生徒の視覚障害の状態等に応じて行う指導内容の精選の一つには，基礎的・基本的な事項に重点を置いた指導がある。視覚障害のある児童生徒は，動いているものや遠くにあるものなどを視覚や触覚により[　ア　]することが難しいことから，学習内容の理解が不十分になることがある。そこで，各教科の内容の[　イ　]や[　ウ　]を具体的に把握できるよう，基礎的・基本的な事項に重点を置き，指導内容を適切に精選することが大切である。例えば，「体育」等で球技を取り扱う場合，[　エ　]や空間的な把握が困難なことから，ルールの説明や基本的動作を習得する内容に精選して指導を十分に行うことが考えられる。

《語群》

a	法則性	b	言語理解	c	実際	d	概要
e	直接経験	f	視覚的模倣	g	本質	h	確認
i	詳細	j	全体像				

▌2024年度 ▌福岡県・福岡市・北九州市 ▌難易度 ■■■■□□

【6】2人分の幅が確保できる場所で視覚障害者を手引き歩行で誘導する際，誘導される視覚障害者の立ち位置として最も適切なものを，次の①～④のうちから選びなさい。

① 誘導者の半歩斜め前

② 誘導者の真正面

③ 誘導者の半歩斜め後ろ

④ 誘導者の真後ろ

▌2024年度 ▌神奈川県・横浜市・川崎市・相模原市 ▌難易度 ■■■■■

【7】視覚障害について，次の(1)，(2)の問いに答えなさい。

(1) 点字学習について述べたものとして，適当なものを次の①～④のうちから全て選びなさい。

① 就学前の段階では，点字の指導の重点を基礎学習の充実に置くようにするとともに，就学後の教科学習がスムーズに開始できるよう，発達段階に関わらず，できるだけ早く点字を用いた指導を始めるのがよい。

② 点字の学習指導においては，小学部低学年での指導により一応の読み書きができるようになった後も，正確な分かち書きができる表記能力を養うなど，繰り返しと確認による系統的な指導が大切である。

③ 点字の読み書きの学習を始めるに当たっては，両手の円滑な動作や点の弁別ができる能力，話し言葉を音のレベルで分解・構成ができる能力といったレディネスが形成されていることが重要である。

④ 点字の読み書きの学習においては，点字を1文字ごとに音に置き換えたり，聞き取った音を点字で1文字ずつ書き写したりすることができれば，事物・事象の意味や概念・イメージなどを学習する必要はない。

(2) 視覚障害のある児童生徒の自立活動について述べたものとして，適当でないものを次の①～④のうちから一つ選びなさい。

① 昼夜の区別がつきにくいことから覚醒と睡眠のリズムが不規則になり，昼夜逆転した生活になることがあるため，基礎的な

生活リズムが身に付くよう具体的な指導内容の設定が必要である。

② 物音や会話から周囲の状況を把握することができるため，初めての環境に対して情緒的な安定を図る指導を行う必要はない。

③ 聴覚や触覚を活用し，弱視であれば，保有する視覚を最大限に活用するとともに，その他の感覚も十分に活用して，学習や日常生活に必要な情報を収集するための指導を行うことが重要である。

④ 必要に応じて，周囲にいる人に問いかけるなど，積極的に他者とかかわろうとする態度や習慣を養うように指導することが大切である。

▌2024年度 ▌千葉県・千葉市 ▌難易度

【8】視覚障害者である児童生徒に対する教育を行う特別支援学校について，次の(1)，(2)の問いに答えなさい。

(1) 特別支援学校小学部・中学部学習指導要領(平成29年4月告示)では，視覚障害者である児童生徒に対する教育を行う特別支援学校における，指導計画の作成と内容の取扱いに当たっての配慮事項が次のように示されている。

文中の(　①　)～(　⑤　)に当てはまる語句を書け。また，下線部に関連し，時間の概念を養うために，授業の中でどのような指導上の工夫が考えられるか，その具体例を書け。

1 視覚障害者である児童に対する教育を行う特別支援学校

(1) 児童が聴覚，(　①　)及び保有する(　②　)などを十分に活用して，具体的な事物・事象や動作と(　③　)とを結び付けて，的確な概念の形成を図り，(　③　)を正しく理解し活用できるようにすること。

(2) 児童の視覚障害の状態等に応じて，(　④　)又は普通の文字の読み書きを系統的に指導し，習熟させること。なお，(　④　)を常用して学習する児童に対しても，(　⑤　)・漢語の理解を促すため，児童の発達の段階等に応じて適切な指導が行われるようにすること。

(3) (略)

(4) (略)

(5) 児童が場の状況や活動の過程等を的確に把握できるよう配慮することで，空間や<u>時間の概念</u>を養い，見通しをもって意欲的な学習活動を展開できるようにすること。

(2) 視覚障害者である児童生徒の自立活動の指導内容として，特別支援学校学習指導要領第7章自立活動第2内容「4　環境の把握　(3)感覚の補助及び代行手段の活用に関すること。」を取り扱う。その中で，小さな文字など細かいものや遠くのものを読み取ることが難しい場合，どのような感覚の補助及び代行手段の活用が考えられるか，その具体例を書け。

▌2024年度 ▌群馬県 ▌難易度

【9】次の文は，特別支援学校小学部・中学部学習指導要領(平成29年4月告示)に示された，第2章　各教科　第1節　小学部　第1款　視覚障害者，聴覚障害者，肢体不自由者又は病弱者である児童に対する教育を行う特別支援学校の中で，視覚障害者である児童に対する教育を行う特別支援学校における配慮事項について抜粋したものである。内容に該当しないものを，次の①～⑤の中から一つ選べ。

① 児童が聴覚，触覚及び保有する視覚などを十分に活用して，具体的な事物・事象や動作と言葉とを結び付けて，的確な概念の形成を図り，言葉を正しく理解し活用できるようにすること。

② 児童の視覚障害の状態等に応じて，点字又は普通の文字の読み書きを系統的に指導し，習熟させること。なお，点字を常用して学習する児童に対しても，漢字・漢語の理解を促すため，児童の発達の段階等に応じて適切な指導が行われるようにすること。

③ 児童の視覚障害の状態等に応じて，指導内容を適切に精選し，基礎的・基本的な事項から着実に習得できるよう指導すること。

④ 視覚的に情報を獲得しやすい教材・教具やその活用方法等を工夫するとともに，コンピュータ等の情報機器などを有効に活用し，指

導の効果を高めるようにすること。

⑤　児童が場の状況や活動の過程等を的確に把握できるよう配慮することで，空間や時間の概念を養い，見通しをもって意欲的な学習活動を展開できるようにすること。

▌2023年度 ▌岐阜県 ▌難易度

【10】次の各文は，視覚障がい者の歩行について述べたものである。

文中の[　ア　]～[　ウ　]に当てはまる適切な語句を以下の語群から選び，記号で答えなさい。

①　視覚障がい者の歩行は，オリエンテーション(定位＝環境認知)と，[　ア　](身体移動＝歩行運動)の二つの側面が一体となった行動のシステムであり，歩く動作のみに着目してはならない。

②　手による伝い歩きをする場合は，[　イ　]，小指側が壁や手すりに接するようにして歩行する。

③　視覚障がい者の白杖所持については，[　ウ　]法に定められている。

《語群》

a　ファミリアリゼーション	b　モビリティー
c　メンタルローテーション	d　手を握った状態で
e　指先を軽く曲げ	f　指先を伸ばし
g　身体障害者福祉	h　道路交通
i　障害者総合支援	

▌2023年度 ▌福岡県・福岡市・北九州市 ▌難易度

【11】次の記述は，「特別支援学校学習指導要領解説　各教科等編(小学部・中学部)(平成30年3月)」に示された「第3章　視覚障害者，聴覚障害者，肢体不自由者又は病弱者である児童生徒に対する教育を行う特別支援学校の各教科　第2　視覚障害者である児童生徒に対する教育を行う特別支援学校」の一部である。空欄[　ア　]～[　ウ　]に当てはまるものの組合せとして最も適切なものを，以下の①～④のうちから選びなさい。

4　コンピュータ等の情報機器や教材等の活用

> (4) 視覚補助具やコンピュータ等の情報機器，[　ア　]教材，[　イ　]教材及び[　ウ　]教材等各種教材の効果的な活用を通して，児童が容易に情報を収集・整理し，主体的な学習ができるようにするなど，児童の視覚障害の状態等を考慮した指導方法を工夫すること。

視覚を活用した学習が困難な児童生徒は，聴覚や[　ア　]から情報を得て学習する。そこで，[　ウ　]教材や[　ア　]教材を活用したり，モデル実験を行ったりするなど，視覚的な情報を聴覚や[　ア　]で把握できるように指導内容・方法を工夫することが大切である。(中略)

弱視の児童生徒の見え方は様々であり，視力のほかに，視野，色覚，眼振や羞明などに影響を受ける。指導の効果を高めるために，適切なサイズの文字や図表の[　イ　]教材を用意したり，各種の弱視レンズ，[　イ　]読書器などの視覚補助具を活用したり，机や書見台，照明器具等を工夫して見やすい環境を整えたりすることが大切である。

① ア　立体　イ　読み上げ　ウ　音声
② ア　立体　イ　拡大　ウ　視聴覚
③ ア　触覚　イ　拡大　ウ　音声
④ ア　触覚　イ　読み上げ　ウ　視聴覚

2023年度 | 神奈川県・横浜市・川崎市・相模原市 | 難易度

【12】視覚障害について，次の(1)，(2)の問いに答えなさい。

(1) 「障害のある子供の教育支援の手引」に示されたものとして，適当なものを次の①～④のうちから全て選びなさい。

① 両眼に視機能の低下がある，あるいは，片眼だけに視機能の低下がある場合に，視覚障害という。

② 夜盲があると，明るいところで不自由はなくても，少しでも暗くなったり，暗いところに入ったりした場合に行動が制限される。例えば，夕方になると戸外で遊ぶことができないし，雨降りの日などは行動が慎重になる傾向がみられる。

③ 視覚障害は，眼球及び視路(視神経から大脳視覚中枢までを含む。)で構成されている視覚器官のいずれかの部分の障害によって

起こる。

④　視野とは，正面を見ている場合に，同時に上下左右などの各方向が見える範囲である。この範囲が，周囲の方から狭くなって中心付近だけが残ったものを羞明という。

(2)　「特別支援学校学習指導要領解説　各教科等編(小学部・中学部)」の「第3章　第2　視覚障害者である児童生徒に対する教育を行う特別支援学校」で示されたものとして，適当でないものを次の①～④のうちから一つ選びなさい。

①　視覚障害のある児童生徒が，普通の文字と点字のどちらかを常用するかは大切な問題であり，原則的には視力や視野の程度，眼疾患の状態，学習効率，本人の希望や意欲などの観点から総合的に判断することになる。

②　視覚障害のある児童生徒は，視覚による情報収集の困難から，限られた情報や経験の範囲で概念が形成されたり，理解が一面的だったりすることがある。事物・事象や動作と言葉とを対応できるようにする指導が大切である。

③　視覚を活用した学習が困難な児童生徒は，聴覚や触覚から情報を得て学習する。そこで，音声教材や触覚教材を活用したり，モデル実験を行ったりするなど，視覚的な情報を聴覚や触覚で把握できるように指導内容・方法を工夫することが大切である。

④　視覚障害のある児童生徒は，初めての内容を理解することには時間を要することがあるが，障害の状態等に応じて指導内容を精選してはならない。

2023年度 ▌千葉県・千葉市 ▌難易度 ■■■□□

【13】次の記述は，「障害のある子供の教育支援の手引～子供たち一人一人の教育的ニーズを踏まえた学びの充実に向けて～(文部科学省　令和3年6月)」に示された「第3編　障害の状態等に応じた教育的対応　Ⅰ　視覚障害　1　視覚障害のある子供の教育的ニーズ　(2)　教育的ニーズを整理するための観点　②　視覚障害のある子供に対する特別な指導内容　ア　就学前までにおける特別な指導内容」の一部である。空欄[　ア　]～[　ウ　]に当てはまるものの組合せとして最も適切なもの

を，以下の①～④のうちから選びなさい。

視力の発達は，出生直後は光を感じる程度であるが3歳頃までに急速に発達は進み，就学時の6～7歳でほぼ大人の視力になり，[　ア　]に視力は安定する。視力が発達するためには条件があり，第一に網膜で一番視力の高い[　イ　]に像が映されるため，左右の視線が正しく目標に向かうこと，次に両方の目のピントが合っていることが必要である。[　イ　]にピントがぼやけた像ばかり映っていると感度が低下するとともに，網膜に映った像を[　ウ　]に伝える経路の発達が停滞する。このことは，眼鏡を掛けても矯正視力は上がらない状況となる。これら発達に必要な条件が伴って，繰り返し鮮明な像を[　ウ　]に伝えられることで視力が発達する。

①　ア　18歳頃　　イ　中心窩(ちゅうしんか)　　ウ　身体
②　ア　18歳頃　　イ　虹彩　　ウ　脳
③　ア　10歳頃　　イ　中心窩(ちゅうしんか)　　ウ　脳
④　ア　10歳頃　　イ　虹彩　　ウ　身体

▌2023年度 ▌神奈川県・横浜市・川崎市・相模原市 ▌難易度 ■■■□□

解答・解説

【1】(1)

○解説○ 車両の運転者は，障害を持つ人に対し特に安全を配慮する義務を持ち，視覚障害者に対してはその対象であることが分かるようにするという考え方を基に，視覚障害者に対して白杖の携行を義務付けている。　(2)「ガイドが前から腕や白杖を引いて」が誤りである。ガイドする人が白杖を持つ手の反対側に立ち，肘の少し上を握ってもらい，「進みます」などと声をかけ，半歩前を歩く。ガイドする人の背が低いときは，肩に手をかける方が楽な場合もある。　(3)　盲導犬は，障害物を避けたり，段差や角を教えたりして，安全に歩行するため手助けをすることが役割である。　(4)　白杖による歩行練習は，まず屋内で安全に移動する練習を行い，その後，屋外に出ての歩行練習が行われる。

【2】(1) D　(2) ア b　イ d　(3) 凹レンズ　(4) 2〔m〕

○解説○ (1) ジオプトリー(Diopter)は「D」と表記される。 (2) ジオプトリーはレンズの「屈折力」を表す単位であり，ピント合わせの距離を算出する。 (3) −(マイナス)で示されるのは，凹レンズで視力を矯正しており，近視用レンズである。+(プラス)で示されるのは，凸レンズで視力を矯正しており，遠視用レンズである。 (4) 0.1の指標が見える距離視力は，5mを基準として，5.0m→0.1，4.5m→0.09，4.0m→0.08，3.5m→0.07，3.0m→0.06，2.5m→0.05，2.0m→0.04，1.5m→0.03，1.0m→0.02，0.5m→0.01である。

【3】(1) A 視覚補助具　B 収集・整理　(2) ア d　イ a

○解説○ (1) 今回の学習指導要領の改訂において，児童生徒が主体的な学習をできるようにするために，視覚補助具やコンピュータ等の情報機器，各種教材のどれもが重要であること，それらを効果的に活用し，情報を収集・整理することが大切であることが示された。 (2) 小学部・中学部段階では，児童が容易に情報を収集することに重きが置かれ，高等部段階では，生徒が「効率的」に多様な情報を収集することに重きが置かれている。

【4】A 教育相談　B 保有する視覚　C 概念の形成

○解説○ 特別支援学校においては，就学前から行われる教育相談を踏まえて，障害の状態や特性，発達の程度等を把握したうえで指導を行う必要がある。視覚障害者である幼児については，障害を補う感覚すなわち保有する視覚を十分活用することが重要である。また，通常，事物・事象についての概念は，視覚や聴覚，運動感覚などを通して得た情報を基に形成され，なかでも，視覚を通して得る情報が重要な役割を担っている。したがって，視覚障害児の教育においては，まず基礎的な概念の形成を図ることが重要である。

【5】ア　e　イ　g　ウ　a　エ　f

○**解説**○ 視覚障害のある児童生徒は，視覚による情報収集が困難なことから，直接経験することが難しい。例えば，体育の球技を例に取ると，指導者が示す実技の手本に従う身体的模倣や，コートの範囲やネットの高さ，ボールまでの距離等を体感する空間的把握が困難である。よって，各教科の理解を促すためには，内容の本質や法則性を具体的に把握できるようにすることが大切である。

【6】③

○**解説**○ なお，狭い道などで誘導する場合は，障害者を真後ろに入れて一列で通る。手引き歩行の場合は，持ってもらっている手を背中側に回す。

【7】(1)　②，③　(2)　②

○**解説**○ (1)　①　点字学習について，学習指導要領解説では「弱視の幼児児童生徒の場合，……適切な時期に使用文字を点字に切り替える等，学習効率を考えた文字選択の配慮が必要」としており，個々の障害の状態や発達段階を考慮して指導するようになっている。　④「障害のある子供の教育支援の手引」(文部科学省)では，点字を使用する子供への指導について「各教科を通じて点字の読み書き技能を習熟させるとともに，実物や模型などを数多く活用して正しい知識や概念の形成を図るように工夫が行われている」としている。よって，問題文の後半が誤りとなる。　(2)　特別支援学校学習指導要領解説 自立活動編(幼稚部・小学部・中学部)によると，視覚障害を有する児童生徒の場合，「見えにくさから周囲の状況を把握することが難しいため，初めての場所や周囲の変化に対して，不安になる場合がある。このような場合には，一人一人の見え方やそれに起因する困難を踏まえた上で，周囲がどのような状況かを教師が言葉で説明したり，あらかじめ幼児児童生徒とその場に移動して一緒に確かめたりすることによって情緒的な安定を図るようにする」とある。

●各種障害

【8】(1) ① 触覚　② 視覚　③ 言葉　④ 点字　⑤ 漢字　・授業の流れや活動の手順を説明する時間を設定する。
・活動の最初から最後までを通して体験できるようにする。　・友達の活動状況など周囲の状況を説明する。　(2)　・弱視レンズや拡大読書器などの視覚補助具，タブレット端末などを活用すること。
・明るさの変化を音の変化に変える感光器のように視覚以外の感覚で確認できる機器を活用すること。

○解説○ (1)　視覚に障害がある場合は，聴覚や触覚，保有する視覚を十分に活用する。概念の形成については，具体的な事物や事象と言葉を結び付けることが重要である。点字や普通の文字の読み書きの指導も，系統的に行う必要がある。普通の文字の指導については，漢字を部首に分解し，基本漢字を徹底して指導するなど，漢字の読み書きの指導が重要である。なお，視覚による情報と比べると，聴覚や触覚で情報収集する場合は，量も詳細さも十分とはいえない。視覚障害児にとって，時間的・空間的関係を同時に認知することは非常に困難であり，例えば，動作の模倣，文字の読み書き，事物の確認，物の位置や人の動きの把握，他者の存在に気付く，単独で移動する，周囲の人の意図や感情の変化を読み取ることなどが難しい。よって，視覚障害のある児童生徒を指導するには，見通しを持った学習活動を工夫し，時間的な授業の流れや学習場面での空間的な状況を把握させるなどの配慮が必要となる。指導者が事前に入念な準備を行うことで，児童生徒により積極的な学習活動を促すことが大切である。　(2)　出題の「(3)感覚の補助及び代行手段の活用に関すること」の項では，障害のある児童生徒が保有する感覚を用いて状況を把握しやすくなるよう，各種の補助機器の活用や，他の感覚や機器での代行が示されている。視覚障害のある児童生徒には，解答例のほかにも，触覚を活用する「盲人用地球儀」，「触地図」，「触覚読書器」，音声を活用する「音声電卓」や「音声読書器」などの機器の利用が考えられる。なお，適切な補助及び代行手段を検討する前に，個々の児童生徒の障害の程度を十分理解し，児童生徒が学習に集中できる環境を整備する事前準備が必要である。視覚障害のある児童生徒の場合，特定の音や光に過敏に反応したりすることがあり，障害の特性により屋外だけでなく屋内においても蛍光灯などにまぶしさを強く感じることがある。そのような場合は，遮光眼鏡を装用するよう指導し，その習慣化を図ることが大切である。また，室内における見えやすい明るさを必要に応じて他者に伝えたり，カーテンで明るさを調整したりできるように指導することも大切である。

【9】④

○**解説**○ 視覚障害者である児童に対する配慮事項であるから，④の「視覚的に情報を獲得しやすい教材・教具やその活用方法等…」の記述は明らかに誤り。視覚を活用した学習が困難な場合は，聴覚や触覚から情報を得て学習できるよう工夫する必要がある。学習指導要領の当該箇所では，「視覚補助具やコンピュータ等の情報機器，触覚教材，拡大教材及び音声教材等各種教材の効果的な活用を通して，児童が容易に情報を収集・整理し，主体的な学習ができるようにするなど，児童の視覚障害の状態等を考慮した指導方法を工夫すること」とされている。

【10】ア b　イ e　ウ h

○**解説**○ ア　視覚障害者の歩行については，オリエンテーション(定位：今どこにいるのか，目的地はどこか，どのようにしていくか)と，モビリティー(身体移動：移動できること)の技能が必要である。
イ　手による伝い歩きの方法としては，壁や手すり等から15cm程度離れて立ち，壁側の腕を肘を伸ばしたまま腰の高さまで前方へ出し，指先を軽く曲げて，指の甲あるいは爪の部分を壁に軽く触れるように滑らせながら，壁や手すりに沿って歩く。　ウ　視覚障害者の白杖所持は，道路交通法第14条に定められている。白杖には，歩行する上での情報を収集する，障害物を確認し身の安全を確保する，一般の通行人や車両運転者に視覚障害であることを知らせる，という役割がある。

【11】③

○**解説**○ 視覚を補う五感としては，聴覚や触覚が考えられる。聴覚や触覚で情報を把握するための教材は音声教材や触覚教材であり，これらを活用した指導の工夫が求められる。弱視の児童生徒の場合は，視覚で情報を把握する余地があることから，拡大教材の活用が考えられる。拡大教材としては，拡大読書器，各種弱視レンズ，書見台，さらにはICT機器がある。そのICT機器には，視覚情報をその児童生徒の見やすい文字サイズやコントラストに変換するタブレット等がある。

【12】(1) ②，③　(2) ④

○解説○ (1) ①　片眼だけに視機能の低下がある場合，遠近感などに問題が発生するが，見えるほうの眼を使うことで学習・生活に特別な取扱いを要するほどの困難を伴わないことから視覚障害とはいわないとされている。　④　「羞明」ではなく，「求心性視野狭窄」が正しい。「羞明」とは通常の光でもまぶしさを強く感じる現象を指す。
(2) 本資料によると，今回の学習指導要領改訂では「基礎的・基本的な事項から着実に習得できるように指導する」ため，児童の視覚障害の状態等に応じて，指導内容を適切に精選することが示されている。

【13】③

○解説○ 視力の発達は，出生後から急速に進み，就学時の6～7歳でほぼ大人と同じ見え方になり，小学校第3，第4学年の10歳頃までに視力が安定する。視力が安定する10歳頃までの時期は，外界からの刺激によって視力や視覚の発達などの効果が得られる時期である。この時期に視覚器官の機能が不十分で両眼の視力が一致しない，両眼のピントが合わないといった状態が続くと，見える力となる視力が発達しないとともに，見分ける力となる認知能力や概念形成にも大きく影響することが懸念される。眼の仕組みは，光が角膜と水晶体を通ったときに屈折して，網膜で像を結ぶ。このとき，水晶体の厚みで調節され，網膜で像を結ぶ際にピントが合う。その網膜の中でも視力が最も敏感な部分が中心窩である。中心窩には，色を識別する錐体細胞が密集している。網膜に映った像は，視神経乳頭から脳に伝えられる。

聴覚障害

【1】次は，聴覚障害について述べた文です。内容が正しいものを，(1)～(4)の中から1つ選びなさい。

(1) 新生児聴覚スクリーニング検査は，主に自動聴性脳幹反応(AABR)やトータル・コミュニケーション(TC)によって行われる。

(2) 聴覚障害のある子供は，補聴器や人工内耳等の装具をすることによって，聴覚障害のない子供と同様に周囲の音や音声を正確に聞き取れ，聴覚が発達する。

(3) 周囲の音や音声の意味が見て分かるような配慮や手話の活用によるコミュニケーションは，子供の意味理解を促し，聴覚障害児の発達を支えるものである。

(4) 平成26年2月小児人工内耳適応基準が改訂され，小児の手術年齢が2歳に引き下げられた。

▌2024年度 ▌埼玉県・さいたま市 ▌難易度 ■■■■□□

【2】次の各文は，障害のある子供の教育支援の手引(令和3年文部科学省)に示された「聴覚障害の分類」の一部である。

○ 障害の程度を示す基準はオージオメータで測定した各周波数の気導聴力レベルのうち会話音域を代表する[A]Hz(ヘルツ)，[B]Hz，[C]Hzの値をそれぞれa，b，c dB(デシベル)とすると，$\frac{(a+2b+c)}{4}$で算出した値(平均聴力レベル)によって示されている。正常聴力レベルは，正常音が聞き取れる最小の音圧で，オージオメータの[D]dB以下に当たる。

○ オージオメータによって測定した気導聴力レベルと骨導聴力域値から，オージオグラム(聴力図)を作成し，各周波数の聴力レベルの相互関係から，次のような類型に分けられる。

a [ア]型

各周波数の聴力レベルがほぼ同程度の群で，耳小骨離断や感音難聴などでみられる。

b [イ]型

低い周波数の聴力レベルの値が大きい群で，伝音難聴やメニエル病などでみられる。

c ［　ウ　］型

高い周波数ほど聴力レベルが大きい群で，感音難聴などでみられる。小児期に見られる難聴の4分の3はこのタイプの聴力増を示す。

d ［　エ　］型

低い周波数帯は，障害の程度が軽度であるが，1000～2000Hzよりも高音部で急激に重度になる群で，感音難聴，特に薬剤性難聴でしばしばみられる。

(1) 文中の［A］～［D］に当てはまる適切な数字を記入しなさい。

(2) 文中の［　ア　］～［　エ　］に当てはまる適切な語句を次の語群から選び，記号で答えなさい。

《語群》

a　高音急墜　　b　高音漸傾　　c　水平　　d　低音障害

e　dip

2024年度　福岡県・福岡市・北九州市　難易度■■■□□

【3】次の文は，特別支援学校小学部・中学部学習指導要領(平成29年4月告示)第2章第1節第1款「2　聴覚障害者である児童に対する教育を行う特別支援学校」の一部である。

文中の［A］及び［B］に当てはまる適切な語句を記入しなさい。

児童の［A］の程度に応じて，主体的に［B］に親しんだり，書いて表現したりする態度を養うよう工夫すること。

2024年度　福岡県・福岡市・北九州市　難易度■■■□□

【4】次の文章は，「特別支援学校学習指導要領解説　各教科等編(小学部・中学部)」(平成30年3月)に示されている「第3章　視覚障害者，聴覚障害者，肢体不自由者又は病弱者である児童生徒に対する教育を行う特別支援学校の各教科　第3　聴覚障害者である児童生徒に対する

教育を行う特別支援学校」の一部である。(①), (②)にあてはまる最も適切な語句を，以下の1～5の中からそれぞれ一つずつ選びなさい。なお，同じ番号の空欄には同じ語句が入る。

> 2 聴覚障害者である児童に対する教育を行う特別支援学校
> (1) 体験的な活動を通して，学習の基盤となる語句などについて的確な言語概念の形成を図り，児童の発達に応じた(①)の育成に努めること。
>
> 聴覚障害者である児童生徒に対する教育を行う特別支援学校における言語に関する指導については，(②)の比重が大きいが，その基本は，児童生徒の学校生活全般にわたって，留意して指導を行う必要がある。
>
> ～中略～
>
> 単元などのまとまりの中で，例えば，児童生徒が学習の目当てを自覚して課題に取り組んだり，自分の学習を振り返り新たに分かったことや次回に生かせる解決方法をまとめたり，話合いや書かれた文章などとの対峙を通して自分の考えを深めたりするなど，児童の主体的・対話的で深い学びの実現に向けた授業改善が求められている。これらの学習活動を支える言語概念の形成を図るとともに，児童の発達に応じた言語による(①)を育成することが重要である。そこで，今回の改訂では，「学習の基盤となる語句などについて」を加え，各教科において形成すべき言語概念の対象を明確に示した。また，「語句など」とは，語句，文，文章などを示している。

① 1 聴力 2 判断力 3 職業能力 4 適応能力
5 思考力

② 1 道徳科の指導 2 外国語活動の指導
3 特別活動の指導 4 自立活動の指導
5 読み書きの指導

2024年度 鳥取県 難易度

【5】次の図は，ある聴力検査の結果を示している。この場合の平均聴力レベルを4分法で算出した結果として最も適切なものを，以下の①～⑤のうちから選びなさい。

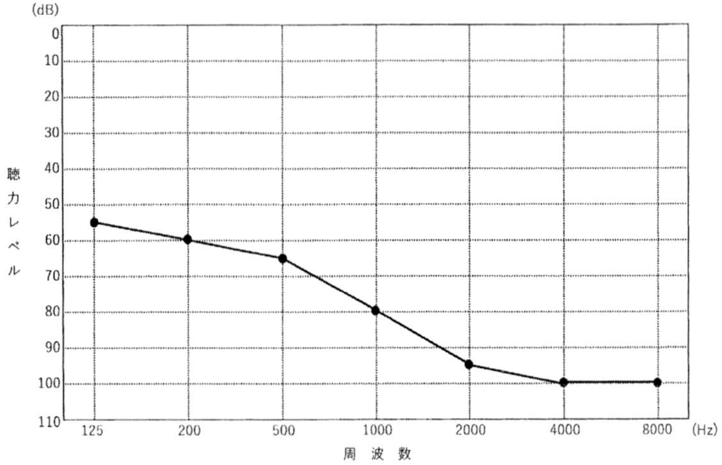

① 60dB　② 75dB　③ 80dB　④ 85dB　⑤ 100dB

2024年度 神奈川県・横浜市・川崎市・相模原市 難易度

【6】次の記述は，「特別支援学校幼稚部教育要領　小学部・中学部学習指導要領(平成29年4月告示)」に示された「第1章　総則　第6　特に留意する事項」の一部である。空欄［ア］～［エ］に当てはまるものの組合せとして最も適切なものを，以下の①～⑥のうちから選びなさい。

聴覚障害者である幼児に対する教育を行う特別支援学校においては，早期からの［ア］を図り，［イ］や視覚的な情報などを十分に活用して［ウ］の習得と概念の形成を図る指導を進めること。また，［ウ］を用いて［エ］を深めたり，日常生活に必要な知識を広げたりする態度や習慣を育てること。

① ア　教育相談との関連　イ　保有する聴覚　ウ　言葉
　エ　人との関わり
② ア　医療との連携　イ　補聴器など　ウ　手話
　エ　物事の認識

③ ア 教育相談との関連 イ 保有する聴覚 ウ 手話
エ 物事の認識
④ ア 医療との連携 イ 補聴器など ウ 言葉
エ 人との関わり
⑤ ア 教育相談との関連 イ 補聴器など ウ 言葉
エ 物事の認識
⑥ ア 医療との連携 イ 保有する聴覚 ウ 手話
エ 人との関わり

2024年度 神奈川県・横浜市・川崎市・相模原市 難易度

【7】人工内耳に関する記述として最も適切なものを，次の①～④のうちから選びなさい。

① 現在世界で普及している人工臓器の一つであるが，難聴があって補聴器での装用効果が不十分である際には，手術の適用となり得ない。

② 手術的に蝸牛に電極(インプラント)を埋め込むプロセスと，外部装置(プロセッサ)を調整して装用するプロセスが必要となるため，手術前後には，医療機関，特別支援学校，療育機関，両親や家族の支援が重要である。

③ 装用後は，個人差はあるものの，手術後すぐに，聞き取りが聴覚に障害のない状態と同等になる。

④ 一般的には就学後に手術を実施することが人工内耳を介した音声言語の獲得を行うために重要であると考えられている。

2024年度 神奈川県・横浜市・川崎市・相模原市 難易度

【8】次の記述は，ある平均聴力レベルの聴覚障害についての説明である。［ア］に当てはまるものとして最も適切なものを，以下の①～④のうちから選びなさい。

平均聴力レベル［ア］の聴覚障害は，話声語を4～5m,ささやき語を50cm以内で聞き取ることができ，一対一の会話場面での支障は少ないが，日常生活面では聞き返しが多くなる。学校などの集団の中では周囲の騒音に妨害されて聞き取れないことがあり，小学校などで座席が後ろの方であったりすると，教室の騒音等により教師の話が正確に聞き取れないことがある。その結果，言語力が伸びにくかったり，学習面での問題が生じたり，周囲とのコミュニケーションでトラブルが生じたりすることもあるため，補聴の必要性も含めて慎重に対処が行われるべきである。

① 25～40dB　② 40～60dB　③ 60～90dB　④ 90dB以上

┃2024年度┃神奈川県・横浜市・川崎市・相模原市┃難易度■■■□□

【9】聴覚障害に関する記述として適切ではないものを，次の①～④のうちから選びなさい。

① 聴覚障害は，聴覚器官のどの部位に原因があるかによって，伝音難聴と感音難聴に分けられる。
② 伝音難聴と感音難聴の両方が，併存することもある。
③ 感音難聴を，末梢神経性難聴と中枢神経性難聴に分けることもある。
④ 末梢神経性難聴を，後迷路性難聴ということもある。

┃2024年度┃神奈川県・横浜市・川崎市・相模原市┃難易度■■■□□

【10】聴覚障害について，次の(1)，(2)の問いに答えなさい。

(1) 次の文章は，特別支援学校(聴覚障害)の対象となる障害の程度について示したものである。[1]～[4]にあてはまる最も適当な語句を，以下の解答群からそれぞれ一つずつ選びなさい。

> ([1])の聴力レベルがおおむね([2])デシベル以上のもののうち，([3])等の使用によっても通常の([4])を解することが不可能又は著しく困難な程度のもの。　(学校教育法施行令第22条の3)

＜解答群＞
① 45　② 補聴器　③ 30　④ 片耳　⑤ 文章
⑥ 音楽　⑦ 両耳　⑧ 音響機器　⑨ 60　⑩ 話声

(2) 次の文章及び以下の図は，聴覚器官と聴覚障害の分類として示されたものである。(ア)～(カ)にあてはまる最も適当な語句の組合せを，あとの解答群から一つ選びなさい。

聴覚器官は，外耳(耳介，外耳道)，(　ア　)(鼓膜，鼓室，(　イ　)，耳小骨筋，耳管)，(　ウ　)((　エ　)，前庭，半規管)，聴覚伝導路，聴覚中枢からなっている。これらは，外界にある音を振動として受け止め，これを(　ウ　)の感覚細胞まで送り込む作業をしている(　オ　)部分と，送り込まれた振動を感覚細胞(内・外有毛細胞)で感じ，神経興奮(インパルス)に換え，脳幹の神経伝導路を通って大脳の聴皮質に送る(　カ　)部分に大別される。

振動としての音が内耳に伝わる経路には，音が外耳，(　ア　)を通っていく経路(空気伝導，気導)と，頭蓋の振動となって直接(　ウ　)を振動する経路(骨伝導，骨導)とがある。

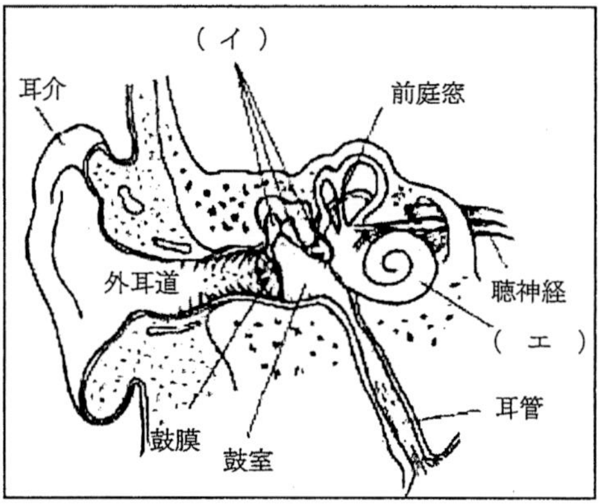

<解答群>

① ア　内耳　イ　蝸牛　ウ　中耳　エ　耳小骨
　オ　感音　カ　伝音

② ア　内耳　イ　耳小骨　ウ　中耳　エ　蝸牛
　オ　伝音　カ　感音

③ ア　中耳　イ　耳小骨　ウ　内耳　エ　蝸牛
　オ　感音　カ　伝音

④ ア　中耳　イ　耳小骨　ウ　内耳　エ　蝸牛
　オ　伝音　カ　感音

⑤ ア　中耳　イ　蝸牛　ウ　内耳　エ　耳小骨
　オ　伝音　カ　感音

2024年度 ｜ 千葉県・千葉市 ｜ 難易度

【11】次の文章と図は，「教育支援資料～障害のある子供の就学手続と早期からの一貫した支援の充実～」(平成25年10月　文部科学省)第3編　障害の状態等に応じた教育的対応　Ⅱ　聴覚障害　の内容である。空欄(　①　)～(　⑤　)に当てはまる適当な語句を，あとのア～コからそれぞれ1つずつ選び，記号で答えなさい。なお，文章中の空欄(　②　)及び(　③　)と，図中の空欄(　②　)及び(　③　)には，それぞれ同じ語句が入る。

聴覚障害の分類

聴覚器官は，感覚受容器の一つであり，視覚器官とともに，身体から離れた外界の変化や(　①　)を受け取る遠隔受容器である。聴覚の仕組みは図3－Ⅱ－(1)のとおりである。

聴覚器官は，(　②　)(耳介，(　②　)道)，(　③　)(鼓膜，鼓室，耳小骨，耳小骨筋，耳管)，内耳(蝸牛(かぎゅう)，前庭，半規管)，聴覚伝導路，聴覚中枢からなっている。これらは，外界にある音の振動を受け止め，これを内耳の感覚細胞まで送り込む作業をしている伝音部分と，送り込まれた音の振動を感覚細胞(内・外有毛細胞)で感じ，神経興奮(インパルス)に換え，脳幹の神経伝導路を通って(　④　)の聴皮質に送る感音部分に大別される。

音の振動が内耳に伝わる経路には，振動が(　②　)，(　③　)を通っていく経路(空気伝導，気導)と，頭蓋の振動となって直接内耳を振動する経路(骨伝導，骨導)とがある。

難聴は，障害部位，障害の程度や型，障害が生じた時期や(　⑤　)などによって分けることができる。

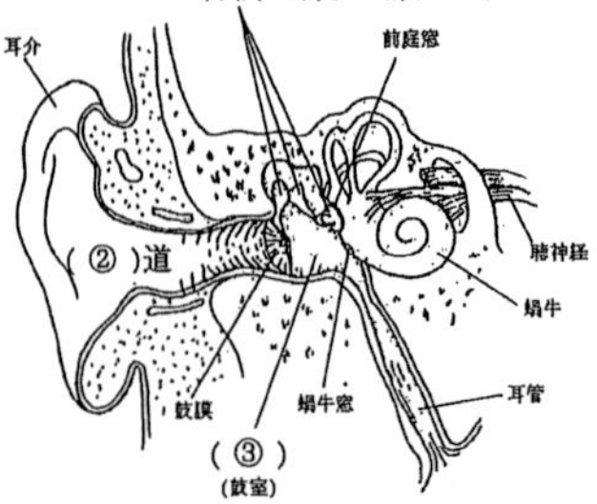

図3－Ⅱ－(1) 聴覚器官

ア　大脳　　イ　環境　　ウ　前耳　　エ　外耳　　オ　年齢
カ　情報　　キ　原因　　ク　小脳　　ケ　中耳　　コ　後迷路

▌2024年度▌京都府▌難易度■■■■□□

【12】聴覚障害者である児童生徒に対する教育及び聴覚障害について，次の(1)～(5)の問いに答えなさい。

(1)　次の文は，特別支援学校小学部・中学部学習指導要領(平成29年4月告示)第2章各教科第1節小学部の一部である。以下の①，②の問いに答えよ。

> 2　聴覚障害者である児童に対する教育を行う特別支援学校
>
> (1)　体験的な活動を通して，学習の基盤となる語句などについて的確な言語概念の形成を図り，児童の発達に応じた思考力の育成に努めること。
>
> (2)　児童の言語発達の程度に応じて，主体的に(　ア　)に親しんだり，書いて表現したりする態度を養うよう工夫すること。
>
> (3)　児童の聴覚障害の状態等に応じて，音声，文字，手話，指文字等を適切に活用して，(　イ　)や児童同士の話し合いなどの学習活動を積極的に取り入れ，的確な意思の相互伝達が行われるよう指導方法を工夫すること。
>
> (4)　児童の聴覚障害の状態等に応じて，(　ウ　)や人工内耳等の利用により，児童の保有する聴覚を最大限に活用し，効果的な学習活動が展開できるようにすること。
>
> (5)　(略)
>
> (6)　(略)

①　(　ア　)～(　ウ　)に当てはまる語句を書け。

②　下線部について，言葉の意味を理解したり，それによって的確な言語概念を形成したり，その指導の過程において言語による思考力を高めたりするために大切なことは何か，次の語句を用いて書け。

【　経験　　言葉　】

(2) 聴覚障害者である児童生徒に対して，周囲の状況やその変化を把握できるようにするためには，どのような指導が必要か具体的に書け。

(3) 読話について，次の①，②の問いに答えよ。

① 児童生徒が読話しやすいようにするため，教師が話し手となる際の配慮事項について書け。

② 読話だけでは話し手(日本語話者)の話を全て理解することは困難である理由を，次の語句を用いて書け。

【 口形　　日本語 】

(4) 聴覚障害においては，早期からの教育的対応が重要とされているのはなぜか説明せよ。

(5) 難聴は障害の部位により，次の①，②に分けられる。それぞれの名称を書け。

① 音のエネルギーが内耳の感覚細胞を刺激するまでの音響物理的な障害により発症する難聴。

② 感覚細胞から第一次聴覚野に至るまでの神経系の障害により発症する難聴。

▌2024年度 ▌群馬県 ▌難易度

【13】特別支援学校(聴覚障害)について，次の問1，問2に答えなさい。

問1　次の文は，文部科学省「障害のある子供の教育支援の手引～子供たち一人一人の教育的ニーズを踏まえた学びの充実に向けて～(令和3年6月)の「第3編　Ⅱ　聴覚障害」の一部です。次の(1)～(3)に答えなさい。

> 2　聴覚障害のある子供の学校や学びの場と提供可能な教育機能
> ・・・(略)・・・
> (1) 特別支援学校(聴覚障害)
> ① 特別支援学校(聴覚障害)の対象
> 対象となる障害の程度は以下のように示されている。
>
> > 両耳の聴力レベルがおおむね[　A　]デシベル以上のもののうち，補聴器等の使用によっても通常の話声を解するこ

とが不可能又は著しく困難な程度のもの。

(学校教育法施行令第22条の3)

・・・(略)・・・

② 特別支援学校(聴覚障害)の概要

・・・(略)・・・

「自立活動」の指導では，個別の指導計画に基づいて指導が行われるが，聴覚障害のある子供への指導内容は，幼稚部，小学部では聴覚活用や言語発達に重点を置き，それ以降は，自立と社会参加を見据えた$_{a}$<u>言語指導</u>や情報の活用(読書の習慣，コミュニケーションの態度・技能など)，$_{b}$<u>障害の特性についての自己理解</u>や心理的な諸問題に関するものなどへと次第に移っていくことが多い。

(1) 空欄Aに当てはまる数字を選びなさい。

ア 30　イ 60　ウ 80　エ 100　オ 110

(2) a______について，聴覚障害のある児童生徒に対する自立活動の指導上の配慮として，正しい正誤の組合せを選びなさい。

① 体験した出来事を文章(5W1H)で表現するために，日常的に手話を用いる児童生徒が，まず手話で体験した出来事を表現し，その内容を日本語に置き換えながら文章を書くようにする。

② 折り紙をする場合，「端をぴったり重ねる」，「角が重なるように折る」，「左手で押さえて，右手で折り目を付ける」などの言葉を知り，実際に作業できるようにする。

③ 補聴器等をはずして聴覚的な情報を得た上で，体験したことと日本語を結び付けて理解できるようにする。

④ 写真や絵などを見て分かったことや考えたことを学級で話し合い，それを文章で書くようにする。

ア	① ○	② ○	③ ○	④ ×
イ	① ○	② ×	③ ○	④ ×
ウ	① ○	② ○	③ ×	④ ○
エ	① ×	② ○	③ ×	④ ○

オ ① × ② × ③ ○ ④ ○

(3) b______について，聴覚障害のある児童生徒に対する自立活動の指導として，正しい正誤の組合せを選びなさい。

① 発進の段階に合わせて，どのような音や声が聞こえて，どのような音や声が聞き取れないのかを自分でしっかりと理解し，時と場合によって聞こえたり聞こえなかったりすることに気付かせる。

② 聴覚活用に加え，手話や筆談など，他者とコミュニケーションを図るための様々な方法があることを理解し，その中で自分が分かりやすいコミュニケーションの方法を選択できるようにする。

③ 聴覚障害のある児童生徒が補聴器や人工内耳を装用して，音がどの程度聞こえ，他者の話がどの程度理解できるかについて，聴力レベルや補聴器装用閾値が分かれば，実態を的確に把握することができる。

④ 発達の段階に応じて，耳の構造や自己の障害についての十分な理解を図った上で，補聴器等を用いる際の留意点についても理解を促すなどして，自ら適切な聞こえの状態を維持できるようにする。

ア ① ○ ② ○ ③ ○ ④ ×
イ ① ○ ② × ③ ○ ④ ×
ウ ① ○ ② ○ ③ × ④ ○
エ ① × ② ○ ③ × ④ ○
オ ① × ② × ③ ○ ④ ○

問2 次の文は，特別支援学校小学部・中学部学習指導要領(平成29年4月告示)の「第2章 各教科 第1節 小学部 第1款 2 聴覚障害者である児童に対する教育を行う特別支援学校」における指導上の配慮事項です。次の(1)，(2)に答えなさい。

(1) 体験的な活動を通して，学習の基盤となる語句などについて的確な[B]概念の形成を図り，児童の発達に応じた思考力の育成に努めること。

(2) 児童の言語発達の程度に応じて，主体的に読書に親しんだり，書いて表現したりする態度を養うよう工夫すること。
(3) 児童の聴覚障害の状態等に応じて，音声，文字，手話，指文字等を適切に活用して，発表や児童同士の話し合いなどの学習活動を積極的に取り入れ，的確な意思の相互伝達が行われるよう指導方法を工夫すること。
(4) 児童の聴覚障害の状態等に応じて，補聴器や人工内耳等の利用により，児童の保有する[　C　]を最大限に活用し，効果的な学習活動が展開できるようにすること。
(5) 児童の[　B　]概念や読み書きの力などに応じて，指導内容を適切に精選し，基礎的・基本的な事項に重点を置くなど指導を工夫すること。
(6) 視覚的に情報を獲得しやすい教材・教具やその活用方法等を工夫するとともに，コンピュータ等の情報機器などを有効に活用し，指導の効果を高めるようにすること。

(1) 空欄Bに当てはまる語句として正しいものを選びなさい。
ア　時間　　イ　空間　　ウ　数量　　エ　科学的　　オ　言語
(2) 空欄Cに当てはまる語句として正しいものを選びなさい。
ア　聴覚　　イ　視覚　　ウ　触覚　　エ　嗅覚　　オ　味覚

2024年度 | 北海道・札幌市 | 難易度 ■■■□□

【14】聴覚障害及び言語障害に関する次の各問に答えよ。
〔問1〕 難聴の種類や特徴に関する記述として適切なものは，次の1～4のうちのどれか。
1　感音難聴のうち，蝸牛の障害によるものを内耳性難聴といい，蝸牛神経より高位である聴神経，脳幹，聴皮質の障害によるものを迷路性難聴という。
2　補充現象は，弱い音は聞きにくいが強い音は少し大きくしただけで非常に大きく聞こえることである。
3　混合難聴は，気導聴力と骨導聴力はともに低下するが，気導聴力の低下に比べ骨導聴力の低下はより重度である。

4　伝音難聴とは，外耳や中耳の障害により生じる難聴である。疾患例には，外耳道閉鎖症，メニエール病，耳小骨奇形がある。

〔問2〕 吃音に関する記述として適切なものは，次の1～4のうちのどれか。

1　吃音の初期段階の症状は，一過性であり変動が小さく，文頭の語の発話が困難である。

2　同じ文章を繰り返し読むときに同じ単語を吃る傾向を適応性効果といい，同じ文章を繰り返し音読することによって生じる吃音の頻度の減少を一貫性効果という。

3　発達性吃音の発症率は5%程度で，3歳前後に始まることが多い。また，男児よりも女児に多く見られる。

4　吃音検査の場面には，自由会話，課題場面，被刺激場面がある。課題場面では，絵単語の呼称や文の音読などを行う。

2023年度 ｜ 東京都 ｜ 難易度 ■■■■□

【15】聴覚障害のある幼児児童生徒に対する教育について，次の(1)～(4)の各問いに答えよ。

(1)　次の文は，学校教育法施行令第22条の3に示されている，特別支援学校の就学の対象となる聴覚障害者の障害の程度である。(　①　)に入る適切な数字を，(　②　)に入る適切な語句を，それぞれ答えよ。

> 両耳の聴力レベルがおおむね(　①　)デシベル以上のもののうち，(　②　)等の使用によつても通常の話声を解することが不可能又は著しく困難な程度のもの。

(2)　聴力検査で，音の強さを次第に弱くしていくと，聞こえる音が小さくなり，ついには音が聞こえなくなる。この「聞こえる」と「聞こえない」の境目の音の強さを最小可聴値という。純音を用いて最小可聴値を測定する，日本工業規格で定められた性能をもつ機器を何というか答えよ。

(3)　図1に示している①～③は，指文字である。①～③を順に読むとできる単語は何か答えよ。

図1

(4) 聴覚障害のある幼児児童生徒に対する，言語概念の形成に関する具体的な指導内容を，一つ述べよ。

2023年度 山口県 難易度

解答・解説

【1】(3)

○解説○ (1) 新生児聴覚スクリーニング検査は，自動聴性脳幹反応(AABR)又は自動耳音響放射(OAE)で行われる。トータル・コミュニケーション(TC)は，口話や手話など全ての方法でコミュニケーションを行うというものである。 (2) 補聴器も人工内耳も，聞こえを補助する装具である。大勢の中での話し合いなどにおける会話は，補聴器や人工内耳での聞き取りが難しい。また，音源と聞く人の距離が離れると，聞き取りが難しくなる。 (4) 人工内耳の適応年齢は，1歳以上とされている。

【2】(1) A 500 B 1000 C 2000 D 25 (2) ア c イ d ウ b エ a

○解説○ (1) 障害の程度(平均聴力レベル)は，四分法で算出される。正常音が聞き取れる最小の音圧は25dB以下とされており，これはささやき声などが聞き取れるレベルである。概ね0～24は正常値，25～39dBは軽度難聴(小さな声が聞きづらい)，40～69dBは中等度難聴(日常会話が聞き取りづらい)，70～89dBは高度難聴(日常会話が聞き取れない)，90dB以上では重度難聴(耳元で話しても聞き取れない)に分類される。 (2) アの水平型では，全域の音が等しく聞きづらい。イは低音が障害されているため，低音障害型である。ウは高音になるほど聴力が低下する高音漸傾型である。エは1000～2000Hzよりも高音部が急激に重度になる型であることから高音急墜型である。なお，語群eのdip型は，限局した周波数帯の聴力レベルだけが大きな値を示すもので，音響外傷(音楽ライブなど強大な音にさらされることによって起こる)がよく知られている。頭部外傷でも起こることがある。

【3】A　言語発達　　B　読書

○**解説**○ 聴覚障害者である児童は，聴覚からの情報の獲得が困難であることから，文字を通して情報を収集したり，理解したりすることが必要になる。そのため，読書活動を活発化することが重要である。その際，児童が面白さを感じ，主体的に親しめるよう，児童の言語発達の程度に合わせることが求められる。

【4】①　5　　②　4

○**解説**○ ①「第3　聴覚障害者である児童生徒に対する教育を行う特別支援学校」の「1　学習の基盤となる言語概念の形成と思考力の育成」についての解説の一部である。言語の指導に際しては，具体的経験を言葉で表現し理解できるようにすることが重要である。そのためには言葉の意味を理解し，的確な言語概念を形成したり，その指導の過程において言語による思考力を高めたりする活動が大切である。
②　言語に関する指導については，本来なら国語科を中心として行われるが，聴覚障害者に対する教育においては，自立活動における「コミュニケーション」などによる指導が大きな役割を担うことになる。

【5】③

○**解説**○ 4分法での算出の仕方は，500Hz，1000Hz，2000Hzの値をそれぞれa, b, c〔dB〕とすると，$\frac{a+2b+c}{4}$で計算する。よって，$\frac{65+80\times 2+95}{4}$ $=80$〔dB〕である。

【6】①

○**解説**○ 聴覚障害を有する幼児に対する教育に関する問題。幼児期は言葉の習得に，特に重要である時期であることから，学習指導要領解説では「早期から幼児が保有する聴覚などを十分に活用して興味や関心をもって取り組むことができる遊びを創意工夫し，様々な経験を積ませながら，言葉の習得及び概念の形成を図ることに重点を置いた指導を進めることが必要」としている。

【7】②

○**解説**○ ①　人工内耳は，難聴があり補聴器での装用効果が不十分である人にとって，唯一の聴覚獲得法と位置づけられている。よって，手術の適用が考えられる。　③　人工内耳の有効性には個人差があり，また手術直後から完全に聞こえるわけではないとされている。
④　音声言語の獲得には早期からの装用が必要であるため，「就学後に」ではなく「ごく低年齢で」で手術をすることが求められる。

【8】①

○**解説**○ ささやき声が聞き取れていることから30db程度の聴力はあり，一般的な会話が可能であることから正常聴力，もしくは正常聴力に近い中等度難聴であると考えられる。　②　40～60dBの聴覚障害は話声を1.5～4.5m以内で聞き取れる。家庭内では見逃されやすいレベル。
③　40～60dBの聴覚障害は，話声を0.2～1.5m以内で聞き取れる。補聴器の補聴が適正であれば，音声だけでの会話聴取が可能である場合が多い。　④　90dB以上の聴覚障害は，人工内耳の装用も選択肢の一つとして考えられるレベルである。

【9】④

○**解説**○ 感音難聴は，末梢神経(迷路性又は内耳性)難聴と中枢神経性(後迷路性)難聴に分けることがある。

【10】(1)　1　⑦　　2　⑨　　3　②　　4　⑩　　(2)　④

○**解説**○ (1)　対象となる障害の程度は学校教育法施行令第22条の3に示されており，出題頻度が高い内容なので，全文暗記が望ましい。数値については他の内容との混同に注意したい。　(2)　聴覚器官は外耳，中耳，内耳の三つに分かれ，外耳は耳介から鼓膜まで，中耳は鼓膜と鼓室，内耳は三半規管，前庭，蝸牛で構成される。鼓膜には耳小骨が三つあり，それぞれをツチ骨，キヌタ骨，アブミ骨と呼ぶ。鼓膜に音があたり振動すると，この耳小骨が増幅器の役割を果たして内耳に伝える。なお，難聴は伝音性難聴と感音性難聴に大別できるが，伝音性難聴は外耳と中耳，感音性難聴は内耳に障害があることによって引き起こされる。

【11】① カ　② エ　③ ケ　④ ア　⑤ キ

○**解説**○ 外部から受ける情報は，聴覚からは音声情報や言語，図形，イメージ情報などを受け取っている。聴覚器官である耳は，外耳，中耳，内耳の3つの部分に分けられる。外耳では音を集めて中耳の入口の鼓膜に伝え，中耳では耳小骨で音を増幅させ，内耳では蝸牛で音の情報を電気信号に変換し，蝸牛神経を伝わって大脳に伝達され，音として認識される。難聴には，外耳・中耳の障害によって起こる伝音難聴と，内耳の障害によって起こる感音難聴などがある。

【12】(1) ① ア 読書　イ 発表　ウ 補聴器　② 具体的経験を言葉で表現し，理解できるようにすること。　(2) 視覚や嗅覚などの感覚を総合的に活用する指導。　(3) ① 教師は，児童生徒の方を向き，児童生徒から口が見える位置で話す。　② 日本語には，口形が全く同じ単語も多くあるため。　(4) 聴覚の発達は，新生児期から急速に進み，これに伴って言葉等の発達も促されるため。
(5) ① 伝音(性)難聴　② 感音(性)難聴

○**解説**○ (1) ① ア 聴覚障害者は，聴覚を通した情報の獲得が困難であることが多いことから，文字等を通して情報を収集したり，理解したりすることが必要となる。そのため，様々な機会を通じて，読書活動の活発化を促すことが重要とされている。　イ 発表や話し合い活動などの場面を積極的に取り入れることが重要とされている。

ウ 従前の学習指導要領では，「補聴器」のみが取り上げられていたが，近年，人工内耳を装用する児童生徒が増えたことから，現行の学習指導要領では「補聴器や人工内耳等の利用」と改訂されている。なお，人工内耳の普及によって，在籍する児童生徒の聞こえの程度や聞こえ方がより一層多様化し，個に応じた適切な指導や配慮が求められている。　② 言語や思考力は具体的な体験を通して学んでいくものである。具体的な経験をいかに言葉で表現し，理解できるようにするかが極めて大切である。　(2) 身のまわりの音を聞き取り，様子や言葉を理解するには，視覚や嗅覚などの感覚も総合的に活用する指導が必要である。これは，学習だけでなく，児童生徒の安全にも関係する。例えば，車のクラクションや電車内の緊急アナウンスが聞こえず，損害を被る可能性もある。よって，嗅覚・視覚や現在保持している聴力を最大限活用し，周囲の状況に注意を払うよう指導しなければならない。　(3) ① 読話は，口の動きを見て話を理解する方法であるため，口が見えることが基本である。また，ゆっくりはっきり発音することが大切である。　② 日本語には，例えば「雨」と「飴」など，口形が全く同じ単語が多くある。読話だけで全てを理解することが困難な場合もある。　(4) 幼児期において，言葉は，聞こえることによってコミュニケーションが成立し，獲得される。したがって，聴覚障害のある幼児の場合，特別な手段によって聴力の不足を補いながら，言葉の発達を促す必要がある。幼いうちに適切な対応がなされないと，聴覚の活用能力に加え，言葉の発達にも大きな影響が及ぼされる。
(5) ①は音を伝達する部分の障害であることから伝音性難聴，②は音の振動を電気信号に変えて伝達する部分の障害であることから感音性難聴である。

【13】問1 (1) イ　(2) ウ　(3) ウ　問2 (1) オ　(2) ア

○**解説**○ 問1 (1) 「聴覚障害者」のほかに，学校教育法施行令第22条の3に示された「視覚障害者」，「知的障害者」，「肢体不自由者」，「病弱者」の障害の程度についても，押さえておくこと。本問のような障害種別の出題に備えて，「障害のある子供の教育支援の手引～子供たち一人一人の教育的ニーズを踏まえた学びの充実に向けて～」(令和3年6月 文部科学省)を精読し，理解を深めておいてほしい。　(2) ③のみが誤り。聴覚に障害があり補聴器を必要としている子どもにとって，補聴器をはずさせることは，心理的な安定を欠くばかりでなく正確な情報を収集する手段を断つ行為である。 (3) ③のみが誤り。聴力レベルや補聴器装用閾値だけでは，自己理解は難しい。聞こえの程度には，状況等の変化による心理的な要素も多分に含まれることを理解しておくこと。 問2 (1) 言語の指導に際して最も重要なことは，それぞれの児童生徒が，日常生活の中で，指導しようとする言葉にかかわる具体的な体験をどの程度有しているかということである。特に，言葉の意味を理解したり，それによって的確な言語概念を形成したり，その指導の過程において言語による思考力を高めたりするためには，具体的経験をいかに言葉で表現し理解できるようにするかが極めて大切なことである。したがって，各教科の指導に当たっては，常に，その基本となる言葉で考える指導に留意し，一人一人の障害の状態や発達の段階等に応じた指導を工夫する必要がある。 (2) 特別支援学校に在籍する児童生徒の聞こえの程度や聞こえ方は，より一層多様化しており，個に応じた適切な指導や配慮が求められる。このため，定期的な聴力測定の実施や一人一人の児童生徒の補聴器の適切なフィッティングの状態などについては，これまで以上に留意するとともに，例えば，補聴器が適切に作動しているかどうかという観点から，授業の開始時に，教師が一人一人の児童生徒の補聴器を用いて，実際に音声を聞いてみるなどの方法で点検を行うなどの配慮が欠かせない。

【14】問1 2 問2 4

○**解説**○ 問1 1「迷路性難聴」ではなく「後迷路性難聴」が正しい。 3「気導聴力の低下に比べ骨導聴力の低下はより重度である」とは言い切れない。混合難聴は様々な状態を呈する。 4 メニエール病は感音難聴であることから不適切である。 問2 1「変動が小さく」ではなく「変動は大きく」が適切である。 2「適応性効果」と「一貫性効果」の説明が逆である。 3「男児よりも女児に多く見られる」ではなく「女児よりも男児に多く見られる」が適切である。なお，幼児期における男女比は約1.4：1程度であるが，青年期以降は男女比が約4：1と男性が顕著に多くなる。

【15】(1) ① 60　② 補聴器　(2) オージオメータ
(3) ① く　② る　③ ま　(4) 体験したことを伝えたり，書いたりして，事物や言葉と結びつける。

○解説○ (1) 学校教育法施行令第22条の3は，特別支援学校で教育を受けることが適当であるとする障害の程度を表した条項である。出題の聴覚障害者だけでなく，5つの障害全ての程度について押さえておきたい。　(2) 聴力検査の中で基本的な検査は，標準純音聴力検査というもので，ヘッドホンを両耳に当て，オージオメータを使って行われる。この検査の目的は2つある。1つは，聞こえの程度が正常か異常かということを検査することであり，もう1つは異常の場合，どのような難聴(外耳や中耳に障害があり音の振動の通りが悪くなる伝音難聴か，音の振動を電気的な刺激に換える内耳から聴神経に至る道筋のどこかに障害がある感音難聴)なのかを判断するものである。　(3) 指文字とは，手の形を書き文字に対応させた視覚言語の一つである。日本手話は，仮名文字50音一つ一つに対応する形を，片方の手で表す。
(4) 特別支援学校小学部・中学部学習指導要領(平成29年告示)「第2章 第1節　小学部　2　聴覚障害者である児童に対する教育を行う特別支援学校」の(1)には，指導計画の作成と各学年にわたる内容と取扱いに当たって，「体験的な活動を通して，学習の基盤となる語句などについて的確な言語概念の形成を図り，児童の発達に応じた思考力の育成に努めること」という配慮事項が示されている。言語の指導に際しては，それぞれの児童生徒が，日常生活の中で，指導しようとする言葉にかかわる具体的な体験をどの程度有しているかということが最も重要である。特に，言葉の意味の理解や，的確な言語概念の形成を図り，言語による思考力を高めたりするうえでは，具体的経験をいかに言葉で表現し理解できるようにするかが極めて大切なことであることを理解しておきたい。

肢体不自由

【1】肢体不自由について，次の(1)，(2)の問いに答えなさい。

(1) 肢体不自由の児童生徒に対する特別な指導内容について適当でないものを，次の①～④のうちから一つ選びなさい。

① 具体物を見る，触れる，数えるなどの活動や，実物を観察する，測るなどの体験的な活動を取り入れ，感じたことや気付いたこと，特徴などを言語化し，言葉の意味付けや言語概念，数量などの基礎的な概念の形成を的確に図る指導内容が必要である。

② ICTやAT(Assistive Technology：支援技術)などを用いて，入出力装置の開発や活用を進め，児童生徒一人一人の障害の状態等に応じた適切な補助具や補助的手段を工夫しながら，主体的な学習活動ができるような指導内容を取り上げる必要がある。

③ 言語障害を随伴している肢体不自由のある児童生徒に対しては，言語の表出や表現の代替手段等の選択・活用によって，状況に応じたコミュニケーションが円滑にできるよう指導する必要がある。

④ あらゆる運動・動作の基礎となる臥位，座位，立位などの姿勢づくりによって，学習に対する興味・関心や意欲を高め，集中力や活動力をより引き出すことは困難である。

(2) 肢体不自由の児童生徒について述べられた内容で適当でないものを，次の①～④のうちから一つ選びなさい。

① 事故や疾病の後遺症で，中途の肢体不自由になった場合には，それ以前にできていたことができなくなる，あるいは，行うのに非常に困難を伴うことになる。

② 頭部外傷の場合では，記憶障害，言語機能の障害，知覚認知の障害など高次脳機能障害がある場合もある。そのため，認知や言語などの特性についても把握していなければならない。

③ 骨形成不全症は骨折しやすく，乳幼児期から自家筋力によっても骨折を繰り返すため，介助であっても立位姿勢をとってはならない。

④　必要に応じて医療機関や福祉機関と連携して，医学的診断や治療方針などを含めた情報を活用して，児童生徒一人一人の困難さと教育的ニーズを把握して対応していく必要がある。

2024年度 千葉県・千葉市 難易度

【2】次の①～⑬は，肢体不自由者である高等部第2学年生徒Aの実態を示したものである。以下の(1)～(3)の問いに答えなさい。

①　高等学校に準ずる各教科の目標で学習している。
②　移動は電動車椅子と自走用車椅子を併用している。
③　表や地図から必要な情報を読み取ったり，形を構成したり展開させて考えたりすることが難しい。
④　着替えなどの日常生活動作や書字に時間がかかる。
⑤　教師や友達と会話をすることを好み，多くのことに前向きな姿勢で取り組む。
⑥　長時間の書字や車椅子での座位が続くと，肩や背中の痛みを訴える。
⑦　身体の状態は自覚できているが，自分で筋緊張をゆるめる運動などをする習慣はない。
⑧　腰かけ座位の保持はできるが，床座位の保持は困難である。
⑨　はさみで切る，定規を使って線を引くなど，目と手を協応させた動きが苦手である。
⑩　日常的に全身の筋緊張が強い。
⑪　排尿の寸前にトイレに行くことが多い。
⑫　手すりでのつかまり立ちはできる。
⑬　手の力に頼ったつかまり立ちをしているため，ズボンの上げ下げをする際にバランスを崩しやすい。

(1)　生徒Aの願いは「一人で排泄できるようになりたい。」である。生徒Aの実態を踏まえ，自立活動における指導の目標を書け。

(2)　(1)の目標を達成するための具体的な指導内容を書け。

(3)　生徒Aの実態を自立活動の区分に即して整理する場合，上の「⑥，⑦，⑪」及び「③，⑨」はそれぞれどの区分に当てはめるのが最も適切か。次のア～カから1つ選び記号で答えよ。

ア　健康の保持　　　　イ　心理的な安定
ウ　人間関係の形成　　エ　環境の把握
オ　身体の動き　　　　カ　コミュニケーション

■2024年度■群馬県■難易度■■■■■□

【3】次の文章は，「特別支援学校学習指導要領解説　各教科等編(小学部・中学部)」(平成30年3月)に示されている「第3章　視覚障害者，聴覚障害者，肢体不自由者又は病弱者である児童生徒に対する教育を行う特別支援学校の各教科　第4　肢体不自由者である児童生徒に対する教育を行う特別支援学校」の一部である。(　①　)，(　②　)にあてはまる最も適切な語句を，以下の1～5の中からそれぞれ一つずつ選びなさい。

> 3　肢体不自由者である児童に対する教育を行う特別支援学校
> (1)　(　①　)を通して言語概念等の形成を的確に図り，児童の障害の状態や発達の段階に応じた思考力，判断力，表現力等の育成に努めること。
> (2)　児童の身体の動きの状態や認知の特性，各教科の内容の習得状況等を考慮して，指導内容を適切に設定し，重点を置く事項に時間を多く配当するなど計画的に指導すること。
> (3)　児童の(　②　)や認知の特性等に応じて，指導方法を工夫すること。～略～

①　1　間接経験　　　2　生活科　　　　　3　作業的な活動
　　4　体験的な活動　5　遊びややり取り
②　1　生活年齢　　　2　学習に対する意欲　3　学習時の姿勢
　　4　知的障害の状態　5　学力

■2024年度■鳥取県■難易度■■■■□□

【4】次の記述は，「障害のある子供の教育支援の手引(令和3年6月)」に示された「第3編　障害の状態等に応じた教育的対応　Ⅳ　肢体不自由　1　肢体不自由のある子供の教育的ニーズ」の一部である。肢体

不自由のある子供に対する特別な指導内容として適切ではないものを，次の①～④のうちから選びなさい。

① 学習に対する興味や関心，意欲を高め，集中力や活動力をより引き出すためには，あらゆる運動・動作の基礎となる臥位，座位，立位などの姿勢づくりに積極的に取り組むことが必要である。

② 特に，障害が重度で重複している場合，視覚，聴覚，触覚と併せて，姿勢の変化や筋，関節の動きなどを感じ取る前庭覚や，重力や動きの加速度を感じ取る固有覚を活用できるように，適切な内容を選択し，丁寧に指導する必要がある。

③ 体験的な活動を取り入れ，感じたことや気付いたこと，特徴などを言語化し，言葉の意味付けや言語概念，数量などの基礎的な概念の形成を的確に図る指導内容が必要である。

④ 言語障害を随伴している肢体不自由のある子供に対しては，言語の表出や表現の代替手段等の選択・活用によって，状況に応じたコミュニケーションが円滑にできるよう指導する必要がある。

2024年度 ▌神奈川県・横浜市・川崎市・相模原市 ▌難易度 ■■■□□

【5】次の記述は，「障害のある子供の教育支援の手引(令和3年6月)」に示された「第3編　障害の状態等に応じた教育的対応　Ⅳ　肢体不自由」の一部である。発達の状態等を把握する内容として適切ではないものを，次の①～⑤のうちから選びなさい。

① 遊びや食事，座位などにおいて，無理なく活動できる姿勢や安定した姿勢のとり方を把握する。

② 食事，排せつ，衣服の着脱等の基本的生活習慣に関する自立の程度や介助の方法等について把握する。

③ 遊具や道具等を使用する際の上肢の動かし方などの微細運動の状態やその可動範囲，小さな物を手で握ったり，指でつまんだりする粗大運動の状態を把握する。

④ 言語の理解と表出，コミュニケーションの手段としての補助的手段の必要性について把握する。

⑤ 目と手の協応動作，図と地の知覚，空間における上下，前後，左右などの位置関係等の状態について，適切な教材等を用意して把握

する。

2024年度 ▎神奈川県・横浜市・川崎市・相模原市 ▎難易度 ■■■□□

【6】肢体不自由教育の対象になる者の疾病や障害について説明した文章
として適切でないものを，次の(1)～(4)の中から1つ選びなさい。

(1) 二分脊椎という病気は，先天的に脊椎骨が完全に癒合していない
ために起こる疾患である。下肢まひの症状と下肢の変形などが見ら
れるほか，知覚まひも見られるため，褥瘡(床ずれ)や火傷，骨折が
分からない場合もある。

(2) 脳性まひとは，「受胎から新生児までの間に生じた脳の進行性病
変に基づく，永続的なしかし変化しうる運動及び姿勢の異常」であ
る。

(3) 中枢神経に障害がある者に見られる行動特性の一つである「統合
困難」とは，「部分を全体的なまとまりに構成したり，関係付けた
りすることが困難な傾向」のことである。

(4) 脳室周囲白質軟化症による痙性両まひ児には屈折異常や斜視とと
もに，あるいはそれと関連して視知覚の障害が認められる。知能検
査でパズルや積み木を用いる課題の成績が，言語を用いる課題の成
績に比べてかなり低いことが多い。

2024年度 ▎埼玉県・さいたま市 ▎難易度 ■■■■□

【7】次の各文は，肢体不自由と関係の深い「まひ」について説明したも
のである。
ア～エに当てはまる「まひ」の種類を以下の語群から選び，記号で
答えなさい。
ア 身体の半側にまひがみられる。
イ 左右の上肢と左右の下肢にまひがみられる。
ウ 左右の上肢と左右の下肢にまひがみられるが，上肢より下肢のま
ひが重度である。
エ 左右の下肢にまひがみられる(上肢はまひがみられない)。
《語群》
a 対まひ　　　b 片まひ　　　c 両まひ　　d 四肢まひ

e　重複片まひ

┃ 2024年度 ┃ 福岡県・福岡市・北九州市 ┃ 難易度 ┃▉▉▉□□┃

【8】次の文は，特別支援学校小学部・中学部学習指導要領(平成29年
4月告示)第2章第1節第1款「3　肢体不自由者である児童に対する教育
を行う特別支援学校」の一部である。

　　児童の　[A]　や意思の表出の状態等に応じて，適切な補助具や補
助的手段を工夫するとともに，コンピュータ等の[ア]などを有効
に活用し，指導の[イ]を高めるようにすること。

(1)　文中の　[A]　に当てはまる適切な語句を記入しなさい。

(2)　文中の[ア]及び[イ]に当てはまる適切な語句を次の語群
　　から選び，記号で答えなさい。

《語群》

　　a　有効性　　　　b　支援機器　　　c　効果　　　d　効率

　　e　各種機能　　　f　情報機器

┃ 2024年度 ┃ 福岡県・福岡市・北九州市 ┃ 難易度 ┃▉▉▉□□┃

【9】次の記述は，「特別支援学校学習指導要領解説　各教科等編(小学
部・中学部)(平成30年3月)」に示された「第3章　視覚障害者，聴覚障
害者，肢体不自由者又は病弱者である児童生徒に対する教育を行う特
別支援学校の各教科　第4　肢体不自由者である児童生徒に対する教
育を行う特別支援学校」の一部である。空欄　[ア]　〜　[ウ]　に当
てはまるものの組合せとして最も適切なものを，以下の①〜⑥のうち
から選びなさい。

　　近年の　[ア]　を含めた情報機器の進歩は目覚ましく，今後さらに
学習での様々な活用が想定されることから，情報機器に関する知見を
広く収集し，学習への効果的な活用の仕方を工夫することが求められ
る。なお，補助具や補助的手段の使用は，児童生徒の　[イ]　や意思
の表出の状態，またそれらの改善の見通しに基づいて慎重に判断
し，　[ウ]　の指導との関連を図りながら，適切に活用することが大
切である。

①　ア　情報通信ネットワーク　　イ　身体の動き　　ウ　自立活動

②	ア	トーキングエイド	イ	身体の動き	ウ 各教科
③	ア	情報通信ネットワーク	イ	発達段階	ウ 各教科
④	ア	トーキングエイド	イ	発達段階	ウ 自立活動
⑤	ア	情報通信ネットワーク	イ	認知機能	ウ 自立活動
⑥	ア	トーキングエイド	イ	認知機能	ウ 各教科

2024年度 神奈川県・横浜市・川崎市・相模原市 **難易度** ■■■□□

解答・解説

【1】(1) ④ (2) ③

○**解説**○ (1)「障害のある子供の教育支援の手引」(文部科学省)によると,「学習に対する興味や関心,意欲を高め,集中力や活動力をより引き出すためには,あらゆる運動・動作の基礎となる臥位,座位,立位などの姿勢づくりに積極的に取り組むことが必要」とある。 (2)「障害のある子供の教育支援の手引」(文部科学省)によると,骨形成不全症は骨折しやすく,自家筋力によっても骨折を繰り返す。骨への荷重・外力が骨を強くすることから,介助があっても立位を心がけることが重要とされている。

【2】(1) (L字の)手すりでつかまり立ちを保持しながら,ズボンの上げ下げをすることができる。 (2) ・校内のいろいろな形状の手すりや台を使って立ち上がったり,車椅子に座り込んだりする。 ・ズボンの尻や大腿部につけた洗濯ばさみを,片手は手すりにつかまりながら,もう片方の手で外す。 (3) ⑥,⑦,⑪…ア ③,⑨…エ

○**解説**○ (1) 実態や生徒の願いから,「安定した立位でズボンの上げ下げができること」が目指す姿と捉えられる。 (2) 解答例以外に,「便座の前の手すりにつかまって座り込んだり立ち上がったりすることを自分が決めた回数行う」や,「椅子や便座に腰かけて,ズボンから出ているすそを自分が設定した時間内で全て入れる」なども考えられる。 (3) ⑥,⑦,⑪は,身体的・生理的なことであるので,「健

康の保持」の区分に当てはまる。③と⑨は，感覚・認知の特性や，認知や行動の手がかりとなる概念の形成に関することなので，「環境の把握」と考えられる。

【3】① 4　② 3

○**解説**○ ① 肢体不自由のある児童生徒は，身体の動きに困難があることから，様々なことを体験する機会が不足したまま，言葉や知識を習得していることが少なくない。各教科の指導に当たっては，具体物を見る，触れる，数えるなどの活動や，実物を観察する，測る，施設等を利用するなどの体験的な活動を効果的に取り入れ，感じたことや気付いたことなどを言語化し，言葉の意味付けや言語概念等の形成を的確に図る学習が大切になる。 ② 肢体不自由のある児童生徒が，学習活動に応じて適切な姿勢を保持できるようにすることは，疲労しにくいだけでなく，身体の操作等も行いやすくなり，学習を効果的に進めることができる。また，よい姿勢を保持することは，学習内容を理解する点からも重要である。

【4】②

○**解説**○ 「前庭覚」と「固有覚」が逆である。「固有(感)覚」は筋肉の中の感覚器官が力の加減や外からの負荷を検出し，身体の動きや手足の感覚を脳に伝えるもの。「前庭(感)覚」は耳の内耳にある検出器官によって，身体の傾きや身体のスピードの感覚を脳に伝えるものである。

【5】③

○**解説**○ 「微細運動」と「粗大運動」が逆である。上肢の動かし方などの大きな運動が「粗大運動」，小さな物を手で握ったり，つまんだりするのは「微細運動」である。

【6】(2)

○**解説**○ 脳性まひの定義は，「受胎から新生児期までの間に生じた，脳の非進行性病変に基づく，永続的なしかし変化しうる運動及び姿勢の異常である」とされている。

● 各種障害

【7】ア　b　イ　d　ウ　c　エ　a

○**解説**○ 肢体不自由とは，身体の動きに関する器官が，病気やけがで損なわれ，歩行や筆記などの日常生活動作が困難な状態をいう。学校教育法施行令第22条の3において，肢体不自由者に対する教育を行う特別支援学校の対象となる「肢体不自由者」の程度は，「一　肢体不自由の状態が補装具の使用によつても歩行，筆記等日常生活における基本的な動作が不可能又は困難な程度のもの」，「二　肢体不自由の状態が前号に掲げる程度に達しないもののうち，常時の医学的観察指導を必要とする程度のもの」と定められている。肢体不自由者に対して教育を行う特別支援学校の中には，医学的治療が必要な者を対象とした障害児入所支援(医療型障害児入所施設等)と併設または隣接している学校や，寄宿舎を設置している学校がある。また，訪問教育を行っている学校もある。

【8】(1)　身体の動き　(2)　ア　f　イ　c

○**解説**○ (1)　補助具は，歩行などの身体の動きや意思の表出の状態に応じて活用される。　(2)　近年の情報通信機器の進歩は目覚ましく，情報機器に関する知見を広く収集することが求められる。また，学習への効果的な活用の仕方を工夫し，指導の効果を高めることが求められる。

【9】①

○**解説**○ なお，トーキングエイドは，主に会話や筆談が困難な重度の障害者が他の人に意思を伝えるためのツールで，端末に50音と定型文が並べられた文字盤があり，文字盤を押すことで会話やメッセージを作成し，喋らせることができる。

知的障害・発達障害・学習障害

【1】次の記述は，「特別支援学校学習指導要領解説　各教科等編(小学部・中学部)(平成30年3月)」に示された「第4章　知的障害者である児童生徒に対する教育を行う特別支援学校の各教科　第1節　知的障害者である児童生徒に対する教育を行う特別支援学校の各教科等の基本的な考え方　1　知的障害について」の一部である。空欄［ア］，［イ］に当てはまるものの組合せとして最も適切なものを，以下の①～④のうちから選びなさい。

「知的機能の発達に明らかな遅れ」がある状態とは，認知や言語などに関わる［ア］のうち，［イ］とは区別される知的面に，同年齢の児童生徒と比較して平均的水準より有意な遅れが明らかな状態である。

① ア　精神機能　　イ　情緒面
② ア　認知機能　　イ　生活面
③ ア　精神機能　　イ　生活面
④ ア　認知機能　　イ　情緒面

▌2024年度▌神奈川県・横浜市・川崎市・相模原市▌難易度■■■□□

【2】次の文は，特別支援学校学習指導要領解説知的障害者教科等編(上)(高等部)(平成31年文部科学省)第5章第2節「5　学習評価について」である。

文中の［A］及び［B］に当てはまる適切な語句を記入しなさい。ただし，同じ記号には同じ語句が入るものとする。

学習評価は，一つの授業や単元，年間を通して，生徒がどのように学ぶことができたのかや，［A］したのかを見定めるものであり，各教科の目標に準拠した評価の観点による学習評価を行うことが重要である。

また，学習評価は生徒にとって，自分の［A］を実感し学習に対する意欲を高める上で有効であり，教師にとって，授業計画や単元計画，年間指導計画等を見直し改善する上でも，効果的に活用していくことが重要である。

このような評価は教師が相互に［ B ］を交換し合いながら適時，適切に評価に関する［ B ］を積み上げ，組織的・体系的に取り組んでいくことが重要である。

なお，各教科等を合わせて指導を行う場合においても，各教科の目標に準拠した評価の観点による学習評価を行うことが必要である。

▌2024年度 ▌福岡県・福岡市・北九州市 ▌難易度

【3】次は，学習障害のある子供に関する文です。指導内容として最も適切なものを，(1)～(4)の中から1つ選びなさい。

(1) 子供が出している様々なサインに担任が気づき，その子供のことを一番に理解している担任のみが，どのような支援ができるのか考えて実践する。

(2) 校内委員会において，その子供の障害の有無の判定をし，指導における工夫や配慮等を考える。

(3) 学習障害があるという診断を受けた子供に対して支援する時は，必ず個別の指導形態をとる。

(4) 学習障害のある子供の自立活動の指導内容は，学習指導要領にある自立活動の区分ごとに示された内容の中から，必要な項目を選定し具体的な内容を設定する。

▌2024年度 ▌埼玉県・さいたま市 ▌難易度

【4】発達障害のある子供のアセスメントに関する文章として最も適切なものを，次の(1)～(4)の中から1つ選びなさい。

(1) S－M社会生活能力検査は，未就学から小児期に適用でき，15項目について対象児の行動を観察したり，養育者等から日常の様子について聞き取ったりして把握をすることができる。

(2) DN－CAS認知評価システムは，知的機能の基盤を，プランニング・注意・同時処理・継次処理の4つの認知処理過程と想定する知能のPASSモデルに基づいて開発された検査である。

(3) LCスケールは，コミュニケーションに関する言語学習能力を「回路」，「過程」，「水準」の三つのスケールで捉えている。

(4) 太田ステージは，認知の発達段階を測るものである。ステージⅠ

からステージⅤまでの段階がある。個人内の能力差や特性を見極めるのに適している。

▌2024年度 ▌埼玉県・さいたま市 ▌難易度

【5】次の発達障害について述べた文のうち，内容が誤っているものを，(1)～(4)の中から1つ選びなさい。

(1) ディスカリキュリアは，学習障害のひとつのタイプとされ，全体的な発達には遅れはないが文字の読み書きに限定した困難がある発達障害である。

(2) 注意欠如多動性障害(ADHD)は，年齢あるいは発達に不釣り合いな注意力，及び／又は衝動性，多動性を特徴とする行動の障害で，社会的な活動や学業等に支障をきたすものである。

(3) 高機能自閉症は，他人との社会的関係の形成の困難さ，言葉の発達の遅れ，興味関心が狭く特定のものにこだわることを特徴とする自閉症のうち知的発達の遅れを伴わないものをいう。

(4) トゥレット症候群は，多種類の運動チック(突然に起こる素早い運動の繰り返し)と1つ以上の音声チック(運動チックと同様の特徴を持つ発声)が1年以上にわたり続く重症なチック障害である。

▌2024年度 ▌埼玉県・さいたま市 ▌難易度

【6】次の問1，問2の各問いに答えなさい。

問1　次の文章は，「特別支援学校学習指導要領解説　各教科等編(小学部・中学部)」(平成30年3月)に示されている「第4章　知的障害者である児童生徒に対する教育を行う特別支援学校の各教科　第1節　知的障害者である児童生徒に対する教育を行う特別支援学校の各教科等の基本的な考え方」の一部である。(　①　)～(　③　)にあてはまる最も適切な語句の組み合わせを，以下の1～5の中から一つ選びなさい。

> 中央教育審議会答申において示された知的障害者である児童生徒に対する教育を行う特別支援学校の各教科等の改訂に向けた主な方針は，次のとおりである。
>
> ○小学校等の各学校段階のすべての教科等において育成を

目指す資質・能力の三つの柱に基づき，各教科の目標や内容が整理されたことを踏まえ，知的障害者である児童生徒のための各教科の目標や内容について，小学校等の各教科の目標や内容との(　①　)・関連性を整理することが必要であること。

○小・中学部及び高等部の各段階において，育成を目指す資質・能力を明確にすることで計画的な指導が行われるよう，教科の目標に基づき，各段階の目標を示すこと。

○各学部間での円滑な接続を図るため，現行では1つの段階で示されている中学部について，新たに2つの段階を設けるとともに，各段階間の系統性の視点から内容の充実を図ること。

○小学校等の各教科の内容の改善を参考に，(　②　)に対応した知的障害者である児童生徒に対する教育を行う特別支援学校の各教科の内容や構成の充実を図ること。

○小学校における外国語教育の充実を踏まえ，小学部において，児童の実態等を考慮のうえ，外国語に親しんだり，外国の言語や文化について体験的に理解や関心を深めたりするため，教育課程に外国語活動の内容を加えることができるようにすることが適当であること。

○障害の程度や学習状況等の個人差が大きいことを踏まえ，既に当該各部の各教科における段階の目標を達成しているなど，特に必要な場合には，(　③　)に基づき，当該各部に相当する学校段階までの小学校等の学習指導要領の各教科の目標・内容等を参考に指導できるようにすることが適当であること。

1　①　連続性　②　社会の変化　③　個別の指導計画
2　①　汎用性　②　社会の変化　③　個別の教育支援計画
3　①　汎用性　②　家庭での生活　③　個別の指導計画
4　①　連続性　②　家庭での生活　③　個別の教育支援計画
5　①　連続性　②　社会の変化　③　個別の教育支援計画

問2　次の文章は，「特別支援学校学習指導要領解説　各教科等編(小学部・中学部)」(平成30年3月)に示されている「第4章　知的障害者である児童生徒に対する教育を行う特別支援学校の各教科　第4節　小学部の各教科　第1　生活科」の一部である。(　①　)～(　④　)にあてはまる最も適切な語句の組み合わせを，以下の1～5の中から一つ選びなさい。なお，同じ番号の空欄には同じ語句が入る。

> 1　目標
>
> 具体的な活動や体験を通して，生活に関わる見方・考え方を生かし，自立し生活を豊かにしていくための資質・能力を次のとおり育成することを目指す。
>
> (1)　活動や体験の過程において，自分自身，(　①　)，社会及び自然の特徴やよさ，それらの関わり等に気付くとともに，生活に必要な(　②　)を身に付けるようにする。
>
> (2)　自分自身や身の回りの生活のことや，(　①　)，社会及び自然と自分との関わりについて理解し，考えたことを(　③　)ことができるようにする。
>
> (3)　自分のことに取り組んだり，(　①　)，社会及び自然に自ら働きかけ，(　④　)をもって学んだり，生活を豊かにしようとしたりする態度を養う。

1　①　身近な人々　②　習慣や技能　③　表現する
　④　意欲や自信
2　①　様々な人々　②　思考力や判断力　③　正しく伝える
　④　計画性や目的意識
3　①　身近な人々　②　思考力や判断力　③　表現する
　④　意欲や自信
4　①　様々な人々　②　思考力や判断力　③　表現する
　④　計画性や目的意識
5　①　身近な人々　②　習慣や技能　③　正しく伝える
　④　計画性や目的意識

▌2024年度 ▌鳥取県 ▌難易度 ■■■■□□

【7】発達障害について，次の(1)，(2)の問いに答えなさい。

(1) 自閉症の特徴をもつ児童生徒に対する義務教育段階における特別な指導内容について述べたものとして，適当なものを次の①～④のうちから全て選びなさい。

① 嬉しい気持ちや悲しい気持ちを伝えにくい場合などには，本人の好きな活動などにおいて，感情を表した絵やシンボルマーク等を用いながら，自分や他者の気持ちを視覚的に理解したり，他者と気持ちの共有を図ったりするような指導が必要である。

② 予定されているスケジュールや，予想される事態や状況等を前もって伝えたり，事前に体験できる機会を設定したりするなど状況を理解して適切に対応したり，行動の仕方を身に付けたりすることができるように指導することが大切である。

③ 特定の動作や行動に固執するなど，次の活動や場面に意識を切り替えることが難しい場合は，こだわりの要因に関わらず，特定の動作や行動等を即座にやめさせなければならない。

④ 指示の内容や作業手順，時間の経過等を視覚的に把握できるように教材・教具等の工夫を行うとともに，手順表等を活用しながら，順序や時間，量の概念等を形成できるようにすることが大切である。

(2) 発達障害のある児童生徒へのICTの活用による具体的な学習支援方策について述べたものとして，適当でないものを次の①～④のうちから一つ選びなさい。

① 一斉学習の中では，注意集中が続きにくい児童生徒や，聞き取りが苦手な児童生徒の場合，長い話し言葉での指示よりも，短い言葉による指示と併せて，視覚的な指示と教材提示が効果的なことがある。そこで，児童生徒の興味を引き付ける情報機器の活用が考えられる。

② 自閉症などの傾向のある児童生徒の場合，自分なりの手順や方法にこだわったり，逆にルールを守ることにこだわりすぎて対人関係でのトラブルを起こしたりする場合があるため，情報機器の活用は望ましくない。

③ 大事な用件を聞く場合，話し手に伝えた上でICレコーダーで録

音し，後で聞き漏らしがあっても確認できるようにしておくという活用が考えられる。

④　一斉指導の中で，発達障害のある児童生徒に情報機器を活用する際には，同時に，クラスの多くの児童生徒にも効果のある活用方法が求められる一方で，発達障害のある児童生徒に配慮した指導の多くは他の児童生徒にも効果的な指導である場合があることを併せて考えておくことが大切である。

2024年度　千葉県・千葉市　難易度

【8】知的障害について，次の(1)，(2)の問いに答えなさい。

(1)「特別支援学校学習指導要領解説　知的障害者教科等編(上)(高等部)」の知的障害者である生徒に対する教育を行う特別支援学校の各教科の基本的な考え方について示されたものとして，適当でないものを次の①～⑤のうちから一つ選びなさい。

①　各教科の改訂の要点として，社会の変化に対応した内容の充実を図るため，保健体育科におけるオリンピック・パラリンピックなどの国際大会の意義や役割，職業科における勤労の意義，家庭科における消費生活・環境などを充実した。

②　高等部の各教科は，各学科に共通する各教科，主として専門学科において開設される各教科及び学校設定教科で構成されている。

③　高等部の各学科に共通する各教科のうち，外国語と情報については，各学校の判断により必要に応じて設けることができる教科であるが，その他の教科は，全ての生徒に履修させることとなっている。

④　発達期における知的機能の障害を踏まえ，生徒が自立し社会参加するために必要な「知識及び技能」，「思考力，判断力，表現力等」，「学びに向かう力，人間性等」を身に付けることを重視し，特別支援学校学習指導要領において，各教科の目標と内容等を示している。

⑤　各段階の構成として，高等部1段階では，主として生徒自らが主体的に学び，卒業後の実際の生活に必要な生活習慣，社会性及

び職業能力等を習得することをねらいとする実用的かつ発展的な内容を示している。

(2) 次の文章は，知的障害である児童生徒に対する教育を行う特別支援学校の各教科等を合わせた指導の特徴について述べたものである。[1]～[4]にあてはまる最も適当な語句を，以下の解答群からそれぞれ一つずつ選びなさい。

・ 児童生徒が生活上の目標を達成したり，課題を解決したりするために，一連の活動を組織的・体系的に経験することによって，([1])のために必要な事柄を実際的・総合的に学習するものである。
・ 児童生徒の日常生活が充実し，高まるように日常生活の諸活動について，知的障害の状態，生活年齢，学習状況や経験等を踏まえながら([2])指導するものである。
・ ([3])を学習活動の中心にしながら，児童生徒の働く意欲を培い，将来の職業生活や社会自立に必要な事柄を総合的に学習するものである。
・ 主に小学部段階において，遊びを学習活動の中心に据えて取り組み，身体活動を活発にし，([4])を促し，意欲的な活動を育み，心身の発達を促していくものである。

＜解答群＞

① 規律の厳守　② 作業活動　③ 計画的に
④ 教科指導　⑤ 仲間とのかかわり　⑥ 自立や社会参加
⑦ 細分化して

2024年度 ▌千葉県・千葉市 ▌難易度 ■■■□□

【9】知的障害者である児童生徒に対する教育を行う特別支援学校について，次の(1)～(3)の問いに答えなさい。

(1) 次の文は，特別支援学校高等学校学習指導要領解説第2部第5章「第1節　各教科の基本的な考え方」の一部である。

知的障害者である児童生徒に対する教育を行う特別支援学校の各教科の段階の構成について説明した次の文中の(①)～(⑦)に当てはまる語句や数字を書け。

生徒の知的機能の障害の状態と適応行動の困難性等を踏まえ，各教科の各段階は，基本的には，(　①　)発達，身体発育，運動発達，生活行動，社会性，職業能力，情緒面での発達等の状態を考慮して目標を定め，小学部1段階から高等部2段階へと(　②　)段階にわたり構成している。

【高等部　1段階】

中学部2段階やそれまでの経験を踏まえ，(　③　)に応じながら，主として(　④　)の家庭生活，社会生活及び職業生活などとの関連を考慮した，(　⑤　)的な内容を示している。

【高等部　2段階】

高等部1段階を踏まえ，比較的障害の程度が(　⑥　)である生徒を対象として，(　④　)の家庭生活，社会生活及び職業生活などとの関連を考慮した，(　⑦　)的な内容を示している。

(2)　特別支援学校小学部・中学部学習指導要領(平成29年4月告示)における，知的障害者である児童に対する教育を行う特別支援学校小学部算数科「3　指導計画の作成と内容の取扱い」に示されている2段階の内容「A数と計算」の指導に当たって，文中の㋐及び㋑について，生活科との関連を図りながら金銭の価値に親しむために考えられる学習上の工夫の具体例を書け。

(ア)　内容の「A数と計算」の指導に当たっては，次の㋐及び㋑についての金銭の価値に親しむことを取り扱うものとする。

㋐　金種を用いる。

㋑　様々な種類の貨幣のもつ価値を知る。

(3)　学校教育法施行規則第130条第2項に，特別支援学校では，「知的障害者である児童若しくは生徒又は複数の種類の障害を併せ有する児童若しくは生徒を教育する場合において特に必要があるときは，各教科，道徳科，外国語活動，特別活動及び自立活動の全部又は一部について，合わせて授業を行うことができる」とあるが，「各教科等を合わせた指導」の「日常生活の指導」で扱われる内容について，その例を5つ書け。また，「日常生活の指導」を行う上での留意点を3つ書け。

▌2024年度 ▌群馬県 ▌難易度 ■■■■

【10】「特別支援学校学習指導要領解説　知的障害者教科等編(上)(高等部)」(平成31年2月)について，次の(1)，(2)の問いに答えよ。

(1)　次の文は，「第2編　高等部学習指導要領解説　第2部　高等部学習指導要領総則等の解説　第5章　知的障害者である生徒に対する教育を行う特別支援学校　第4節　各学科に共通する各教科　第1　国語　3　各段階の目標及び内容」に関する記述の抜粋である。文中の(　A　)～(　E　)に入る正しいものを，それぞれ以下の1～9のうちから一つずつ選べ。

(1)　1段階の目標と内容

(中略)

C　読むこと

　読むことに関する次の事項を身に付けることができるよう指導する。

ア　登場人物の行動や(　A　)などについて，(　B　)を基に捉えること。

イ　(　C　)相互の関係に着目しながら，考えとそれを支える理由や事例との関係などについて，(　B　)を基に捉えること。

ウ　登場人物の(　A　)や情景について，場面と結び付けて具体的に(　D　)すること。

エ　目的を意識して，中心となる語や文を見付けて(　E　)すること。

オ　(略)

アは，物語全体の登場人物の行動や(　A　)を捉えることを示している。登場人物の行動の背景には，そのときの，あるいはその行動に至るまでの(　A　)があることが多い。登場人物の行動や会話，地の文などの(　B　)から(　A　)が表れている部分を選び取るなどの活動だけでなく，読み進める生徒の(　A　)の変化や自らの経験も手掛かりとして，登場人物の(　A　)を捉えていくことが重要である。

イは，(　C　)相互の関係に着目しながら，文章の構造を捉え，内容を把握することを示している。「(　C　)相互の関係」とは，考えとその事例，結論とその理由といった関係などのことである。(中略)

ウの「登場人物の(　A　)や情景について，場面と結び付けて具体的に(　D　)する」とは，場面とともに描かれる登場人物の(　A　)や情景を具体的に思い描くことである。場面ごとの(　A　)や情景について(　B　)を基に大まかに押さえた上で，前後の場面の(　B　)を中心に複数の場面を結び付けながら，(　A　)や情景の変化を見いだして(　D　)していくことも重要である。

エは，目的を意識して，文章の構造や内容を基に，必要な情報を見付けて(　E　)することを示している。「(　E　)する」とは，文章全体の内容を正確に把握した上で，元の文章の構成や表現をそのまま生かしたり自分の言葉を用いたりして，文章の内容を短くまとめることである。

1　叙述　　2　イメージ　　3　理解　　4　文脈　　5　想像
6　動作　　7　要約　　8　段落　　9　心情

(2)　次の文は，「第2編　高等部学習指導要領解説　第2部　高等部学習指導要領総則等の解説　第5章　知的障害者である生徒に対する教育を行う特別支援学校　第4節　各学科に共通する各教科　第2　社会」に関する記述の抜粋である。文中の(　A　)～(　E　)に入る正しいものを，それぞれ以下の1～9のうちから一つずつ選べ。

1　社会科の改訂の要点
(1)　目標の改訂の要点

① 教科の目標の改善

高等部社会科では，中学部の社会科で学んだ内容を更に深め，自分たちの住んでいる地域社会を中心とした社会の様子，働き，移り変わりなどについての学習活動を通して，(A)をより快適に送るための能力や態度，さらには(B)の(A)を送るために必要な様々な能力の習得を目標としてきたところである。

今回の改訂においては，従前の目標の「社会の様子，働きや移り変わりについての関心と(C)を一層深め，(A)に必要な能力と態度」を，「社会的な見方・考え方を働かせ，社会的事象について関心をもち，具体的にその意味や意義，特色や相互の関連を考察する活動を通して，グローバル化する(D)に主体的に生きる平和で民主的な国家及び社会の形成者に必要な公民としての(E)」と改め，生徒が社会との関わりを意識し，具体的な活動や体験を通して，国家及び社会を形成する一員として生きていくための(E)の育成を目指すことを明確にした。

② 段階の目標の新設

今回の改訂では，「(1)知識及び技能」，「(2)思考力，判断力，表現力等」「(3)学びに向かう力，人間性等」の三つの柱で整理し，教科の目標と段階の目標との関係を明確にした。

1 卒業後　2 社会生活　3 在学中　4 資質・態度
5 国際社会　6 理解　7 資質・能力　8 情報化社会
9 学校生活

2024年度 ▌大分県 ▌難易度 ■■■■□□

【11】知的障害者である児童生徒に対する教育を行う特別支援学校の小学部における国語科の学習指導案(45分)について，次の内容を踏まえ，作成しなさい。

対象は，小学部3年生の5名である。本時は，題材「おはなしできるかな」の3時間目(全4時間)である。

本題材では，家庭や学校での生活における具体的な場面について，教師と児童，児童同士が会話を通したやりとりを深める中で，物の名前や動作など，日常生活で接するいろいろな言葉に触れることをねらいとしている。また，それぞれが思い描いたことを言葉や行動で表現したり，互いに聞き合ったりするようになることも目指している。

授業は教室で行う。取り上げる場面は，お出かけ，買い物，遊び，調理の四つ，各1時間扱いとする。

1時間目はお出かけ，2時間目は買い物の場面を取り上げた。

授業では，最初に，場面の様子を具体的に表した絵の中の人物や物，場所等について，言葉で確認した。次に，教師の簡単な説明や質問を聞いて，絵の場面に合った行動を取り，言葉と行動を一致させるような学習を行った。最後に自分が想像したことややりたいことを言葉などで表現した。

本時は，遊びの場面について取り上げる。授業は，児童が友達と一緒に遊ぶ様子を表した絵を基に，1，2時間目と同様の流れで行う。指導者は2名である。

学習指導案は，『本時の目標』を一つ設定し，展開の『時間』『学習活動』『指導上の留意点』『準備物等』について，児童が自ら進んで学習に取り組むことができるよう，児童の実態を踏まえて具体的に記述しなさい。なお，『本時の目標』は，文末を「～できる。」として，記述しなさい。

	学級の児童は，経験したことを単語や2語文程度で表現したり，単語と身振りを併せて表現したりする。抽象的な内容の指示や一度に複数の指示を受けると混乱することが多い。日頃から実際に体験する活動が好きで，教師の手本を見ながら積極的に取り組む。一方で，他に気になることがあると集中が持続しにくかったり，失敗経験により自信がもてず，新しい活動に参加することが難しかったりする。 学校では，ブランコや滑り台，ボール，積み木，

児童の実態	ダンスなどから自分がしたい遊びを選び，それぞれで遊ぶことが多いが，最近は，教師が児童間のやりとりをつなぐことで，皆で一緒に楽しむこともある。 　1，2時間目は，絵を手掛かりに，教師の説明を聞いたり，教師が示した動作や音声を模倣したりするなどして，言葉と事物，言葉と行動を結び付けることができた。また，自分が思い描いたことを言葉などで表現することができた。5名のうち1名(児童A)は，自分で伝えたい意欲はあるものの，発音が不明瞭で相手に伝わりにくい。伝わらないもどかしさから，不安定になることがある。

▌2024年度 ▌栃木県 ▌難易度 ■■■□□

【12】「特別支援学校学習指導要領解説　各教科等編(小学部・中学部)」(平成30年3月)について，次の(1)，(2)の問いに答えよ。

(1)　次の文は，「第4章　知的障害者である児童生徒に対する教育を行う特別支援学校の各教科　第4節　小学部の各教科　第1　生活科」に関する記述の抜粋である。文中の(　A　)～(　E　)に入る正しいものを，それぞれ以下の1～9のうちから一つずつ選べ。

> 2　生活科の目標及び内容
>
> (1)生活科の目標
>
> > 1　目標
> >
> > 　(　A　)活動や体験を通して，生活に関わる見方・考え方を生かし，(　B　)し生活を豊かにしていくための資質・能力を次のとおり育成することを目指す。
> >
> > (1)　活動や体験の過程において，自分自身，身近な人々，(　C　)の特徴やよさ，それらの関わり等に気付くとともに，生活に必要な(　D　)を身に付けるようにする。

(2) 自分自身や身の回りの生活のことや，身近な人々，(C)と自分との関わりについて理解し，考えたことを表現することができるようにする。
(3) 自分のことに取り組んだり，身近な人々，(C)に自ら働きかけ，意欲や自信をもって学んだり，生活を豊かにしようとしたりする態度を養う。

「(A)活動や体験を通して」とは，児童が，健康で安全な生活をするために，日々の生活において，見る，聞く，触れる，作る，探す，育てる，遊ぶなど対象に直接働きかける学習活動であり，そうした活動の楽しさやそこで気付いたことなどを自分なりに表現する学習活動である。(中略)

「生活に関わる見方・考え方を生かし」とは，身近な人々，(C)を自分との関わりで捉え，よりよい生活に向けて(E)を実現しようとすることである。生活に関わる見方は，生活を捉える視点であり，生活における人々，(C)などの対象と自分がどのように関わっているのかという視点である。(中略)

「(B)し生活を豊かにしていく」とは，生活科の学びを実生活に生かし，よりよい生活を創造していくことである。それは，実生活において、まだできないことやしたことがないことに自ら取り組み，自分でできることが増えたり活動の範囲が広がったりして自分自身が成長していくことである。

1 思考	2 地域社会	3 自立
4 理論的な	5 習慣や技能	6 工夫
7 具体的な	8 社会及び自然	9 思いや願い

(2) 次の文は，「第4章 知的障害者である児童生徒に対する教育を行う特別支援学校の各教科 第5節 中学部の各教科 第3 数学科 3 各段階の目標及び内容」に関する記述の抜粋である。文中の(A)~(E)に入る正しいものを，それぞれ以下の1~9のうちから一つずつ選べ。

(2)　2段階の目標と内容

(中略)

D　データの活用

ア　データを(　A　)やグラフで表したり，読み取ったりすることに関わる(　B　)を通して，次の事項を身に付けることができるよう指導する。

(ア)　次のような知識及び技能を身に付けること。

㋐　データを日時や場所などの観点から分類及び整理し，(　A　)や棒グラフで表したり，読んだりすること。

㋑　データを二つの観点から分類及び整理し，(　C　)で表したり，読み取ったりすること。

㋒　(　A　)や棒グラフ，(　C　)の意味やその用い方を理解すること。

(イ)　次のような思考力，判断力、表現力等を身に付けること。

㋐　身の回りの事象に関するデータを整理する観点に着目し，(　A　)や棒グラフを用いながら，読み取ったり，(　D　)したり，結論を表現したりすること。

㋑　目的に応じてデータを集めて分類及び整理し，データの特徴や傾向を見付けて，適切なグラフを用いて表現したり，(　D　)したりすること。

○　データを(　A　)やグラフで表したり，読み取ったりすること

身の回りにある事象について，日時，曜日，時間や場所などの観点から分類の項目を選び，分かりやすく整理することを通して，(　A　)の意味を理解し，(　A　)を用いて表したり，(　A　)を読んだりする活動から始まり，やがて，(　A　)と関

連付けながら，棒グラフで表すことができるようにする。(中略)

また，日時，曜日，時間や場所などの観点から項目を二つ選び，分類整理して(　A　)を用いて表すことを通して，そうした(　A　)を読んだりすることから始まり，やがて，例えば，横軸に時間経過，縦軸にデータの値を記入し，各時間に相当する大きさを点で表し，それらを結んだ(　C　)で表すことができるようにする。(中略)

こうした活動を通して，棒グラフでは，数量の大きさの違いを一目で捉えることができることに気付き，(　A　)やグラフからデータの特徴や傾向を捉えたり，(　D　)したりしたことを，(　A　)のどの部分から，あるいはグラフのどの部分からそのように考えたりしたのかを，他の人にもわかるように伝えることができるようにする。(中略)

この二つのグラフの活用にあたっては，事象の(　E　)や全体の傾向をつかむのに便利であることなどに気付き，例えば，一日の気温の様子を1時間ごとの目盛をとってグラフに表すとき，棒グラフと(　C　)のどちらを用いるとよいかを考えるなど、集めたデータと分析の目的に応じて適切なグラフや(　A　)を選択して表し，そこから読み取ることができるようにする。

1　数学的活動　　2　考察　　3　変化　　4　抽象的活動
5　折れ線グラフ　　6　表　　7　効果　　8　発表
9　図

2024年度 | 大分県 | 難易度

【13】次の文は，「障害のある子供の教育支援の手引～子供たち一人一人の教育的ニーズを踏まえた学びの充実に向けて～」(文部科学省　令和3年6月)に示されている知的障がいに関する記述である。以下の問に答えよ。

● 各種障害

> ①知的障害とは，一般に，[　ア　]の子供と比べて，「認知や言語などにかかわる[　イ　]」の発達に遅れが認められ，「他人との意思の交換，日常生活や社会生活，安全，仕事，余暇利用などについての[　ウ　]」も不十分であり，特別な支援や配慮が必要な状態とされている。
>
> (略)

問1　[　ア　]～[　ウ　]にあてはまる語句を答えよ。

問2　下線部①について，次の文は発達の状態等を把握するに当たり，心理学的，教育的側面から把握することが必要な事項についての記述である。以下の(1)，(2)に答えよ。

> a　身辺自立
> 　食事，②排せつ，着替え，清潔行動(手洗い，歯磨き等)などの日常生活習慣行動について把握する。
>
> b　[　エ　]
> 　買い物，乗り物の利用，公共機関の利用などのライフスキルについて把握する。
>
> c　[　オ　]
> 　社会的ルールの理解，集団行動などの社会的行動や対人関係などの対人スキルについて把握する。
>
> d　学習技能
> 　読字，書字，計算，推論などの力について把握する。
>
> e　[　カ　]
> 　協調運動，運動動作技能，持久力などについて把握する。
>
> f　意思の伝達能力と手段
> 　語の理解と表出の状況及びコミュニケーションの手段などについて把握する。

(1)　[　エ　]～[　カ　]にあてはまる語句をA～Eから選び，記号で答えよ。

A　運動機能　　B　職業能力　　C　社会性

D　社会生活能力　　E　適応力

(2) 下線部②について，知的障がい特別支援学校の幼児児童生徒に
対して，排せつの自立を目指した指導を行う場合，該当幼児児童
生徒の排せつに関する実態を適切に把握しておくことが必要であ
る。排せつに関する実態について，どのような情報を得ておくと
よいか，具体的に二つ記せ。

問3　知的障がいのある子供の学習上の特性として，学習によって得
た知識や技能が断片的になりやすく，実際の生活の場面の中で生か
すことが難しいことが挙げられる。この特性を踏まえ，学習上どの
ように指導することが大切か，簡潔に二つ記せ。

‖ 2024年度 ‖ 島根県 ‖ 難易度 ‖ ■■■□□ ‖

【14】次の□□□の文章は，「特別支援学校　小学部・中学部学習指導要
領(平成29年4月)」第1章第3節3 (1) の一部です。これについて，以
下の(1)〜(6)の各問いに答えなさい。

カ　知的障害者である児童に対する教育を行う特別支援学校の
小学部においては，A生活，(B)，(C)，(D)，
(E)及び(F)の各教科，(G)，(H)並びに(I)
については，特に示す場合を除き，(J)の児童に履修させ
るものとする。また，外国語活動については，児童や学校の
実態を考慮し，(K)に応じて設けることができる。
－中略－

ク　知的障害者である児童又は生徒に対する教育を行う特別支
援学校において，各教科の指導に当たっては，各教科のL段階
に示す内容を基に，児童又は生徒の知的障害の状態や経験等
に応じて，具体的に指導内容を設定するものとする。Mその際，
小学部は6年間，中学部は3年間を見通して計画的に指導する
ものとする。

(1) □□□の文章の中の下線A生活の内容に含まれるものを次のa〜dか
ら1つ選び，記号で答えなさい。
a　勤労生産・奉仕的行事　　b　人間関係の形成
c　ものの仕組みと働き　　d　伝統と文化の尊重

(2) □の文章の中の(　B　)～(　F　)に入る語句の組み合わせとして，正しいものを次のa～dから1つ選び，記号で答えなさい。

a　B　国語　C　算数　D　音楽　E　体育　F　作業学習

b　B　国語　C　算数　D　音楽　E　図画工作　F　保健体育

c　B　国語　C　算数　D　音楽　E　図画工作　F　体育

d　B　作業学習　C　国語　D　算数　E　音楽　F　図画工作

(3) □の文章の中の(　G　)～(　I　)に入る語句の組み合わせとして，正しいものを次のa～dから1つ選び，記号で答えなさい。

a　G　日常生活の指導　H　生活単元学習　I　自立活動

b　G　道徳科　H　総合的な学習の時間　I　特別活動

c　G　道徳科　H　特別活動　I　自立活動

d　G　生活単元学習　H　道徳科　I　自立活動

(4) □の文章の中の(　J　)と(　K　)に入る，適する語句をそれぞれ書きなさい。

(5) □の文章の中の下線L段階について，小学部ではいくつの段階に区分けされているかを答えなさい。

(6) □の文章の中の下線Mその際，小学部は6年間，中学部は3年間を見通して計画的に指導するものとするについて，次の□の文章の中の(　　)に入る，適する語句を書きなさい。

> 「特別支援学校教育要領・学習指導要領解説　総則編(幼稚部・小学部・中学部)(平成30年3月)」第3編第2章第3節3　(1)⑥の一部
>
> 今回の改訂では，各教科の段階に示す目標及び内容が(　　)よく取り扱われるよう，小学部は6年間，中学部は3年間を見通して，具体的な指導内容を設定する必要があることを示した。

2024年度　名古屋市　難易度■■■■□□

【15】次の各文は，特別支援学校学習指導要領解説各教科等編(小学部・中学部)(平成30年文部科学省)第4章第2節「2　知的障害のある児童生徒の教育的対応の基本」の一部である。

文中の[　A　]～[　E　]に当てはまる適切な語句を記入しなさい。ただし，同じ記号には同じ語句が入るものとする。

○　望ましい社会[　A　]を目指し，日常生活や社会生活に生きて働く知識及び技能，習慣や学びに向かう力が身に付くよう指導する。

○　[　B　]教育を重視し，将来の[　B　]生活に必要な基礎的な知識や技能，態度及び人間性等が育つよう指導する。その際に，多様な進路や将来の生活について関わりのある指導内容を組織する。

○　児童生徒が，自ら[　C　]をもって主体的に行動できるよう，日課や学習環境などを分かりやすくし，規則的でまとまりのある学校生活が送れるようにする。

○　生活に結びついた具体的な活動を学習活動の中心に据え，実際的な状況下で指導するとともに，できる限り児童生徒の[　D　]経験を豊富にする。

○　児童生徒一人一人が集団において[　E　]が得られるよう工夫し，その活動を遂行できるようにするとともに，活動後には充実感や達成感，自己肯定感が得られるように指導する。

2023年度 ｜ 福岡県・福岡市・北九州市 ｜ 難易度

【16】次の記述は，「特別支援学校小学部・中学部学習指導要領(平成29年4月告示)」に示された「第4章　外国語活動　第2款　知的障害者である児童に対する教育を行う特別支援学校」の一部である。空欄[　ア　]～[　ウ　]に当てまるものの組合せとして最も適切なものを，以下の①～④のうちから選びなさい。

1　目　標

外国語によるコミュニケーションにおける見方・考え方を働かせ，外国語や外国の文化に触れることを通して，コミュニケーションを図る素地となる資質・能力を次のとおり育成することを目指す。

(1)　外国語を用いた[　ア　]を通して，日本語と外国語の[　イ　]

の違いなどに気付き，外国語の[　イ　]に慣れ親しむようにする。

(2) 身近で簡単な事柄について，外国語に触れ，自分の[　ウ　]を伝え合う力の素地を養う。

(3) 外国語を通して，外国の文化などに触れながら，言語への関心を高め，進んでコミュニケーションを図ろうとする態度を養う。

① ア　体験的な活動　　イ　習慣　　ウ　考え
② ア　言語活動　　イ　音声　　ウ　考え
③ ア　言語活動　　イ　習慣　　ウ　気持ち
④ ア　体験的な活動　　イ　音声　　ウ　気持ち

2023年度 神奈川県・横浜市・川崎市・相模原市 難易度

【17】「特別支援学校学習指導要領解説　各教科等編(小学部・中学部)(平成30年3月)」第4章第1節1及び第2節の1と2には，知的障害の特徴と知的障害のある児童生徒の学習上の特性等，知的障害のある児童生徒の教育的対応の基本が記載されています。これらを踏まえて，次の(1)～(3)の各問いに答えなさい。

(1) 知的障害の特徴を書きなさい。

(2) 知的障害のある児童生徒の学習上の特性としては，成功経験が少ないことなどにより，主体的に活動に取り組む意欲が十分に育っていないことが多くあります。このような児童生徒に対して，自信や主体的に取り組む意欲を育むために，どのように関わるとよいか書きなさい。

(3) 知的障害のある児童生徒が，自ら見通しをもって主体的に行動できるようにするには，どのような教育的対応を基本とすることが重要か書きなさい。

2023年度 名古屋市 難易度

【18】「特別支援学校学習指導要領解説　知的障害者教科等編(高等部)」(平成31年2月)について，次の(1)～(3)の問いに答えよ。

(1) 次の文は，「第2部　第5章　知的障害者である生徒に対する教育を行う特別支援学校　第4節　各学科に共通する各教科　第4　理科」に関する記述の抜粋である。文中の(　A　)～(　D　)に入る正しいものを，それぞれ以下の1～9のうちから一つずつ選べ。

第4　理科

1　理科の改訂の要点

(1)　目標の改訂の要点

高等部の理科では，中学部における理科の目標や内容との関連と高等部段階の生徒の実態を考慮し，生徒の日常生活に関係の深い自然の仕組みや働き，事物や事象を対象として内容を示してきたところである。

今回の改訂においては，目標について，「知識及び技能」，「思考力，判断力，表現力等」，「学びに向かう力，人間性等」の三つの柱で整理して示した。また，このような資質・能力を育成するためには，生徒が「(　A　)」を意識的に働かせて，(　B　)自然の事物・現象に関わるようにする必要があることを示した。

これらを踏まえて，従前の「自然の仕組みや働きなどについての理解」を「自然の事物・現象についての基本的な理解」，「科学的な見方や考え方を養う」を「(　C　)力とより妥当な考えをつくりだす力」，「自然を大切にする態度」を「自然を愛する心情を養うとともに，学んだことを主体的に生活に生かそうとする態度」へと改めた。また，中学部と同様に「観察，実験などに関する(　D　)を身に付ける」ことを加え，生徒が(　A　)を働かせ，観察，実験を行うことなどを通して，自然の事物・現象についての問題を科学的に解決するために必要な資質・能力の育成を目指すことを明確にした。

1　共通性・多様性の視点　　2　時間的・空間的な視点
3　理科の見方・考え方　　4　見通しをもって
5　繰り返し　　6　解決の方法を考える
7　多面的に考える　　8　基礎的な知識
9　初歩的な技能

(2)　次の文は，「第2部　第5章　知的障害者である生徒に対する教育を行う特別支援学校　第4節　第8　職業　3　各段階の目標及び内容　(1)1段階の目標と内容　イ　内容」のうち，「C産業現場等における実習」に関する記述の抜粋である。文中の(　A　)～(　D　)に入る正しいものを，それぞれ以下の1～9のうちから一つずつ選べ。

> C　産業現場等における実習
>
> 　ここでは，特に中学部の職業・家庭科の職業分野の内容との関連を踏まえ，生徒が事業所等で実際に仕事を経験することを通して，将来の職業生活に必要なことや，自己の適性などについての理解を促すとともに，働く力を身に付けることの意味を理解し，働くことへの(　A　)を高めながら，卒業後の(　B　)について考えることをねらいとしている。
>
> 　産業現場等における実習とは，商店や企業，農業，市役所等の公的機関，作業所などの福祉施設などで，一定期間，働く活動に取り組み，働くことの大切さや社会生活の実際を経験することである。
>
> 　産業現場等における実習に関する指導では，学校内における作業や実習との関連性を重視する必要がある。特に，学校内における作業や実習によって，産業現場等に通用する(　C　)や態度を育て，産業現場等における実習に臨むようにするとともに，実習の評価を基に，課題を自覚し，以後の学校内における学習によって解決できるよう配慮する必要がある。(中略)
>
> 　なお，職場において適切に(　D　)ことの重要性を踏まえ，校内の作業や実習等を通して身に付けた挨拶や言葉遣いなどを産業現場等における実習においても発揮できるよう指導することが大切である。例えば，分からないことが生じた場合，実習先の上司などに適切に質問をしたり，指示を仰いだりすることや，必要に応じて感謝の気持ちを伝えるなどしながら作業を進めることなどが考えられる。

1　意欲　　　　2　意思
3　進路　　　　4　就業
5　作業能力　　6　職業能力
7　課題解決能力　8　コミュニケーションが取れる
9　職場の人と協力したりする

(3) 次の文は「第2部　第6章　特別の教科　道徳(知的障害者である生徒に対する教育を行う特別支援学校)第1　目標及び内容」に関する記述の抜粋である。文中の(　A　)～(　D　)に入る正しいものを，それぞれ以下の1～9のうちから一つずつ選べ。

> 高等部における道徳科の目標は，第1章第2節第1款の2の(2)において，「道徳教育は，教育基本法及び学校教育法に定められた教育の根本精神に基づき，生徒が自己探求と自己実現に努め国家・社会の一員としての自覚に基づき行為しうる発達の段階にあることを考慮し，人間としての在り方生き方を考え，(　A　)な判断の下に行動し，自立した人間として他者と共によりよく生きるための基盤となる道徳性を養うことを目標とすること」と規定していることを踏まえるとともに，知的障害者である生徒に対する教育を行う特別支援学校については，小学部及び中学部における道徳科の目標及び内容を基盤とし，(　B　)の特性を考慮して，健全な社会生活を営む上に必要な道徳性を一層高めることについて示していることに留意する必要がある。
>
> 小学校学習指導要領及び中学校学習指導要領第3章第3の1において，「各学校においては，(　C　)に基づき，各教科，外国語活動(小学校学習指導要領のみ)，総合的な学習の時間及び特別活動との関連を考慮しながら，道徳科の(　D　)を作成するものとする。」と示していることを参考に，知的障害者である生徒に対する教育を行う特別支援学校の高等部においても，以上のことを踏まえて(　D　)を作成する必要がある。

1　主体的　　　2　一人一人
3　道徳的　　　4　思春期
5　青年期　　　6　道徳教育の全体計画
7　個別の教育支援計画　　　8　個別の指導計画
9　年間指導計画

2023年度 ┃ 大分県 ┃ 難易度 ■■■□□

【19】知的障害について，次の(1)，(2)の問いに答えなさい。

(1) 次の文章は，「特別支援学校学習指導要領解説　各教科等編(小学部・中学部)」に示された，知的障害について述べたものである。[　1　]～[　3　]にあてはまる最も適当な語句を，以下の解答群からそれぞれ一つずつ選びなさい。

・ 「知的機能の発達に明らかな遅れ」がある状態とは，認知や[　1　]などに関わる精神機能のうち，情緒面とは区別される知的面に，同年齢の児童生徒と比較して平均的水準より有意な遅れが明らかな状態である。

・ 「適応行動の困難性」とは，他人との意思の[　2　]，日常生活や社会生活，安全，仕事，余暇利用などについて，その年齢段階に標準的に要求されるまでには至っていないことであり，適応行動の習得や習熟に困難があるために，実際の生活において支障をきたしている状態である。

・ 知的機能の発達の遅れの原因は，概括的に言えば，中枢神経系の機能障害であり，適応行動の困難性の背景は，周囲の要求水準の問題などの心理的，社会的，[　3　]要因等が関係している。

＜解答群＞

① 経済的　② 動き　③ 疎通　④ 共有

⑤ 環境的　⑥ 言語　⑦ 伝達

(2) 次の文章は，「特別支援学校学習指導要領解説　各教科等編(小学部・中学部)」に示された，作業学習の指導に当たって考慮することについて述べたものである。[　1　]～[　5　]にあてはまる最も適当な語句を，以下の解答群からそれぞれ一つずつ選びなさい。

・ 児童生徒にとって[　1　]の高い作業活動等を含み，それらの活動に取り組む意義や価値に触れ，喜びや完成の成就感が味わえること。

・ [　2　]に立脚した特色をもつとともに，社会の変化やニーズ等にも対応した永続性や[　1　]のある作業種を選定すること。

・ 個々の児童生徒の実態に応じた教育的ニーズを分析した上で，[　3　]な指導ができるものであること。

・ 知的障害の状態等が多様な児童生徒が，相互の役割等を意識しながら[4]して取り組める作業活動を含んでいること。

・　作業製品等の[5]が高く，生産から消費への流れと社会的貢献などが理解されやすいものであること。

＜解答群＞

①	教育的価値	②	利便性	③	配慮	④	地域性
⑤	個別	⑥	段階的	⑦	協働	⑧	創作性
⑨	利用価値	⑩	一時的				

‖ 2023年度 ‖ 千葉県・千葉市 ‖ 難易度 ‖■■■□□‖

【20】次の事例を読み，以下の各問に答えよ。

　生徒Aは，①発達障害のある中学1年の生徒である。以下のような状況がしばしば起こる。

[生徒Aの様子]

・　書かれた文章を読んだり，文字を書いたりすることができる。

・　忘れ物や物をなくすことが多く，学習用品を整理整頓することが難しい。

・　思ったことをそのまま口に出してしまい，友達とトラブルを起こすことがある。

・　教室では，着席していても大きく身体を常に動かしており，②姿勢が大きく崩れ，活動を継続できなくなることがある。

・　国語や数学の学習では，教師の話や板書の内容を的確に捉えることが難しく，学習を進めることが困難なことがある。

・　保健体育の授業が好きで興味をもって学習に取り組むことができるが，教師が説明をしている間に，活動を始めようと立ち上がって動き出したり，ゲームで勝ちたいという気持ちが先だって，ルールを守ることができなかったりすることがある。

（「障害のある子供の教育支援の手引～子供たち一人一人の教育

的ニーズを踏まえた学びの充実に向けて～」(文部科学省初等中等教育局特別支援教育課　令和3年6月),「特別支援学校教育要領・学習指導要領解説自立活動編」から作成)

〔問1〕 下線部①について，生徒Aの発達障害の名称と，生徒Aに対してアセスメントのために実施するウェクスラー式知能検査との組合せとして最も適切なものは，次の1～6のうちではどれか。

	発達障害の名称	ウェクスラー式知能検査
1	学習障害	WAIS－Ⅳ
2	学習障害	WISC－Ⅳ
3	自閉症	WAIS－Ⅳ
4	自閉症	WPPSI－Ⅲ
5	ADHD	WISC－Ⅳ
6	ADHD	WPPSI－Ⅲ

〔問2〕 下線部②について，次の記述ア～エのうち，生徒Aの障害の特性等に配慮した指導として正しいものを選んだ組合せとして適切なものは，以下の1～6のうちのどれか。

ア　姿勢が崩れたときに，すぐに姿勢を正すように教師が叱責する。

イ　姿勢のチェックポイントを示したイラスト等を使い，自分で確認できるようにする。

ウ　座面の滑りにくい椅子を準備し，姿勢が崩れにくいようにする。

エ　崩れた姿勢のイラストにバツ印を付けて，姿勢が崩れたときに執ように繰り返し指導する。

1　ア・イ　　2　ア・ウ　　3　ア・エ　　4　イ・ウ

5　イ・エ　　6　ウ・エ

〔問3〕 生徒Aに対して，指導目標を「一定時間落ち着いて，学習に取り組む」と設定した。次の記述ア～エのうち，この目標を達成するために生徒Aの障害の特性等に配慮した指導として，正しいものを選んだ組合せとして適切なものは，以下の1～6のうちのどれか。

ア　刺激を統制した落ち着いた環境で，必要なことに意識を向けられるようにする。

イ　視知覚の特性で文字の判別が困難なため，文字間や行間を大きく広げて板書する。

ウ　注目すべき箇所を色分けしたプリントを用意し，注目しやすくする。

エ　カレンダーや学級通信，お知らせなどを，黒板の周囲にできるだけ多く掲示する。

1　ア・イ　　2　ア・ウ　　3　ア・エ　　4　イ・ウ
5　イ・エ　　6　ウ・エ

2023年度　東京都　難易度■■■■■□□

解答・解説

【1】①

○解説○ 知的障害の定義にある文言からの問題。なお，本資料によると知的障害の定義として「知的機能の発達に明らかな遅れと，適応行動の困難性を伴う状態が，発達期に起こるもの」としており，「適応行動の困難性」については「他人との意思の疎通，日常生活や社会生活，安全，仕事，余暇利用などについて，その年齢段階に標準的に要求されるまでには至っていないことであり，適応行動の習得や習熟に困難があるために，実際の生活において支障をきたしている状態」を指すとしている。

【2】A　成長　　B　情報

○解説○ 今回の学習指導要領の改訂により，カリキュラム・マネジメントの視点からの指導が求められるようになった。そのため，定期的に学習評価を行い，効果的な指導を行うことが必要である。　A　評価は，できる・できないだけではなく，成長を見ることが大切である。　B　評価を行うためには，情報を交換することや情報を積み上げ，組織的・体系的に取り組むことが重要である。

【3】(4)

○解説○ (1) 「担任のみが」が誤りである。「障害のある子供の教育支援の手引」(文部科学省)によると，まずは通常の学級担任ができるアセスメントツール等を活用し，実態把握を行い，校内での実態把握，巡回相談員，外部の専門家に相談する手続きを踏むことが重要であるとされている。　(2)「障害の有無の判定をし」が誤りである。校内委員会は診断をする場ではなく，日頃から気になる子供の実態を把握したり，通常の学級における適切な配慮や指導上の工夫を講ずるなどの対応が行えるようにするという役割をもっている。　(3)「必ず個別の指導形態をとる」が誤りである。学習障害のある子供の実態の把握に努め，教育における合理的配慮を含む必要な支援の内容の提供を行ったり，通級による指導における指導方法等を参考にしたりするとともに，ティーム・ティーチングや個別指導，学習内容の習熟の程度に応じた指導，教材・教具などの工夫を効果的に行うことが重要である。

【4】(2)

○**解説**○ (1)　S－M社会生活能力検査の適用は「未就学から小児期」ではなく「乳幼児から中学生」，項目数は「15項目」ではなく「129項目」，検査者が直接観察するのではなく，子どもの日常生活をよく知っている人(保護者や担任教師等)が回答する質問紙である。　(3)　LCスケールは，「言語表出，言語理解，コミュニケーション」の3領域から評価する。「回路，過程，水準」の3つの次元を比較する言語学習能力検査は，ITPAである。　(4)　太田ステージは，シンボル表象機能発達段階をみる評価法で，自閉症児の全般的な発達を促す療育法である。

【5】(1)

○**解説**○ (1)の解説にある文字の読み書き障害は，「ディスレクシア」に関するものである。「ディスカリキュリア」は，計算や推論する能力の困難がみられる算数障害のことである。

【6】問1　1　　問2　1

○**解説**○ 問1　①　今回の学習指導要領改訂においては，育成を目指す資質・能力の三つの柱に基づき，各教科等の目標や内容が構造的に示された。その際，小学校及び中学校の各教科等の目標や内容等との連続性や関連性が整理された。 ② 社会の変化に対応するため，例えば，国語科における日常生活に必要な国語のきまり，算数科，数学科における生活や学習への活用，社会科における社会参加や生活を支える制度などの充実が図られた。 ③ 各教科の指導計画の作成に当たっては，児童生徒の個別の指導計画に基づき，一人一人の障害の状態等を的確に把握し，児童生徒に即した指導内容を適切に精選し，指導に生かすようにすることが必要である。個別の教育支援計画は，長期的な視点で児童生徒への教育的支援を行うためのものである。
問2 ①「身近な人々」とは，家庭，学校及び近隣の人のことであり，児童にとって実際に関わる人を指している。生活科では，身近な人々，社会及び自然を自分との関わりで捉え，思いや願いを実現しようとすることが，目標の柱となっている。 ② 習慣と技能とは切り離すことのできない関係にあることを考慮して，取り扱う内容の中で具体的に想定し実践していくことが大切である。 ③ 目標の(2)は，思考力，判断力，表現力等に関するものである。生活科においては，自分自身や自分の生活について考えたり表現したりすることができるようにすることを目指している。 ④ 意欲や自信によって，自らの学びを次の活動やこれからの生活に生かしたり，新たなことに挑戦したりしようとする姿を生み出していくことが期待される。

【7】(1) ①，②，④ (2) ②

○**解説**○ (1) ③ こだわりの要因としては快適な刺激を得る，自分を落ち着かせるための行動などさまざま考えられる。よって，特定の行動等を無理にやめさせるのではなく，本人が納得して次の行動ができるよう段階的に意識を切り替えていくよう指導することが大切，としている。 (2) 自閉症を有する児童生徒の情報機器の活用については，対人関係でのトラブルに発展しないような指導や支援を行うことが重要であり，情報機器の活用そのものが望ましくないわけではない。

【8】(1) ⑤ (2) 1 ⑥ 2 ③ 3 ② 4 ⑤

○**解説**○ (1) ⑤は高等部2段階のねらいと内容である。1段階は「主として生徒自らが主体的に学び，卒業後の生活を見据えた基本的な生活習慣，社会性及び職業能力等を身に付けられるようにしていくことをねらいとする内容を示している」となっている。 (2) 各教科等を合わせて指導を行う場合とは各教科，道徳科，特別活動，自立活動及び外国語活動の一部又は全部を合わせて指導を行うことを指す。

【9】(1) ① 知的 ② 7 ③ 生活年齢 ④ 卒業後 ⑤ 基礎 ⑥ 軽度 ⑦ 発展 (2) ・千円札と百円硬貨という金種を知るために，千円札1枚や百円硬貨1枚で買い物をする。 ・様々な種類の貨幣のもつ価値を知るために，同じものを千円札1枚と百円硬貨1枚で買い，千円札の方が百円硬貨より多く買える体験をする。 (3) 内容…・衣服の着脱 ・洗面 ・手洗い ・排泄 ・食事 ・清潔 ・あいさつ ・言葉遣い ・礼儀作法 ・時間を守ること ・きまりを守ること から5つ 留意点…・日常生活や学習の自然な流れに沿い，その活動を実際的で必然性のある状況下で取り組むことにより，生活や学習の文脈に即した学習ができるようにすること。 ・毎日反復して行い，望ましい生活習慣の形成を図るものであり，繰り返しながら取り組むことにより習慣化していく指導の段階を経て，発展的な内容を取り扱うようにすること。 ・できつつあることや意欲的な面を考慮し，適切な支援を行うとともに，生活上の目標を達成していくために，学習状況に応じて課題を細分化して段階的な指導ができるものであること。 ・指導場面や集団の大きさなど，活動の特長を踏まえ，個々の実態に即した効果的な指導ができるように計画されていること。 ・学校と家庭等とが連携を図り，児童生徒が学校で取り組んでいること，また家庭等でこれまで取り組んできたことなどの双方向で学習状況を共有し，指導の充実を図るようにすること。 から3つ

○**解説**○ (1) 知的障害者は知能機能の障害が，同一学年であっても，個人差が大きく，学力や学習状況も異なることから，小学部1段階から高等部2段階へと7段階にわたり構成している。構成する際の考え方としては，精神年齢のみならず，生活年齢に応じた内容を構成すること，卒業後の生活との関連を考慮し，1段階においては，基礎的な内容を重視し，障害の程度が軽度である2段階においては，発展的な内容も

考慮することが示されている。　(2)　知的障害者にとって，数の大小を含む貨幣価値の概念を習得することは難しいが，買物は，社会生活を営む上で重要なスキルである。生活科の2段階の内容としては，「㋐身近な生活の中で，教師に援助を求めながら買い物をし，金銭の大切さや必要性について気付くこと。㋑金銭の扱い方などを知ること」が示されている。算数科の「㋐金種を用いる。㋑様々な種類の貨幣のもつ価値を知る」と関連づけると，解答例のような具体的な工夫が適切である。　(3)　日常生活の指導で扱われる内容は，基本的生活習慣や社会生活の基礎となることである。留意点としては，知的障害者の特徴として，具体的かつ体験的に学ぶこと，段階的にできつつあることから取り組むこと，個々の実態に応じて計画的に取り組むこと，学校と家庭と連携して指導の充実を図ることなどが挙げられる。

【10】(1)　A　9　B　1　C　8　D　5　E　7　(2)　A　2　B　1　C　6　D　5　E　7

○解説○ (1)　高等部・国語科の「読むこと」の領域では，生徒の興味・関心，生活経験の範囲などにより，題材として伝記，観察記録文，紀行文，旅行等の諸案内，趣味の工作や料理の作り方などを取り上げ，生徒が主体的に読む活動に取り組むよう工夫することが大切である。「指導計画の作成と内容の取扱い　(1)　指導計画作成上の配慮事項」において，「C　読むこと」に関する指導については，発達の段階に応じた様々な文章に接し，日常生活において読書活動を活発に行うようにするとともに，他教科等における読書の指導や学校図書館等における指導との関連を図るようにすることと示されている。また，生徒が読む図書の選定に当たっては，人間形成のため幅広く，偏りがないようにし，豊かな人間性の育成に資するよう配慮する必要があること，特に高等部の生徒については，生涯学習への意欲を高めることも重要であるため，読書活動を活発に行うようにすることが大切であることが示されており，さらに，他教科等における読書の指導や学校図書館等における指導との関連を図り，読書が学習や生活に役立つことを実感させることが大切である旨が述べられている。　(2)　新たに示された社会科の目標の3つの柱を覚えておきたい。「(1)　知識及び技能」として，「地域や我が国の国土の地理的環境，現代社会の仕組みや働き，地域や我が国の歴史や伝統と文化及び外国の様子について，様々な資料や具体的な活動を通して理解するとともに，情報を適切に調べまとめる技能を身に付けるようにする」こと，「(2)　思考力，判断力，表現力等」として，「社会的事象の特色や相互の関連，意味を多角的に考えたり，自分の生活と結び付けて考えたり，社会への関わり方を選択・判断したりする力，考えたことや選択・判断したことを適切に表現する力を養う」こと，「(3)　学びに向かう力，人間性等」として，「社会に主体的に関わろうとする態度や，よりよい社会を考え学習したことを社会生活に生かそうとする態度を養うとともに，多角的な思考や理解を通して，地域社会に対する誇りと愛情，地域社会の一員としての自覚，我が国の国土と歴史に対する愛情，我が国の将来を担う国民としての自覚，世界の国々の人々と共に生きていくことの大切さについての自覚などを養う」ことが示されている。それぞれ具体的にどのような内容を指しているのか，学習指導要領解説を精読しておくこと。

【11】(解答例)

・本時の目標　自分の想像したことやりたいことを言葉や身振りで表現して，伝え合うことができる。

・本時の展開

時間	学習活動	指導上の留意点	準備物等
5分 全体	1　前時の振り返りをする。 2　本時の学習内容を知る。 自分がしたい遊びを伝え合おう	・前時に活用した絵（お出かけ，買い物）を見せ，前時と同様に，お話をする活動を行うことを確認する。 ・学習内容を板書し，本時の流れを見せることで，見通しをもって活動に取り組むことができるようにする。	・おでかけの絵 ・買い物の絵 ・遊びの絵
10分 全体	3　いろいろな遊びの場面の絵を見て，人物，物，場所等について，言葉や身振りで表す。	・児童が友達と一緒に遊ぶ様子を表した絵を見せ，遊びについてのお話をすることを確認する。 ・ブランコや滑り台，ボール，積み木，ダンスなど，児童が学校で体験している遊びを題材にする。 ・絵を見せながら，「これは何かな？」「何をしているかな？」と，絵の状況を確認する。	・遊びの絵

10分 個別	4　個別に，遊びの場面の様子を，言葉や身振りで表現する。	・イメージが持てるよう，「ゆらゆら揺れたね」など，体験した状況を表す言葉で状況を伝える。 ・体験と絵を一致させるために，その状況を教師が身振り等で見せる。 ・児童が身振りや単語で表現したときには，「ブランコ乗っているね」など，言葉(動作，状態，感情等)を添える。 ・絵の場面を，教師が言葉や身振りで表現し，児童に模倣させる。 ・遊びのイメージを膨らませ，自分のしたい遊びを想起させる。	・遊びの絵
15分 全体	5　自分のしたいあそびを伝え合う。	・伝え方の例を見せる。 ・絵を手掛かりにできるよう掲示しておく。 ・各児童の伝えたい内容を汲み取り，相槌や補足をし，達成感が持てるようにする。 ・発音が不明瞭で伝わりにくい児童については，文字の使用やVOCA等のICT機器などを活用して，意思を表すことを促すようにする。	・遊びの絵
5分 全体	6　本時の学習の振り返りをする。	・各児童が表した思いや表現を称賛することで，達成感を味わ3 ことができるようにする。 ・遊びの場を通して，言葉のもつ楽しさに触れることによって，次時への意欲を高める。	・遊びの絵

○**解説**○ 対象児童は，小学部国語科1段階の目標と内容の段階であると思われる。1段階の児童は，身近な人や興味や関心のある物事との関わりを繰り返しながら，その場面で用いる言葉が存在することや，言葉を使うことで相手の反応に変化があることに気付き始める段階であるとされている。児童が獲得している個々の言い方だけなく，同じような結果をもたらす複数の言い方があることに気付き，事物の名前や動作，状態，感情などを表す新たな言葉に触れて理解したり，模倣して話してみたりすることが重要であるとされている。指導に当たっては，個々の児童の教育的ニーズに応じた適切な指導や，必要な支援を行うようにすることが大切である。

【12】(1)　A　7　B　3　C　8　D　5　E　9　(2)　A　6　B　1　C　5　D　2　E 3

○**解説**○ (1)　生活科は，児童に対し，基本的な生活習慣の確立に関すること，遊び，役割，手伝い，きまりなどを含む生活に関することを学習の対象とし，自立への基礎を体系的に学べるように内容を構成した教科である。また，小学部の教科には，社会科，理科，家庭科が設けられていないが，児童の具体的な生活に関する学習の中で社会や自然等に直接関わったり，気付いたりすることができるように，それらの教科の内容を生活科に包含している特徴がある。生活科の目標は小学部の終わりまでに身に付ける資質・能力を示しているが，児童の実態によっては，途中の段階で終了することもある。その場合であっても，生活年齢を踏まえた指導内容を設定することが大切である。 (2) 平成29年告示の特別支援学校小学部・中学部学習指導要領では，従前に引き続き，数や式，表，グラフといった数学的な表現を用いて，筋道を立てて考え表現することを重視した。また，現代の社会においては，多くの人が，様々なデータを手にすることができるようになってきており，データを読み取ったり，表現したりするような場面も多くみられるようになってきていることを受け，今回の改訂では，データの取扱いを一層充実させている。出題は「D データの活用」の2段階であるが，1段階の「データの活用」では，具体的な活動を通して，身の回りにある数量を分類整理し，それを簡単な表やグラフを用いて表したり，表やグラフから数が最も多い，少ないなどの特徴を読み取ったりすることについて指導する。具体的には，知識及び技能として「㋐ 身の回りにある数量を簡単な表やグラフに表したり，読み取ったりすること」，思考力，判断力，表現力等として「㋐ 身の回りの事象に関するデータを整理する観点に着目し，簡単な表やグラフを用いながら読み取ったり，考察したりすること」である。段階的にどのように変化するかに注意したい。

【13】問1 ア 同年齢 イ 知的機能 ウ 適応能力

問2 (1) エ D オ C カ A (2) ・排せつのある時間帯 ・排せつの意思表示の有無 問3 ・必要な知識や技能等を身に付けられるようにする継続的，段階的な指導 ・抽象的な内容の指導よりも，実際的な生活場面の中で，具体的に思考や判断，表現できるようにする指導

○**解説**○ 問1 出題の資料によれば，知的障害児は，同年齢の児童生徒と比較して，認知機能や言語能力などの知的機能の発達に遅れがみられ，意思疎通能力や適応能力が不十分であるとされる。ただし，支援

や配慮を必要とするその状態は，環境的・社会的条件で変わり得る可能性があるとも述べられている。　問2　(1)　エは買い物や公共機関の利用などのライフスキルのことであり，Dの「社会生活能力」が当てはまる。オは社会的行動や対人スキルに関することであり，Cの「社会性」が当てはまる。カは身体の運動に関することであり，A「運動機能」が当てはまる。　(2)　排せつの指導を行う際には，まず排せつの時間帯(間隔)を把握し，その時間帯に合わせた指導が効果的である。また，排せつの意思表示の有無を把握し，本人の意思表示に合わせた指導をするか，時間に合わせた指導をするか等を検討する。
問3　継続的で段階的な指導によって，スモールステップで知識や技能を積み重ねることや，実際の生活場面の中で一つ一つ具体的に学べるようにすることが大切である。

【14】(1)　c　(2)　c　(3)　c　(4)　J　全て　K　必要
(5)　3段階(三段階，3，三)　(6)　バランス

○**解説**○ (1)　今回の学習指導要領改訂において，生活科の内容が再整理された。「ものの仕組みと働き」は，新設された内容である。
(2)　知的障害者である児童に対する教育を行う特別支援学校小学部の各教科は，生活，国語，算数，音楽，図画工作及び体育の6教科で構成されている。保健体育は中学部の教科で，作業学習は各教科等を合わせて指導を行う場合の活動の一つである。　(3)・(4)　小学部の各教科等の「等」に該当するのは，道徳科，外国語活動，特別活動，自立活動の時間だが，外国語活動は，児童や学校の実態を考慮し，必要に応じて設けることとされている。　(5)・(6)　小学部は3段階，中学部は2段階である。発達期における知的機能の障害が，同一学年であっても個人差が大きく，学力や学習状況も異なることから，学年ではなく段階別に内容が示されている。また，段階別に示された目標や内容は，バランスよく取り扱われるよう，3年間を見通して計画的に指導する必要があると示されている。

各種障害

【15】A　参加　　B　職業　　C　見通し　　D　成功　　E　役割

○**解説**○ A　平成28年12月の中央教育審議会答申において，特別支援教育に関しては，自立と社会参加に向けて育成を目指す資質・能力を身に付けていくことができるようにする観点から，教育課程の基準の改善を図ることが示された。　B　中学部には職業・家庭科があり，高等部においては職業教育が大きなウエイトを占めているなど，職業教育は知的障害のある児童生徒に対する特別支援学校の特徴の一つといえる。　C　物事のつながりを理解しにくく，単発で終わってしまわないように，見通しが持てるよう配慮することが重要である。見通しがあると，主体的な行動が促されやすい。　D　学習の過程では，児童生徒が頑張っているところやできたところを細かく認めたり，称賛したりすることで，児童生徒の自信や主体的に取り組む意欲を育むことが重要である。　E　様々な集団活動に参加する中で，簡単な役割を果たす経験を積み重ねることが大切である

【16】④

○**解説**○ ア・イ　目標の(1)は，知識及び技能として掲げられたものである。知識のみによって理解するのではなく，児童が好きな歌やダンス，簡単なゲームなどの体験を通して，外国語の音声に十分に触れて，慣れ親しむことをねらいとしている。　ウ　目標の(2)は，思考力，判断力，表現力等として掲げられたものである。身近で簡単な事柄に関する音声を聞いたり，外国語によるやり取りを見聞きしながら，自分のやりたいことや思いなどの気持ちを伝え合う体験をさせることで，伝え合う力の素地を養うことをねらいとしている。

【17】(1)　知的機能の発達に明らかな遅れと，適応行動の困難性を伴う状態が，発達期に起こるもの。　(2)　(児童生徒が)頑張っているところやできたところを細かく認めたり，称賛したりする。

(3)　視覚的に日課や学習環境などを分かりやすくし，規則的でまとまりのある学校生活が送れるようにする。

○**解説**○ (1)「知的機能の発達の遅れ」，「明らかな遅れ(同年代の児童生徒と比較して平均的水準より優位な遅れが明らかな状態)」，「適応行動

の困難性がある」，「発達期に起こるもの」という4点を特徴としてまとめる。 (2) 「頑張っているところやできたところを」，「細かく」，「認めたり，称賛したりする」という3点をおさえてまとめる。
(3) 見通しをもつためには，「視覚的に」，「日課や学習環境などを分かりやすくする」，「規則的でまとまりのある学校生活が送れるようにする」といった3点が，教育的対応として重要である。

【18】(1) A 3 B 5 C 6 D 9 (2) A 1 B 3 C 5 D 8 (3) A 1 B 5 C 6 D 9

○**解説**○ (1) 学習指導要領関連問題の中でも目標は最頻出のものの1つなので，全文暗記が望ましい。また，改訂点も頻出なので，改訂の背景などを知っておくと理解が深まるだろう。本問においては空欄A，Bを含む一文をぜひおさえておきたい。 (2) 産業現場等における実習では「職業など卒業後の進路に必要となることについて理解すること」「産業現場等における実習での自己の成長について考えたことを表現すること」ができるように指導する。実習で重要となるコミュニケーションについて，本資料では校内作業等を通して身に付けた挨拶や言葉遣いなどを実習でも発揮できるよう指導することが大切としている。 (3) 高等部における道徳科の目標及び内容については「小学部及び中学部における目標及び内容を基盤とし，さらに，青年期の特性を考慮して，健全な社会生活を営む上に必要な道徳性を一層高めることに努めるものとする」とある。また，小学部，中学部における道徳科の目標等については，小学校(中学校)学習指導要領の内容に準じ，特別支援教育独自の視点を取り入れることとされている。小学部から高等部まで，どのように変わっているかを学習すると，理解が深まるだろう。

【19】(1) 1 ⑥ 2 ③ 3 ⑤ (2) 1 ① 2 ④ 3 ⑥ 4 ⑦ 5 ⑨

○**解説**○ (1) 本資料にある知的障害の定義「知的機能の発達に明らかな遅れと，適応行動の困難性を伴う状態が，発達期に起こるもの」に関する問題。なお，「発達期」については知的障害が胎児期，出生時及び出生後の比較的早期に起こることを踏まえ，おおむね18歳までとしている。　(2)　作業活動の種類は多種多様だが，「生徒が自立と社会参加を果たしていく社会の動向なども踏まえ，地域や産業界との連携を図りながら，学校として検討していくことが大切」としている。

【20】問1　5　　問2　4　　問3　2

○**解説**○ 問1　生徒Aの様子のうち，「書かれた文章を読んだり，文字を書いたりすることができる」ことから「学習障害」は該当しない。「忘れ物や物をなくすことが多い」，「学習用品を整理整頓することが難しい」，「身体を常に動かしている」，「教師が説明している間に，活動を始めようと立ち上がる」はADHDの特徴である。「思ったことをそのまま口に出してしまい，友だちとトラブルを起こす」は自閉症の特徴でもあるが，ADHDとしての特徴としても捉えることができることから，生徒AはADHDと推察できる。また，学童期のウェクスラー式知能検査はWISC-Ⅳである。WPPSI-Ⅲは幼児期，WAIS-Ⅳは成人期である。　問2　アは「叱責する」が，エは「執ように繰り返し指導する」が不適切である。　問3　イ「文字の判別が困難なため」とあるが，生徒Aは文字の判別が困難ではない。　エ「黒板の周囲にできるだけ多く掲示する」が不適切である。刺激を減らし，注目すべきところがわかりやすくするためには，黒板周辺には必要な物だけを掲示する配慮が必要である。

自閉症・情緒障害・言語障害

【1】文部科学省が作成した「障害のある子供の教育支援の手引(令和3年6月)」では，特別支援学校(知的障害)においても，自閉症を伴う知的障害の子供が多数在籍していると述べられています。そこで，自閉症について，「障害のある子供の教育支援の手引」を踏まえて，次の(1)～(3)の各問いに答えなさい。

(1) 自閉症の想定される起因と自閉症の基本的な障害特性3つを簡潔に書きなさい。

(2) 自閉症のある子供に対する支援の1つである「物理的な構造化」について，次の□の文章の(　①　)と(　②　)に入る，適する語句を書きなさい。

棚等の配置により，物理的に分かりやすい(　①　)。例えば，教室内でも，着替えを行う場所，学習をする場所を分けることで，どの場所で(　②　)を分かりやすくする。

(3) 構造化を子供にとって分かりやすいものにするために求められることについて，次の□の文章の(　①　)～(　④　)に入る，適する語句を書きなさい。

構造化には(　①　)はなく，子供一人一人に合わせて分かりやすくすることが求められる。 また，構造化は子供一人一人の実態に応じて(　②　)するものであり，(　③　)的に(　④　)を図っていくことが重要である。

■2024年度 ■名古屋市 ■難易度 ■■■□□

【2】言語障害について，次の(1)，(2)の問いに答えなさい。

(1) 次の文章は，通級による指導(言語障害)の対象について示したものである。[　1　]～[　3　]にあてはまる最も適当な語句を，以下の解答群からそれぞれ一つずつ選びなさい。

> 口蓋裂，構音器官のまひ等([1])又は機能的な構音障害のある者，([2])等話し言葉におけるリズムの障害のある者，話す，聞く等([3])の基礎的事項に発達の遅れがある者，その他これに準じる者(これらの障害が主として他の障害に起因するものでない者に限る。)で，通常の学級での学習におおむね参加でき，一部特別な指導を必要とする程度のもの。
> (平成25年10月4日付け25文科初第756号文部科学省初等中等教育局長通知)

<解答群>

① 学習面　② 言語機能　③ 緘黙　④ 器質的
⑤ 運動面　⑥ 身体的　⑦ 吃音

(2) 言語障害についてまとめたものとして，適当でないものを次の①～⑤のうちから全て選びなさい。

① 言語障害とは，発音が不明瞭であったり，話し言葉のリズムがスムーズでなかったりするため，話し言葉によるコミュニケーションが円滑に進まない状況であること，また，そのため本人が引け目を感じるなど社会生活上不都合な状態であることをいう。

② 口蓋裂のように，生後すぐに医療を必要とする場合もあるが，構音障害や吃音は，小学校入学後に障害の状態が顕著になることが一般的である。

③ 子供によっては，幼児期から自分の障害に気付いている場合があり，障害の理解の状態について，認定こども園・幼稚園・保育所，児童発達支援施設等の協力を得て，把握することも考えられる。

④ 構音障害のある子供は，聴覚機能は正常であるため，正しい構音と自分の構音との違いが区別できなかったり，音と音の比較や照合ができにくかったり，あるいは音の記憶や再生の面に遅れや偏りがあったりすることはない。

⑤ 言語障害のある子供の場合，慣れない相手とのコミュニケーションや音声による表出に困難があることに配慮して個別式検査を行う必要がある。

2024年度 ▌千葉県・千葉市 ▌難易度 ■■■■□□

【3】次は，言語障害に関する文です。内容が適切でないものを，(1)～(4)の中から1つ選びなさい。

(1) 言語障害のある子供の教育は，対象となる子供の障害の状態に応じて，「言語障害特別支援学級」及び「通級による指導(言語障害)」の制度の下で行われている。

(2) 構音障害とは，話そうとするときに同じ音が繰り返されたり，引き伸ばされたり，音がつまって出てこないというような言語症状が現れることをいう。

(3) 吃音の症状には，「連発性吃」，「伸発性吃」，「難発性吃」があり，総称して中核症状と呼ばれる。

(4) 構音障害のある子供は，発音に誤りがあるだけではなく，周囲とのコミュニケーションに不都合があったり，学級集団での適応面でのつまずき，学習に自信がないなどの心理面での課題があったりする場合がある。

▌2024年度 ▌埼玉県・さいたま市 ▌難易度 ■■■□□

【4】言語障害について，次の(1)，(2)の問いに答えなさい。

(1) 「障害のある子供の教育支援の手引」に示された，言語障害について述べたものとして，適当なものを次の①～⑤のうちから全て選びなさい。

① 構音障害の中には，構音器官の運動機能が不十分であることに起因するものがある。

② 聴覚障害や知的発達の遅れなどに伴って生じる言語機能の基礎的事項に遅れや偏りが見られる場合であっても，主たる障害に対応した学びの場ではなく，言語障害特別支援学級での指導を行う必要がある。

③ 発音しにくい音や言葉がある子供の場合，複数の子供と一緒に音読や歌唱をしたりすることはしてはならない。

④ 正しい構音の仕方の習得のための指導には，構音可能な音から誘導する指導，構音器官の位置や動きを指示して，正しい構音運動を習得させる指導などの指導方法がある。

⑤ 吃音とは，自分で話したい内容が明確にあるにもかかわらず，

構音器官のまひにより，話そうとするときに，同じ音の繰り返しや，引き伸ばし，声が出ないなど，流暢さに欠ける話し方をする状態のことである。

(2) 「障害のある子供の教育支援の手引」に示された，構音障害の分類と状態及び吃音の状態や特性についてまとめたものである。［ 1 ］～［ 3 ］にあてはまる最も適当な語句を，以下の解答群からそれぞれ一つずつ選びなさい。

［ 1 ］	ある音が不正確に発音されている状態で，日本語にない音として発音される。
［ 2 ］	話すときの最初の音や，文のはじめの音を何回も繰り返す話し方で、吃音の初期の段階に多く，幼児期によく見られる話し方である。
［ 3 ］	話のはじめだけでなく，途中でも生じる場合もあり，声や語音が非常に出にくい状態である。比較的進行した吃音に多いといわれている。

<解答群>

① ひずみ　② 難発　③ 置換　④ 省略　⑤ 伸発
⑥ 連発

2023年度 ｜ 千葉県・千葉市 ｜ 難易度 ■■■□□

解答・解説

【1】(1) 起因…・何らかの要因が脳の機能の一部に影響を及ぼしていること。　・中枢神経系に何らかの要因による機能不全があること。特性…・他者との社会的関係の形成の困難さ　・言葉の発達の遅れ　・興味や関心が狭く特定のものにこだわること　(2) ① 境界を設ける　② 何を行うのか　(3) ① 決まった形　② 調整　③ 定期　④ 見直し

○**解説**○ (1) 自閉症の原因は，まだ特定されていないが，遺伝的な要因による脳の機能障害によるものと考えられている。障害特性としては，言葉の遅れ，行動・興味・活動に偏りがある，社会的なコミュニケーションや対人関係が苦手，などが挙げられる。 (2) 構造化とは，何かの活動を行う前にその活動を行いやすくするための環境を整えること。障害支援プログラムであるTEACCHプログラムで用いられている手法の一つである。自閉症の子供は，説明や声かけなどの聴覚的な情

報処理より，文字や絵などから情報を得る視覚的な情報処理を得意としている。そのため，必要な情報を視覚的にわかりやすいように環境を整えることがねらいである。自閉症の子供は，1つの空間がいろいろな目的に用いられると混乱するため，1つの場所には1つの目的を定めて空間の目的を分かりやすくする。その例として，境界を設けて限られた空間を用意するなどの手法がとられる。これが物理的構造化の例である。構造化には，物理的構造化(どこで)のほかに，時間の構造化(いつ)，活動の構造化(何を，どのようなやり方で)がある。構造化は，再度行動観察を行って仮説を検証し，本人の特徴に合うように再構造化を行う。これを繰り返して，より適切な環境を目指す。

【2】(1) 1 ④ 2 ⑦ 3 ② (2) ②，④

○**解説**○ 言語障害の対象が「通常の学級での学習におおむね参加でき，一部特別な指導を必要とする程度のもの」であることに注意したい。言語障害は，発声発語器官の異常によって起こる構音障害と，大脳にある言語領域の異常による失語症の二つに大別でき，さらに構音障害は共鳴の異常や口腔内圧を十分に高められないために起こる器質性構音障害と構音運動を学習する際に誤った構音運動パターンを学習し，それが定着した機能性構音障害がある。言語障害の中でも原因，具体例などはおさえておきたい。 (2) ②「小学校入学後」ではなく「3～5歳頃」と言われている。 ④ 構音障害を有する児童生徒のなかには聞こえてはいるが，聞き取りにくさが見られるものもいる。

【3】(2)

○**解説**○ 「吃音」の症状の説明である。構音障害は，言葉は理解していて，伝えたい言葉ははっきりしているが，音を作る器官やその動きに問題があり，発音がうまくできないため，コミュニケーションがうまくとれない状態をいう。

【4】(1) ①，④ (2) 1 ① 2 ⑥ 3 ②

○**解説**○ (1) ② 本資料では「聴覚障害や知的発達の遅れなどに伴って生じる言語機能の基礎的事項に遅れや偏りが見られる場合は，主たる障害に対応した学びの場において適切な指導を行う必要がある」としている。 ③ 発音しにくい音や言葉がある児童生徒について，音読や歌唱は個別的な対応で変更・調整を行う。 ⑤「構音器官のまひにより」ではなく「構音器官のまひ等がないにもかかわらず」が正しい。
(2) なお，③置換はある音が他の音に置き換わる構音障害，④省略は必要な音を省略して発音する構音障害，⑤伸発は話すときの最初の音や，文のはじめの音を引き伸ばす話し方である。

総合問題

【1】次の(1)～(8)の文は，「障害のある子供の教育支援の手引～子供たち一人一人の教育的ニーズを踏まえた学びの充実に向けて～」(令和3年6月　文部科学省)の「第3編　障害の状態等に応じた教育的対応」の一部を抜粋したものである。文中の(　　)に当てはまる語句として最も適切なものを，それぞれ以下のa～eの中から一つ選びなさい。ただし，(　　)が複数ある場合はすべて同じ語句が入るものとする。

(1) 視覚障害のある子供の場合，事物・事象の全体像を捉え，必要な情報を抽出して，的確な概念を形成することが難しい。そこで，子供が(　　)や保有する視覚などを用い，対象物の形や大きさ，手触り，構造，機能等を観察することで，概念を形成できるようにするとともに，それらの概念を日常の学習や生活と結び付けて考えたり，活用したりすることができるように指導することが大切である。

a　聴覚　　b　認知　　c　運動　　d　知識　　e　触覚

(2) 特別支援学校(聴覚障害)には，一般的に幼稚部，小学部，中学部及び高等部が置かれている。＜略＞「自立活動」の指導では，＜略＞，聴覚障害のある子供への指導内容は，幼稚部，小学部では聴覚活用や(　　)に重点を置き，それ以降は，自立と社会参加を見据えた言語指導や情報の活用(読書の習慣，コミュニケーションの態度・技能など)，障害の特性についての自己理解や心理的な諸問題に関するものなどへと次第に移っていくことが多い。

a　教科教育　　b　代替手段の習得　　c　補聴器等の活用

d　言語発達　　e　孤独感の克服

(3) 知的障害のある子供の障害の状態等をどのような視点から把握したらよいか述べる。

＜略＞

自己の理解の状態について，次のようなことについて把握することが考えられる。子供によっては，自分の得意なことあるいは不得意なことを自ら把握している場合があり，自己の理解の状況について，認定こども園・幼稚園・保育所，児童発達支援施設等の協力を得て，把握することが大切である。

自己の理解の状況については，次のような事項から把握することが望ましい。

・学習上又は生活上の困難を改善・克服しようとする(　　)をもっているか。

・自分のできないこと・できることについての認識をもっているか。

・自分のできないことに関して，教師や友達の支援を適切に求めることができるか。

a　能力　　b　技能　　c　意欲　　d　知的機能　　e　支援手段

(4)　肢体不自由のある子供は，身体の動きに困難があることから，様々なことを体験する機会が不足したまま，言葉や知識を習得していることがあり，言葉を知っていても意味の理解が不十分であったり，(　　)が不確かなまま用語や数字を使ったりすることがある。そのため，具体物を見る，触れる，数えるなどの活動や，実物を観察する，測るなどの体験的な活動を取り入れ，感じたことや気付いたこと，特徴などを言語化し，言葉の意味付けや言語(　　)，数量などの基礎的な(　　)の形成を的確に図る指導内容が必要である。

a　認知　　b　思考　　c　記憶　　d　学習　　e　概念

(5)　病弱教育の対象となる病気等

＜略＞

＜略＞対象となる病気等の種類が多いだけでなく，病気等の状態や背景なども多様なため，子供の(　　)を的確に把握した上で指導に当たらなければならない。

a　診断名　　b　病気の種類　　c　病気の知識　　d　実態

e　症状

(6)　(　　)とは話し言葉の使用において，＜略＞，一定の音をほぼ習慣的に誤って発音する状態を指している。

a　吃音　　b　構音障害　　c　知的障害　　d　情緒障害

e　読字障害

(7)　自閉症のある子供は，感覚の過敏さやこだわりがある場合，例えば大きな音がしたり，予定通りに物事が進まなかったりすると，

(　　)が不安定になることがある。こうした場合，自分から別の場所に移動したり，音量の調整や予定を説明してもらうことを他者に依頼したりするなど，自ら刺激の調整を行い，気持ちを落ち着かせることができるように指導することが大切である。

a 知覚　　b 人格　　c 情緒　　d 認知　　e 知能

(8) 学習障害とは，全般的に知的発達に遅れはないが，聞く，話す，読む，書く，(　　)又は推論するといった学習に必要な基礎的な能力のうち，一つないし複数の特定の能力についてなかなか習得できなかったり，うまく発揮することができなかったりすることによって，学習上，様々な困難に直面している状態をいう。

a 計算する　　　b 知覚する　　　c 記憶する　　　d 運動する
e 調整する

┃ 2024年度 ┃ 茨城県 ┃ 難易度 ┃■■■□□┃

【2】次の文は，「障害のある子供の教育支援の手引」(令和3年6月　文部科学省)の一部である。(　a　)～(　t　)にあてはまる語句を，以下の語群のア～ヒから選び，記号で答えなさい。

> 　視覚障害とは，(　a　)の永続的な低下により，学習や生活に困難がある状態をいう。(　a　)が低下していても，それが何らかの方法若しくは，短期間に回復する場合は視覚障害とはいわない。(　a　)には，七つの機能があり，視力(遠方，近方)や(　b　)に加え，光覚(暗順応・明順応)，色覚，(　c　)，眼球運動，両眼視(立体，遠近)がある。したがって，視覚障害とは，視力障害，(　b　)障害，色覚障害，明順応障害，暗順応障害などをいう。また，明順応反応，暗順応反応を合わせて光覚障害という場合もある。

> 　聴覚器官は，外耳(耳介，外耳道)，(　d　)(鼓膜，鼓室，耳小骨，耳小骨筋，耳管)，(　e　)(蝸牛(かぎゅう)，前庭，半規管)，聴覚伝導路，聴覚中枢からなっている。これらは，外界にある音を振動として受け止め，これを(　e　)の感覚細胞まで送り込む作業をしている伝音部分と，送り込まれた振動を感覚細胞(内・外有毛細

胞)で感じ，神経興奮(インパルス)に換え，(　f　)の神経伝導路を通って大脳の聴皮質に送る(　g　)部分に大別される。振動としての音が内耳に伝わる経路には，音が外耳，(　d　)を通っていく経路(空気伝道，気導)と，頭蓋の振動となって直接内耳を振動する経路(骨伝道，骨導)とがある。

知的機能とは，認知や言語などに関係する機能である。その発達に明らかな遅れがあるということは，(　h　)機能のうち，情緒面とは区別される知的面に，同年齢の子供と比較した際に，平均的な水準より有意な遅れが明らかにあるということである。
(中略)知的障害のある子供は，知的機能の発達の遅れから，他者との(　i　)が困難であり，日常生活を送るのに頻繁に支援を必要とする。そこで，適切な支援を行うために，他者とのやり取りを通して，有効なコミュニケーションの手段や働きかけに対する理解の状況について見取ったり，着替え，(　j　)，排せつなどのADL(日常生活動作)の状況を把握したりすることが必要である。

医学的には，発生原因のいかんを問わず，(　k　)体幹に永続的な障害があるものを，肢体不自由という。(中略)中枢神経の損傷による脳性まひを主とした(　l　)が多く見られる。この場合，肢体不自由の他に，知能の発達の遅れやてんかん，言語障害など，種々の(　m　)障害を伴うことがある。脊髄疾患として，二分(　n　)等がある。二分(　n　)は，主として両下肢と体幹の運動と知覚の障害，直腸・膀胱(ぼうこう)の障害が見られ，しばしば水頭症を伴う。

病弱教育では，病気等の(　o　)能力を育成することは重要な指導内容の一つである。そのため，病弱・身体虚弱の子供にとって必要な生活規制とは，他人からの規制ではなく「生活の(　o　)」と考えて取り組むことが大切である。また，「生活の(　o　)」をする力とは，運動や安静，食事などの日常の諸活動において，必要な服薬を守る力，自身の病気等の特性等を理解した上で心身の状態に応じて参加可能な活動を判断する力((　p　)・自己決定力)，必要なときに必要な支援・援助を求めることができる力であり，それらを育成することが必要である。

自閉症とは，①他者との社会的関係の形成の困難さ，②言葉の発達の遅れ，③(　q　)が狭く特定のものにこだわることを特徴とする発達の障害である。その特徴は，3歳くらいまでに現れることが多いが，成人期に症状が顕在化することもある。中枢神経系に何らかの要因による(　r　)があると推定されている。なお，(　s　)自閉症とは，知的発達の遅れを伴わない自閉症を指す。同様に，アスペルガー症候群(アスペルガー障害)は，自閉症の上位概念である(　t　)の一つに分類され，知的発達と言語発達に遅れはなく，上記三つの自閉症の特性のうち，②の言葉の発達の遅れが比較的目立たない。

語群

ア	服薬	イ	自己選択	ウ	興味や関心
エ	脊椎	オ	反応	カ	広汎性発達障害
キ	屈折・調節	ク	内耳	ケ	精神
コ	部分的	サ	意思疎通	シ	適応行動
ス	四肢	セ	中耳	ソ	視野
タ	視機能	チ	高機能	ツ	脳原性疾患
テ	小脳	ト	経験	ナ	機能不全
ニ	自己管理	ヌ	随伴	ネ	脳幹
ノ	感音	ハ	空間	ヒ	摂食

2024年度 ▌滋賀県 ▌難易度 ■■■□□

【3】次の各問いに答えよ。

問1　次の文は，視覚障害について説明したものである。【　A　】に当てはまる語句を答えよ。

視覚障害とは，視力障害，【　A　】，色覚障害，明順応障害，暗順応障害などをいう。また，明順応反応，暗順応反応を合わせて光覚障害という場合もある。

問2　次の文は，視覚障害のある子供に対する特別な指導内容を説明したものである。(　①　)～(　③　)に当てはまる語句を，以下の<選択肢>から1つずつ選び，記号で答えよ。

○　事物・事象の全体像を捉え，必要な情報を抽出して，的確な概念を形成することが難しいため，子供が(　①　)や保有する視覚などを用い，対象物の形や大きさ，手触り，構造，機能等を観察することで，概念を形成できるように指導する。 ○　小さな文字や地図などの細部，ホームの案内表示など遠くのものを読み取ることが難しいことがあるため，各種の弱視レンズなどの(　②　)を効果的に活用できるように指導する。 ○　場に応じた話題の選択や，部屋の広さや状況に応じた声の大きさの調節，話し方などに課題が見られることが少なくないため，例えば，相手の声の様子や握手をした際の手の感覚から相手の体格や年齢などを推測して話を進めたり，声の響き方から部屋の広さや相手との(　③　)を判断して声の出し方を調節したりするなど，場や状況に応じた話し方を身に付ける指導を行う。

<選択肢>

ア　音声読み上げ装置	イ　距離	ウ　聴覚
エ　人間関係	オ　遮光眼鏡	カ　前庭覚
キ　触覚	ク　視覚補助具	

問3　次の各文は，視覚障害教育について述べたものである。説明の内容が誤っているものを，次の<選択肢>から1つ選び，記号で答えよ。

<選択肢>

ア　通常の文字をそのままで読むことが困難な見えにくい子供に対しては，拡大教科書を用いるとともに，文字などを拡大した教材を用意したり，弱視レンズや拡大読書器を使用したりして見やすい文字の大きさで学習できるように配慮されている。

イ　視覚障害者が室内等を壁伝いに移動する場合，壁を手のひらで触ったり，指先を前方に突き出したりしながら歩くと安全である。

ウ　視覚障害者が歩行する際にその手掛かりとなるもののことをランドマークと言い，いつ通ってもそこに存在するかどうかがその有効性を判断する基準の一つとなる。マンホールの蓋や鉄製の溝蓋もランドマークとして活用することができる。

エ　点字を常用する児童生徒には，コンピュータ等の情報機器を活用することも考慮して，音声化された漢字や漢語の説明の理解も含めた指導が必要である。

問4　次の図を見て，音が伝わる聴覚経路について，正しいものを以下の＜選択肢＞から1つ選び，記号で答えよ。

＜図＞

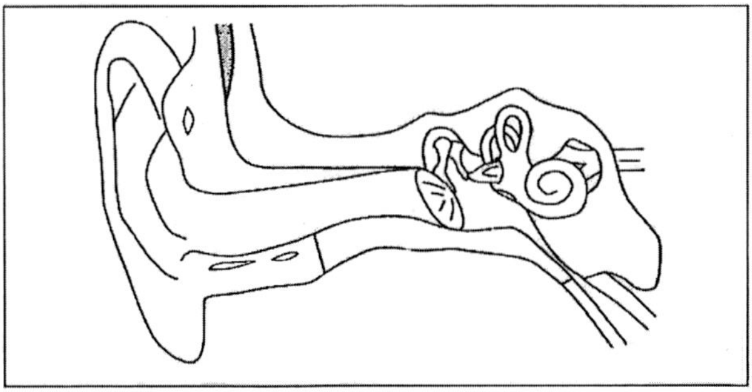

＜選択肢＞

ア　外耳道→耳介→鼓膜→耳小骨→蝸牛→聴神経→脳

イ　耳介→外耳道→鼓膜→蝸牛→耳小骨→聴神経→脳

ウ　耳介→外耳道→鼓膜→耳小骨→蝸牛→聴神経→脳

問5　次の各文は，0歳からのきこえの発達について説明したものである。発達の順序として正しいものを，以下の＜選択肢＞から1つ選び，記号で答えよ。

A　音の出る物を意図的にさわったり，いじったりたたいたりする。 B　音を出す動く物や養育者を追視しようとする。 C　身振りなしで，ことばによる簡単な指示を理解できる。 D　大きな音に対するはっきりとした反応(驚く，動きをとめる，声を出す，目を大きく見開く，まばたきをする)がある。 E　バイバイ，どうも，ちょうだい，おしまい，ダメなどの，日常よく使うことばを理解する。

＜選択肢＞

ア　D→A→B→E→C　　イ　A→D→B→C→E

ウ　A→D→B→E→C　　エ　B→A→E→D→C

オ　D→B→A→E→C

問6　次の文は，聴覚障害のある児童生徒への，各教科等の指導における指導上の工夫について述べたものである。以下の各問いに答えよ。

聴覚障害のある児童生徒の場合，【　A　】の獲得が困難となり，教科等の学習をする際に必要な【　A　】概念を十分に身に付けていない場合があることに留意する必要がある。例えば，国語科の教材文を理解するためには，(　①　)や文の意味，教材文で扱う題材に関する(　②　)などが必要である。 こうした指導を行う場合，日常生活の中で，それぞれの児童生徒が，その言葉に関わる具体的な体験をどの程度有しているか，体験したことを言葉で(　③　)できるか，あるいは書かれた文を読み，自分の体験と結び付けて考えることができるか，などについて把握する必要がある。そして，必要に応じて，国語科だけでなく自立活動や他教科など，学校生活の中で具体的な体験を通して言葉の理解を促したり，(　③　)する場を設けたりすることが重要である。

(1)　【　A　】に当てはまる語句を，漢字2字で答えよ。

(2)　(　①　)~(　③　)に当てはまる語句の組合せを，次の＜選択肢＞の中から1つ選び，記号で答えよ。ただし，同一番号には同一語句が入る。

＜選択肢＞

ア	①	文字	②	経験	③	受容
イ	①	語彙	②	知識	③	表現
ウ	①	文字	②	知識	③	受容
エ	①	語彙	②	経験	③	表現

問7　次の各文は，聴覚障害教育について述べたものである。説明の内容が誤っているものを次の＜選択肢＞から1つ選び，記号で答えよ。

＜選択肢＞

ア　補聴器や人工内耳を装用していても，音や音声を完全に聞き取れるわけではないため，例えば，補聴援助機器を活用して聞き取りやすくするといった補助手段の活用に関する指導が必要である。

イ　聴覚的情報の受信に困難や制約がある聴覚障害児に対しては，聴覚的情報に限らず，読話や文字，キュー(キューサイン，キュード・スピーチ)，指文字，手話などの視覚的情報の活用を図ることが必要である。

ウ　施設設備の面では，聴覚活用のための機器(オージオメータ，補聴器特性検査装置，補聴援助機器等)や，発音・発語指導のための鏡など，さらに，教科等の指導において，その理解を助けるための視聴覚機器(大型モニター等)が用意されている。

エ　聴覚障害教育においては，小・中学部，高等部を対象として，「国語」の検定教科書に併せて，文部科学省著作教科書「特別支援学校(聴覚障害)用『国語』にとばの練習)」が無償給与され，自立活動や国語の時間に用いられる

問8　次の文は，自閉症のある幼児児童生徒について述べたものである。【　A　】,【　B　】に当てはまる語句を答えよ。ただし，同一記号には同一語句が入る。

> 自閉症のある幼児児童生徒の場合，聴覚の【　A　】のため特定の音に，また，触覚の【　A　】のため身体接触や衣服の材質に強く不快感を抱くことがある。それらの刺激が強すぎたり，突然であったり，すると，感情が急激に変化したり，思考が混乱したりすることがある。
>
> (中略)
>
> また，不足する感覚を補うため，身体を前後に動かしたり，身体の一部分をたたき続けたりして，【　B　】を過剰に得ようとすることもある。

問9　平成31年2月に示された「特別支援学校学習指導要領解説　知的障害者教科等編(上)(高等部)」第5章　第2節2「知的障害のある生徒の教育的対応の基本」に記載されている内容として，誤っているものを，次の＜選択肢＞から1つ選び，記号で答えよ。

＜選択肢＞

ア　望ましい社会参加を目指し，日常生活や社会生活に生きて働く知識及び技能，習慣や学びに向かう力が身に付くよう指導する。

イ　職業教育を重視し，将来の職業生活に必要な基礎的な知識や技能，態度及び人間性等が育つよう指導する。

ウ　生徒が，自ら見通しをもって主体的に行動できるよう，日課や学習環境などを分かりやすくし，規則的でまとまりのある学校生活が送れるようにする。

エ　生徒一人一人の問題行動に着目し，意欲や意思，情緒の不安定さなどの課題に応じるとともに，生徒の生活年齢に即した指導を徹底する。

問10　次の文は，平成30年3月に示された「特別支援学校教育要領・学習指導要領解説　自立活動編(幼稚部・小学部・中学部)」から一部抜粋したものである。(　①　)～(　④　)に当てはまる語句を，以下の＜選択肢＞から1つずつ選び，記号で答えよ。

> 知的障害のある幼児児童生徒の場合，自分の身体に対する意識や概念が十分に育っていないため，ものや人にぶっかったり，簡単な(　①　)をまねすることが難しかったりすることがある。そこで，(　②　)や微細運動を通して，全身及び身体の各部位を意識して動かしたり，身体の各部位の名称やその位置などを(　③　)で理解したりするなど，自分の身体に対する意識を高めながら，自分の身体が(　④　)となって位置，方向，遠近の概念の形成につなげられるように指導することが大切である。

＜選択肢＞

ア　写真	イ　言葉	ウ　基点
エ　終点	オ　媒体	カ　ビジョントレーニング
キ　動作	ク　ICT活用	ケ　会話
コ　粗大運動	サ　養護・訓練	

問11　次の各文は，平成29年4月に示された「特別支援学校小学部・中学部学習指導要領」から，視覚障害者，聴覚障害者，肢体不自由者又は病弱者である児童に対する教育を行う特別支援学校における各教科の指導上の配慮事項を一部抜粋したものである。肢体不自由者である児童に対する教育を行う特別支援学校における配慮事項を，次の＜選択肢＞から2つ選び，記号で答えよ。

＜選択肢＞

ア　児童の言語発達の程度に応じて，主体的に読書に親しんだり，書いて表現したりする態度を養うよう工夫すること。

イ　児童の身体の動きや意思の表出の状態等に応じて，適切な補助具や補助的手段を工夫するとともに，コンピュータ等の情報機器などを有効に活用し，指導の効果を高めるようにすること。

ウ　児童の身体活動の制限や認知の特性，学習環境等に応じて，教材・教具や入力支援機器等の補助用具を工夫するとともに，コンピュータ等の情報機器などを有効に活用し，指導の効果を高めるようにすること。

エ　児童の学習時の姿勢や認知の特性等に応じて，指導方法を工夫すること。

オ　児童が場の状況や活動の過程等を的確に把握できるよう配慮することで，空間や時間の概念を養い，見通しをもって意欲的な学習活動を展開できるようにすること。

カ　児童の病気の状態等を考慮し，学習活動が負担過重となる又は必要以上に制限することがないようにすること。

問12　次の文は，平成31年3月に示された「食に関する指導の手引」(第二次改訂版)から肢体不自由のある児童生徒についての指導上の留意点を抜粋したものである。以下の各問いに答えよ。

> 自分に合った自助食器を使って食べることで，(a)<u>食べる機能</u>や意欲が高まります。そのためには，可能な限りその児童生徒に合った食形態の工夫をした給食が提供できるよう，検討することが必要です。また，咀嚼や嚥下がしやすくなる事前の(b)<u>口腔のマッサージ</u>なども，とても有効です。

(1)　文中の下線部(a)について，食べる機能の発達段階と適当な食形態として正しい組合せになっているものを，次の＜選択肢＞から1つ選び，記号で答えよ。

＜選択肢＞

ア　初期－軟固形食　　イ　中期－押しつぶし食

ウ　後期－半流動食

(2)　文中の下線部(b)について，デンマークの歯科医であるビョーン・G・ルセールを中心に開発された口腔内外の筋機能の改善を促すための方法を，次の＜選択肢＞から1つ選び，記号で答えよ。

＜選択肢＞

ア　バンゲード法　　イ　ボバース法　　ウ　ボイタ法

エ　口腔ネラトン法

(3)　摂食指導の留意事項として，誤っているものを，次の＜選択肢＞から1つ選び，記号で答えよ。

＜選択肢＞

ア　子供の鼻呼吸の状態を確認し，子供が鼻呼吸をしながら食事ができるようにする。

イ　スプーンを子供の口に運ぶ時には，子供の口の高さと同じか，それよりも低い位置から水平にもっていく。

ウ　姿勢保持が難しい子供に対しては，咀嚼や嚥下に必要な筋肉群が緊張しないように頭を後方に反らせた姿勢で食べさせることを基本とする。

エ　子供の味覚体験をふやすためには，食卓に並べられたおかずを混ぜて食べさせないことが大切である。

問13　次の各文は，病弱・身体虚弱の子供について述べたものである。文の内容が正しいものには○，誤っているものには×と答えよ。

(1)　近年は，身体の病気で入院する子供については，入院期間が長期化しており，それに伴い入院中に教育を受ける子供も増加している。

(2)　強い焦燥感や不安，興奮，抑うつ症状，倦怠感などの行動障害を引き起こす精神疾患の子供も入院や通院，施設入所等を必要とすることがあり，最近はこのような子供が，特別支援学校(病弱)や，病弱・身体虚弱特別支援学級で増えている。

(3)　病弱教育の対象である主な整形外科的疾患としては，二分脊椎症，骨形成不全症，ペルテス病及び川崎病などがある。それぞれの症状や治療の状況等に応じた適切な対応が必要である。

問14　令和3年6月に示された「障害のある子供の教育支援の手引」では，「病弱教育では，病気等の自己管理能力を育成することは重要な指導内容の1つであるため，病弱・身体虚弱の子供にとって必要な生活規制とは，他人からの規制ではなく『生活の自己管理』と考えて取り組むことが大切である」と述べられている。「生活の自己管理」をする力とは，具体的にどのような力のことか，簡潔に2つ述べよ。

2024年度　長崎県　難易度■■■■□□

【4】次の(1)～(5)の各問いに答えなさい。

(1)　次の文は，「障害のある子供の教育支援の手引～子供たち一人一人の教育的ニーズを踏まえた学びの充実に向けて～」(令和3年6月文部科学省)の「第3編　障害の状態等に応じた教育的対応　Ⅰ　視覚障害」の一部を抜粋したものである。文中の(　①　)～(　⑤　)に当てはまる語句の組み合わせとして最も適切なものを，以下のa～eの中から一つ選びなさい。ただし，(　　)の同じ番号には同じ語句が入るものとする。

> 視覚障害とは，視機能の(　①　)低下により，学習や生活に困難がある状態をいう。
> ＜略＞　視機能には，七つの機能があり，(　②　)(遠方，近方)や視野に加え，(　③　)(暗順応・明順応)，(　④　)，屈折・調節，(　⑤　)運動，両眼視(立体，遠近)がある。したがって，視覚障害とは，(　②　)障害，視野障害，(　④　)障害，明順応障害，暗順応障害などをいう。また，明順応反応，暗順応反応を合わせて(　③　)障害という場合もある。＜略＞

	①	②	③	④	⑤
a	永続的な	裸眼	光覚	色覚	眼球
b	重度の	裸眼	光覚	色覚	眼球
c	重度の	視力	色覚	光覚	毛様体
d	永続的な	視力	光覚	色覚	眼球
e	永続的な	視力	色覚	光覚	毛様体

(2)　次の図は，視覚系の視路を示したものである。①～⑤に当てはまる語句の組み合わせとして最も適切なものを，以下のa～eの中から一つ選びなさい。

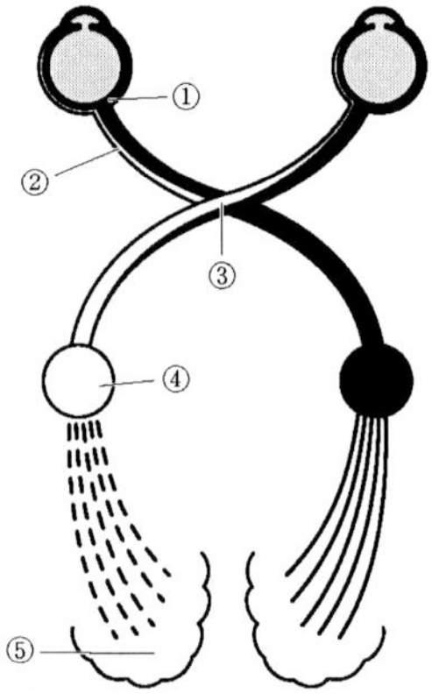

	①	②	③	④	⑤
a	網膜	視神経	視交叉	外側膝状体	大脳前頭葉
b	網膜	視放線	外側膝状体	視交叉	大脳前頭葉
c	網膜	視神経	視交叉	外側膝状体	大脳後頭葉
d	角膜	視放線	外側膝状体	視交叉	大脳前頭葉
e	角膜	視神経	視交叉	外側膝状体	大脳後頭葉

(3) 次の図と文は，聴覚刺激の性質を示し説明したものである。文中の(①)～(⑤)に当てはまる語句の組み合わせとして最も適切なものを，以下のa～eの中から一つ選びなさい。ただし，( )の同じ番号には同じ語句が入るものとする。

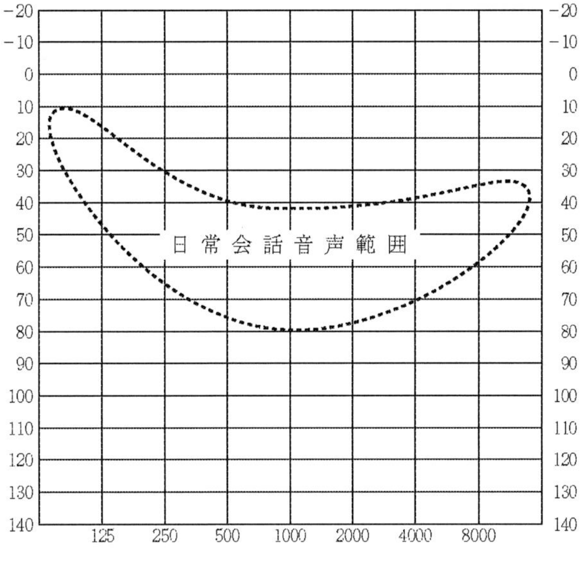

音には大きさと高さの2つの性質がある。音の大きさは(①)の単位の数値が使われる。この値は数値が大きくなるほど音が(②)ことを示す。一方で，音の高さは(③)の単位の数値が使用される。この値は数値が大きくなるほど(④)音であることを示す。図は日常会話の音声範囲を示したもので，(⑤)の単位は(①)，もう一方の軸の単位は(③)である。

	①	②	③	④	⑤
a	Hz	大きい	dB	高い	縦軸
b	Hz	小さい	dB	低い	横軸
c	dB	大きい	Hz	高い	横軸
d	dB	小さい	Hz	低い	横軸
e	dB	大きい	Hz	高い	縦軸

(4) 次の文は，ある疾患について説明したものである。文中の(①)～(⑤)に当てはまる語句の組み合わせとして最も適切なものを，以下のa～eの中から一つ選びなさい。ただし，( )の同じ番号には同じ語句が入るものとする。

(①)とは血液の製造所である(②)で，血球になる前の細胞が血球に分化できない異常を抱えながら増殖することで，正常な血液系細胞の増殖が抑えられ造血機能が抑制される疾患のことをいう。その結果，(③)の減少に伴う感染のしやすさ(倦怠感，発熱)，赤血球の減少に伴う貧血，(④)の減少に伴う出血傾向などが症状として現れる。

急性骨髄性(①)，急性リンパ性(①)，慢性骨髄性(①)など多くの種類があり，子どもでは(⑤)(①)が多い。

医学の進歩により，近年は治癒する割合が非常に高くなった。入院して行う治療もあるが，通常の小中学校等に在籍しながら外来通院で行う治療もある。

	①	②	③	④	⑤
a	白血病	骨髄	白血球	血小板	急性骨髄性
b	血友病	骨髄	血小板	白血球	急性リンパ性
c	白血病	骨髄	白血球	血小板	急性リンパ性
d	血友病	リンパ	血小板	白血球	急性骨髄性
e	白血病	リンパ	血小板	白血球	急性骨髄性

(5) 次の文は，脳性まひについて説明したものである。文中の(①)～(⑤)に当てはまる語句の組み合わせとして最も適切なものを，以下のa～eの中から一つ選びなさい。

脳性まひにはいくつかの型がある。(①)は手や足，特に足のふくらはぎの筋肉等に伸張反射が異常に亢進した状態が見られ，素早く他動的にその筋肉を引き延ばすと抵抗感を生じる。(②)は頸部と上肢に不随意運動がよく見られ，下肢にもそれが現れる一群のことをいう。(③)はバランスをとるための平衡機能の障害と運動の微細なコントロールのための調整機能の障害を特徴とする。(④)は上肢や下肢を屈伸する場合に，鉛の管を屈伸するような抵抗感があるもので，四肢まひに多い。多くの型では知的障害を伴うことがあるが，(⑤)には知能の高い者がしばしば見られる。

	①	②	③	④	⑤
a	痙直型	アテトーゼ型	失調型	固縮型	アテトーゼ型
b	痙直型	アテトーゼ型	固縮型	失調型	痙直型
c	痙直型	アテトーゼ型	失調型	固縮型	痙直型
d	アテトーゼ型	痙直型	固縮型	失調型	アテトーゼ型
e	アテトーゼ型	痙直型	失調型	固縮型	アテトーゼ型

2024年度 | 茨城県 | 難易度

【5】障害種別に関する，次の問いに答えなさい。

(視覚障害)

1 視覚障害の特性について述べた次の文章を読んで，以下の問いに答えなさい。

視覚障害とは，(①)の永続的な低下により，学習や生活に困難がある状態をいう。学習では，動作の(②)，文字の読み書き，事物の確認の困難等がある。また，生活では，慣れない場所においては，物の位置や人の動きを(③)に把握することが困難であったり，他者の存在に気付いたり，顔の表情を察したりするのが困難であり，単独で移動することや相手の意図や感情の変化を読み取ったりすることが難しい等がある。

学校教育法施行令第22条の3において，特別支援学校(視覚障害)の対象となる障害の程度は，両眼の視力がおおむね(　④　)未満のもの又は視力以外の(　①　)障害が高度のもののうち，(　⑤　)等の使用によっても通常の文字，図形等の視覚による認識が不可能又は著しく困難な程度のものとされている。

(1)　文中の(　①　)～(　⑤　)に入る適切な語句や数字を，次の〈語群〉ア～コからそれぞれ1つ選んで，その符号を書きなさい。ただし，同じ記号には同じ語句や数字が入る。

〈語群〉

ア	視神経	イ	0.03	ウ	模倣	エ	拡大鏡
オ	即時的	カ	眼鏡	キ	反動	ク	0.3
ケ	直観的	コ	視機能				

(2)　次の図1は，右眼を水平に切って上から見た眼球の水平断面図である。図中の(　a　)～(　e　)の名称を書きなさい。

図１

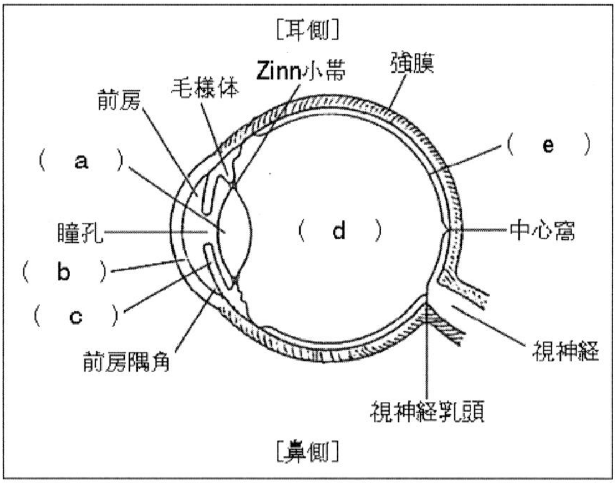

(3)　ものの見え方について説明した次の文中の[　ア　]，[　イ　]に入る適切な語句を，それぞれ書きなさい。ただし，(　a　)～(　e　)には，前問(2)と同じ語句が入る。

外界からの光(視覚情報)は，(　b　)→(　a　)→(　d　)の順に入り，(e)に像ができる。像が(e)より前方の(b)の側にでき，物がぼやけて見える状態を[ア]という。

一方，(b)の表面に凸凹が生じ，正常に像ができず，線が二重にみえる状態を[イ]という。

(4) 視覚障害のある幼児児童生徒の実態把握に関する次の文ア～エについて，誤っているものをすべて選んで，その符号を書きなさい。

ア 盲児といわれている場合でも，光覚はある場合があり，まず光覚があるかどうかを把握することが必要である。

イ 玩具や日常生活道具の操作，食事，衣服の着脱などにおける手指による物の操作について，手指の運動機能の側面と空間的な調節の側面からの把握が必要である。

ウ 視力検査は，ランドルト環を用い，種々の大きさのランドルト環の切れ目が，一定の距離から切れ目として分離していると認められるか否かによって視力を測定する。

エ 1歳6か月児健康診査などの乳幼児健康診査の時点では，見えにくさなどは顕在化しづらく，3歳でほぼ大人の視力になり，6～7歳頃に視力は安定する。

(聴覚障害)

2 聴覚障害全般について，次の問いに答えなさい。

(1) 次の文中の(①)～(④)に入る適切な語句を，それぞれ書きなさい。

学校教育法施行令第22条の3において，特別支援学校(聴覚障害)の対象となる障害の程度は，(①)の聴力レベルがおおむね(②)デシベル以上のもののうち，(③)等の使用によっても通常の(④)を解することが不可能又は著しく困難な程度のものとされている。

(2) 次の図2は，Aさんの聴力レベルと，それに対応する音のおおよその大きさを図で表したものである。図2の名称を書きなさい。

図2

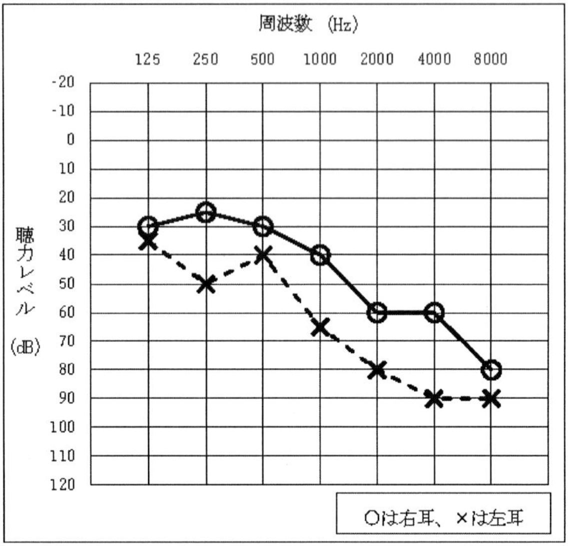

(3) 図2からAさんの右耳の平均聴力レベルを四分法で算出しなさい。ただし，小数第1位まで求めること。

(4) Aさんの左耳は，高い周波数をどれくらいの音声の大きさから聞き取ることができるのか，次のア～エから1つ選んで，その符号を書きなさい。

ア ささやき声　　イ 普通の会話　　ウ 大声の会話

エ 叫び声

(5) Aさんは聴力検査の結果，感音難聴と診断された。感音難聴の説明として正しいものを，次のア～エから1つ選んで，その符号を書きなさい。

ア 鼓膜・中耳に異常があり，語音の明瞭度が悪い。

イ 鼓膜・中耳に異常があり，語音の明瞭度が良い。

ウ 鼓膜・中耳に異常はなく，語音の明瞭度が悪い。

エ 鼓膜・中耳に異常はなく，語音の明瞭度が良い。

(肢体不自由)

3 次の文章は，肢体不自由全般について述べたものである。文中の

(　①　)~(　⑤　)に入る適切な語句を，以下の〈語群〉ア～セからそれぞれ1つ選んで，その符号を書きなさい。

> 肢体不自由とは，(　①　)に関する器官が，病気やけがで損なわれ，歩行や筆記などの(　②　)が困難な状況をいう。運動障害の発症原因別に見ると，特別支援学校(肢体不自由)において最も多いのは(　③　)で，次いで脊椎・脊髄疾患，筋原性疾患などがある。
>
> 脊椎・脊髄疾患として多いのは，妊娠初期に胎児の脊椎骨の形成が阻害され，脊椎管の後部が開いたままの状態となることによる(　④　)である。下肢の運動まひや皮膚感覚の欠如，尿意欠損した排せつ困難が症状として見られる。
>
> 筋原性疾患として多く見られる疾患としては，筋ジストロフィーがある。筋肉が壊死と部分的な再生を繰り返すことにより萎縮を生ずる遺伝疾患の総称で，主症状は進行性の筋委縮と筋力低下である。代表的な型は，男子だけに症状がでる(　⑤　)で，3歳前後より，主に腰や臀部の筋の筋力低下が現れる。

〈語群〉

ア　ペルテス病	イ　神経芽腫	ウ　デュシェンヌ型
エ　骨形成不全症	オ　身体の動き	カ　不慮の事故
キ　日常生活動作	ク　学習行動	ケ　福山型
コ　脳性疾患	サ　自立活動	シ　アテトーゼ型
ス　脊柱側弯症	セ　二分脊椎症	

2024年度 ▌兵庫県 ▌難易度 ■■■■□

【6】次の1から4の問いに答えよ。

1　視覚障害者である児童生徒に対する教育を行う特別支援学校の指導に関して，次の(1)，(2)の問いに答えよ。

(1)　特別支援学校小学部・中学部学習指導要領に示されている各教科に関する指導計画の作成と内容の取扱いの配慮事項として，適切なものはどれか。次のアからオのうちから二つ選び，記号で答えよ。

ア　児童生徒の言語発達の程度に応じて，主体的に読書に親しんだり，書いて表現したりする態度を養うように工夫すること。

イ　児童生徒の学習時の姿勢や認知の特性等に応じて，指導方法を工夫すること。

ウ　児童生徒が場の状況や活動の過程等を的確に把握できるようにすることで，空間や時間の概念を養い，見通しをもって意欲的な学習活動を展開できるようにすること。

エ　児童生徒の身体活動の制限や認知の特性，学習環境等に応じて，教材・教具や入力支援機器等の補助用具を工夫するとともに，コンピュータ等の情報機器などを有効に活用し，指導の効果を高めるようにすること。

オ　児童生徒が聴覚，触覚及び保有する視覚などを十分に活用して，具体的な事物・事象や動作と言葉を結び付けて，的確な概念の形成を図り，言葉を正しく理解し活用できるようにすること。

(2)　安全に目的地まで行けるように指導する際に用いるもので，触覚を通じて路面の情報を収集する，路面上にある障害物を検知するなどの機能がある歩行補助具は何か答えよ。

2　次の文は，特別支援学校小学部・中学部学習指導要領に示されている聴覚障害者である児童生徒に対する教育を行う特別支援学校の各教科に関する指導計画の作成と内容の取扱いにおける配慮事項に関する記述である。以下の(1)，(2)の問いに答えよ。

> 児童生徒の聴覚障害の状態等に応じて，補聴器や[　　]の利用により，児童生徒の保有する聴覚を最大限に活用し，効果的な学習活動が展開できるようにする。

(1)　文中の[　　]にあてはまる機器の名前を答えよ。

(2)　文中の下線部の内容として適切でないものはどれか。次のアからエのうちから一つ選び，記号で答えよ。

ア　場所や場面に応じて集団補聴システム等の機器の特徴に応じた活用ができるようにする。

イ　補聴器等を装用できない場面では教師の声を直に聞かせるようにする。

ウ　教師が一人一人の児童生徒の補聴器を用いて実際に音声を聞いてみるなどの方法で点検する。

エ　毎日聴力測定を実施し，その日の聴力の状態に応じてマッピング等を行う。

3　肢体不自由者である児童生徒に対する教育を行う特別支援学校の指導に関して，次の(1)，(2)の問いに答えよ。

(1)　脳性まひの病型分類のうち，アテトーゼ型の説明として最も適切な文を次のアからエのうちから一つ選び，記号で答えよ。

ア　上肢や下肢を屈伸する場合に，鉛の管を屈伸するような抵抗感があるもの。

イ　頸部と上肢に不随意運動がよく見られ，下肢にもそれが現れるもの。

ウ　伸張反射が異常に亢進した状態で，両下肢のまひが，両上肢より強いもの。

エ　平衡機能の障害により，座位や立位のバランスが悪い状態で，上肢のコントロールが困難なもの。

(2)　次の文は，自立活動における指導上の留意点である。「環境の把握」の区分として適切なものを次のアからエのうちから一つ選び，記号で答えよ。

ア　生活動作や作業動作を十分に行うことができるよう，運動・動作の状態に即して指導を行うことができるようにする。

イ　移動手段を工夫し実際に自分の力で移動ができるようになるなど，障害に伴う困難を自ら改善し得たという成就感をもてるようにする。

ウ　自分自身の体位や動きについて，視覚的なイメージを提示したり，分かりやすい言葉で伝えたりして，自分の身体を正しく調整することができる力を身に付けることができるようにする。

エ　定期的に体位を変換することの必要性を理解し，自分の生活を自己管理できるようにするなどして，自分の身体を擁護する力を育てていくようにする。

4　病弱者である児童生徒に対する教育を行う特別支援学校の指導に関して，次の(1)，(2)の問いに答えよ。

(1)　次の文は，特別支援学校小学部・中学部学習指導要領に示されている各教科の指導計画の作成と内容の取扱いの配慮事項に関する記述である。文中の[　①　]，[　②　]にあてはまる語句を以下のアからカのうちからそれぞれ一つずつ選び，記号で答えよ。

> 個々の児童生徒の学習状況や病気の状態，授業時数の制約等に応じて，指導内容を適切に精選し，[　①　]な事項に重点を置くとともに，指導内容の[　②　]に配慮した工夫を行ったり，各教科等相互の関連を図ったりして，効果的な学習活動が展開できるようにする。

ア　基礎的・基本的　　イ　実践的・体験的
ウ　直接的・具体的　　エ　必要性
オ　客観性　　カ　連続性

(2)　病気の状態により教室に登校することができず，対面での授業を受けられない場合，病室内でも授業を受けることができるようにするために，どのような指導方法の工夫が考えられるか。簡潔に答えよ。

2024年度 ｜ 栃木県 ｜ 難易度 ■■■□□

【7】平成29年告示の特別支援学校小学部・中学部学習指導要領の「第2章　第1節　第1款　視覚障害者，聴覚障害者，肢体不自由者又は病弱者である児童に対する教育を行う特別支援学校」について，各問いに答えよ。

1　次の文章の(　①　)～(　⑥　)に当てはまる語句を，以下の(ア)～(ソ)からそれぞれ一つ選び，記号で答えよ。ただし，(　④　)～(　⑥　)の回答の順序は問わない。

> 3　肢体不自由者である児童に対する教育を行う特別支援学校
> (1)　体験的な活動を通して(　①　)等の形成を的確に図り，児童の障害の状態や(　②　)の段階に応じた(　③　)等の育

成に努めること。 4　病弱者である児童に対する教育を行う特別支援学校 (3)　体験的な活動を伴う内容の指導に当たっては，児童の病気の状態や学習環境に応じて，(　④　)や(　⑤　)，(　⑥　)等を取り入れるなど，指導方法を工夫し，効果的な学習活動が展開できるようにすること。

(ア)　認知　(イ)　発達
(ウ)　間接体験　(エ)　基礎的概念
(オ)　主体性　(カ)　自然体験
(キ)　追体験　(ク)　資質・能力
(ケ)　直接体験　(コ)　仮想体験
(サ)　コミュニケーション能力　(シ)　言語概念
(ス)　疑似体験　(セ)　思考力，判断力，表現力
(ソ)　各教科

2　病弱者である児童に対する教育を行う特別支援学校において，児童の身体活動の制限や認知の特性，学習環境等に応じて，指導の効果を高めるようにするため，具体的に示されていることを二つ答えよ。

▌2024年度▌岡山県▌難易度■■■□□

【8】障害に関する次の各問に答えよ。

〔問1〕弱視の児童・生徒の支援に関する記述として最も適切なものは，次の1～4のうちではどれか。

1　視覚から情報を得ることが制限されてしまうため，地図のような教材は，なるべく多くの情報を一度に記載し，少しでも多くの情報を得られるように工夫することが必要である。

2　色彩への反応が弱い児童・生徒もいるので，黒板にチョークで板書をする時は，白，黄，赤，青，緑等のチョークを使い，文字等を様々な色で色分けしながら書くことが大切である。

3　暗い場所では文字や絵などが見えにくくなってしまうこともあるため，照度の高い明るい場所で学習することが大切である。十

分な明るさを確保するため，晴天の場合は，直射日光が直接当たる席を用意し，ブラインド，カーテンは必要ない。

4 通常の文字をそのままで読むことが困難な見えにくい児童・生徒に対しては，拡大教科書を用いるとともに，文字などを拡大した教材を用意したり，弱視レンズや拡大読書器を使用したりして見やすい文字の大きさで学習するようにする。

〔問2〕 聴覚器の部位に関する記述として適切なものは，次の1～4のうちのどれか。

1 耳管には，ツチ骨，キヌタ骨，アブミ骨がある。3つは関節で連結し，耳小骨連鎖を形成している。これにより，外耳孔からの音波を内耳に伝えている。

2 骨迷路は，上咽頭と鼓室をつなぐ管で，嚥下時に開き，外界と中耳腔の圧を平衡に保つ。中耳圧と外気圧が等しいとき，鼓膜は最もよく振動する。

3 外耳道は，音波を鼓膜に導く管であるが，一端が開口した共鳴腔となっており，この共鳴により音波が増強される。

4 鼓室は，蝸牛，前庭，半規管からなり，内に外リンパ液を満たしている。蝸牛は聴覚に，前庭と半規管は平衡に関係している。

〔問3〕 知的障害に関する次の記述ア～エのうち，「障害のある子供の教育支援の手引～子供たち一人一人の教育的ニーズを踏まえた学びの充実に向けて～」(文部科学省初等中等教育局特別支援教育課令和3年6月)に照らして，正しいものを選んだ組合せとして適切なものは，以下の1～4のうちのどれか。

ア 知的障害とは，日常生活や社会生活などについての適応能力は十分であるが，知的機能の発達に遅れが認められ，特別な支援や配慮が必要な状態である。

イ 知的障害は，精神的，神経発達的，医学的及び身体疾患の併発がしばしばみられ，運動障害を併存していることも少なくない。

ウ 知能発達検査としては，日本版VinelandⅡ適応行動尺度がある。

エ 適応行動の問題は，その適応行動が要求されない状況になると顕在化しなくなるということもある。

1 ア・イ　2 ア・ウ　3 イ・エ　4 ウ・エ

〔問4〕 次の記述は，学校教育法施行令第22条の3で定める肢体不自由者の障害の程度に関するものである。記述中の空欄[　ア　]～[　ウ　]に当てはまる語句を選んだ組合せとして適切なものは，以下の1～4のうちのどれか。

一　肢体不自由の状態が[　ア　]の使用によつても歩行，筆記等日常生活における[　イ　]が不可能又は困難な程度のもの 二　肢体不自由の状態が前号に掲げる程度に達しないもののうち，常時の[　ウ　]を必要とする程度のもの

1　ア　補装具　　イ　基本的な動作　　ウ　医学的観察指導
2　ア　補装具　　イ　作業動作の遂行　　ウ　医療又は生活規制
3　ア　福祉用具　　イ　基本的な動作　　ウ　医学的観察指導
4　ア　福祉用具　　イ　作業動作の遂行　　ウ　医療又は生活規制

〔問5〕 疾病に関する次の記述ア～エのうち，正しいものを選んだ組合せとして適切なものは，以下の1～4のうちのどれか。

ア　白血病とは，大量の蛋白尿により血清蛋白が減少する疾患で，むくみを認めることが多い。

イ　ネフローゼ症候群とは，血液の製造所である骨髄で異常な未熟白血球が増殖し，その浸潤により，正常造血機能の抑制を来す病気である。

ウ　心筋症とは，心筋が薄くなっていく拡張型心筋症と，心筋が厚くなっていく肥大型心筋症がある。

エ　糖尿病とは，インスリンという膵臓から分泌されるホルモンの不足のため，ブドウ糖をカロリーとして細胞内に取り込むことのできない代謝異常である。

1　ア・イ　　2　ア・エ　　3　イ・ウ　　4　ウ・エ

〔問6〕 吃音の特性に関する記述として適切なものは，次の1～4のうちのどれか。

1　個々の子供の吃音の状態は，日によったり，場の状況や相手，話の内容により変動することはない。

2　吃音のある子供の中には，自分が苦手であるとか，避けて通りたいと思っている特定の場面を意識的に又は無意識的に避けようとすることがある。

3　まばたきをする，体をゆする，足踏みをする，首を振るなど，発語を伴って生じる身体運動のことを随伴症状と呼び，吃音症状が進展した子供にはみられない。

4　吃音は，子供の社会性の発達や自己肯定感に重大な影響を与えることになりにくいものである。

▌2024年度 ▌東京都 ▌難易度

解答・解説

【1】(1)　e　(2)　d　(3)　c　(4)　e　(5)　d　(6)　b　(7)　c　(8)　a

○**解説**○　出典の「障害のある子供の教育支援の手引～子供たち一人一人の教育的ニーズを踏まえた学びの充実に向けて～」については一通り目を通しておいてほしいが，特にこの出題の第3編，「障害の状態等に応じた教育的対応」の内容については理解を深めておいてほしい。

(1)　視覚障害のある児童生徒にとっては，触覚などの自身がもつ感覚を使って対象物を理解することが重要となる。　(2)　聴覚障害のある子供たちを教育する特別支援学校において，自立活動の指導を行う際の基本的な事柄である。幼稚部や小学部段階の子供たちには，聴覚活用や言語理解に関する内容を大切にし，中学部や高等部の生徒に対しては，将来の自立と社会参加を見据えた言語指導や情報の活用，また，自身の障害の特性についての自己理解や人との関係性などから生ずる心理的な諸問題に関する内容を指導することが重要となる。　(3)　自立活動の「2　心理的な安定」において，「障害による学習上又は生活上の困難を改善・克服する意欲に関すること」が内容の一つとして挙げられている。知的障害のある子供の障害の状態等の把握に関する基本的な内容の一つとして示されている。所謂，「自律スキル」と言われる内容である。　(4)　基礎的な概念の形成の不確かさは，各教科等の学習における思考する，判断する，推理する，イメージすることなどに影響を及ぼすことが少なくないため，丁寧に指導する必要がある。(5) 病弱教育においては，それぞれの病気等についての正しい知識を得るとともに，病気等の子供の実態を的確に把握し気持ちを理解した上で，指導に当たる必要がある。 (6) 言葉を発するという行為には，息を吸ったり吐いたりするといった呼吸動作や，舌や唇，口腔内の動きをスムーズに行い音を組み立てる(構音)動作といったものが極めて重要である。出題のように「一定の音をほぼ習慣的に誤って発音する状態」を「構音障害」という。 (7) 自閉症のある子供は，突然の大きな音や突然の予定の変更など，見通しが持てない状態になると情緒が極めて不安定となり，パニックを起こすことになる。 (8) 学習障害の定義は，文部科学省のホームページでも公開されているので，確認しておくこと。

【2】a タ　b ソ　c キ　d セ　e ク　f ネ　g ノ　h ケ　i サ　j ヒ　k ス　l ツ　m ヌ　n エ　o ニ　p イ　q ウ　r ナ　s チ　t カ

○**解説**○ a～c 視覚障害は，視機能の永続的な低下によるものである。視機能には7つの機能がある。 b，c 選択肢の中からソとキに絞り込むことができる。bは，視覚障害の一つとして「視野障害」があることから「視野」，cは「屈折・調整」である。 d～g 聴覚機能は，外耳→中耳→内耳である。外耳と中耳が音の振動を内耳まで伝える伝音部分で，内耳で音の振動を電気信号に変換し大脳に伝える部分が感音部分である。音を大脳に電気信号として送るときには，脳幹を通る。 h～j hは，選択肢からケに絞り込むことができる。精神機能とは，意識，記憶，思考，感情等の機能のことである。知的障害は，知的面(認知や言語に関係する機能)の障害である。他者との意思疎通や日常生活動作(ADL)の困難さを伴う。 k～n 肢体不自由は，四肢体幹の永続的な障害があるもののことである。脳性まひのように，脳に生じた原因による疾患のことを脳原性疾患という。 o・p 病弱児には生活規則に沿った生活の自己管理が求められる。自己選択・自己決定の力を育成することが必要である。 q～t 自閉症は脳機能の障害である。中枢神経系に何らかの要因による機能不全があるとされている。広汎性発達障害の中に，自閉症，高機能自閉症，アスペルガー症候群も含まれる。なお，日本精神神経学会の定めたDSM-5のガイドラインにおいては，自閉症，広汎性発達障害，アスペルガー症候群などの名称は，自閉スペクトラム症としてまとめて表現することとされている。

【3】問1　視野障害　　問2　①　キ　　②　ク　　③　イ　　問3　イ　問4　ウ　　問5　オ　　問6　(1)　言語　　(2)　イ　　問7　エ　問8　A　過敏さ　　B　自己刺激　　問9　エ　　問10　①　キ　②　コ　　③　イ　　④　ウ　　問11　イ，エ　　問12　(1)　イ　(2)　ア　　(3)　ウ　　問13　(1)　×　　(2)　○　　(3)　×　問14　・必要な服薬を守る力　　・心身の状態に応じて参加可能な活動を判断する力(自己選択・自己決定力)　　・必要なときに必要な支援・援助を求めることができる力　から2つ

○**解説**○ 問1「障害のある子供の教育支援の手引」(令和3年，文部科学省)によると，視覚障害は視機能の永続的な低下により，学習や生活に支障がある状態を指し，学習では動作の模倣，文字の読み書き，事物の確認の困難等があげられる，としている。　問2　問題文は「障害のある子供の教育支援の手引」(令和3年，文部科学省)が基になっている。本資料によると，義務教育段階における視覚障害者への特別な指導については「保有する視機能の活用と向上を図ること」「認知や行動の手掛かりとなる概念の形成に関すること」「感覚の補助及び代行手段の活用に関すること」「状況に応じたコミュニケーションに関すること」「身体の移動能力に関すること」の5つを例示している。どれも重要なので，一読しておくとよい。　問3　壁伝いに移動する際は，手は軽く曲げて，指の甲あるいは爪の部分を壁面に軽く触れるようにして，壁に沿って歩行する。　問4　音は外耳，中耳，内耳と伝わる。外耳は耳介(いわゆる“耳”のこと)から鼓膜まで，中耳は鼓膜と耳小骨，内耳は蝸牛や聴神経を指す。なお，耳小骨はつち骨・きぬた骨・あぶみ骨の3つで構成される。　問5　まずは，音に対する認識をした後，言葉の理解へと発達する。言葉の理解に関して，最初は語彙力がないので，決まった言葉を理解することから始まり，語彙が増えるにつれ簡単な指示などが理解できるようになる。　問6　聴覚の発達は

新生児期から急速に進み，これに伴って言葉の発達も促される。したがって，聴覚障害の早期発見・早期対応は聴覚障害を持つ児童生徒にとっても重要になる。言語習得の臨界期は諸説あるが，いずれにしても小学校入学時期には臨界期に達している，または過ぎているので，健常者と比較して言語習得が遅れており，教科等の学習することが困難になる場合がある。問5の内容とあわせて学習するとよい。

問7　文部科学著作教科書があるのは小・中学部であり，高等部にはない。　問8　自閉症は中枢神経の機能不全が原因と推定されている障害で，他者との社会形成の困難さ，言葉の発達の遅れ，興味や関心が狭く，特定のものに拘る，といった特徴がある。また，自閉症の特徴のひとつに「感覚の過敏性・鈍感性」あげられており，本問ではそれが出題されている。また，自閉症の人には感じ方が独特であり，本人にとっては好ましい刺激を受け続けることを目的として，一定の行為(動作)を繰り返し行うことがある。これを常同行動と呼ぶが，場合によっては，自己刺激行動を指すこともある。　問9「問題行動に着目し」ではなく「発達の側面に着目し」が正しい。　問10　ボディイメージに関する記述である。なお，空欄②の粗大運動とは寝返りやお座り，ジャンプや歩くなどの腕，足などの体全体を大きく動かす運動のこと，微細運動とは手や指先，腕や足を使う細かい運動を指す。

問11　なお，アは聴覚障害者，ウとカは病弱者，オは視覚障害者への配慮事項である。　問12　(1)　本問の場合，初期は「半流動食」，中期は「押しつぶし食」，後期は「軟固形食」が正しい。　(2)　ボバース法は脳や脊髄など中枢神経系の可塑性を活用し，脳梗塞など中枢神経疾患に起因した障害者の機能改善をめざす治療法のこと。ボイタ法は小児神経科医であったボイタが確立した運動療法で，患者がうつ伏せや仰向けなど特定の姿勢をとり，身体の特定の部位を刺激することで，全身に運動反応が繰り返し引き出される運動療法のこと。口腔ネトラン法は経管栄養の方法の一つである。　(3)　ウ「頭を後方に反らせた姿勢で食べさせること」が誤りである。首と身体のラインより顔が前に出るようにし，顎を下げた姿勢をとることが基本である。

問13　(1)「長期化」ではなく「短期化」，「増加」ではなく「減少」が正しい。　(3)「川崎病」は整形外科的疾患ではなく，心臓病の一つである。　問14　病弱・身体虚弱児は，運動や安静，食事などの日常の諸活動に配慮が必要となる。具体的には，服薬を守る力，参加可能な活動を判断する力(自己選択・自己決定力)，必要な時に必要な支援・援助を求めることができる力が挙げられる。

【4】(1)　d　　(2)　c　　(3)　e　　(4)　c　　(5)　a

○**解説**○ (1)　①　一般的な白内障のように，医療によって視機能が回復する場合は，視覚障害には含まれない。つまり，視覚障害の定義には，「視機能の永続的な低下」という条件が含まれる。　②～⑤　視機能には，視力，視野，光覚，色覚のほか，屈折・調節，毛様体運動，両眼視がある。毛様体筋は，水晶体を調節してピントを合わせる筋肉である。両眼視機能が障害を受けると，斜位や斜視を引き起こす。

(2)　眼に光が入ると，網膜から視神経，視交叉，視索を経て，脳の視床領域にある外側膝状体に刺激が伝わる。ここで神経を乗り換え，さらに光刺激の電気信号は視放線を経て大脳後頭葉に伝わり，像が映し出される。　(3)　聴力検査の結果は，オージオグラムというグラフで表される。オージオグラムは，音の大きさと高さを組み合わせたグラフで，縦軸は音の大きさ(dB)，横軸は音の高さ(Hz)を表している。人間の会話は60dB程度で，難聴と診断されるのは25dB以上である。

(4)　白血病は，血液のがんと呼ばれる。白血病細胞が増加すると，正常な血液細胞がつくられなくなり，赤血球，血小板，白血球が減少する。その結果，感染しやすくなり，貧血や出血，発熱などの症状があらわれる。近年，医学の進歩により，治癒する割合が非常に高くなってきている。血友病は，血を固めるための血液凝固因子が生まれつき不足，又は欠乏しているため，血が止まりにくい病気である。

(5)　脳性まひは，出産前後に脳の一部に傷がついたための後遺症であり，病気ではない。痙直型は，脳性麻痺の小児の70％以上を占める。アテトーゼ型は一般に知能は正常で，けいれん発作を起こすことはまれである。

【5】1　(1)　①　コ　　②　ウ　　③　オ　　④　ク　　⑤　エ

(2)　a　水晶体　　b　角膜　　c　虹彩　　d　硝子体　　e　網膜

(3) ア 近視 イ 乱視 (4) エ 2 (1) ① 両耳
② 60 ③ 補聴器 ④ 話声 (2) オージオグラム(聴力図)
(3) 42.5〔dB〕 (4) エ (5) ウ 3 ① オ ② キ
③ コ ④ セ ⑤ ウ

○解説○ 1 (1) 問題文の前半部分は，文部科学省資料「障害のある子供の教育支援の手引〜子供たち一人一人の教育的ニーズを踏まえた学びの実現に向けて〜」(令和3年6月)の一部である。本問は視覚障害に関する出題であるが，他の障害種(聴覚障害，知的障害，肢体不自由，病弱・身体虚弱，言語障害，自閉症，情緒障害，学習障害，注意欠陥多動性障害)についても熟読しておくこと。なお，学校教育法施行令第22条の3では，視覚障害者，聴覚障害者，知的障害者，肢体不自由者，病弱者の障害の程度が示されている。文言を正確に覚えておきたい。(2) a 水晶体は光を屈折させるレンズの役割，b 角膜は光を受け止め眼球内に透過させる役割，c 虹彩は瞳孔の大きさを調整する役割，d 硝子体は眼球の内圧と形状を保つ役割，e 網膜はカメラのフィルムに相当する役割を持つ。 (3) 近視も乱視も屈折異常の視力障害である。 (4) ア，イ，ウは正しい。エは「3歳」ではなく「6〜7歳」でほぼ大人の視力になり，「10歳頃」までに視力は安定する。

2 (1) 設問1の(1)の解説参照。学校教育法施行令第22条の3は必ず目を通しておくこと。 (2) オージオグラム(聴覚図)は，音の強さ(聴力レベルdB)と音の高さ(周波数)を組み合わせたグラフのことである。(3) 四分法は，(500Hzの値＋1000Hzの値×2＋2000Hzの値)÷4で算出される。よって，グラフの数値より，(30＋40×2＋60)÷4＝42.5である。(4) 左耳の高い周波数の聴力レベルは90dBであることから，聞き取ることができるのはエの「叫び声」である。ささやき声0〜20dB，普通の会話40〜50dB，大声の会話70dBである。 (5) 難聴は感音難聴と伝音難聴の2つに大別される。感音難聴では，感音部(内耳・聴神経等，音の電気信号を聞き分けるところ)に異常がある。音を分析する能力に障害があるため，音が歪んで聞こえ，言葉の聞き取りが困難である。一方，伝音難聴では，伝音部(鼓膜・中耳等，音を伝える役割のあるところ)に異常があり，音が効率よく内耳に伝わらない。音を大きくすれば言葉は聞き取りやすくなる。 3 肢体不自由とは，姿勢や運動・

動作に不自由が生じる障害の総称で，先天的なもの，生後の事故等の障害によるもの，中枢神経系や筋肉の機能障害によるものなどがある。起因疾患によって出現する障害の状態や健康面や生活面の配慮事項等も異なるため，特別支援学校では児童生徒の起因疾患を把握することが大切である。特別支援学校の肢体不自由児童生徒の起因疾患として最も多いのは脳性疾患(脳性まひ，脳外傷後遺症，脳水腫症等)である。脳性疾患では，身体的不自由の他にも視覚，聴覚，言語，知覚・認知等に障害を伴ったり，関節の障害や感染症等の二次障害が起こったりすることがある。脊椎・脊髄疾患には，出題の二分脊椎症状の他に脊椎側弯症や脊髄損傷がある。筋原性疾患には筋ジストロフィーの他に重症筋無力症等がある。また，骨系統疾患として骨形成不全症，骨関節疾患として関節リュウマチやペルテス病等がある。

【6】1 (1) ウ，オ (2) 白杖(黄杖，盲人安全杖，政令で定める杖も可) 2 (1) 人工内耳 (2) エ 3 (1) イ (2) ウ
4 (1) ① ア ② カ (2) ICT機器を活用し，病室と教室を間接的につなぐようにする。

○**解説**○ 1 (1) 視覚障害者である児童生徒の特徴から，場の状況の把握，概念の形成が配慮事項となるため，ウとオが適切である。アは聴覚障害者，イは肢体不自由者，エは病弱者である児童生徒に対する配慮事項である。 (2) 一般的には白杖と呼ばれている。車両の運転者には障害をもつ人に対して，特に安全を配慮する義務を課し，その対象者のうちの視覚障害者にはそのことがわかるように，白杖の携行を義務付けている。 2 (1) 今回の学習指導要領改訂から，補聴器だけでなく「補聴器や人工内耳等」に改められた。 (2) 聴力測定については，定期的な実施により適切なフィッティングの状態を確認することとされている。マッピングは，人工内耳の手術をした後，電極に流す電気信号の強さを装用する人に合わせて，調節することである。
3 (1) 肢体不自由の起因疾患として最も多くの割合を占めているのは，脳性まひを主とする脳原性疾患である。アは固縮型，ウは痙直型，エは失調型の説明である。 (2) アは「身体の動き」の「(1)姿勢と運動・動作の基本的技能に関すること」，イは「心理的な安定」の

「(3)障害による学習上又は生活上の困難を改善・克服する意欲に関すること」，ウは「環境の把握」の「保有する感覚の活用に関すること」，エは「健康の保持」の「(3)身体各部の状態の理解と養護に関すること」に関する，各指導上の留意点である。 4 (1) 病弱者である児童生徒は，入院や治療，体調不良等のため，学習時間の制約等があることから，基礎的・基本的な事項を習得させる視点から指導内容を精選するなど，効果的に指導する必要がある。また，学習した内容が断片的になったり，学習が定着しないといったことがないように，各教科の学年間での指導内容の繋がりや指導の連続性にも配慮して指導計画を作成する必要がある。 (2) 病気で入院中の児童生徒に対して，インターネット等のメディアを利用して，リアルタイムで授業を配信し，同時かつ双方向的にやり取りを行うなどの工夫が考えられる。入院中にこうした遠隔教育を実施した場合，教員がついていなくても出席扱いとすることができるようになった。

【7】1 ① (シ) ② (イ) ③ (セ) ④ (ウ) ⑤ (ス) ⑥ (コ) 2 ・教材・教具や入力支援機器等の補助用具を工夫すること。 ・コンピュータ等の情報機器などを有効に活用すること。

○解説○ 1 学習指導要領では実際に体験，体感できることに重きが置かれていることに注意する。 ① 肢体不自由児に関しては，身体の動きに制限があることから，体験が不足したまま言葉や知識を習得している場合がある。具体物を見る，触れるなどの直接的な体験を通して，言語概念の形成を的確に図る必要がある。 ② 障害の状態に続く語句であり「発達」が当てはまる。 ③ 「思考力，判断力，表現力等」は，現行の学習指導要領のキーワードである。 ④～⑥ 病弱児は活動の制限により体験的な活動が不足している場合がある。可能な範囲での直接体験(例：アレルギーを起こす食材を避けた調理実習)，間接体験(例：火気を使用する実験をWebサイトで見る)，仮想体験(例：VR機器を使って見学先を見ておく)などの工夫が求められている。なお，⑤の疑似体験とは本物に似せた形での体験のことである。 2 補助用具や補助的手段，コンピュータ等の活用の工夫について，具体的に記述するとよい。入力支援機器には視線入力や音声出力会話補助装置等がある。情報機器については，テレビ会議システム等によって病室内で授業を受けられるようにすること等が考えられる。

【8】問1　4　　問2　3　　問3　3　　問4　1　　問5　4　　問6　2

○解説○　問1　1「なるべく多くの情報を一度に記載し」ではなく，情報は必要最低限にし，見てほしい情報を強調する等の配慮が必要である。　2　色彩への配慮については，「様々な色で色分けしながら」が誤り。特に，赤，青，緑色のチョークは見えにくいことがある。ただし，近年では見えにくさに対応したチョークもある。　3「ブラインド，カーテンは必要ない」が誤り。直射日光でまぶしさや見えにくさを感じる場合もあるため，ブラインドやカーテンが必要になることがある。　問2　1，2　1は「耳管」ではなく「鼓室」，2は「骨迷路」ではなく「耳管」が正しい。「耳管」は耳と鼻の奥をつなぐ管のことである。なお，耳小骨を含む鼓室と耳管は中耳を構成する。　4「鼓室」ではなく「内耳」が正しい。　問3　ア　知的障害は認知や言語などにかかわる知的機能の発達の遅れだけでなく，他人との意思の交換，日常生活や社会生活，安全，仕事，余暇利用などについての適応能力が不十分な状態とされている。　ウ　日本版VinelandⅡ適応行動尺度は適応機能検査である。　問4　本条文では視覚障害者，聴覚障害者，知的障害者，病弱者の程度についても示されている。頻出条文の一つなので全文暗記が望ましい。　問5　アは「ネフローゼ症候群」，イは「白血病」の記述である。　問6　1　吃音の状態は変動する。特に幼少期は変動が大きいので結果に一喜一憂しないことが求められる。
3　吃音症状が進展した子どもでも随伴症状が見られることがある。
4　吃音は社会性の発達や自己肯定感への影響があるとされていることから，障害の程度とともに，本人の吃音に対する受け止め方にも留意すること。さらに，本人の感じ方を取り上げる際には，保護者や学級担任，級友等の吃音に対する感じ方，本人に対する感じ方及び態度なども考慮に入れて吃音をとらえることが必要，とされている。

時事・答申・報告書

特別支援教育　時事・答申・報告書

実施問題

【1】次の記述は，「共生社会の形成に向けたインクルーシブ教育システム構築のための特別支援教育の推進(報告)(中央教育審議会初等中等教育分科会平成24年7月23日)」で示された「5. 特別支援教育を充実させるための教職員の専門性向上等」の一部である。記述の内容として適切ではないものを，次の①～④うちから選びなさい。

① インクルーシブ教育システム構築のため，特別支援学校の教員は，特別支援教育に関する一定の知識・技能を有していることが求められる。特に発達障害に関する一定の知識・技能は，発達障害の可能性のある児童生徒の多くが特別支援学校に在籍していることから必須である。

② すべての教員が多岐にわたる専門性を身に付けることは困難なことから，必要に応じて，外部人材の活用も行い，学校全体としての専門性を確保していくことが必要である。

③ 学校全体としての専門性を確保していく上で，校長等の管理職のリーダーシップは欠かせない。また，各学校を支援する，教育委員会の指導主事等の役割も大きい。このことから，校長等の管理職や教育委員会の指導主事等を対象とした研修を実施していく必要がある。

④ 「共生社会」とは，これまで必ずしも十分に社会参加できるような環境になかった障害のある者等が，積極的に参加・貢献していくことができる社会であり，学校においても，障害のある者が教職員という職業を選択することができるよう環境整備を進めていくことが必要である。

2024年度 ▍神奈川県・横浜市・川崎市・相模原市 ▍難易度 ■■■□□

【2】近年の特別支援教育分野に関する次の(1)，(2)の各問いに答えなさい。

(1) 次のⅠ，Ⅱの文は，文部科学省の「通知」(令和3年9月17日　3文科初第1071号)の一部を抜粋したものである。(　　)に当てはまる語句として最も適切なものを，それぞれ以下のa～eの中から一つ選びなさい。ただし，(　　)が複数ある場合はすべて同じ語句が入るものとする。

Ⅰ　医療的ケア児及びその(　　)に対する支援に関する法律(令和3年法律第81号)(以下「法」という。)は，令和3年6月18日に公布され，令和3年9月18日に施行されるところです。

今回の法制定は，医療技術の進歩に伴い，医療的ケア児が増加するとともに，その実態が多様化し，医療的ケア児やその(　　)が，個々の医療的ケア児の心身の状況等に応じた適切な支援を受けられるようにすることが重要な課題となっていることに鑑み，医療的ケア児及びその(　　)に対する支援に関し，基本的な理念を定め，国，地方公共団体等の責務を明らかにするとともに，保育及び教育の拡充に係る施策その他必要な施策等について定めることにより，医療的ケア児の健やかな成長を図る＜略＞ことを目的としたものです。

a　関係者　　b　教育機関　　c　家族　　d　関係機関
e　医療機関

Ⅱ　留意事項　※学校に関する留意事項

＜略＞

「医療的ケア」の定義は，人工呼吸器による呼吸管理，(　　)その他の医療行為であり，幼稚園，小学校，中学校，義務教育学校，高等学校，中等教育学校及び特別支援学校(以下「学校」という。)において，医師の指示の下，医療的ケア看護職員や(　　)等(社会福祉士及び介護福祉士法(昭和62年法律第30号)第2条第2項に規定する(　　)等をいう。以下同じ。)を行うことができる介護福祉士，認定特定行為業務従事者(社会福祉士及び介護福祉士法附則第3条第1項に規定する認定特定行為業務従事者をいう。以下同じ。)が従前から行っている医療的ケアの範囲を変更するものではないこと。(第2条第1項関係)

a　喀痰吸引　　b　経鼻経管栄養　　c　インスリン注射
d　点滴管理　　e　採血

(2)　次のⅠ，Ⅱの文は，文部科学省が発行した冊子の一部を抜粋したものである。(　　)に当てはまる語句として最も適切なものを，それぞれ以下のa～eの中から一つ選びなさい。ただし，(　　)が複数ある場合はすべて同じ語句が入るものとする。

Ⅰ　「(　　)提要」は，小学校段階から高等学校段階までの(　　)の理論・考え方や実際の指導方法等について，時代の変化に即して網羅的にまとめ，(　　)の実践に際し教職員間や学校間で共通理解を図り，組織的・体系的な取組を進めることができるよう，(　　)に関する学校・教職員向けの基本書として，平成22年に作成されました。

近年，子供たちを取り巻く環境が大きく変化する中，いじめの重大事態や児童生徒の自殺者数の増加傾向が続いており，極めて憂慮すべき状況にあります。加えて，「いじめ防止対策推進法」や「義務教育の段階における普通教育に相当する機会の確保等に関する法律」の成立等関連法規や組織体制の在り方など，提要の作成時から(　　)をめぐる状況は大きく変化してきています。

こうした状況を踏まえ，(　　)の基本的な考え方や取組の方向性等を再整理するとともに，今日的な課題に対応していくため，「(　　)提要の改訂に関する協力者会議」を設置し，「(　　)提要」について12年ぶりの改訂を行いました。

a　進路指導　　b　いじめ対策　　c　問題行動

d　特別活動　　e　生徒指導

Ⅱ　(1)校内の支援体制

発達障害を含む障害等に対する特別な教育的ニーズのある児童生徒への支援については，校内の支援体制がうまく機能するように，(　　)を中心に校内委員会で検討します。

a　学級担任

b　特別支援学級担任

c　校長

d　特別支援学級担任および通級担当教員

e　特別支援教育コーディネーター

2024年度　茨城県　難易度 ■■■□□

【3】次の記述は,「新しい時代の特別支援教育の在り方に関する有識者会議報告(文部科学省　令和3年1月4日報告)」に示された「Ⅱ. 障害のある子供の学びの場の整備・連携強化　3. 特別支援学校における教育環境の整備」の一部である。空欄[ア]～[ウ]に当てはまるものの組合せとして最も適切なものを,以下の①～⑥のうちから選びなさい。

連続性のある多様な学びの場の整備が進む中で,特別支援学校の[ア]を強化していく必要があり,[イ]や教育委員会等との連絡調整を担う[ウ]の役割を明確にしていく必要がある。また,幼児教育段階,高等学校教育段階における特別支援教育を推進するための[ア]の充実に資するような教員配置や設置者を超えた[イ]の連携を促進するための体制の在り方についても検討していく必要がある。

① ア　センター的機能　　イ　学校間
　ウ　特別支援教育コーディネーター
② ア　専門性　　イ　学校間
　ウ　地域支援部
③ ア　センター的機能　　イ　学校間
　ウ　地域支援部
④ ア　専門性　　イ　校内組織
　ウ　特別支援教育コーディネーター
⑤ ア　センター的機能　　イ　校内組織
　ウ　特別支援教育コーディネーター
⑥ ア　専門性　　イ　校内組織
　ウ　地域支援部

▌2024年度 ▌神奈川県・横浜市・川崎市・相模原市 ▌難易度

【4】次の文章は,「特別支援教育におけるICTの活用について」(令和2年9月　文部科学省)からの抜粋である。以下の各問いに答えなさい。

○　障害のある子供については,障害の状態に応じて,その可能性を最大限に伸ばし,自立と社会参加に必要な力を培うため,一人一人の(　①　)を把握し,<u>適切な指導及び必要な支援</u>を行う必要がある。

○　このため，障害の状態等に応じ，特別支援学校(※1)や小・中学校の特別支援学級(※2)，通級による指導(※3)等において，特別の教育課程，少人数の学級編制，特別な配慮の下に作成された教科書，専門的な知識・経験のある教職員，障害に配慮した施設・設備などを活用した指導や支援が行われている。

○　特別支援教育は，発達障害のある子供も含めて，障害により特別な支援を必要とする子供が在籍する(　②　)において実施されるものである。

(※1)特別支援学校

・障害の程度が比較的重い子供を対象として教育を行う学校。公立特別支援学校(小・中学部)の1学級の標準は6人(重複障害の場合3人)。対象障害種は，視覚障害，聴覚障害，知的障害，肢体不自由，病弱(身体虚弱を含む)。
⇒平成19年4月から，児童生徒等の障害の重複化等に対応した適切な教育を行うため，従来の盲・聾・養護学校の制度から複数の障害種別を対象とすることができる特別支援学校の制度に転換。

(※2)特別支援学級

・障害のある子供のために小・中学校に障害の種別ごとに置かれる少人数の学級(8人を標準(公立))。知的障害，肢体不自由，病弱・身体虚弱，弱視，難聴，言語障害，自閉症・情緒障害の学級がある。

(※3)通級による指導

・小・中学校及び高等学校の通常の学級に在籍する障害のある児童生徒に対して，ほとんどの授業(主として各教科などの指導)を通常の学級で行いながら，一部の授業について障害に基づく種々の困難の改善・克服に必要な特別の指導を特別の場で行う教育形態。対象とする障害種は言語障害，自閉症，情緒障害，弱視，難聴，LD，ADHD，肢体不自由及び病弱・身体虚弱。

(1) 空欄(①)・(②)に当てはまる適当な語句を答えなさい。

(2) 下線部について，肢体不自由者である児童生徒に対するICTを活用した教育の事例を，具体的に1つ答えなさい。

2024年度 京都府 難易度 ■■■■

【5】次の記述は，「障害のある子供の教育支援の手引(令和3年6月)」に示された「第1編　障害のある子供の教育支援の基本的な考え方　2　早期からの一貫した教育支援　(5)　進学や就職，就労等に向けた取組」の一部である。ア～エの正誤の組合せとして最も適切なものを，以下の①～⑥のうちから選びなさい。

ア　特別支援学校では，個別の年間指導計画を活用し，本人及び保護者との共通理解を図りながら，小学部・中学部・高等部等それぞれで独自性のあるキャリア教育を推進することが重要である。

イ　卒業と同時に適切な就労系障害福祉サービスを利用できるようにするため，在学中に実態の的確な把握(アセスメント)を実施する必要があり，学校や教育委員会と福祉部局等との連携を適切に行うことが重要である。

ウ　生徒が，自分自身を見つめ，自分と社会とのかかわりを考え，自己の生き方や進路を選択するとともに，卒業後も，自己実現に向けて努力していくことができるよう，適切な指導や必要な支援を行うことが必要である。進路指導において，子供が進路計画を自ら作るというような取組も始まっている。

エ　社会の中で自立していくための教育という意味で，キャリア教育と特別支援教育の考え方には共通するものがある。社会環境の変化が大きくなっていく中，特別支援教育で行われてきている自立や社会参加に向けた主体的な取組を促す支援，職業教育や職場体験を更に充実させ，進化させていく必要がある。

① ア－正　イ－正　ウ－誤　エ－誤
② ア－正　イ－誤　ウ－正　エ－誤
③ ア－正　イ－誤　ウ－誤　エ－正
④ ア－誤　イ－正　ウ－正　エ－正
⑤ ア－誤　イ－正　ウ－誤　エ－正

⑥ ア－誤　イ－誤　ウ－正　エ－正

▌2024年度 ▌神奈川県・横浜市・川崎市・相模原市 ▌難易度 ■■■□□

【6】令和4年度に実施された啓発あるいは推進する週間の期間が正しく示されているものを，次の(1)～(4)の中から1つ選びなさい。

(1) 発達障害啓発週間　－　4月2日から4月8日
(2) 障害者週間　－　11月3日から11月9日
(3) 医療安全推進週間　－　1月10日から1月16日
(4) 人権週間　－　11月11日から11月17日

▌2024年度 ▌埼玉県・さいたま市 ▌難易度 ■■■□□

【7】次の記述は，「今後の学校におけるキャリア教育・職業教育の在り方について(答申)(中央教育審議会　平成23年1月31日)」に示された「第3章　後期中等教育におけるキャリア教育・職業教育の充実方策」の一部である。「特別支援学校高等部」について書かれているものとして最も適切なものを，次の①～④のうちから選びなさい。

① 卒業者の約半数が高等教育機関に進学する状況にある。また，職業の多様化や職業人として求められる知識・技能の高度化への対応が求められている。

② 安易な科目選択を行う傾向や，中学生や保護者等の理解・認知度の低さ，教職員の理解の不十分さ，多様な教科・科目開設に係る教職員の負担等の状況が見受けられる。

③ 就職者が2割強という厳しい状況にある。このことを踏まえ，時代のニーズに合った就業につながる職業教育に関する教育課程の見直しや，個々の生徒の個性等にきめ細かく対応した職業体験活動機会の拡大，体系的なソーシャルスキルトレーニングの導入等の適切な指導や支援を行う必要がある。

④ 進路意識や目的意識が希薄な傾向や，他の学科に比べ厳しい就職状況にある。このため，キャリアを積み上げていく上で必要な知識等を教科・科目等を通じて理解させることや，体験的な学習の機会を十分提供し，これを通して自己の適性理解や将来設計の具体化，勤労観・職業観の形成・確立を図らせることが重要である。

▌2024年度 ▌神奈川県・横浜市・川崎市・相模原市 ▌難易度 ■■■□□

【8】「令和4年版　人権教育・啓発白書」(令和4年6月　法務省・文部科学省　編)の内容について，次の各問いに答えなさい。

(1)　次の文章は，第1章　人権一般の普遍的な視点からの取組　1　人権教育　(1)学校教育　イ　道徳教育の推進　からの抜粋である。空欄(　①　)～(　⑥　)に当てはまる語句を，以下のア～スからそれぞれ1つずつ選び，記号で答えなさい。

> 文部科学省では，学習指導要領において，学校における道徳教育の充実を図っている。道徳教育は4つの視点，A自分自身，B(　①　)，C集団や社会との関わり，D生命や(　②　)，崇高なものとの関わりに分け，発達段階に応じて19から22の内容項目がある。その中で例えば，C集団や社会との関わりの中で，誰に対しても差別や(　③　)を持たず，公正，公平にすることや，(　④　)やきまりを守り，自他の権利を大切にすること等，人権教育にも資する指導を行うこととしている。
>
> また，道徳教育の一層の充実を図るため，平成30年度から小学校，令和元年度から中学校において「(　⑤　)道徳」を全面実施している。
>
> さらに，学校・地域の実情等に応じた多様な道徳教育を支援するため，全国的な事例収集と情報提供，特色ある道徳教育や教材活用等，地方公共団体への支援を行っている。
>
> 加えて，幼児期における教育は，生涯にわたる(　⑥　)の基礎を培う重要な役割を果たすことから，各幼稚園において，道徳性の芽生えを培う指導の充実が図られるように努めている。

ア　約束　　イ　人格形成　　ウ　相互理解
エ　健康　　オ　偏見　　カ　人との関わり
キ　考え方　　ク　特別の教科　　ケ　法
コ　環境　　サ　自然　　シ　生きる力
ス　先入観

(2)　次の文章は，第2章　人権課題に対する取組　2　子ども　からの抜粋である。空欄(　①　)・(　②　)に当てはまる適当な語句を答えなさい。

> 政府は，子どもを取り巻く状況が深刻化していることを踏まえ，「こども政策の新たな推進体制に関する基本方針」(令和3年12月21日閣議決定)を策定した。同方針では，常に子どもの最善の利益を第一に考え，子どもに関する取組・政策を中心に据える「(　①　)社会」を目指し，司令塔となる「(　②　)庁」を令和5年度中に創設するものとしている。

2024年度 | 京都府 | 難易度 ■■■■□□

【9】次の記述は，「特別支援学級及び通級による指導の適切な運用について(文部科学省　令和4年4月27日通知)」の一部である。空欄［ア］～［ウ］に当てはまるものの組合せとして最も適切なものを，以下の①～⑥のうちから選びなさい。

○　特別支援学級における［ア］については，小学校等学習指導要領や特別支援学校学習指導要領に，

・特別支援学級において実施する特別の［イ］については，(中略)［ア］を取り入れること

・小学部又は中学部の各学年の［ア］の時間に充てる授業時数は，児童又は生徒の障害の状態や特性及び［ウ］等に応じて，適切に定めるものとする

と記載されている。このため，特別支援学級において特別の［イ］を編成しているにもかかわらず［ア］の時間が設けられていない場合は，［ア］の時数を確保するべく，［イ］の再編成を検討するべきであること。

①　ア　各教科等を合わせた指導　　イ　教育課程
　　ウ　保護者のニーズ

②　ア　各教科等を合わせた指導　　イ　指導形態
　　ウ　保護者のニーズ

③　ア　自立活動　　イ　教育課程
　　ウ　心身の発達の段階

④　ア　自立活動　　イ　指導形態
　　ウ　心身の発達の段階

⑤　ア　各教科等を合わせた指導　　イ　教育課程
　　ウ　心身の発達の段階
⑥　ア　自立活動　　　　　　　　イ　指導形態
　　ウ　保護者のニーズ

2024年度 | 神奈川県・横浜市・川崎市・相模原市 | 難易度 ■■■□□

【10】次の文は，令和3年1月26日に取りまとめられた中央教育審議会
「『令和の日本型学校教育』の構築を目指して～全ての子供たちの可能
性を引き出す，個別最適な学びと，協働的な学びの実現～(答申)」に
示された，第Ⅱ部　各論　4．新時代の特別支援教育の在り方につい
て　(4)　関係機関の連携強化による切れ目ない支援の充実について，
内容の一部を抜粋したものである。内容に該当しないものを，次の①
～⑤の中から一つ選べ。ただし，内容に①～⑤のすべてが該当する場
合は⑥を選べ。

①　特別な支援が必要な子供やその保護者については，乳幼児期から
　学齢期，社会参加に至るまで，地域で切れ目のない支援を受けられ
　るような支援体制の整備を行うことが重要である。

②　特別な支援が必要な子供に対して，幼児教育段階からの一貫した
　支援を充実する観点からも保健・医療・福祉・教育部局と家庭との
　一層の連携や，保護者も含めた情報共有や保護者支援のための具体
　的な連携体制の整備を進める必要がある。

③　特別支援学校におけるキャリア教育では，学校で学ぶことと社会
　との接続を意識させ，一人一人の社会的・職業的自立に向けて必要
　な基盤となる資質・能力を育み，キャリア発達を促すことが重要で
　ある。

④　特別支援教育を受けてきた子供の指導や合理的配慮の状況等を，
　個別の教育支援計画等を活用し，学校間で適切に引き継ぎ，各学校
　における障害に配慮した適切な指導につなげることが重要である。

⑤　目の前の子供の障害の状態等により，障害による学習上又は生活
　上の困難さが異なることを理解し，個に応じた分かりやすい指導内
　容や指導方法の工夫を検討し，子供が意欲的に課題に取り組めるよ
　うにすることが重要である。その際，困難さに対する配慮等が明確

にならない場合などは，専門的な助言又は援助を要請したりするなどして，主体的に問題を解決していくことができる資質や能力が求められる。

▌2024年度 ▌岐阜県 ▌難易度 ■■■□□

【11】次の記述は，「小・中学校等における病気療養児に対する同時双方向型授業配信を行った場合の指導要録上の出欠の取扱い等について(通知)(抄)(文部科学省　平成30年9月20日)」の一部である。空欄[ア]～[ウ]に当てはまるものの組合せとして最も適切なものを，以下の①～④のうちから選びなさい。

小・中学校等では，病院や自宅等で療養中の病気療養児に対する学習支援として同時双方向型授業配信やそれを通じた他の児童生徒との交流を行っている場合があり，それにより病気療養児の[ア]や学習意欲の維持・向上，学習や[イ]に関する不安感が解消されることによる[ウ]につながるなどの効果が見られている。このような状況を踏まえ，病気療養児に対する教育の一層の充実を図るため，小・中学校等において同時双方向型授業配信を行った場合，校長は，指導要録上出席扱いとすることができることとするものである。

① ア　教育の保障　　イ　入院生活　　ウ　円滑な復学
② ア　教育機会の確保　　イ　入院生活　　ウ　登校意欲
③ ア　教育の保障　　イ　学校生活　　ウ　登校意欲
④ ア　教育機会の確保　　イ　学校生活　　ウ　円滑な復学

▌2024年度 ▌神奈川県・横浜市・川崎市・相模原市 ▌難易度 ■■■□□

【12】次の記述は，「初めて通級による指導を担当する教師のためのガイド(文部科学省　令和2年3月)」の一部である。ア～エの正誤の組合せとして最も適切なものを，以下の①～④のうちから選びなさい。

ア　通級指導には，決まった教科書や教材はありません。まず，子供の困難さやその要因と考えられる障害の特性，「こうしたい」という願いを理解しましょう。

イ　障害の特性が周囲に理解されなかったり，障害からくる困難な状況に対して適切な対応がなされないことで，二次的な問題として授業参加が難しくなったり，欠席や遅刻をしたりしがちになる可能性もあります。

ウ　国公立学校の場合は，合理的配慮の提供は努力義務となります。子供や保護者から相談等があった場合は，子供や保護者の願いや気持ちを確認し，学校の体制など子供を取り巻く状況と照らし合わせながら，丁寧で柔軟な対応が必要となります。

エ　子供の障害について考える時，その子供の生活上，学習上の困難は，身体機能や身体構造などの本人の特徴だけではなく，周囲のサポートや配慮などの環境との相互作用によるものと捉えることができます。障害の特性による困難があっても，環境の工夫次第で活動や参加が可能になります。

① ア－誤　イ－正　ウ－誤　エ－正
② ア－正　イ－正　ウ－誤　エ－正
③ ア－正　イ－誤　ウ－正　エ－誤
④ ア－誤　イ－誤　ウ－正　エ－誤

2024年度　神奈川県・横浜市・川崎市・相模原市　難易度

【13】次の問1～問5の各問いに答えなさい。

問1　次の文章は，「生徒指導提要」(令和4年12月)「第Ⅱ部　個別の課題に対する生徒指導　第13章　多様な背景を持つ児童生徒への生徒指導」の一部である。(　①　)～(　③　)にあてはまる最も適切な語句の組み合わせを，以下の1～5の中から一つ選びなさい。なお，同じ番号の空欄には同じ語句が入る。

> 外国籍の児童生徒のみならず，帰国児童生徒や国際結婚家庭の児童生徒など，多様な(　①　)的・言語的背景を持つ児童生徒が増加しています。こうした児童生徒は(　①　)の違いや言語の違いのみならず，これらに起因する複合的困難に直面することが多く，不登校やいじめ，中途退学などに発展する場合があります。教職員が児童生徒や保護者に寄り添ったきめ細かな支援を行うとともに，(　②　)を認め，互いを理解し，尊重し合う学校づくりに努めることが，何よりも大切です。
>
> また，保護者が日本語を話さないために通訳をしたり，家

族の世話をしたりするなど，児童生徒がいわゆる(　③　)とされる状態にある場合には，そもそも支援に関する情報を得ることが困難であることを踏まえ，学校が積極的に本人や保護者のニーズを把握し，適切な支援につなぐことが必要です。

1　①　文化　　②　多様性　　③　要支援児童
2　①　文化　　②　個性　　③　ヤングケアラー
3　①　社会　　②　多様性　　③　ヤングケアラー
4　①　社会　　②　個性　　③　要支援児童
5　①　文化　　②　多様性　　③　ヤングケアラー

問2　次の①～④は，「『令和の日本型学校教育』の構築を目指して」(令和3年1月　中央教育審議会答申)の「第Ⅱ部　各論　4. 新時代の特別支援教育の在り方について」の一部である。正しいものを○，誤っているものを×としたとき，正しい組み合わせを，以下の1～5の中から一つ選びなさい。

①　特別支援学校の教員に限り，障害の特性等に関する理解と指導方法を工夫できる力や，個別の教育支援計画・個別の指導計画などの特別支援教育に関する基礎的な知識，合理的配慮に対する理解等が必要である。

②　障害者が日常生活又は社会生活において受ける制限は障害により起因するという考え方，いわゆる「社会モデル」の考え方を踏まえ，障害による学習上又は生活上の困難について本人の立場に立って捉え，それに対する必要な支援の内容を一緒に考えていくような経験や態度の育成が求められる。

③　目の前の子供の障害の状態等により，障害による学習上又は生活上の困難さが異なることを理解し，個に応じた分かりやすい指導内容や指導方法の工夫を検討し，子供が意欲的に課題に取り組めるようにすることが重要である。

④　困難さに対する配慮等が明確にならない場合などは，専門的な助言又は援助を要請したりするなどして，主体的に問題を解決していくことができる資質や能力が求められる。

1　①　×　　②　×　　③　○　　④　○

2 ① × ② ○ ③ × ④ ○
3 ① ○ ② ○ ③ ○ ④ ×
4 ① ○ ② × ③ ○ ④ ×
5 ① × ② × ③ × ④ ○

問3 次の文章は,「障害のある子供の教育支援の手引～子供たち一人一人の教育的ニーズを踏まえた学びの充実に向けて～」(令和3年6月 文部科学省初等中等教育局特別支援教育課)「第3編 障害の状態等に応じた教育的対応 Ⅸ 学習障害 1 学習障害のある子供の教育的ニーズ」の一部である。(①)～(③)にあてはまる最も適切な語句の組み合わせを,以下の1～5の中から一つ選びなさい。なお,同じ番号の空欄には同じ語句が入る。

学習障害のある子供については,就学してから,その学習上の困難が(①)することが多い。しかし,文字や数字を扱う場面が少ない幼児期においては,周囲から気付かれる可能性は低いものの,学習障害の傾向があることに気付くことは不可能ではない。

就学前においては,遊びや生活の中で数量や図形,文字などに親しむ体験を重ね,これらに興味や関心,感覚をもつようになったり,言葉による伝え合いを楽しんだりして,学習に必要な(②)力を養う時期である。このような時期に,文字の読み書きに興味を示さなかったり,文字をなかなか覚えなかったり,絵を描くときに時間がかかったりするなどの兆候が見られた際には,気付いた時点で専門家に相談し,遊びの中で数量や文字などに関する興味や関心,感覚などを育むことができるような機会を積極的に設けると効果的な場合がある。また,読み書きに興味は示さなかったとしても,読み聞かせを通して,語感を楽しんだり,本の楽しさを味わったりすることで,(③)の拡大など,学習に必要な(②)能力を築き上げることも重要である。このように,就学前に保護者や関係者で気付きを共有し早期支援につなぐことは重要である。

1 ① 解決 ② 汎用的な ③ 語彙や知識
2 ① 顕在化 ② 汎用的な ③ 情報活用能力
3 ① 顕在化 ② 基礎的な ③ 語彙や知識
4 ① 顕在化 ② 基礎的な ③ 情報活用能力
5 ① 解決 ② 基礎的な ③ 情報活用能力

問4 次の文章は,「障害のある子供の教育支援の手引～子供たち一人一人の教育的ニーズを踏まえた学びの充実に向けて～」(令和3年6月 文部科学省初等中等教育局特別支援教育課)「第1編 障害のある子供の教育支援の基本的な考え方 1 障害のある子供の教育に求められること」の一部である。(①)～(③)にあてはまる最も適切な語句の組み合わせを,以下の1～5の中から一つ選びなさい。なお,同じ番号の空欄には同じ語句が入る。

> 令和元年9月より「新しい時代の特別支援教育の在り方に関する有識者会議」で議論が行われ,令和3年1月に報告が取りまとめられた。本報告においては,特別支援教育を巡る状況の変化も踏まえ,(①)の理念を実現し,特別支援教育を進展させていくために,引き続き,障害のある子供の自立と社会参加を見据え,子供一人一人の教育的ニーズに最も的確に応える指導を提供できるよう,連続性のある(②)の一層の充実・整備などを着実に進めていくことや,それらを更に推進するため,障害のある子供の教育的ニーズの変化に応じ,学びの場を変えられるよう,(②)の間で教育課程が円滑に接続することによる(③)の連続性の実現を図ることなどについての方策が取りまとめられた。これにより,障害の有無に関わらず誰もがその能力を発揮し,共生社会の一員として共に認め合い,支え合い,誇りをもって生きられる社会の構築を目指すこととしている。

1 ① インクルーシブ教育システム ② 関係機関
③ 内容
2 ① インクルーシブ教育システム ② 多様な学びの場
③ 学び

3 ① 個別指導システム ② 多様な学びの場
③ 内容
4 ① インクルーシブ教育システム ② 多様な学びの場
③ 内容
5 ① 個別指導システム ② 関係機関
③ 学び

問5 次の文章は,「障害のある子供の教育支援の手引き～子供たち一人一人の教育的ニーズを踏まえた学びの充実に向けて～」(令和3年6月 文部科学省初等中等教育局特別支援教育課)「第3編 障害の状態等に応じた教育的対応」に示されている文章の一部である。このうち,発達障害のある子供への教育的対応として適切ではないものを,次の1～5の中から一つ選びなさい。

1 早期から環境調整を行い,適切な教育的対応を行うことにより,自閉症のある子供の社会性やコミュニケーション能力の発達の促進,二次的な情緒や行動面の問題の予防が可能となっている。
2 つまずきや困難さ等を補うための得意な力や,学習に意欲的に取り組めるよう興味や関心についても把握しておくことが大切である。
3 注意や叱責をするよりも,望ましい行動を具体的に示したり,行動の良い面を見つけたらすぐに褒めたりすることが効果的である。
4 保護者が相談しやすい環境づくりを行い,保護者と関係者で気付きを共有し具体的な養育方法や支援方法を伝える等の配慮をしていくことが大切である。
5 複数の指示や口頭による指示を中心として,これから行われようとしていることに見通しをもてるようにする,活動等の時間帯を一定に設定するなど,変更を少なくすることで見通しをもって行動や生活ができるようにして,心理的な安定を得やすくすることなどが大切である。

2024年度 大分県 難易度 ■■■■■

【14】 次は，中央教育審議会初等中等教育分科会による「共生社会の形成に向けたインクルーシブ教育システム構築のための特別支援教育の推進(報告)」(平成24年7月23日)の一部です。

[A]～[C]にあてはまる語句の組み合わせとして正しいものを，以下の(1)～(4)の中から1つ選びなさい。

1．共生社会の形成に向けて

(1) 共生社会の形成に向けたインクルーシブ教育システムの構築

② 「インクルーシブ教育システム」の定義

○ (前略)「インクルーシブ教育システム」(inclusive education system，署名時仮訳：包容する教育制度)とは，人間の多様性の尊重等の強化，障害者が精神的及び身体的な能力等を可能な最大限度まで発達させ，自由な社会に効果的に参加することを可能とするとの目的の下，障害のある者と障害のない者が共に学ぶ仕組みであり，障害のある者が「general education system」(署名時仮訳：教育制度一般)から排除されないこと，自己の生活する地域において[A]が与えられること，個人に必要な「[B]」が提供される等が必要とされている。

(略)

○ インクルーシブ教育システムにおいては，同じ場で共に学ぶことを追求するとともに，個別の教育的ニーズのある幼児児童生徒に対して，自立と社会参加を見据えて，その時点で教育的ニーズに最も的確に応える指導を提供できる，多様で柔軟な仕組みを整備することが重要である。小・中学校における通常の学級，通級による指導，特別支援学級，特別支援学校といった，連続性のある「[C]」を用意しておくことが必要である。

(1) A 多様な学びの場　　B 初等中等教育の機会

C　合理的配慮

(2)　A　初等中等教育の機会　　　B　合理的配慮

　　　C　多様な学びの場

(3)　A　合理的配慮　　　　　　　B　多様な学びの場

　　　C　初等中等教育の機会

(4)　A　初等中等教育の機会　　　B　多様な学びの場

　　　C　合理的配慮

‖ 2024年度 ‖ 埼玉県・さいたま市 ‖ 難易度 ■■■□□

【15】次の記述は，「交流及び共同学習ガイド(文部科学省　平成31年3月改訂)」に示された「第1章　交流及び共同学習の意義・目的」の一部である。空欄　ア　～　ウ　に当てはまるものの組合せとして最も適切なものを，以下の①～⑥のうちから選びなさい。

　幼稚園，小学校，中学校，義務教育学校，高等学校，中等教育学校(以下「小・中学校等」という。)及び特別支援学校等が行う，障害のある子供と障害のない子供，あるいは地域の障害のある人とが触れ合い，共に活動する交流及び共同学習は，障害のある子供にとっても，障害のない子供にとっても，経験を深め，社会性を養い，　ア　を育むとともに，お互いを尊重し合う大切さを学ぶ機会となるなど，大きな意義を有するものです。

　また，このような交流及び共同学習は，　イ　においても，障害のある子供にとっては，様々な人々と共に助け合って生きていく力となり，積極的な社会参加につながるとともに，障害のない子供にとっては，障害のある人に自然に言葉をかけて手助けをしたり，積極的に支援を行ったりする行動や，人々の多様な在り方を理解し，障害のある人と共に支え合う意識の醸成につながると考えます。

　小・中学校等や特別支援学校の学習指導要領等においては，交流及び共同学習の機会を設け，共に尊重し合いながら　ウ　して生活していく態度を育むようにすることとされています。

① 　ア　豊かな人間性　　イ　学校卒業後　　　ウ　協働

② 　ア　生きる力　　　　イ　地域での生活　　ウ　自立

③ 　ア　豊かな人間性　　イ　地域での生活　　ウ　協働

④　ア　生きる力　　　　イ　地域での生活　　ウ　協働
⑤　ア　豊かな人間性　　イ　学校卒業後　　　ウ　自立
⑥　ア　生きる力　　　　イ　学校卒業後　　　ウ　自立

2024年度｜神奈川県・横浜市・川崎市・相模原市｜難易度

【16】「学校教育法施行規則の一部を改正する省令等の公布について(通知)」(令和4年3月31日)の内容について，下線部に誤りがあるものを，次の(1)～(4)の中から1つ選びなさい。

(1)　学校においては，生徒が日本語の能力に応じた特別の指導を2以上の年次にわたって履修したときは，各年次ごとに当該学校の単位を修得したことを認定することを原則とすること。

(2)　高等学校又は中等教育学校の後期課程において平成5年告示に定める障害に応じた特別の指導に加え，日本語の能力に応じた特別の指導を行うときは，2種類の指導に係る修得単位数の合計が21単位を超えないものとすること。

(3)　特別支援学校の高等部(知的障害者である生徒に対する教育を行うものに限る。)における日本語の能力に応じた特別の指導に係る授業時数について，894単位時間を超えない範囲で当該特別支援学校が定めた全課程の修了を認めるに必要な授業時数のうちに加えることができるものとすること。

(4)　日本語の修得に困難のある生徒に対して，規則第86条の2の規定に基づき，特別の教育課程を編成し，日本語の能力に応じた特別の指導を行う場合には，教師間の連携に努め，指導についての計画を学級単位で作成することなどにより，効果的な指導に努めるものとすること。

2024年度｜埼玉県・さいたま市｜難易度

【17】次の文は，障害のある子供の教育支援の手引(令和3年文部科学省)第1編「2　早期からの一貫した教育支援」の一部である。

幾つかの移行期の中でも，就学移行期(認定こども園・幼稚園・保育所，児童発達支援センター等の障害児通所支援施設等から小学校や特別支援学校小学部に引き継がれる時期，及び小学校や特別支援学校小学部から中学校や特別支援学校中学部に引き継がれる時期)における教育支援の在り方は特に重要である。理由としては，本人及び保護者の期待と不安が大きいこと，就学移行期は子供の成長の節目と対応していること，子供一人一人の[A]に応じた適切な学校や学びの場を検討する必要があることなどが挙げられる。

このため，本人及び保護者が正確な情報を得て，それらを理解した上で意向を表明できるよう，小中学校等と特別支援学校双方で受けられる教育の内容，支援体制を含む基礎的環境整備，「障害者差別解消法」に基づく[B]の提供，可能な範囲で医学等の専門的見地も含めた学校卒業までの子供の育ちの見通し等について，きめ細かい情報提供を行うことが重要である。また，教育支援委員会や就学支援委員会(以下「教育支援委員会等」という。)による就学先決定の方法や，就学後も必要に応じて学校や学びの場を見直すことができること，通級による指導等の多様な学びの場を活用する方法，学校における[B]の提供に関する意思の表明から[　ア　]までの手続きについても併せて情報提供を行うことが重要である。さらに，卒業後を含むライフステージに応じて，小中学校等や特別支援学校における教育による成長事例が，本人及び保護者等に分かりやすい形で情報提供されることが重要である。

なお，移行期において，現状では子供一人一人の[A]に対する教育上の[B]を含む必要な支援の内容に関する重要な情報が，必ずしも就学先・進学先に丁寧に引き継がれ，十分に活用されているとは言えない側面もあり，今後，より一層，個別の教育支援計画の活用等により，学校種を超えた情報共有や引継ぎに取り組むことが重要である。その際には，積極的に[　イ　]の活用を図ることにも留意する必要がある。

(1)　文中の[A]及び[B]に当てはまる適切な語句を記入しなさい。ただし，同じ記号には同じ語句が入るものとする。

(2)　文中の[　ア　]及び[　イ　]に当てはまる適切な語句を次の語群から選び，記号で答えなさい。

《語群》

a　入学　　b　外部資源　　c　センター的機能

d　ICT　　e　相談　　　　f　合意形成

▌2024年度 ▌福岡県・福岡市・北九州市 ▌難易度 ■■■□□

【18】次の記述は,「障害のある子供の教育支援の手引(令和3年6月)」に示された「第2編　就学に関する事前の相談・支援,就学先決定,就学先変更のモデルプロセス　第3章　法令に基づく就学先の具体的な検討と決定プロセス」の一部である。空欄[ア]~[ウ]に当てはまるものの組合せとして最も適切なものを,以下の①~④のうちから選びなさい。

市区町村教育委員会が[ア]した就学先の学校や学びの場については,[イ],対象となる子供一人一人の[ウ]と必要な支援の内容を踏まえていることについて,本人及び保護者,学校等に対して十分な説明と合意形成を図った上で,最終的に市区町村教育委員会において決定することが適当である。

① ア　学校教育法を基に判断
　イ　本人及び保護者の意見を最大限尊重しつつ
　ウ　障害等

② ア　総合的に判断
　イ　専門機関との連携を密にしつつ
　ウ　教育的ニーズ

③ ア　学校教育法を基に判断
　イ　専門機関との連携を密にしつつ
　ウ　障害等

④ ア　総合的に判断
　イ　本人及び保護者の意見を最大限尊重しつつ
　ウ　教育的ニーズ

▌2024年度 ▌神奈川県・横浜市・川崎市・相模原市 ▌難易度 ■■■□□

【19】次の文は,「小・中学校等における病気療養児に対するICT等を活用した学習活動を行った場合の指導要録上の出欠の取扱い等について(通知)」(令和5年3月30日文部科学省)の一部抜粋である。以下の問に答えよ。

(　略　)

第2　指導要録上の取扱い等

小・中学校等において，当該学校に在籍する病院や自宅等で療養中の病気療養児に対し，受信側に教科等に応じた相当の免許状を有する教師を配置せずにICT等を活用した学習活動を行った場合，校長は，指導要録上出席扱いとすること及びその成果を当該教科等の評価に反映することができることとする。

(　略　)

第3　留意事項

本取扱いに当たっての留意事項は，以下のとおりであること。

1　本取扱いにおける病気療養児に該当するか否かの判断は，疾病や障害に関する[　ア　]等の専門家による診断書等や，文部科学省が就学事務の参考資料として作成し配布している「障害のある子供への教育支援の手引」に示された障害種ごとの障害の状態等を基に，文部科学省が平成26年度に実施した長期入院児童生徒に対する教育支援に関する実態調査で示された年間延べ[　イ　]の欠席という定義を一つの参考としつつ，小・中学校等又はその管理機関が行うこと。

(　略　)

問1　[　ア　]，[　イ　]にあてはまる語句を答えよ。

問2　病院や自宅等で療養中の病気療養児への支援について，次の(1)，(2)に答えよ。

(1)　小・中学校等に在籍する児童生徒で，病院や自宅等で療養中の病気療養児に対してICT等を活用した学習活動を行う場合の説明として正しいものをA～Dから二つ選び，記号で答えよ。

A　オンデマンド型授業配信を行うにあたっては，同時双方向型授業配信を実施することが原則であることに留意すること。

B　病気療養児及び保護者の希望があれば，オンデマンド型の授業を実施しなくてはならない。

C　ICT等を活用した学習活動とは，ICT(コンピューターやインターネット，遠隔教育システムなど)や郵送，FAXなどを活用して提供される学習活動のことを指す。

D　ICT等を活用した学習活動の状況や生活の状況を把握するため，教師は必ず病気療養児を訪問しなければならない。

(2)　病院や自宅等で療養中の病気療養児への学習支援として，ICT等を活用した同時双方向型授業配信やそれを通じた他の児童生徒との交流を行うことで，どのような効果があるか，簡潔に二つ記せ。

2024年度 ▌島根県 ▌難易度 ■■■□□

【20】「『令和の日本型学校教育』の構築を目指して～全ての子供たちの可能性を引き出す，個別最適な学びと，協働的な学びの実現～(答申)」(令和3年1月26日　中央教育審議会)第Ⅱ部　各論　4. 新時代の特別支援教育の在り方について　の内容について，次の各問いに答えなさい。

(1)　次の各文は，「障害のある子供の学びの場の整備・連携強化　④特別支援学校における教育環境の整備」の内容をまとめたものである。空欄(　A　)～(　D　)に当てはまる語句を，以下のア～コからそれぞれ1つずつ選び，記号で答えなさい。

・ICTを活用した(　A　)に関する指導計画・指導法の開発
・必要な最低基準としての特別支援学校の設置基準策定，教室不足の解消に向けた集中的な施設整備の取組推進
・特別支援学校の(　B　)機能の充実や設置者を超えた学校間連携を促進する体制の在り方の検討
・知的障害者である児童生徒が各教科等において育むべき資質・能力を児童生徒に着実に身に付けさせる観点から，(　C　)(知的障害者用)を作成
・特別支援学校に在籍する児童生徒が，地域の学校に(　D　)な籍を置く取組の一層の普及推進

ア　一般図書　　イ　著作教科書　　ウ　バリアフリー
エ　情報収集　　オ　センター的　　カ　職業教育
キ　情報教育　　ク　教科教育　　ケ　副次的
コ　高次的

(2) 次の文章は，「特別支援教育を担う教師の専門性向上」からの抜粋である。空欄(　①　)～(　④　)に当てはまる適当な語句を答えなさい。

○　全ての教師には，障害の(　①　)等に関する理解と指導方法を工夫できる力や，個別の教育支援計画・個別の指導計画などの特別支援教育に関する基礎的な知識，(　②　)に対する理解等が必要である。加えて，障害のある人や子供との触れ合いを通して，障害者が日常生活又は社会生活において受ける制限は障害により起因するものだけでなく，社会における様々な障壁と相対することによって生ずるものという考え方，いわゆる「(　③　)モデル」の考え方を踏まえ，障害による学習上又は生活上の困難について本人の立場に立って捉え，それに対する必要な支援の内容を一緒に考えていくような経験や態度の育成が求められる。(中略) ○　また，目の前の子供の障害の状態等により，障害による学習上又は生活上の困難さが異なることを理解し，(　④　)に応じた分かりやすい指導内容や指導方法の工夫を検討し，子供が意欲的に課題に取り組めるようにすることが重要である。その際，困難さに対する配慮等が明確にならない場合などは，専門的な助言又は援助を要請したりするなどして，主体的に問題を解決していくことができる資質や能力が求められる。

2024年度 ▌京都府 ▌難易度 ■■■□□

【21】次の文は，新しい時代の特別支援教育の在り方に関する有識者会議報告(令和3年1月)「Ⅴ．関係機関の連携強化による切れ目ない支援の充実」の一部である。

文中の[　ア　]～[　オ　]に当てはまる適切な語句を以下の語群から選び，記号で答えなさい。ただし，同じ記号には同じ語句が入るものとする。

特別支援学校におけるキャリア教育では，学校で学ぶことと社会との接続を意識させ，一人一人の社会的・職業的自立に向けて必要な基盤となる資質・能力を育み，[ア]を促すことが重要である。そのため，早期からのキャリア教育では，保護者や身近な教師以外の大人とのコミュニケーションの機会や，[イ]を高める経験，産業構造や進路を巡る環境の変化等の現代社会に即した情報等について理解を促すような活動が自己の[ア]を促すうえで重要であることから，その実施に当たっては，地域の[ウ]との連携等による機会の確保や，特別支援学校を卒業した者が働く様子を見学したり実際に[エ]を行ったりする機会の充実が必要である。また，就労に際して，本人の自己選択・自己決定を尊重する等の機会を確保したり，学校卒業後の生活に向けて，[オ]の理解を深める機会を確保したりすることが重要である。

《語群》

a	就労関係機関	b	自己肯定感	c	職業体験
d	職業観の育成	e	職業的スキル	f	体験的な学習
g	キャリア発達	h	勤労に対する意欲	i	福祉制度
j	産業界	k	就労支援制度	l	医療機関
m	心理的発達	n	ボランティア活動	o	社会資源

▌2024年度 ▌福岡県・福岡市・北九州市 ▌難易度 ■■■□□

【22】次の文は，「共生社会の形成に向けたインクルーシブ教育システム構築のための特別支援教育の推進(報告)概要」(文部科学省)の一部抜粋である。以下の問に答えよ。

> インクルーシブ教育システムにおいては，同じ場で共に学ぶことを追求するとともに，個別の教育的ニーズのある幼児児童生徒に対して，自立と[ア]を見据えて，その時点で教育的ニーズに最も的確に応える指導を提供できる，[イ]で柔軟な仕組みを整備することが重要である。
>
> 小・中学校における通常の学級，[ウ]による指導，特別支援学級，特別支援学校といった，連続性のある「[イ]な学びの場」を用意しておくことが必要である。

問1 [　ア　]～[　ウ　]にあてはまる語句を答えよ。

問2 下線部について，対象となる障がい種は，知的障がい，病弱及び身体虚弱，弱視，難聴，自閉症・情緒障がいの他，何があるか，二つ答えよ。

問3 自閉症・情緒障がい特別支援学級は，心理的な要因による不登校の児童生徒も対象に含まれ，授業の空白期間により，学習の遅れや学習意欲の減退などの課題を抱えることもある。このような児童生徒に対して，学習内容が理解でき，達成感が得られ，学習リズムをつくるために，どのような学習面での対応の工夫や配慮があるか，具体的に二つ記せ。

2024年度 島根県 難易度

【23】「『令和の日本型学校教育』の構築を目指して～全ての子供たちの可能性を引き出す，個別最適な学びと，協働的な学びの実現～(答申)」(令和3年1月中央教育審議会)について，各問いに答えよ。

1 次の文章は，「第Ⅱ部　2　9年間を見通した新時代の義務教育の在り方について」の一部である。(　①　)，(　②　)に当てはまる語句を，それぞれ答えよ。

> また，児童生徒が多様化し学校が様々な課題を抱える中にあっても，義務教育において決して(　①　)取り残さない，ということを徹底する必要がある。(中略)こうした観点からも，特別支援学校に在籍する児童生徒が居住する地域の学校に(　②　)を置く取組を進めるなど，義務教育段階における特別支援教育のより一層の充実を図ることが重要である。

2 次の文章は，「第Ⅱ部　4　新時代の特別支援教育の在り方について」の一部である。(　①　)～(　④　)に当てはまる語句を，それぞれ答えよ。

> (1)　基本的な考え方
> ○　特別支援教育は，障害のある子供の(　①　)や(　②　)に向けた主体的な取組を支援するという視点に立ち，子供一人一人の(　③　)を把握し，その持てる力を高め，生活や学習上

の困難を改善又は克服するため，適切な指導及び必要な支援を行うものである。また，特別支援教育は，(　④　)のある子供も含めて，障害により特別な支援を必要とする子供が在籍する全ての学校において実施されるものである。

3　2の文章の下線部に関連し，障害者の権利に関する条約の中で提唱された理念で，共生社会の形成に向け障害のある者とない者とが共に学ぶ仕組みのことを何というか，答えよ。

2024年度 | 岡山県 | 難易度

【24】国の教育及び福祉に関する政策・動向に関して，次の(1)，(2)の問いに答えよ。

(1)　次の文は，「新しい時代の特別支援教育の在り方に関する有識者会議　報告」(令和3年1月)「Ⅳ．ICT利活用等による特別支援教育の質の向上」に関する記述の抜粋である。文中の(　A　)～(　E　)に入る正しいものを，それぞれ以下の1～9のうちから一つずつ選べ。

2．ICT活用による指導の充実と教師の情報活用能力
(ICT活用による指導の充実)
○　ICTの活用は，特別支援学校，特別支援学級，通級による指導，(　A　)のあらゆる場面で行われ，具体的には、(　B　)などを活用して授業内容の理解全般を助けるもののほか，例えば，視覚障害であれば，文字の拡大や音声読み上げ，聴覚障害では，音声を文字化するソフトや筆談アプリ等のコミュニケーションツール，知的障害では，動画やアニメーション機能を活用した学習内容を具体的にイメージする情報提示，(　C　)では，視線入力装置による表現活動の広がりやコミュニケーションの代替，病弱では，病室と教室を結ぶ遠隔教育のシステム，(　D　)では，書字や読字が難しい人にとってのコンピュータを用いた出入力や音声読み上げなどで情報の獲得が容易になるなど，多くの障害種に対し，その指導の充実に大きく寄与している。

○　指導内容や指導方法の充実の観点からは，ICTは，例えば，タブレットを使った授業などで，自分の考えをタブレットに書いて自らの意見を視覚的に表現しやすくなるなど，集団学習における個に応じた支援に生かすことができる。将来的には，例えば，障害のある子供の個々の(　E　)に応じた適切な指導の観点から，教材等の使用状況を自動的に記録し，取組の過程や解答状況等をデータとして蓄積することにより，エビデンスに基づいた指導の質の向上を目指すことも期待される。

1　情緒障害	2　デジタル教科書	3　発達障害
4　通常の学級	5　肢体不自由	6　言語障害
7　学校生活全般	8　教育的ニーズ	9　個別の指導計画

(2)　次の文は，「障害のある子供の教育支援の手引～子供たち一人一人の教育的ニーズを踏まえた学びの充実に向けて～」(令和3年6月)「第3編　障害の状態等に応じた教育的対応　Ⅲ　知的障害」に関する記述の抜粋である。文中の(　A　)～(　E　)に入る正しいものを，それぞれ以下の1～9のうちから一つずつ選べ。

(前略)

一方で，知的機能の発達に遅れがある場合には，(　A　)に，同年齢の子供と比較して言語の発達が遅れたり，着替えや排せつなどの(　B　)に関することについて遅れが顕著であったりするほか，始歩の遅れなど運動発達の遅れも見られることがあることから，(　C　)が子供の成長や発達に不安を抱く場合が多い。

そのため，(　C　)の心情を十分に理解しながら，子供の成長や発達の状態を的確に把握し，子供が生活に必要な望ましい習慣等を身に付けることができるよう，発達の段階に応じた適切な教育的対応を早期から行うことが大切である。

早期から対応していくこととは，例えば，就学前の(　D　)機関等が関わり，子供の言語理解の状況などを把握した上で，(　C　)と指導者が連携して子供の言語理解に適した言葉で働き掛けをすることなどである。さらに，言葉の理解を促すために(　E　)などの視覚的な情報を補足するなど，支援を工夫していくことも考えられる。こうした対応により，理解できる語彙を増やし，相手の話を聞き取ろうという姿勢が子供に育ったり，子供が自ら話しかけようとする意欲の向上につながったりすることも多い。

また，子供によっては，視覚的に情報を把握することが苦手な場合があることも踏まえる必要がある。こうした場合は，(　E　)の使用や，視覚情報による模倣を促すよりも，分かりやすい言葉を使って指示をしたり，身体的な支援を行って，実際に体験することで学べるようにしたりすることが必要になる。

着替えや排せつなどの(　B　)に関することについては，着替える手順を明確にすることや，定時排せつを促していくことなど，家庭と関係機関等が連携した早期からの取組が効果をもたらすことが多い。また，段階的に指導を行うことにより，着替えや排せつが一人でできるようになる場合も多い。

1　保護者　　2　幼児期　　3　絵カード　　4　教育相談
5　基本的生活習慣　　6　研究　　7　文字　　8　教師
9　学齢期

2024年度 大分県 難易度

【25】我が国の特別支援教育に関する動向について，次の問1～問3に答えなさい。

問1　次の文は，平成19年4月1日付け文部科学省初等中等教育局長通知「特別支援教育の推進について」の一部です。空欄A，Bに当てはまる語句について，正しいものの組合せを選びなさい。

特別支援教育は，障害のある幼児児童生徒の自立や社会参加に向けた主体的な取組を支援するという視点に立ち，幼児児童生徒一人一人の教育的ニーズを把握し，その持てる力を高め，生活や学習上の困難を[　A　]ため，適切な指導及び必

> 要な支援を行うものである。
> また，特別支援教育は，これまでの特殊教育の対象の障害だけでなく，知的な遅れのない発達障害[B]，特別な支援を必要とする幼児児童生徒が在籍する全ての学校において実施されるものである。

ア A－改善又は克服する B－も含めて
イ A－補う B－も含めて
ウ A－克服する B－を除く
エ A－補う B－を除く
オ A－改善又は克服する B－を除く

問2 次の文は，文部科学省「交流及び共同学習ガイド」(平成31年3月)の「第1章 交流及び共同学習の意義・目的」の一部です。空欄C，Dに当てはまる語句について，正しいものの組合せを選びなさい。

> 我が国は，障害の有無にかかわらず，誰もが相互に人格と個性を[C]し合える共生社会の実現を目指しています。
> 幼稚園，小学校，中学校，義務教育学校，高等学校，中等教育学校(以下「小・中学校等」という。)及び特別支援学校等が行う，障害のある子供と障害のない子供，あるいは地域の障害のある人とが触れ合い，共に活動する交流及び共同学習は，障害のある子供にとっても，障害のない子供にとっても，経験を深め，[D]を養い，豊かな人間性を育むとともに，お互いを[C]し合う大切さを学ぶ機会となるなど，大きな意義を有するものです。

ア C－尊重 D－社会性
イ C－受容 D－感受性
ウ C－尊重 D－協調性
エ C－受容 D－社会性
オ C－受容 D－協調性

問3 平成25年8月26日付けで公布された「学校教育法施行令の一部を改正する政令」に伴い発出された，平成25年9月1日付け文部科学事務次官通知及び平成25年10月4日付け文部科学省初等中等教育局長通知に示された，障害のある児童生徒等の就学先の決定について説明した①～⑤の文について，正しい正誤の組合せを選びなさい。

① 学習障害及び注意欠陥多動性障害のある児童生徒は，通級による指導の対象とはなっておらず，通常の学級における教員の適切な配慮や指導の工夫などにより対応する。

② 就学時に決定した「学びの場」は，固定したものではなく，それぞれの児童生徒の発達の程度，適応の状況等を勘案しながら，柔軟に転学することができる。

③ 学校教育法施行令の改正により，知的障害のある児童生徒を対象とした通級による指導が認められた。

④ 障害の状態，本人の教育的ニーズ，本人・保護者の意見，教育学，医学，心理学等専門的見地からの意見，学校や地域の状況等を踏まえた総合的な観点から就学先を決定する。

⑤ 児童生徒等が，認定特別支援学校就学者に当たるかどうかについては，最終的に保護者が判断する。

ア	① ○	② ○	③ ○	④ ×	⑤ ×
イ	① ○	② ×	③ ○	④ ○	⑤ ○
ウ	① ○	② ×	③ ×	④ ○	⑤ ○
エ	① ×	② ○	③ ×	④ ○	⑤ ×
オ	① ×	② ○	③ ○	④ ×	⑤ ○

▌2024年度 ▌北海道・札幌市 ▌難易度 ■■■■□□

【26】特別支援教育に関する次の各問に答えよ。

〔問1〕 教育支援に関する記述として，「障害のある子供の教育支援の手引～子供たち一人一人の教育的ニーズを踏まえた学びの充実に向けて～」(文部科学省初等中等教育局特別支援教育課　令和3年6月)に照らして適切なものは，次の1～4のうちのどれか。

1 障害のある子供に対し，その障害を早期に把握し，早期からその発達に応じた必要な支援を行うことは，その後の自立や社会参加に大きな効果があると考えられるとともに，障害のある子供を支える家族に対する支援という側面からも，大きな意義がある。

2　障害のある子供が，地域社会の一員として，生涯にわたって様々な人々と関わり，主体的に社会参加しながら心豊かに生きていくことができるようにするためには，教育，医療，福祉，保健，労働等の各分野が一体となって，社会全体として，その子供の自立を生涯にわたって教育支援していく体制を整備することまでは必要ない。

3　子供一人一人の障害の状態等の変化に応じて適切な教育を行うためには，就学時のみならず就学後も引き続き教育相談を行う必要がある。そのためには，学校内の特別支援教育に関する体制を整備しながら，教育相談や個別の教育支援計画に基づく関係者による会議などを定期的に行い，必要に応じて個別の教育支援計画や個別の指導計画の見直しを行うとともに，学校や学びの場を柔軟に変更できないようにしていくことが適当である。

4　特別支援学校では，個別の教育支援計画を活用し，本人及び保護者との共通理解を図ることなく，小学部・中学部・高等部等で一貫性のあるキャリア教育を推進することが重要である。また，生徒が，自分自身を見つめ，自分と社会とのかかわりを考え，自己の生き方や進路を選択するとともに，卒業後も，自己実現に向けて努力していくことができるよう，適切な指導や必要な支援を行うことが必要である。

〔問2〕特別支援教育の制度に関する次の記述ア～エを，年代の古いものから順に並べたものとして適切なものは，以下の1～4のうちのどれか。

ア　学習指導要領の改訂が行われ，「養護・訓練」を「自立活動」と名称変更すること，個別の指導計画を位置付けることが示された。

イ　学校教育法施行規則の一部改正が行われ，大部分の授業を通常の学級で受けながら，一部の授業について障害に応じた特別の指導を特別な場で受ける指導形態を，高等学校及び中等教育学校の後期課程においても実施できるようになった。

ウ　障害の重複化や多様化に伴い，複数の障害種別に対応した教育を実施することができる特別支援学校の制度を創設するとともに，小中学校等における特別支援教育を推進すること等により，障害のある児童生徒等の教育の一層の充実を図ることになった。

エ　学校教育法施行規則の一部改正等が行われ，小学校又は中学校に在学する心身の障害の程度が比較的軽度な児童生徒に対する指導の一層の充実を計る観点から，通級による指導を行う場合に，特別の教育課程によることができるようになった。

1　ア　→　エ　→　イ　→　ウ
2　ア　→　エ　→　ウ　→　イ
3　エ　→　ア　→　イ　→　ウ
4　エ　→　ア　→　ウ　→　イ

〔問3〕 次の記述は，肢体不自由の児童・生徒に対する情報教育に関するものである。記述中の空欄[　ア　]・[　イ　]に当てはまる語句の組合せとして適切なものは，以下の1～4のうちのどれか。

> 肢体不自由者である児童生徒に対する情報機器を活用した指導においては，障害の状態等に応じて，適切な支援機器の適用と，[　ア　]が必要となる。例えば，同一部位の障害であっても，実際に情報機器や支援機器を身体の状態等に合わせて利用する場合など，ニーズにより微妙に異なる。そのため，それぞれの児童生徒の発達や身体機能の状態や，体調の変化などに応じて，絶えず細かい適用と調整をする必要がある。そのためまた，指導する教師は，障害についての知識や，支援機器の活用方法について[　イ　]を学ぶことが重要となる。その際，自立活動の「身体の動き」や「コミュニケーション」などとの関連を踏まえ，身体の負担がなく機器を操作するための姿勢やより操作しやすい入力方法について検討することは重要である。

(「教育の情報化に関する手引(追補版)」(文部科学省　令和2年6月)から作成)

1　ア　きめ細かなフィッティング
　　イ　基本的な知識
2　ア　きめ細かなフィッティング

イ　医療機関との日常的な連携
　3　ア　他の機器が児童・生徒の目に触れないこと
　　イ　基本的な知識
　4　ア　他の機器が児童・生徒の目に触れないこと
　　イ　医療機関との日常的な連携

‖ 2024年度 ‖ 東京都 ‖ 難易度 ■■■□□

【27】障害のある子供の就学について，次の(1)，(2)の問いに答えなさい。

(1)　「障害のある子供の教育支援の手引」に示された「障害のある子供の教育支援の基本的な考え方」についてまとめたものとして，適当でないものを次の①～④のうちから一つ選びなさい。

①　全ての学びの場において，障害のある子供と障害のない子供が共に学ぶ取組を，年間を通じて計画的に実施することが必要である。

②　教育支援では，支援体制を含む基礎的環境整備，「発達障害者支援法」に基づく合理的配慮の提供，医学等の専門的見地も含めた学校卒業までの子供の育ちの見通し等について，情報提供を行うことが重要である。

③　学校教育法施行令第22条の3については，これに該当する者が原則として特別支援学校に就学するという「就学基準」としての機能は持たないこととなる一方，我が国において特別支援学校に入学可能な障害の程度を示すものとしての機能は引き続き有している。

④　合理的配慮は，子供一人一人の障害の状況等を踏まえて教育的ニーズの整理と必要な支援の内容の検討を通して，個々に決定されるものである。

(2)　「障害のある子供の教育支援の手引」に示された「就学後の学びの場の柔軟な見直しとそのプロセス」について述べたものとして，適当なものを次の①～⑤のうちから全て選びなさい。

①　個別の指導計画のP－D－C－Aサイクルの中で蓄積される子供一人一人の学習状況や結果についての検証は，学校と保護者に任されている。

② 障害のある子供一人一人に応じた適切な指導を充実させるためには，各学校や学びの場で編成されている教育課程を踏まえ，個別の指導計画を作成し，各教科等の指導目標，指導内容及び指導方法を明確にして，適切かつきめ細やかに指導することが必要である。

③ 就学時に小学校段階6年間，中学校段階3年間の学校や学びの場が固定される。

④ 教育支援委員会等の役割は，すでに療育手帳を持っている幼児児童生徒が対象であり，早期からの教育相談や就学先決定時までの支援を行う。

⑤ 個別の指導計画は，学習指導要領において，通級による指導，特別支援学級，特別支援学校での作成が義務付けられている。

┃2023年度┃ 千葉県・千葉市 ┃難易度┃■■■□□┃

【28】 次の文は，「障害のある子供の教育支援の手引～子供たち一人一人の教育的ニーズを踏まえた学びの充実に向けて～」(令和3年6月)「第1編 障害のある子供の教育支援の基本的な考え方」に関する記述の抜粋である。文中の(A)～(D)に入る正しいものを，それぞれ以下の1～9のうちから一つずつ選べ。

> (2) (A)教育支援の重要性
> (中略)
> 　障害のある子供一人一人の教育的ニーズを把握・整理し，適切な指導及び必要な支援を図る特別支援教育の理念を実現させていくためには，早期からの教育相談・支援，就学相談・支援，就学後の継続的な教育支援の全体を「(A)教育支援」と捉え直し，(B)の作成・活用等の推進を通じて，子供一人一人の教育的ニーズに応じた教育支援の充実を図ることが，今後の特別支援教育の更なる推進に向けた基本的な考え方として重要である。
> (中略)
> (3) 移行期の教育支援に求められること
> 　(A)教育支援を効果的に進めるためには，教育支援の主体が替わる移行期(以下「移行期」という。)の教育支援に特に留意する

必要がある。
(中略)
　これらの移行期においては，(　B　)やこれまで各地域で共有されてきた関連資料を活用し，従前の教育上の(　C　)を含む支援の内容を新たな支援機関等に着実に引き継ぐことが重要である。
(中略)
　移行期の教育支援とは，教育支援の対象となる子供に対し，必要な教育支援の継続性を確保するとともに，これまでの教育的ニーズや必要な教育支援の内容を改めて評価して必要な見直しを行うことにより，より良い教育支援を行うことができるようにすることである。また，教育支援の対象となる子供やその保護者が，必要な教育支援への見通しをもてるようにすることにより，不安を解消するとともに，必要な教育支援の内容等について就学先や進学先と対話するなど主体的に関与することができるようになれば，結果として障害のある子供の自立を促すことにつながるものである。
　幾つかの移行期の中でも，就学移行期(認定こども園・幼稚園・保育所，児童発達支援センター等の障害児通所支援施設等から小学校や特別支援学校小学部に引き継がれる時期，及び小学校や特別支援学校小学部から中学校や特別支援学校中学部に引き継がれる時期)における教育支援の在り方は特に重要である。理由としては，本人及び保護者の期待と不安が大きいこと，就学移行期は子供の(　D　)と対応していること，子供一人一人の教育的ニーズに応じた適切な学校や学びの場を検討する必要があることなどが挙げられる。

1　一連の「線」としての　　2　一貫した
3　個別の教育支援計画　　4　個別の指導計画
5　基礎的環境整備　　6　合理的配慮
7　ライフステージ　　8　成長の節目
9　個別の移行支援計画

2023年度 ▌大分県 ▌難易度

【29】次の(1)～(5)に示した□内の文章は，令和3年1月に文部科学省調査研究協力者会議等(初等中等教育)から報告された「新しい時代の特別支援教育の在り方に関する有識者会議　報告」の一部です。次の(1)～(5)の各問いに答えなさい。

(1) 次の(　①　)に入る，適する語句を以下のア～エから1つ選び，記号で答えなさい。

特別支援学校では，幼稚部から高等部までの幅広い年齢や発達段階の子供が在籍し，障害の状態等は個々に違っており，また，特別支援学校に設置されている学級のうち(　①　)が重複障害の学級であり，重複障害の子供が多く含まれていることから，一人一人の実態に応じて指導に当たる必要がある。

ア　約1.5割　　イ　約2割　　ウ　約4割　　エ　約5割

(2) 次の(　①　)～(　③　)に入る，適する語句を以下のア～オからそれぞれ1つずつ選び，記号で答えなさい。

特別支援教育は，障害のある子供の自立や社会参加に向けた主体的な取組を支援するという視点に立ち，子供一人一人の教育的ニーズを把握し，その持てる力を高め，生活や学習上の困難を改善又は克服するため，適切な(　①　)及び必要な(　②　)を行うものである。また，特別支援教育は，発達障害のある子供も含めて，障害により特別な(　②　)を必要とする子供が在籍する(　③　)において，実施されるものである。

ア　全ての学校　　イ　特別支援学校及び特別支援学級
ウ　指導　　エ　援助　　オ　支援

(3) 次の(　①　)・(　②　)に入る，適する語句を以下のア～オからそれぞれ1つずつ選び，記号で答えなさい。

障害のある人や子供との触れ合いを通して，障害者が日常生活又社会生活において受ける制限は，障害により起因するものだけではなく，(　①　)における様々な障壁と相対することによって生ずるものという考え方，いわゆる「(　①　)モデル」の考え方を踏まえ，障害による学習上又は生活上の困難

について本人の立場に立って捉え，それに対する必要な支援の内容を一緒に考え，本人自ら合理的配慮を意思表明できるように促していくような(　②　)や態度の育成が求められる。

ア　思考　　イ　経験　　ウ　体験的な活動　　エ　医学
オ　社会

(4)　次の(　①　)・(　②　)に入る，適する語句を以下のア～オからそれぞれ1つずつ選び，記号で答えなさい。

多様な実態の子供の指導を行うため，特別支援学校の教師には，障害の状態や特性及び心身の発達の段階等を十分把握して，これを各教科等や自立活動の指導等に反映できる幅広い(　①　)の習得や，学校内外の専門家等とも連携しながら(　②　)知見を活用して指導に当たる能力が必要である。

ア　知識・理解　　イ　専門的な　　ウ　実践的な
エ　知識・技能　　オ　思考・判断・表現

(5)　次の(　①　)～(　⑤　)に入る，適する語句を以下のア～カからそれぞれ1つずつ選び，記号で答えなさい。

ICTの活用は，特別支援学校，特別支援学級，通級による指導，通常の学級のあらゆる場面で行われ，具体的には，デジタル教科書などを活用して授業内容の理解全般を助けるもののほか，例えば，(　①　)であれば，文字の拡大や音声読み上げ，(　②　)では，音声を文字化するソフトや筆談アプリ等のコミュニケーションツール，(　③　)では，動画やアニメーション機能を活用した学習内容を具体的にイメージする情報提示，(　④　)では，視線入力装置による表現活動の広がりやコミュニケーションの代替，(　⑤　)では，病室と教室を結ぶ遠隔教育のシステム，発達障害では，書字や読字が難しい人にとってのコンピュータを用いた出入力や音声読み上げなどで情報の獲得が容易になるなど，多くの障害種に対し，その指導の充実に大きく寄与している。

ア　肢体不自由　　イ　病弱　　ウ　聴覚障害　　エ　知的障害
オ　視覚障害　　　カ　書字障害

▌2023年度 ▌名古屋市 ▌難易度 ■■■■□□

【30】次の資料は，『「令和の日本型学校教育」の構築を目指して～全ての子供たちの可能性を引き出す，個別最適な学びと，協働的な学びの実現～(答申)【概要】』(令和3年1月中央教育審議会)の一部を抜粋したものである。以下の(1)～(3)の問いに答えよ。

4．新時代の特別支援教育の在り方について

◎　基本的な考え方

- 特別支援教育への理解・認識の高まり，制度改正，通級による指導を受ける児童生徒の(　A　)等，インクルーシブ教育の理念を踏まえた特別支援教育をめぐる状況は変化
- 通常の学級，通級による指導，[　①　]，特別支援学校といった連続性のある多様な学びの場の一層の充実・整備を着実に推進

(中略)

◎　関係機関との連携強化による切れ目ない支援の充実

- 関係機関等と家庭の連携，保護者も含めた情報共有，保護者支援のための連携体制の整備，障害の有無に関わらず全ての保護者に対する支援情報や相談窓口等の情報共有
- 地域の就労関係機関との連携等による早期からの(　B　)の充実
- 特別支援教育を受けてきた子供の指導や合理的配慮の状況等の学校間での(　C　)に当たり，統合型校務支援システムの活用などの環境整備を実施
- 個別の教育支援計画(教育)・利用計画(福祉サービス)・個別支援計画(事業所)・移行支援計画(労働)の一体的な情報提供・共有の仕組みの検討に向け，移行支援や就労支援における特別支援学校と関係機関との役割や連携の在り方などの検討

●　学校における医療的ケアの実施体制の構築，医療的ケアを担う[　②　]の人材確保や配置等の環境整備
●　学校に置かれる[　②　]の法令上の位置付け検討，中学校区における医療的ケア拠点校の設置検討

(1)　(　A　)～(　C　)に当てはまる語句を次のア～キからそれぞれ一つ選び，記号で記せ。

ア．教育課程　　イ．増加　　ウ．転学
エ．共同学習　　オ．キャリア教育　　カ．引き継ぎ
キ．療育相談

(2)　[　①　]，[　②　]に当てはまる語句を記せ。

(3)　資料中の「医療的ケア」について，令和3年9月に「医療的ケア児及びその家族に対する支援に関する法律」が施行された。この法律の内容として，正しいものを全て選び，記号で記せ。

①　医療的ケア児及びその家族に対する支援は，医療的ケア児が18歳に達し，又は高等学校等を卒業した後も適切な保健医療サービス及び福祉サービスを受けながら日常生活及び社会生活を営むことができるようにすることにも配慮して行われなければならない。

②　医療的ケア児及びその家族に対する支援は，医療的ケア児の日常生活及び社会生活を学校のみで支えることを旨として行われなければならない。

③　医療的ケア児の健やかな成長を図るとともに，その家族の離職の防止に資し，もって安心して子どもを生み，育てることができる社会の実現に寄与することを目的とする。

④　医療的ケア児及びその家族に対する支援に係る施策を講ずるに当たっては，医療関係者の意思を最大限に尊重しなければならない。

⑤　国及び地方公共団体は，医療，保健，福祉，教育，労働等に関する業務を行う関係機関及び民間団体相互の緊密な連携の下に必要な相談体制の整備を行うものとする。

2023年度　山梨県　難易度

解答・解説

【1】①

○解説○ ①では「特別支援教育の教員」ではなく「すべての教員」,「特別支援学校に在籍」ではなく「通常の学級に在籍」が正しい。なお,発達障害は「自閉症，アスペルガー症候群その他の広汎性発達障害,学習障害，注意欠陥多動性障害その他これに類する脳機能の障害であってその症状が通常低年齢において発現するものとして政令で定めるもの」と定義されており，一般的に特別支援学校，特別支援学級，通級による指導における対象となっていない。発達障害の可能性を有する児童生徒の数は，文部科学省の推計によると，通常の学級に在籍する児童生徒の約6.5%とされている(平成24年)。

【2】(1)　Ⅰ　c　Ⅱ　a　(2)　Ⅰ　e　Ⅱ　e

○解説○ (1)　出題の令和3(2021)年9月17日付け文部科学省初等中等教育局第1071号の通知は,「医療的ケア児及びその家族に対する支援に関する法律の施行について(通知)」である。　Ⅰは，この法律の目的を示したものである。その中で,「医療的ケア児の健やかな成長を図るとともに，その家族の離職の防止に資し，もって安心して子どもを生み，育てることができる社会の実現に寄与すること」に注目する必要がある。　Ⅱ「医療的ケア」は，一般的に学校や在宅等で日常的に行われている，喀痰吸引・経管栄養・気管切開部の衛生管理等の医行為を指す。人工呼吸器による呼吸管理は，看護師等が実施する。

(2)　Ⅰ「生徒指導に関する学校・教職員向けの基本書として，平成22年に作成されました」とあり，12年ぶりに改訂を行ったと述べられていることから,「生徒指導(提要)」である。生徒指導は，一人一人が抱える個別の困難や課題に向き合い,「個性の発見とよさや可能性の伸長，社会的資質・能力の発達」に資する重要な役割を有している。Ⅱ　特別支援教育を推進する役割を担うのが，特別支援教育コーディネーターである。主に発達障害等の特別な支援を必要とする児童生徒の支援にあたり，校内委員会や研修会の企画・運営，関係諸機関との連絡・調整，保護者からの相談窓口などの役割を担う。

【3】①

○解説○ なお，特別支援学校のセンター的機能には，教員への支援機能，相談・情報提供機能，指導・支援機能，連絡・調整機能，研修協力機能，施設設備等の提供機能の5つが示されている。

【4】(1) ① 教育的ニーズ ② 全ての学校 (2) ・時間を読むことが困難な児童生徒でも，タブレットを活用し視覚をとおして残時間を把握できるようにする。 ・発語による意思表示が困難な児童生徒でもアイコンを押すことで意思表示ができる。

○解説○ (1) 特別支援教育の基本は，自立と社会参加をめざすこと，一人一人の教育的ニーズを把握すること，生活上や学習上の困難を改善又は克服するため適切な指導及び必要な支援を行うことである。また，特別支援教育は，発達障害のある子供も含めて，全ての学校において実施されるものである。 (2) 肢体不自由者である児童生徒に対するICTの活用については，コンピュータ等の情報機器などを有効に活用し，指導の効果を高めることや，身体の動きや意思の表出の状態等に応じて，適切な補助具や補助手段を工夫することに活用できる。具体的には，スクリーンキーボードやジョイスティック，トラックボール，ボタン式のマウス等の補助具や，視線入力装置等がある。(模範解答は，知的障害者である児童生徒に対するICTの活用例であり，誤りであると思われる。)

【5】④

○解説○ アは，「年間指導計画」ではなく「教育支援計画」，「独自性」ではなく「一貫性」が正しい。なお，本資料では障害のある子どもの進路選択について「主体的に選択できるよう，子供一人一人の実態や進路希望等を的確に把握し，早い段階からの進路指導の充実を図ることが大切」「実際に進学した場合に必要な教育上の合理的配慮を含む支援の内容の整理等，子供一人一人の教育的ニーズを踏まえた早期の準備が必要」としている。いずれも出題の可能性があるので，一通り学習しておくとよい。

【6】(1)

○解説○ 発達障害啓発週間は，世界自閉症啓発デー(4月2日)から8日までの1週間とされている。障害者週間は12月3日から12月9日までの1週間，医療安全推進週間は11月25日(いい医療に向かってGO)を含む1週間，人権週間は世界人権宣言が採択された12月10日(人権デー)を最終日とする1週間(12月4日から12月10日)とされている。

【7】③

○解説○ ①は「高等学校専門学科」，②は「高等学校総合学科」，④は「高等学校普通科」について書かれたものである。なお，現在では就業者は約3割と考えられる。

【8】(1) ① カ　② サ　③ オ　④ ケ　⑤ ク　⑥ イ
(2) ① こどもまんなか　② こども家庭

○解説○ (1) 人権教育とは，人権尊重の精神の涵養を目的とする教育活動である。 ①・② 道徳教育の要である道徳科においては，「A主として自分自身に関すること」「B主として人との関わりに関すること」「C主として集団や社会との関わりに関すること」「D主として生命や自然，崇高なものとの関わりに関すること」の4つの視点から，内容項目を整理して示している。 ③・④ Cの視点における「規則の尊重」及び「公正，公平，社会正義」に関する内容項目が例示されている。 ⑤ 平成27(2015)3月の学校教育法施行規則の一部改正で，「特別の教科である道徳」が新設された。それに伴い，小学校学習指導要領が平成27年に一部改訂され，「道徳の時間」に代わって「特別の教科　道徳」が位置付けられた。 ⑥ 平成29年改訂幼稚園教育要領には，幼児期における教育が生涯にわたる人格形成の基礎を培う重要なものであることが示され，幼児期の終わりまでに育ってほしい姿の一つとして，道徳性・規範意識の芽生えが示されている。 (2) こどもまんなか社会の実現のために，こども家庭庁が令和5(2023)年4月に創設され，こども施策の司令塔となった。こども施策を社会全体で総合的かつ強力に推進していくための包括的な基本法として，こども基本法が令和4(2022)年6月に成立し，令和5(2023)年4月に施行された。

【9】③

○解説○ 学習指導要領解説によると，自立活動の授業時数については「個々の児童生徒の障害の状態等に応じて適切に設定される必要がある」ことから「各学校が実態に応じた適切な指導を行うことができるようにしている」とある。また，本資料では「学校における自立活動の指導は，(中略)自立活動の時間はもとより，学校の教育活動全体を通じて適切に行うものとする」とあることも知っておこう。

【10】⑤

○解説○ 令和3(2021)年1月26日に中央教育審議会から答申のあった「『令和の日本型学校教育』の構築を目指して～全ての子供たちの可能性を引き出す，個別最適な学びと，協働的な学びの実現～(答申)」については，多くの自治体で，ここ数年，必ずといっていいほど出題されているので，特に，第Ⅱ部の「各論」の「4　新時代の特別支援教育の在り方について」は必ず目を通し，内容の理解を深めておくとよい。この第Ⅱ部の4の「(4)　関係機関の連携強化による切れ目ない支援の充実」には，大きく6つの内容が示されているので，確認しておきたい。⑤は教師の専門性に関する内容で，第Ⅱ部の4の「(3)　特別支援教育を担う教師の専門性向上」の「①　全ての教師に求められる特別支援教育に関する専門性」に示されている内容である。

【11】④

○解説○ 同時双方向型授業配信とはZoomやMeet，Teamsといったアプリを使用した授業を指すものと考えられる。一方，Google ClassroomやYouTubeを使用して，児童生徒が都合のよい時間帯に視聴やダウンロードして受講する形態はオンデマンド型といえる。

【12】②

○解説○ 本資料ではウの「努力義務」は「法的義務」となっている。ただし，合理的配慮の提供は必須ではなく「障害者から現に社会的障壁の除去を必要としている旨の意思の表明があった場合」「その実施に伴う負担が過重でないとき」といった条件付きであることはおさえておきたい。

【13】問1　5　　問2　1　　問3　3　　問4　2　　問5　5

○**解説**○ 問1　生徒指導提要(令和4年12月　文部科学省)「第13章　多様な背景を持つ児童生徒への生徒指導　13.4　支援を要する家庭状況」の「外国人児童生徒等」からの出題である。生徒指導提要は，生徒指導に関する学校・教職員向けの基本書として，平成22(2010)年に作成された。その後の法律の制定や社会情勢の変化等を踏まえ，令和4(2022)年に改訂が行われた。　①　2つ目の空欄の「(　①　)の違いや言語の違い」から，「社会」ではなく「文化」であると判断できる。
②　多様な背景を持つ児童生徒への生徒指導についての解説であり，「多様性」が当てはまる。　③　空欄の前に，「家族の世話をしたり」とあることから，「ヤングケアラー」が当てはまる。　問2　①「障害の特性等に」以降に書かれた内容は，「全ての教師」に求められるものである。　②「社会モデル」については，「障害により起因するものだけでなく，社会における様々な障壁と相対することによって生ずるもの」という考え方と解説されている。障害は個人の心身機能の障害によるものという考え方は医学モデルといわれる。　問3　学習障害については，就学してから学習上の困難が顕在化することが多く，医学的な治療よりも教育的な指導，支援が重要となる。　①　空欄直後の文で，「しかし」として幼児期は周囲から気付かれる可能性が低いとあることから，就学後は困難が「顕在化する」が当てはまる。
②　就学前の時期であり，「基礎的な」力を養う時期である。
③「読み聞かせを通して，語感を楽しんだり，本の楽しさを味わったりする」とあることから，「語彙や知識」が当てはまる。　問4　新しい時代の特別支援教育の在り方に関する有識者会議が令和3(2021)年1月に取りまとめた「新しい時代の特別支援教育の在り方に関する有識者会議　報告」には，特別支援教育の基本的な考え方として「特別支援教育については，共生社会の形成に向けて，障害者の権利に関す

る条約に基づくインクルーシブ教育システムの理念を構築することを旨として行われることが重要」であることが示された。また，これからの特別支援教育の方向性として，「通常の学級，通級による指導，特別支援学級，特別支援学校といった，連続性のある多様な学びの場の一層の充実・整備」を，着実に進めていくことなどが示されている。
問5　自閉症や脳性疾患等の児童生徒にとっては，「複数の指示や口頭による指示」を理解することは困難となることが多い。正しくは「絵カードや写真等を用いるなど視覚的に情報を得やすいようにして」である。1は自閉症，2は学習障害，3・4はADHDの子供への教育的対応として記述されている。

【14】(2)

○**解説**○ A・B　インクルーシブ教育システムは，障害者の権利に関する条約において初めて，その理念が提唱された。障害者の権利に関する条約第24条において，「無償のかつ義務的な初等教育から又は中等教育から排除されないこと」「個人に必要とされる合理的配慮が提供されること」が示されている。　C　特別支援学校教育要領・学習指導要領解説総則編(幼稚部・小学部・中学部)(平成30年3月)には，出題の報告書について，インクルーシブ教育システムを構築するためには，「小・中学校等の通常の学級，通級による指導及び特別支援学級や，特別支援学校といった，子供たちの多様な教育的ニーズに対応できる連続性のある『多様な学びの場』において，子供一人一人の十分な学びを確保していくことが重要である」ことを指摘していることが記述されている。

【15】①

○**解説**○ 交流及び共同学習は，インクルーシブ教育を基礎としている。インクルーシブ教育とは障害のある者と障害のない者が共に学ぶことであり，障害のある者が教育制度から排除されないこと，生活する地域において初等中等教育の機会が与えられること，個人に必要な「合理的配慮」が提供される等が示されている。

【16】(4)

○解説○ 改正の趣旨は，特別の教育課程を編成して行う日本語指導を高等学校等においても実施できるように規定を整備することがねらいである。(4)の指導についての計画については，「学級単位で作成する」ではなく，「個別に作成する」として示されている。

【17】(1) A 教育的ニーズ B 合理的配慮 (2) ア f イ d

○解説○ (1) 本資料は，「新しい時代の特別支援教育の在り方に関する有識者会議報告」(令和3年1月)を踏まえて作成されたものであり，本資料第1編では，教育的ニーズや合理的配慮等の，障害のある子供の教育支援に係る基本的な考え方を解説している。 (2) 合理的配慮の提供については，意思表明から話し合いを通じて，合意形成を図る過程が重要である。また，情報共有や引き継ぎについては，ICT(情報通信技術)を積極的に活用することが求められている。

【18】④

○解説○ 就学先の決定については，障害の状態のみに着目して画一的に行うのではなく，一人一人の教育的ニーズ，学校や地域の状況，保護者や専門家の意見等総合的に勘案して，個別に判断・決定するしくみとなったことを踏まえて学習するとよい。

【19】問1 ア 医師 イ 30日以上 問2 (1) A，C (2) ・教育機会を確保する ・学習や学校生活に関する不安感が解消されることにより，円満な復学につながる

○解説○ 問1 本通知は，病気療養児に対する遠隔教育に関する制度改正の通知のひとつで，病気療養児に対する教育の一層の充実を図ることを目的としている。従来は，学校を長期欠席する病気療養児の場合，リアルタイムで配信する同時双方向型授業へ参加すれば，出席扱いとすることができた。しかし，病気療養児は，その日の病状により，双方向型授業への参加が困難になりがちであるという現状があった。これを踏まえて，病状や治療の状況に応じて，学校の判断でオンデマンド型授業を配信し，出席扱いとすることができるようになった。なお，

ここで言う「病気療養児」に該当するか否かの判断は，医師等による診断書等や「長期入院児童生徒に対する教育支援に関する実態調査」(平成26年度　文部科学省)で示された長期入院の基準から，年間延べ30日以上の欠席という定義を参考にしている。　問2　(1)　A，Cは正しい。Bは「実施しなくてはならない」ではなく「行うことが可能である」と説明されている。Dは「必ず訪問しなければならない」ではなく「訪問することが難しい場合はインターネット等のメディアを利用して行うことも考えられる」と説明されている。　(2)　ICT等を活用した同時双方向型授業配信は，教育の機会の確保や学習意欲の維持・向上に役立つ。また，ICT等を通じて他の児童生徒と交流することで，学習や学校生活に関する不安の解消に役立ち，復学しやすくなることが考えられる。

【20】(1)　A　カ　　B　オ　　C　イ　　D　ケ　　(2)　①　特性　②　合理的配慮　　③　社会　　④　個

○**解説**○ (1)　出題の答申においては，ICTの活用が重要視されている。A　ICTを活用した在宅就労の形態が進む中，在宅でのICTの活用による労働形態に対応した職業教育に関する指導計画・指導法の開発が求められている。　B　学校教育法第74条においては，特別支援学校に対して特別支援教育のセンター的機能としての役割を求めており，そのセンター的機能の充実を図る取組が求められている。　C　著作教科書とは，文部科学省が著作の名義を有する教科書のことである。知的障害者用の文部科学省著作教科書には，小学部及び中学部の国語，算数・数学，音楽の教科書がある。各教科書は，特別支援学校学習指導要領における知的障害の各教科に示している内容と段階に対応して作成されており，学年別ではなく児童生徒の障害の状態等に応じて作成され，使用されている。　D　副次的な籍とは，障害のある児童生徒と障害のない児童生徒が一緒に学ぶ機会の拡大を図るとともに，障害のある児童生徒に対するより適切な教育的支援を地域の学校において行うための仕組みである。自治体によって，東京都が「副籍」，埼玉県が「支援籍」等の呼称を用いている。　(2)　①・②　出題の答申においては，特別支援教育は全ての学校で実施されるものであることや，全ての教師に求められる特別支援教育に関する専門性について示されている。合理的配慮については，障害者の権利に関する条約において，教育についての障害者の権利の実現に当たり確保するものの一つとして「合理的配慮」を示している。また，令和3(2021)年の障害を理由とする差別の解消の推進に関する法律の改正により，障害者への合理的配慮が，行政機関以外に事業者に対しても，令和6(2024)年4月から義務付けられる。　③　同条約においては，障害をその当事者個人の心身の問題とする「医学モデル」ではなく，社会との関係で考える「社会モデル」として捉えている。ICF(国際生活機能分類)の考えにおいても，障害を医療モデルではなく，社会モデルで捉える考え方を基本としている。　④　一人一人の違いが強調されていることから，「個」に応じた指導である。出題の答申においては，目指すべき「令和の日本型学校教育」の姿を，「全ての子供たちの可能性を引きだす，個別最適な学びと，協働的な学びの実現」とし，そのうちの「個別最適な学び」は，「個に応じた指導」を学習者視点から整理した概念であると説明している。

【21】ア　g　　イ　b　　ウ　a　　エ　c　　オ　i

○**解説**○　キャリア教育の充実を図ることは，今回の学習指導要領改訂で示された点である。中央教育審議会「今後の学校におけるキャリア教育・職業教育の在り方について(答申)」(平成23年1月31日)において，「社会の中で自分の役割を果たしながら，自分らしい生き方を実現していく過程を『キャリア発達』という」と定義されている。キャリア教育とはキャリア発達を支援するものであり，早期から育むものである。したがって，コミュニケーションの機会，自己肯定感を高める経験，現代社会に即した情報の理解等に触れる活動が重要である。ウについては，産業界と就労関係機関で迷うところである。産業界は特別支援学校学習指導要領(高等部)で使われている語句である。本報告では，オが福祉制度であることから推測すると，福祉就労も含めた就労を表現する語句としては，就労関係機関が適切である。

【22】問1　ア　社会参加　　イ　多様　　ウ　通級　　問2　肢体不自由，言語障害　　問3　・児童生徒の学習進度に合わせる　　・児童生徒の興味や関心のある教科を優先する

○**解説**○ 問1　インクルーシブ教育は，特別支援教育と同様に，自立と社会参加をめざしている。また，障害者の権利に関する条約に基づく理念であり，教育の機会が得られるようにすることが重要であることから「多様な学びの場」を用意することが求められている。そのうち，小・中学校における学びの場として位置づけられているのは，通常の学級，通級による指導，特別支援学級，特別支援学校の4つである。問2　特別支援学級の対象となる障害種は，弱視，難聴，知的障害，肢体不自由，病弱及び身体虚弱，言語障害，自閉症・情緒障害の7種である。一方，特別支援学校は，視覚障害，聴覚障害，知的障害，肢体不自由，病弱・身体虚弱の5種である。　問3　自閉症や情緒障害のある児童生徒は，一斉指示を理解することに困難があったり，周囲の環境に対してストレスを感じてしまったりする。特別支援学級では，これらの児童生徒が情緒的に不安定になってしまった際に，具体的な方法を通して落ち着きを取り戻すことができるよう，一人一人の障害の状態等に応じた指導内容や指導方法の工夫を検討し，適切な指導を行わなければならない。こうした中で児童生徒の学習リズムを作ったり，達成感を得られるようにしたりするには，児童生徒の興味や関心のある教科を優先し，さらに，無理をさせないよう，児童生徒の学習進度に合わせるとよい。

【23】1　①　誰一人　　②　副次的な籍　　2　①　自立　　②　社会参加　　③　教育的ニーズ　　④　発達障害　　3　インクルーシブ教育システム

○**解説**○ 1　①「誰一人」取り残さないために，一人一人の能力や適性等に応じること，学校を安全安心な居場所として保障することが求められている。　②「副次的な籍」を置くことによって，居住地域とのつながりの維持・継続が図られる。　2　発達障害者支援法では「発達障害」とは「自閉症，アスペルガー症候群その他の広汎性発達障害，学習障害，注意欠陥多動性障害その他これに類する脳機能の障

害であってその症状が通常低年齢において発現するものとして政令で定めるもの」と定義されている。出題の資料には，通常の学級に在籍する発達障害の可能性のある児童生徒が6.5％いるという，文部科学省の調査結果(平成24(2012)年)が示されている。 3 障害者の権利に関する条約のうち，「教育」について定めた第24条第1項において，「締約国は，教育についての障害者の権利を認める。締約国は，この権利を差別なしに，かつ，機会の均等を基礎として実現するため，次のことを目的とするあらゆる段階における障害者を包容する教育制度(＝インクルーシブ教育システム)及び生涯学習を確保する」ことが規定されている。

【24】(1) A 4 B 2 C 5 D 3 E 8 (2) A 2 B 5 C 1 D 4 E 3

○**解説**○ (1) 2006年に国連総会で障害者権利条約が採択され，日本ではその批准に向けて，障害者基本法の改正や障害者差別解消法の成立等，様々な国内法の整備が行われてきた。また，障害者権利条約に基づき，共生者社会の形成に向けてインクルーシブ教育システムの構築に向けた特別支援教育の取組が進展してきた。近年，特別な支援を受ける子供の数が増加する中で，特別支援教育をさらに進展させていくことが喫緊の課題とされている。出題の「新しい時代の特別支援教育の在り方に関する有識者会議 報告」は，インクルーシブ教育システム構築に向けた取組を加速させる必要があるとしてまとめられた報告である。その内容は，「Ⅰ 特別支援教育を巡る状況と基本的な考え方」，「Ⅱ 障害のある子供の学びの場の整備・連携強化」，「Ⅲ 特別支援教育を担う教師の専門性の向上」，「Ⅳ ICT利活用等による特別支援教育の質の向上」，「Ⅴ 関係機関の連携強化による切れ目ない支援の充実」の5つの項目から構成されている。特別支援教育におけるICT活用の視点には，「障害による学習上又は生活上の困難さを改善・克服するため」と「教科指導の効果を高め，情報活用能力の育成を図るため」の2つがある。特別支援教育においてICT活用が必要とされるのは，障害の状態や特性やそれに伴う学びにくさは多様かつ個人差が大きく， 障害のない児童生徒以上に「個別最適化した学び(≒特別な支援)」

が求められるからである。出題文の前半に記されているように，身体の障害による学習上の困難に対しては，障害の特性に応じたICT機器や補助具の活用が必要であり，知的障害や発達障害による学びにくさやコミュニケーションの困難に対しては，理解や意思表示を支援するためにICT機器の活用が有効となる。　(2)　出題の資料は，2013年に作成された「教育支援資料」の改訂版である。(1)の「新しい時代の特別支援教育の在り方に関する有識者会議　報告」の内容を踏まえ，インクルーシブ教育の実現を目指し，障害のある子どもの就学先となる学校(小・中学校等，特別支援学校)や学びの場(通常の学級・通級による指導・特別支援学級)の適切な選択に役立つよう改訂され，同時に，名称も「障害のある子供の教育支援の手引」に改定された。出題箇所は，同資料の「知的障害のある子供の教育的ニーズ　(1)　早期からの教育的対応の重要性」からである。知的障害とは，一般に，同年齢の子供と比べて，「認知や言語などにかかわる知的機能」の発達に遅れが認められ，「他人との意思の交換，日常生活や社会生活，安全，仕事，余暇利用などについての適応能力」も不十分であり，特別な支援や配慮が必要な状態とされている。また，その状態は，環境的・社会的条件で変わり得る可能性があると言われている。特別支援学校(知的障害)では，実際の生活場面に即しながら，繰り返して学習することにより，例えば，自分の意思を伝えることや身近な日常生活における行動など，日常生活や社会生活を送る上で必要な知識や技能等を身に付けられるようにする継続的，段階的な指導を行っている。

【25】問1　ア　　問2　ア　　問3　エ

○**解説**○ 本問で出題の資料はすべて，特別支援教育の基本ともいえるものである。それぞれ精読しておくこと。　問1　特別支援教育は，平成19年4月の学校教育法の一部改正により法的に規定された。「特別支援教育の推進について(通知)」は，その際に文部科学省から発出されたもので，出題は，本通知の冒頭に示された特別支援教育の理念を示した箇所である。　問2　出題は「交流及び共同学習」の目的について述べた箇所である。交流及び共同学習には，相互の触れ合いを通じて豊かな人間性を育むことを目的とする「交流」の側面と，教科等のねらいの達成を目的とする「共同学習」の側面がある。この2つの側面を併せて推進していく活動によって，各学校全体の教育活動が活性化され，同時に子どもたちが幅広い体験を得て視野を広げることで，豊かな人間形成につながることが期待されている。　問3　2006年12月13日の国連総会で「障害者の権利に関する条約」が採択された。日本でも本条約を批准するにあたり，様々な国内法の整備が進められた。平成25年の学校教育法施行令の一部改正はその法整備の一環で，インクルーシブ教育システムの理念を実現させるための法改正であった。これに伴い，平成25年9月1日付「学校教育法施行令の一部改正について(通知)」，及び同年10月4日付「障害のある児童生徒等に対する早期からの一貫した支援について(通知)」等が発出され，障害のある児童生徒等の就学先決定の仕組みが示された。　①　誤り。学習障害及び注意欠陥多動性障害は，通級による指導の対象になっている。
③　誤り。知的障害については，法令上まだ通級が認められてはいない。　⑤　誤り。保護者の意向を最大限に尊重し，最終的には市町村の教育委員会が総合的に判断することになる。②と④は正しい。

【26】問1　1　　問2　4　　問3　1

○**解説**○　問1　2「整備することまでは必要ない」ではなく「整備する必要がある」が正しい。　3「柔軟に変更できないようにしていくこと」ではなく「柔軟に変更できるようにしていくこと」が正しい。
4「共通理解を図ることなく」ではなく「共通理解を図りながら」が正しい。　問2　アは平成11年，イは平成28年，ウは平成19年，エは平成5年である。　問3　本資料によると，肢体不自由者は活動に制限があるため，情報機器を操作できるようにすることで，これまでできなかった表現活動などの主体的な学習を可能にしたり，多くの人々と接点を持たせることで，自立や社会参加に向けてのスキルを大きく伸ばしたりしていく指導が可能となる。支援策を講じる際には，専門的な知識や技能を有する教師の協力の下で指導を行う，必要に応じて専門の医師及びその他の専門家の指導助言を求める，本人の意思や保護者等の意見も尊重していくといったことも求められる，としている。

【27】(1) ②　(2) ②，⑤

○解説○ (1) ②では，「発達障害者支援法」ではなく「障害者差別解消法」が正しい。③について，特別支援学校の就学基準は障害の状態に加え，教育的ニーズ，学校や地域の状況，本人及び保護者や専門家の意見等を総合的に勘案して，就学先を個別に判断・決定する仕組みに改められたことに注意したい。 (2) ①「学校と保護者に任されている」ではなく「学校だけに任せるのではなく，市区町村教育委員会を起点に関係者が適時・適切に関与し，必要に応じて都道府県教育委員会や特別支援学校等が市区町村教育委員会の求めに応じて専門的助言等を行うことのできる体制づくりも必要」としている。 ③ 本資料では「障害の状態等の変化による，特別支援学校から小中学校等，又は小中学校等から特別支援学校への転学については，いずれも，対象となる子供が在籍する校長の思料により，その検討が開始される」としており，固定されるとは限らない。 ④ 本資料によると，教育支援委員会の役割は「早期からの教育相談・支援や就学先決定時のみならず，その後の一貫した支援についても助言を行う」とされており，療育手帳の有無については示されていない。

【28】A 2　B 3　C 6　D 8

○解説○ 「一貫した教育支援」について，本資料では「早期から始まっている教育相談・支援を就学期に円滑に引き継ぎ，障害のある子供一人一人の精神的及び身体的な能力等をその可能な最大限度まで発達させ，学校卒業後の地域社会に主体的に参加できるよう移行支援を充実させるなど」としている。ここでは子供の長期的な支援について述べられているので，空欄Bは「個別の教育支援計画」が該当する。肢4の「個別の指導計画」と比較しながら学習するとよい。

【29】(1) ウ　(2) ① ウ　② オ　③ ア　(3) ① オ　② イ　(4) ① エ　② イ　(5) ① オ　② ウ　③ エ　④ ア　⑤ イ

○解説○ (1) 重複障害者である児童生徒が「約4割」も含まれており，その一人一人に対して個別対応が必要であることから，教師の専門性の向上が求められている。 (2) ①・②「適切な指導」と「必要な支援」はセットで覚えておくこと。 ③ 特別支援教育は特別支援学校や特別支援学級だけでなく,「全ての学校」において実施されるものであるとされている。 (3) ① ICF(国際生活機能分類)で示されているように,障害は環境との相互作用により生じるとする「社会」モデルの考え方である。 ② 合理的配慮を意思表明できるような「経験」や態度の育成が求められている。 (4) ① 特別支援学校の教師が習得すべきは「知識・技能」である。なお,知識と理解は同義であるので,アの「知識・理解」と誤答しないように。 ② 特別支援学校の教師には専門性が求められている。よって「専門的」知見となるのが正しい。 (5) 活用する手段が何を補うものであるかを考えて解答する。 ① 見えにくさを補うツールであることから「視覚障害」である。 ② 音声でのコミュニケーションを補うツールであることから「聴覚障害」である。 ③ 内容を理解しやすくするツールであることから「知的障害」である。 ④ 入力方法やコミュニケーションを補うツールであることから「肢体不自由」である。 ⑤ 病室での授業を保障するツールであることから「病弱」である。

【30】(1) A イ B オ C カ (2) ① 特別支援学級 ② 看護師 (3) ①, ③, ⑤

○**解説**○ (1) 特別支援教育に関する理解・認識の高まりや,障害のある子どもの就学先決定に関する制度の改正等により,特別支援教育をめぐる状況は大きく変化し,通常の学級に在籍しながら通級による指導を受ける児童生徒数は大きく増加している。特別支援教育を受けてきた児童生徒については,個別の教育支援計画等を活用し,学校間で適切に引き継ぎ,障害に配慮した適切な指導につなげることが重要であり,早期からのキャリア教育を実施するためには,地域の就労関係機関との連携等による機会の確保の充実が必要であることなど,基本的な内容を押さえておくこと。 (2) インクルーシブ教育システムの理念を構築し特別支援教育を進展させていくために,障害のある子どもと障害のない子どもが可能な限り共に教育を受けられる条件整備が必要であること,障害のある子ども一人一人の教育的ニーズに応える指導を提供するために連続性のある多様な学びの場の充実・整備を進める必要があること，同時に，医療的ケアを担う看護師の人材確保や配置等による環境整備が必要であることを押さえておきたい。 (3) 医療的ケア児及びその家族に対する支援に関する法律は，医療的ケア児の実態が多様化し個々に応じた適切な支援が課題となっていることを受け，医療的ケア児の健やかな成長を図るとともに，その家族の離職の防止に資すること，安心して子どもを生み，育てることができる社会の実現に寄与することを目的に制定された。その基本理念として，「1　医療的ケア児の日常生活・社会生活を社会全体で支援」，「2　個々の医療的ケア児の状況に応じ切れ目なく行われる支援」，「3　医療的ケア児でなくなった後にも配慮した支援」，「4　医療的ケア児と保護者の意思を最大限に尊重した施策」，「5　居住地域にかかわらず等しく適切な支援を受けられる施策」が挙げられている。
②　上記の基本理念1から，この法律は「学校のみで支えることを旨」として成立したものではないとわかる。　④　同基本理念4から，「医療関係者の意思を最大限に尊重」ではなく，医療的ケアを必要としている当事者の意思を最大限に尊重することが重要であるとわかる。

総合問題

特別支援教育　総合問題

実施問題

【1】次の各問いに答えよ。

問1　次の文は，令和3年9月に示された「特別支援学校設置基準の公布等について」の通知から一部抜粋したものである。以下の各問いに答えよ。

> (3)　学科の種類(第3条及び第4条)
>
> ①　特別支援学校の高等部の学科は，普通教育を主とする学科(普通科)及び専門教育を主とする学科としたこと(第3条及び第4条第1項)。
>
> ②　専門教育を主とする学科は，次の区分に応じ，当該学科その他専門教育を施す学科として適正な規模及び内容があると認められるものとしたこと(第4条第2項)。
>
> (中略)
>
> 二　聴覚障害者である生徒に対する教育を行う学科
>
> イ　農業に関する学科　　ロ　工業に関する学科
>
> ハ　商業に関する学科　　ニ　家庭に関する学科
>
> ホ　美術に関する学科　　ヘ　【　A　】に関する学科
>
> ト　歯科技工に関する学科
>
> (中略)
>
> (4)　1学級の幼児，児童又は生徒の数(第5条)
>
> (中略)
>
> ②　小学部又は中学部の1学級の児童又は生徒の数は，(　①　)人(視覚障害，聴覚障害，知的障害，肢体不自由又は病弱のうち2以上併せ有する児童又は生徒で学級を編制する場合にあっては，(　②　)人)以下としたこと。ただし，特別の事情があり，かつ，教育上支障がない場合は，この限りでないとしたこと(第2項)。
>
> ③　高等部の1学級の生徒数は，(　③　)人(視覚障害，聴覚障害，知的障害，肢体不自由又は病弱のうち2以上併せ有する生徒で学級を編制する場合にあっては，(　②　)人)以下と

したこと。ただし，特別の事情があり，かつ，教育上支障がない場合は，この限りでないとしたこと(第3項)。

(1) 【　A　】に当てはまる語句を答えよ。

(2) (　①　)～(　③　)に当てはまる数字を，次の<選択肢>から1つずつ選び，記号で答えよ。ただし，同一番号には同一数字が入る。

<選択肢>

ア　1　　イ　2　　ウ　3　　エ　4　　オ　5　　カ　6
キ　7　　ク　8　　ケ　9　　コ　10　　サ　11　　シ　12

問2　次の表は，令和4年11月に示された「特別支援教育資料(令和3年度)」を基に，小学校，中学校，高等学校において通級による指導を受けている児童生徒数(国・公・私立計)を，障害種別で示したものである。(　①　)～(　③　)に当てはまる障害種を，以下の<選択肢>から1つずつ選び，記号で答えよ。

<表>　　(令和3年3月31日現在)

障害種別	小学校	中学校	高等学校	計
(　①　)	42,913　人	714　人	3　人	43,630　人
注意欠陥多動性障害	27,808　人	5,688　人	331　人	33,827　人
(　②　)	26,387　人	5,401　人	559　人	32,347　人
学習障害	23,633　人	6,796　人	183　人	30,612　人
情緒障害	17,560　人	4,093　人	184　人	21,837　人
(　③　)	1,626　人	322　人	8　人	1,956　人
弱　視	184　人	50　人	3　人	237　人
肢体不自由	108　人	45　人	6　人	159　人
病弱・身体虚弱	36　人	33　人	23　人	92　人
総計	140,255　人	23,142　人	1,300　人	164,697　人

<選択肢>

ア　知的障害　　イ　精神障害　　ウ　自閉症　　エ　適応障害
オ　言語障害　　カ　難聴　　キ　かん黙　　ク　摂食障害

問3　次の各文は，小学校の特別支援学級において実施する特別の教育課程の編成について説明したものである。誤っているものを，次の<選択肢>から1つ選び，記号で答えよ。

<選択肢>

ア　特別支援学校小学部・中学部学習指導要領第7章に示す自立活

動を取り入れるかどうかは，在籍する児童生徒の実態に応じて各学校で判断するよう規定されている。

イ　児童の障害の程度や学級の実態等を考慮の上，各教科の目標や内容を下学年の教科の目標や内容に替えたり，各教科を，知的障害者である児童に対する教育を行う特別支援学校の各教科に替えたりするなどして，実態に応じた教育課程を編成することができる。

ウ　特別支援学級は，小学校の学級の一つであり，通常の学級と同様，各教科，道徳科，外国語活動及び特別活動の内容に関する事項は，特に示す場合を除き，いずれの学校においても取り扱うことが前提となっている。

エ　特別支援学級について，特別の教育課程を編成する場合であって，文部科学大臣の検定を経た教科用図書を使用することが適当でない場合には，当該特別支援学級を置く学校の設置者の定めるところにより，他の適切な教科用図書を使用することができるようになっている。

問4　障害の有無にかかわらず全ての国民が等しく読書を通じて文字・活字文化の恵沢を享受することができる社会の実現に寄与することを目的に，令和元年6月に制定された法律の名称を答えよ。(略称でも可とする。)

問5　次の文は，強度行動障害について説明したものである。【　A　】，【　B　】に当てはまる具体的な行動をそれぞれ1つずつ答えよ。

強度行動障害とは，【　A　】など本人の健康を損ねる行動【　B　】など周囲の人のくらしに影響を及ぼす行動が，著しく高い頻度で起こるため，特別に配慮された支援が必要になっている状態のことをいう。

問6　次の各文は，医療的ケアに関することについて述べたものである。説明の内容が正しいものには○，誤っているものには×と答えよ。

(1)　近年，医療的ケア児は年々増加するとともに，人工呼吸器による呼吸管理等を必要とする医療的ケア児が学校に通うようになるなど，医療的ケア児を取り巻く環境が変わりつつある。

(2) 医療的ケアとは，一般的には，病院などの医療機関以外の場所(学校や自宅など)で日常的に継続して行われる医行為に加え，病気治療のための入院や通院で行われる医行為を含むものである。

(3) 学校における医療的ケアは，看護師の資格を有する医療的ケア看護職員が実施することが多いが，保護者の依頼及び承諾があれば教諭や養護教諭も実施することができる。

(4) 令和3年9月に「医療的ケア児及びその家族に対する支援に関する法律」が施行された。

2024年度 長崎県 難易度

【2】次の(1)～(10)の各問いに答えなさい。

(1) 次の文は，特別支援教育に関連した法令の一部を抜粋したものである。この法令の名称として最も適切なものを，以下のa～eの中から一つ選びなさい。

> 第72条　特別支援学校は，視覚障害者，聴覚障害者，知的障害者，肢体不自由者又は病弱者(身体虚弱者を含む。以下同じ。)に対して，幼稚園，小学校，中学校又は高等学校に準ずる教育を施すとともに，障害による学習上又は生活上の困難を克服し自立を図るために必要な知識技能を授けることを目的とする。

a　学校教育法施行規則

b　日本国憲法

c　教育基本法

d　学校教育法

e　学校教育法施行令

(2) 次の文は，公立義務教育諸学校の学級編制及び教職員定数の標準に関する法律の一部を抜粋したものである。文中の(　①　)，(　②　)に当てはまる語句の組み合わせとして最も適切なものを，以下のa～eの中から一つ選びなさい。

● 総合問題

> 第3条　＜略＞
> 3　各都道府県ごとの，都道府県又は市町村の設置する特別支援学校の小学部又は中学部の一学級の児童又は生徒の数の基準は，(　①　)人(文部科学大臣が定める障害を二以上併せ有する児童又は生徒で学級を編制する場合にあつては，(　②　)人)を標準として，都道府県の教育委員会が定める。＜略＞

	①	②
a	六	二
b	八	二
c	八	一
d	八	三
e	六	三

(3)　次の文は，「障害のある児童生徒等に対する早期からの一貫した支援について(通知)」(平成25年10月4日　25文科初第756号)の一部を抜粋したものである。(　　)に当てはまる語句として最も適切なものを，以下のa～eの中から一つ選びなさい。

> 1　教育相談体制の整備
> 市町村の教育委員会は，医療，保健，福祉，(　　)等の関係機関と連携を図りつつ，乳幼児期から学校卒業後までの一貫した教育相談体制の整備を進めることが重要であること。＜略＞

a　専門家　　b　労働　　c　巡回指導　　d　保護者
e　都道府県の教育委員会

(4)　次の文は，発達障害者支援法の一部を抜粋したものである。(　　)に当てはまる語句として最も適切なものを，以下のa～eの中から一つ選びなさい。

> 第2条　この法律において「発達障害」とは，自閉症，(　　)その他の広汎性発達障害，学習障害，注意欠陥多動性障害その他これに類する脳機能の障害であってその症状が通常低年齢において発現するものとして政令で定めるものをいう。

a　発達性協調運動障害　　b　ディスレクシア
c　アスペルガー症候群　　d　コミュニケーション症群
e　知的障害

(5)　次の文は，戦前の障害児教育についての記述である。(　　)に当てはまる語句として最も適切なものを，以下のa～eの中から一つ選びなさい。

明治11年，日本で初めて，障害児のための学校である(　　)が京都府に開設された。京都府内の小学校の教員であった古河太四郎らが前段階として行っていた教育を拡張する形で作られ，開拓的な教授法，教育内容をふくめてその後のモデルとなる取り組みがなされた。

a　光明学校　　b　林間学校　　c　養護学校　　d　盲唖院
e　思斉学校

(6)　次の文は，障害児者に対する医療や教育に貢献した人物についての記述である。該当する人物として最も適切なものを，以下のa～eの中から一つ選びなさい。

イギリスの児童精神科医であり，自閉症の理解に貢献した人物。自閉症の障害を，①対人関係の障害，②コミュニケーションの障害，③想像力の障害の3つ組として理解する考え方を提案するとともに，自閉症スペクトラムという概念を提唱するなど，自閉症の研究に大きく貢献した。

a　バロン－コーエン　　b　ウィング　　c　ヴィゴツキー
d　ビネー　　e　アスペルガー

(7)　次の文は，「障害のある児童生徒等に対する早期からの一貫した支援について(通知)」(平成25年10月4日　25文科初第756号)の一部を抜粋したものである。文中の(　①　)，(　②　)に当てはまる語句の組み合わせとして最も適切なものを，以下のa～eの中から一つ選びなさい。

3　小学校，中学校又は中等教育学校の前期課程への就学 (1)　特別支援学級

＜略＞

1　障害の種類及び程度

＜略＞

イ　肢体不自由者

補装具によっても歩行や筆記等日常生活における基本的な動作に(　①　)程度のもの

ウ　病弱者及び身体虚弱者

一　慢性の呼吸器疾患その他疾患の状態が(　②　)医療又は生活の管理を必要とする程度のもの

二　＜略＞

	①	②
a	かなりの介助を必要とする	持続的又は間欠的に
b	困難がある	継続して
c	軽度の困難がある	継続して
d	軽度の困難がある	持続的又は間欠的に
e	困難がある	持続的又は間欠的に

(8)　次の文は，学校教育法施行規則第131条である。下線部について誤りがあるものを，a～eの中から一つ選びなさい。

第131条　特別支援学校の a小学部，中学部又は高等部において，複数の種類の障害を併せ有する児童若しくは生徒を教育する場合 b又は教員を派遣して教育を行う場合において，特に必要があるときは，＜略＞c特別の教育課程によることができる。

2　前項の規定により c特別の教育課程による場合において，文部科学大臣の d検定を経た教科用図書又は文部科学省が著作の名義を有する教科用図書を使用することが適当でないときは，当該学校の設置者の定めるところにより，e下学部若しくは下学年用の当該教科用図書を使用することができる。

3　＜略＞

(9) 次の文は，障害児者に対する医療や教育に貢献した人物についての記述である。該当する人物として最も適切なものを，以下のa～eの中から一つ選びなさい。

戦後，知的障害児を対象とした近江学園の設立に力を注ぎ，園長となった。その後，学園を発展させ，びわこ学園などいくつかの施設を独立させ，障害児の療育を発展させた。また，田中昌人らとともに「発達保障理論」を築いた。

a 田代義徳　b 田中寛一　c 高木憲次　d 糸賀一雄

e 鈴木治太郎

(10) 次の①～⑤は，戦後の障害児教育分野で起きた重要な出来事である。出来事が起きた年代順に並べ替えたとき，その順序として正しいものを，以下のa～eの中から一つ選びなさい。

① 「養護・訓練」の導入　② 特別支援教育の開始

③ 養護学校義務制の実施　④ 学校教育法の施行

⑤ 「自立活動」の開始

a ④→①→③→⑤→②

b ④→①→⑤→②→③

c ④→③→①→⑤→②

d ①→④→⑤→②→③

e ①→④→③→⑤→②

▌2024年度 ▌茨城県 ▌難易度 ■■■■□□

【3】次の各問いに答えよ。

問1 次の各文は，法令の条文から一部抜粋したものである。法令の名称を，以下の<選択肢>から1つずつ選び，記号で答えよ。

(1) 特別支援学校の小学部，中学部又は高等部においては，特に必要がある場合は，第126条から第128条までに規定する各教科又は別表第3及び別表第5に定める各教科に属する科目の全部又は一部について，合わせて授業を行うことができる。

(2) 第72条に規定する視覚障害者，聴覚障害者，知的障害者，肢体不自由者又は病弱者の障害の程度は，政令で定める。

(3) 市町村の教育委員会は，第2条に規定する者のうち認定特別支援学校就学者について，都道府県の教育委員会に対し，翌学年の初めから三月前までに，その氏名及び特別支援学校に就学させるべき旨を通知しなければならない。

＜選択肢＞

ア　教育基本法　　イ　学校教育法

ウ　学校教育法施行規則　　エ　障害者基本法

オ　障害者差別解消法　　カ　学校教育法施行令

問2　次の文は，令和3年1月に示された「新しい時代の特別支援教育の在り方に関する有識者会議(報告)」から一部抜粋したものである。【　A　】に当てはまる語句を答えよ。

> 特別支援学校には，学校教育法第74条に基づき小学校等の要請に応じて必要な助言や援助を行うよう努めることとされている。小学校等の特別支援学級に在籍する児童生徒数や通級による指導を受けている児童生徒数の増加等を踏まえ，こうした【　A　】の役割を更に強化するとともに，特別支援学校に在籍する児童生徒の居住地域の学校や地域とのつながりを深めるための取組を充実させることが必要である。

問3　次の各文は，自立活動の意義と指導の基本について説明したものである。文の内容が正しいものには○，誤っているものには×と答えよ。

(1)　自立活動の指導は，個々の幼児児童生徒が自立を目指し，障害による学習上又は生活上の困難を主体的に改善・克服しようとする取組を促す教育活動である。

(2)　自立活動は，授業時間を特設して行う自立活動の時間における指導を中心とし，各教科等の指導においても，自立活動の指導と密接な関連を図って行われなければならない。

(3)　学習指導要領等で示す自立活動の「内容」は，すべての幼児児童生徒に対して確実に指導しなければならない。

(4)　特別支援学校においては，小・中学校等と同様の各教科等に加えて，自立活動及び生活単元学習の領域を設定し，それらを指導することによって，幼児児童生徒の人間として調和のとれた育成を目指している。

問4　次の文は，平成29年4月に示された「特別支援学校小学部・中学部学習指導要領」から一部抜粋したものである。(　①　)～(　③　)に当てはまる語句を，以下の＜選択肢＞から1つずつ選び，記号で答えよ。ただし，同一番号には同一語句が入る。

イ　各教科等の指導に当たっては，個々の児童又は生徒の実態を的確に把握し，次の事項に配慮しながら，(　①　)を作成すること。

(ア)　児童又は生徒の障害の状態や特性及び心身の発達の段階等並びに学習の進度等を考慮して，(　②　)な事項に重点を置くこと。

(イ)　児童又は生徒が，(　②　)な知識及び技能の習得も含め，学習内容を確実に身に付けることができるよう，それぞれの児童又は生徒に作成した(　①　)や学校の実態に応じて，指導方法や指導体制の工夫改善に努めること。その際，児童又は生徒の障害の状態や特性及び心身の発達の段階等並びに学習の進度等を考慮して，個別指導を重視するとともに，グループ別指導，繰り返し指導，学習内容の習熟の程度に応じた学習，児童又は生徒の興味・関心等に応じた課題学習，補充的な学習や発展的な学習などの学習活動を取り入れることや，教師間の協力による指導体制を確保することなど，指導方法や指導体制の工夫改善により，(　③　)の充実を図ること。

＜選択肢＞

ア　小集団での指導　　イ　個別の指導計画
ウ　基礎的・基本的　　エ　個別の移行支援計画
オ　本人・保護者のニーズ　　カ　個に応じた指導
キ　一斉指導　　ク　系統的・総合的
ケ　生活年齢　　コ　段階的・普遍的
サ　個別の教育支援計画

2024年度　長崎県　難易度

● 総合問題

【4】特別支援教育全般について，次の問いに答えなさい。

1　次の「『令和の日本型学校教育』の構築を目指して～全ての子供たちの可能性を引き出す，個別最適な学びと，協働的な学びの実現～(答申)」(令和3年)における特別支援教育に関する説明の抜粋を読んで，以下の問いに答えなさい。

> 特別支援教育は，障害のある子供の自立や社会参加に向けた(　①　)な取組を支援するという視点に立ち，子供一人一人の教育的ニーズを(　②　)し，その持てる力を高め，生活や学習上の困難を改善又は克服するため，適切な指導及び(　③　)を行うものである。また，特別支援教育は，(　④　)のある子供も含めて，障害により特別な支援を必要とする子供が在籍する全ての(　⑤　)において実施されるものである。
>
> また，障害者の権利に関する条約に基づく(　⑥　)システムの理念を構築し，特別支援教育を(　⑦　)させていくために，引き続き，障害のある子供と障害のない子供が(　⑧　)共に教育を受けられる(a)条件整備，障害のある子供の自立と社会参加を見据え，一人一人の教育的ニーズに最も的確に応える指導を提供できるよう，通常の学級，(b)通級による指導，特別支援学級，特別支援学校といった，(　⑨　)のある(c)多様な学びの場の一層の充実・整備を着実に進めていく必要がある。

(1)　文中の(　①　)～(　⑨　)に入る適切な語句を，それぞれ書きなさい。

(2)　下線部(a)について，次のア～ウは，医療的ケアについて説明した文である。正しいものには○を，誤っているものには×を，それぞれ書きなさい。

ア　病院などの医療機関以外の場所(学校や自宅)で日常的に継続して行われる喀痰行為等の医行為が該当する。

イ　病気治療のための入院や通院で行われる際の医行為が該当する。

ウ　看護師は，医師の判断のもとで行うことができる。

(3)　下線部(b)は，特別支援学校学習指導要領解説(総則編(小学部・

中学部))(平成30年告示)及び(自立活動編(小学部・中学部))(平成30年告示)において，次のように示されている。下線部ア～オについて，正しいものには○を，誤っているものには正しい語句を，それぞれ書きなさい。

・通級による指導は，小学校(中学校)の学級に在籍している障害のある児童(生徒)に対して，各教科等の_ア大部分の授業を_イ通常の学級で行いながら，一部の授業について当該児童(生徒)の障害に応じた特別の指導を特別の指導の場(通級指導教室)で行う教育形態である。 ・通級による指導の対象となる者は，具体的には，言語障害者，自閉症者，_ウ知的障害者，弱視者，難聴者，学習障害者，注意欠陥多動性障害者，肢体不自由者，病弱者及び身体虚弱者である。 ・通級による指導を行う場合には，特別の教育課程によることができ，障害による特別の指導を，小学校(中学校)の教育課程に加え，又は，その_エ全部に替えることができる。 ・通級による指導において特別の教育課程を編成する場合については，特別支援学校小学部・中学部学習指導要領第7章に示す自立活動の内容を_オ参考とし，具体的な目標や内容を定め，指導を行うものとする。その際，効果的な指導が行われるよう，各教科等と通級による指導との関連を図るなど，教師間の連携に努めるものとする。

(4)　下線部(c)のうち，次のア～オは，「自宅・病院における訪問学級」について説明した文である。正しいものには○を，誤っているものには×を，それぞれ書きなさい。

ア　学校までの通学距離が遠く，かつ保護者等による送迎も困難であるという理由で，学校への通学が困難な児童生徒を対象とした教育の一形態である。

イ　対象は，義務教育段階における児童生徒とされている。

ウ　教育課程を編成するにあたっては，特別支援学校学習指導要領に規定されている重複障害者等に関する教育課程の取扱いの

「訪問教育の場合の規定」を用いて適切に編成することが必要である。

エ　授業時間数は，特別支援学校学習指導要領に規定された時間数を超えない範囲で，適切に設定することが必要である。

オ　実態を的確に判断するためには，医療上の規制や生活上の規制等を考慮し，総合的に検討する必要がある。

2　次の(1)～(5)は，障害児者に関する施策について説明した文である。下線部が正しいものには○を，誤っているものには正しい語句を，それぞれ書きなさい。

(1)　平成18年12月，<u>UNESCO</u>総会で「障害者の権利に関する条約」が採択され，日本は，翌年9月に署名し，平成26年1月に批准した。

(2)「障害者の権利に関する条約」の第24条では，教育について，障害者を包容するあらゆる段階の教育制度及び生涯学習を確保するとともに，<u>全員</u>に必要とされる合理的配慮が提供されることなどが示されている。

(3)　平成25年9月の学校教育法施行令の改正により，就学先となる学校や学びの場の判断・決定に当たっては，子供一人一人の教育的ニーズ，学校や地域の状況，保護者や専門家の意見等を総合的に勘案して，教育支援委員会等において検討を行い，最終的には<u>市区町村教育委員会</u>が決定することとしている。

(4)　<u>「障害者自立支援法」</u>は，発達障害者の自立及び社会参加のためのその生活全般にわたる支援を図り，全ての国民が相互に人格と個性を尊重し合いながら共生する社会の実現を目的に，平成17年に施行され，平成28年に一部改正された。

(5)「障害者の雇用の促進等に関する法律」は，障害者の職業生活において自立することを促進するための措置を総合的に講じ，障害者の職業の安定を図ることを目的に制定されたもので，令和5年4月現在の民間企業における法定雇用率は<u>2.5</u>%である。

▌2024年度 ▌兵庫県 ▌難易度 ■■■■□

【5】次の(1)～(8)の文は，「障害のある子供の教育支援の手引～子供たち一人一人の教育的ニーズを踏まえた学びの充実に向けて～」(令和3年6

月　文部科学省)の「第3編　障害の状態等に応じた教育的対応」の一部を抜粋したものである。(　　)に入る語句として，最も適切なものを，それぞれ以下のa～eの中から一つ選びなさい。ただし，(　　)が複数ある場合はすべて同じ語句が入るものとする。

(1)　視覚障害のある子供の場合，発達の段階に応じて，眼の構造や働き，自己の視力や視野などの状態について十分な理解を図ることが必要である。その上で，保有する(　　)を維持及び効果的に活用する必要がある。そのため，学習中の姿勢に留意したり，危険な場面での対処方法を学んだり<略>するなどして，(　　)の発達を適切に促すことができるように指導することが大切である。

a　感覚機能　　b　知覚機能　　c　認知機能　　d　視機能
e　視覚代替機能

(2)　言葉の習得には，その背景となるイメージ等の(　　)の形成が大切である。

このため，遊びや生活を通して，保有する聴覚や視覚的な情報などを活用しながら言葉の習得と(　　)の形成を図る指導が必要である。

a　視覚表象　　b　聴覚表象　　c　想像力　　d　概念
e　認知

(3)　特別支援学校(知的障害)の目標は，子供一人一人の全人的発達を図り，その可能性を最大限に伸ばすという点では，基本的に小学校，中学校及び高等学校と同様である。

特に，在学する子供の知的障害の特性を考慮すると，日常生活や社会生活の技能や習慣を身に付けるなど，望ましい(　　)のための知識，技能及び態度を養うことに重点を置くことになる。

a　社会参加　　b　生活　　c　経済的自立　　d　国民
e　就労

(4)　肢体不自由のある幼児に関わる場合には，「歩くこと」や「話せるようになること」だけでなく，その幼児の(　　)の発達における全体像を見失うことがないように留意しなければならない。

a　認知　　b　運動と姿勢　　c　運動　　d　概念　　e　心身

(5)　病弱・身体虚弱の子供に対する特別な指導内容としては，次のようなことが挙げられる。

イ　(　　)の安定に関すること

療養中は治療の副作用による貧血や嘔吐などが長期間続く場合があり，(　　)が不安定な状態になることがある。そのようなときは，＜略＞，(　　)の安定を図ることができるように指導することが必要である。

a　症状　　b　情緒　c　意識　　d　関係　　e　認知

(6)　(　　)は，子供の社会性の発達や自己肯定感にも重大な影響を与えることになりやすいものである。したがって，話し言葉の障害の程度とともに，本人の(　　)に対する受け止め方にも留意することが大切である。さらに，本人の感じ方を取り上げる際には，保護者や学級担任，級友等の(　　)に対する感じ方，本人に対する感じ方及び態度なども考慮に入れて(　　)をとらえることが大切である。

a　自閉症　　b　構音障害　　c　知的障害　　d　学習障害
e　吃音

(7)　(　　)とは，周囲の環境から受けるストレスによって生じたストレス反応として状況に合わない心身の状態が持続し，それらを自分の意思ではコントロールできないことが継続している状態をいう。

a　不登校　　b　言語障害　　c　情緒障害　　d　PTSD
e　うつ病

(8)　(　　)に対する支援はできるだけ早期に対応することが望ましいが，その症状は学習障害や自閉症などの障害の状態や，環境との相互作用による愛着形成上の障害と類似していることも多く，判断には慎重である必要がある。

a　情緒障害　　b　知的障害　　c　注意欠陥多動性障害
d　言語障害　　e　吃音

2023年度 ｜ 茨城県 ｜ 難易度

【6】次の各問いに答えよ。

問1　視覚障害のある幼児児童生徒に関する説明を読み，以下の各問いに答えよ。

> 視覚障害とは，視機能の(　①　)な低下により，学習や生活に困難がある状態をいう。学習では，動作の模倣，文字の読み書

き，(　②　)の確認の困難等がある。また，生活では，慣れない場所においては，物の位置や人の動きを(　③　)に把握することが困難であったり，他者の存在に気付いたり，顔の表情を察したりすることが困難であり，単独で移動することや相手の意図や感情の変化を読み取ったりすることが難しい等がある。

(1)　(　①　)~(　③　)に当てはまる語句を，次の<選択肢>から1つずつ選び，記号で答えよ。

<選択肢>

ア　一時的　　イ　永続的　　ウ　年齢的　　エ　音源

オ　事物　　カ　言葉　　キ　即時的　　ク　主体的

(2)　次の文は，令和3年6月に出された「障害のある子供の教育支援の手引」の中で，「視覚障害」の「諸検査等」から一部抜粋したものである。【　A　】に当てはまる語を答えよ。ただし，同一記号には同一語が入る。

視力測定は【　A　】環を視標とした万国式試視力表を用いて行われる。視力測定では，例えば，5mの距離から視力1.0に相当する【　A　】環を正解し，それよりも小さい視標が正解できなければ視力1.0であると判定する。この場合，【　A　】環の切れ目の方向を5回変えて提示し，そのうち3回正しく判別できれば，そのとき用いた視標を正解できたものとしている。

問2　次の文は，聴覚障害のある幼児児童生徒のコミュニケーション手段について述べたものである。(　①　)，(　②　)に当てはまる語句を，以下の<選択肢>の中から1つずつ選び，記号で答えよ。

(　①　)とは，話し手の口の開け方を見て相手の話を理解する，すなわち話し手の音声言語を視覚的に受容することを言う。この場合，話し手の口の形や開け方だけでなく，(　②　)や前後の文脈なども手掛かりとして類推することも含まれている。

<選択肢>

ア　聴覚活用　　イ　発音　　ウ　指文字　　エ　発語
オ　キューサイン　　カ　読話　　キ　手話　　ク　表情

問3　次の文は，平成30年3月に出された「特別支援学校教育要領・学習指導要領解説　自立活動編」から一部抜粋したものである。(　①　)～(　③　)に当てはまる語句を，以下の<選択肢>から1つずつ選び，記号で答えよ。ただし，同一番号には同一語句が入る。

> 聴覚障害のある幼児児童生徒の場合，言葉を受容する感覚として視覚と保有する聴覚とがある。しかし，言葉の意味は単に視覚や聴覚による刺激を与えるだけで獲得されるわけではない。言葉を構成している音節や音韻の構造，あるいは(　①　)に関する知識等を用いながら，言葉が使われている状況と一致させて，その意味を相手に適切に伝えていくことが大切である。また，意思の表出の手段の一つとして音声があるが，幼児児童生徒の障害の状態によって，その(　②　)は異なっている。したがって，こうしたことに配慮しつつ，音声だけでなく(　③　)を状況に応じて活用し，さらに，手話・指文字や(　①　)等を活用して，幼児児童生徒が主体的に自分の意思を表出できるような機会を設けることが大切である。

<選択肢>
ア　理解度　　イ　身振り　　ウ　概念　　エ　明瞭度
オ　サイン　　カ　習熟度　　キ　視覚情報　　ク　文字
ケ　生活言語　　コ　ICT

問4　次の(1)～(5)の各文について，説明の内容が正しいものには○，誤っているものには×と答えよ。

(1)　自然な姿勢で学習できるように，教科書やノート等を斜めに置けるようにして見やすくした台を書見台という。

(2)　表面作図器は，硬質ゴムをはり付けた作図版の上に特殊な用紙をのせ，その上からボールペンなどで線や図を書くとその部分が凸線になるので，点字を使用して学ぶ子供が手で触って分かるように作図することができる教具である。

(3)　白杖の使用法には，路面に直接接する部分のチップ(石突き)を左と右の2点のみ地面につくように振る「スライド法」と，チップを地面から離さないで滑らすように左右に振る「タッチテクニック」がある。

(4) 人工内耳を装用すると，手術後にすぐに，聞き取りが聴覚に障害のない状態と同等になる。

(5) 聴覚障害の程度については，子供の一人一人の聴力型，補聴器や人工内耳の装用状況，教育的対応の開始年齢等についての状態を把握することが重要である。

問5 次の文は，平成30年3月に出された「特別支援学校学習指導要領解説 各教科等編(小学部・中学部)」の「知的障害者である児童生徒に対する教育を行う特別支援学校の各教科 段階の考え方」から一部抜粋したものである。(①)～(⑤)に当てはまる語句を，以下の<選択肢>から1つずつ選び，記号で答えよ。

【小学部 1段階】

主として知的障害の程度は，比較的重く，他人との意思の疎通に困難があり，日常生活を営むのに(①)必要である者を対象とした内容を示している。

【小学部 2段階】

知的障害の程度は，1段階ほどではないが，他人との意思の疎通に困難があり，日常生活を営むのに(②)必要とする者を対象とした内容を示している。

【小学部 3段階】

知的障害の程度は，他人との意思の疎通や日常生活を営む際に困難さが見られる。(③)必要とする者を対象とした内容を示している。

【中学部 1段階】

小学部3段階を踏まえ，(④)に応じながら，主として経験の積み重ねを重視するとともに，他人との意思の疎通や日常生活への適応に困難が大きい生徒にも配慮した内容を示している。

【中学部 2段階】

中学部1段階を踏まえ，生徒の日常生活や社会生活及び将来の(　⑤　)の基礎を育てることをねらいとする内容を示している。

＜選択肢＞

ア	適宜援助を	イ	精神年齢
ウ	頻繁に援助を	エ	社会性
オ	ほぼ常時援助が	カ	生活年齢
キ	集団参加に援助を	ク	消費生活
ケ	職業生活	コ	学力

問6　次の(1)～(4)の各文は，特別支援学校(知的障害)の教科書について述べたものである。文の内容が正しいものには○，誤っているものには×と答えよ。

(1)　特別支援学校(知的障害)小学部・中学部用の教科書として，文部科学省の著作による生活，国語，算数・数学，音楽の教科書が作成されている。

(2)　特別支援学校(知的障害)高等部用の教科書として，文部科学省の著作による国語，数学，家庭の教科書が作成されている。

(3)　文部科学省の著作による教科書が作成されており，特別支援学校(知的障害)の教科書については，基本的には，使用義務がある。

(4)　文部科学省による著作教科書又は検定教科書が発行されていない各教科については，学校教育法附則第9条の規定に基づき，設置者の定めるところにより，他の適切な教科書(一般図書を含む)を使用することができるようになっている。

問7　次の(1)～(4)の各文は，平成29年4月に告示された「特別支援学校小学部・中学部学習指導要領」における「教育課程の編成における共通的事項　内容等の取扱い」から一部抜粋したものである。正しいものには○，誤っているものには×と答えよ。

(1)　知的障害者である児童に対する教育を行う特別支援学校の小学部においては，生活，国語，算数，音楽，図画工作及び体育の各教科，道徳科，特別活動並びに自立活動については，特に示す場合を除き，全ての児童に履修させるものとする。

(2) 知的障害者である生徒に対する教育を行う特別支援学校の中学部においては，外国語活動については，生徒や学校の実態を考慮し，必要に応じて設けることができる。

(3) 知的障害者である児童又は生徒に対する教育を行う特別支援学校において，各教科の指導に当たっては，各教科の学年別に示す内容を基に，児童又は生徒の知的障害の状態や経験等に応じて，具体的に指導内容を設定するものとする。その際，小学部は6年間，中学部は3年間を見通して計画的に指導するものとする。

(4) 知的障害者である生徒に対する教育を行う特別支援学校の中学部においては，生徒や学校，地域の実態を考慮して，特に必要がある場合には，その他特に必要な教科を選択教科として設けることができる。

問8 次の文は，平成30年3月に出された「特別支援学校教育要領・学習指導要領解説　自立活動編」から一部抜粋したものである。【　A　】に当てはまる語を漢字2字で答えよ。ただし，同一記号には同一語が入る。

【　A　】には，臥位，座位，立位などがあり，あらゆる運動・動作の基礎になっている。【　A　】を保持することは，広い意味では動作の一つである。

問9 次の表は，乳児期に見られる反射名とそれぞれの様子を説明したものである。(　①　)～(　④　)に当てはまる語句を以下の<選択肢>から1つずつ選び，記号で答えよ。

<表>

反射名	様子
(　①　)	乳児の体を水平に支えて上体を急に傾けると、乳児の腕が前に出て体を守ろうとする反射のこと。
(　②　)	振動や動き、音など、乳児の体に対する刺激で誘発される、何かに抱きつこうとする反射のこと。
(　③　)	乳児の口に乳首や哺乳瓶などが入ったとき、規則的にそれを吸う運動が出現する反射のこと。
(　④　)	乳児の手のひらにものが触れると握ろうと指を曲げる反射のこと。足の裏にもあり、足底を押すと足の指を折り曲げる。

＜選択肢＞

ア　モロー反射	イ　パラシュート反射
ウ　バビンスキー反射	エ　支持反射
オ　探索反射	カ　交叉性伸展反射
キ　把握反射	ク　吸綴反射

問10　次の文は，肢体不自由の起因疾患で最も多くの割合を占めているものについての説明である。疾患名は何か答えよ。

> 原因発生の時期は，周産期が多く，出生前と出生後の場合もある。生後の発生は，後天性疾患や脳外傷等によるものである。症状は，発育・発達につれて変化するが，小学校及び小学部高学年の時期に達する頃には，ほぼ固定してくる。主な症状の一つとして，筋緊張の異常，特に亢(こう)進あるいは低下とその変動を伴う不随意運動が見られる。合目的的運動をしようと意識するときに現れてくる不随意運動(アテトーゼ運動)は，幼児期から出現してくる。

問11　次の文は，病弱・身体虚弱のある児童生徒について述べたものである。(　①　)～(　③　)に当てはまる語句を，以下の＜選択肢＞から1つずつ選び，記号で答えよ。ただし，同一番号には同一語句が入る。

> 特別支援学校(病弱)等においては，従来の病弱・身体虚弱教育の対象疾病の内で多数を占めていた(　①　)や腎炎，ネフローゼ等の児童生徒の数は少なくなり，(　②　)が最も多くなった。(　②　)に含まれる病類としては，うつ病，双極性障害，統合失調症，起立性調節障害，適応障害，不安障害，強迫性障害，摂食障害などが挙げられる。これらの児童生徒の多くは，二次的な障害でもある不登校の経験がある。全国病弱虚弱教育研究連盟(2020)の全国病類調査によれば，(　②　)の次に多い病類が，てんかん，筋ジストロフィーなどの脳・神経・筋疾患，次いで，小児がん等の(　③　)の順となっている。

<選択肢>

ア　糖尿病	イ　血友病	ウ　気管支喘息
エ　悪性新生物	オ　発達障害	カ　二分脊椎
キ　精神疾患・心身症	ク　ペルテス病	

▌2023年度 ▌長崎県 ▌難易度 ■■■□□

【7】次の(1)～(3)について，文中の(　ア　)～(　オ　)にあてはまる最も適切な語句を，それぞれ書け。

(1)　特別支援学校小学部・中学部学習指導要領(平成29年告示)，高等部学習指導要領(平成31年告示)において，学校における自立活動の指導は，「自立活動の時間はもとより，学校の(　ア　)を通じて適切に行うものとする」とされている。

(2)　平成31年3月に文部科学省が改訂した「交流及び(　イ　)ガイド」において，「交流及び(　イ　)は，学校卒業後においても，障害のある子供にとっては，様々な人々と共に助け合って生きていく力となり，積極的な(　ウ　)につながるとともに，障害のない子供にとっては，障害のある人に自然に言葉をかけて手助けをしたり，積極的に支援を行ったりする行動や，人々の多様な在り方を理解し，障害のある人と共に支え合う意識の醸成につながる」とされている。

(3)　令和3年6月に文部科学省から示された「小学校等における医療的ケア実施支援資料～医療的ケア児を安心・安全に受け入れるために～」において，「医療的ケアとは，病院などの医療機関以外の場所(学校や自宅など)で(　エ　)に継続して行われる，喀痰(かくたん)吸引や経管栄養，気管切開部の衛生管理，導尿，インスリン注射などの(　オ　)を指し，病気治療のための入院や通院で行われる(　オ　)は含まれないもの」とされている。

▌2023年度 ▌香川県 ▌難易度 ■□□□□

【8】次の1から4の問いに答えよ。

1　次の文は，特別支援学校小学部・中学部学習指導要領総則に示されている教育の基本と教育課程の役割についての記述である。文中の[　①　]，[　②　]，[　③　]にあてはまる語句を答えよ。

各学校においては，教育基本法及び学校教育法その他の法令並びにこの章以下に示すところに従い，児童又は生徒の人間として[　①　]のとれた育成を目指し，児童又は生徒の障害の状態や特性及び[　②　]の段階等並びに学校や[　③　]の実態を十分考慮して，適切な教育課程を編成するものとし，これらに掲げる目標を達成するよう教育を行うものとする。

2　次の①，②，③は，知的障害者である生徒に対する教育を行う特別支援学校の高等部における，主として専門学科において開設される各教科の指導項目である。それぞれどの教科の指導項目であるか，以下のアからオのうちからそれぞれ一つずつ選び，記号で答えよ。

①　食品の加工と管理　　②　生活支援の技術　　③　印刷

ア　家政　　イ　農業　　ウ　工業　　エ　流通・サービス
オ　福祉

3　家庭及び地域並びに医療，福祉，保健，労働等の業務を行う関係機関との連携を図り，長期的な視点で児童又は生徒への教育的支援を行うために作成するものは何か。特別支援学校小学部・中学部学習指導要領総則に照らして，9文字で答えよ。

4　次の文は，特別支援学校高等部学習指導要領(平成31年告示)に示された各教科及び領域における指導計画の作成と内容の取扱いについての記述である。このような取扱いをする教科または領域の名称を答えよ。

1　生徒の障害の状態や発達の段階等を十分考慮し，学習活動が効果的に行われるよう配慮すること。
2　体験活動に当たっては，安全と保健に留意するとともに，学習活動に応じて，中学部又は中学校までの学習を踏まえ，高等学校の生徒などと交流及び共同学習を行うよう配慮すること。
3　知的障害者である生徒に対する教育を行う特別支援学校において，探究的な学習を行う場合には，知的障害のある生徒の学習上の特性として，学習によって得た知識や技能が断片的になりやすいことなどを踏まえ，各教科等の学習で培われた資質・能力を総合的に関連付けながら，具体的に指導内容を設定し，生徒が自らの課題を解決できるように配慮すること。

2023年度 栃木県 難易度

【9】次の(1)～(3)の各問いに答えなさい。

(1) 義足や人工関節を使用している方，内部障害や難病の方，または妊娠初期の方など，外見から分からなくても援助や配慮を必要としている方々が，周囲の方に配慮を必要としていることを知らせることで，援助を得やすくなるよう作成されたマークは何ですか。適するものを次のア～エから1つ選び，記号で答えなさい。

ア　イエローリボン　　イ　耳マーク　　ウ　ヘルプマーク

エ　オストメイトマーク

(2) 学校教育法施行令第22条の3に規定する障害の程度について，(　　)に適する数字を以下のア～エから1つ選び，記号で答えなさい。

区分	障害の程度
聴覚障害者	両耳の聴力レベルがおおむね（　　）デシベル以上のもののうち、補聴器や人工内耳等の使用によっても通常の話声を解することが不可能又は著しく困難な程度のもの

ア　20　　イ　40　　ウ　60　　エ　80

(3) 特別支援学校に在籍する児童生徒が，その児童生徒が居住する地域の学校へ出向き，交流する形態について適するものを，次のア～エから1つ選び，記号で答えなさい。

ア　居住地校交流　　イ　地域間交流　　ウ　学校間交流

エ　共同学習交流

2023年度 名古屋市 難易度

【10】特別支援教育に関する次の各問に答えよ。

〔問1〕特別支援教育に関する記述として，法令に照らして適切なものは，次の1～4のうちのどれか。

1　学校教育法では，特別支援学校は，視覚障害者，聴覚障害者，知的障害者，肢体不自由者又は病弱者(身体虚弱者を含む。)に対して，幼稚園，小学校，中学校又は高等学校に準ずる教育を施すとともに，障害による生活上の困難について支援を行うことを主な目的とすると規定されている。

2　学校教育法では，特別支援学校においては，幼稚園，小学校，中学校，義務教育学校，高等学校又は中等教育学校の要請に応じて，特別支援学級に在籍する幼児，児童等及び通級による指導を受けている幼児，児童等に限定して，必要な助言又は援助を行うよう努めるものと規定されている。

3　学校教育法施行規則では，特別支援学校の設備，編制その他設置に関する事項及び特別支援学級の設備編制は，第8章及び特別支援学校設置基準に定めるもののほか，別に定めると規定されている。

4　学校教育法施行規則では，校長は，特別支援学校に在学する児童等について個別の指導計画を作成するものとし，その作成に当たっては，当該児童等又はその保護者の意向を踏まえつつ，あらかじめ，関係機関等と当該児童等の支援に関する必要な情報の共有を図らなければならないと規定されている。

〔問2〕 特別支援学校の教育課程に関する記述として，法令に照らして適切なものは，次の1～4のうちのどれか。

1　特別支援学校の小学部の教育課程は，生活，国語，算数，音楽，図画工作及び体育の各教科，特別の教科である道徳，総合的な学習の時間，特別活動及び自立活動の10の教科によって編成するものとする。

2　特別支援学校の小学部，中学部においては，知的障害者である児童若しくは生徒又は複数の種類の障害を併せ有する児童若しくは生徒を教育する場合において特に必要があるときは，各教科，特別の教科である道徳及び自立活動の全部又は一部について合わせて授業を行うことができるが，特別活動はできない。

3　特別支援学校において，複数の種類の障害を併せ有する児童若しくは生徒を教育する場合又は教員を派遣して教育を行う場合において，特に必要がないときでも，特別の教育課程によることができる。

4　特別の教育課程による場合において，文部科学大臣の検定を経た教科用図書又は文部科学省が著作の名義を有する教科用図書を使用することが適当でないときは，当該学校の設置者の定めるところにより，他の適切な教科用図書を使用することができる。

〔問3〕「新しい時代の特別支援教育の在り方に関する有識者会議(報告)」(新しい時代の特別支援教育の在り方に関する有識者会議　令和3年1月)に関する記述として適切なものは，次の1～4のうちのどれか。

1　副次的な籍等を活用した居住する地域の学校との交流及び共同学習が継続的に行われるためには，特別支援教育支援員を中心とした学校間や家庭等との連携強化や特別支援教育コーディネーターの活用が求められる。

2　特別支援学校の教師には，障害の状態や特性及び心身の発達の段階等を十分把握して，これを各教科等や自立活動の指導等に反映できる幅広い知識・技能の習得や，学校内外の専門家等とも連携しながら専門的な知見を活用して指導に当たる能力が必要である。

3　特別支援学校は，障害のある子供やその家族が避難するための福祉避難所となることも想定されるが，その際には，個々の特別支援学校の事情に留意することなく，地方公共団体が，人材の確保や備蓄等について必要な支援を行うことを検討する必要がある。

4　これまで，特別支援教育においては，ICTの活用が積極的に行われてきておらず，各教科等の指導においては，ICTを使用することを目的とした授業作りから始めることが重要である。

▌2023年度 ▌東京都 ▌難易度 ■■■□□

解答・解説

【1】問1 (1) 理容・美容 (2) ① カ ② ウ ③ ク
問2 ① オ ② ウ ③ カ 問3 ア 問4 視覚障害者等の読書環境の整備の推進に関する法律(読書バリアフリー法)
問5 A 自分の体を叩く，食べられないものを口に入れる，危険につながる飛び出し から1つ B 他人を叩く，物を壊す，大泣きが何時間も続く から1つ 問6 (1) ○ (2) × (3) ×
(4) ○

○**解説**○ 問1 本資料は「特別支援学校設置基準」公布に伴い，その留意事項などを示したものであり，カッコ内は「特別支援学校設置基準」内における条文番号を示している。なお，(3)②における各種障害をもつ生徒に関する教育を行う学科は3通りあり，視覚障害者である生徒に対する教育を行う学科は「家庭に関する学科」「音楽に関する学科」「理療に関する学科」「理学療法に関する学科」の4つ，知的障害者，肢体不自由者又は病弱者(身体虚弱者を含む)である生徒に対する教育を行う学科として「農業に関する学科」「工業に関する学科」「商業に関する学科」「家庭に関する学科」「産業一般に関する学科」の5つが示されている。 問2 それぞれの障害種の特徴を把握しておくとよい。問題の表をみると，言語障害は小学校では児童生徒数が最多だが，中学校，高等学校と激減している。自閉症は注意欠陥多動性障害とほぼ同数であり，小学校，中学校では注意欠陥多動性障害のほうが多いが高等学校では自閉症の生徒が多い。難聴は小学校では唯一，千人台にとどまっていることがあげられる。 問3 小学校の特別支援学級における自立活動は「取り入れること」とされている。 問4 本法はいわゆる「読書のバリアフリー」についての基本理念，国及び地方公共団体の責務を示したもので，出版社等に義務を課したものではないため，法ができたからといってすぐ読書のバリアフリーが実現する訳ではないことに注意したい。具体的な図書については点字図書，拡大図書，電子書籍などが示されている。 問5 強度行動障害とは「自傷，他傷，こだわり，もの壊し，睡眠の乱れ，異食，多動など本人や周囲の人のくらしに影響を及ぼす行動が，著しく高い頻度で起こるため，特別に配慮された支援が必要になっている状態」としている。自閉症の傾向が強く，知的障害が重度である人が多いといわれている。
問6 (2) 医療的ケアとは「医療機関以外の場所で日常的に継続して行われる，喀痰吸引や経管栄養，気管切開部の衛生管理，導尿，インスリン注射などの医行為」を指し，病気治療のための入院や通院で行われる医行為は含まれないとされている。 (3) 医療的ケアは医行為に該当するため，実施できない。ただし，研修を修了し，都道府県知事に認定された者は「認定特定行為業務従事者」として，医行為のうち5つの特定行為に限り，一定の条件の下で実施できるとしている。

【2】(1) d (2) e (3) b (4) c (5) d (6) b
(7) d (8) e (9) d (10) a

○解説○ (1) 出題の条文は，特別支援学校の対象となる障害種と併せ，特別支援学校における教育の目的を規定した学校教育法第72条である。 (2) 公立義務教育諸学校の学級編制及び教職員定数の標準に関する法律第3条は，学級編制の標準について規定した条文である。出題の部分は，特別支援学校の小学部及び中学部の学級編制の基準を規定したもので，一般学級は6人を標準とし，( )内に示した重複学級については3人を標準とするとしている。 (3) 「障害のある児童生徒等に対する早期からの一貫した支援について(通知)」(平成25年10月4日25文科初第756号)については，我が国が障害者の権利に関する条約を批准するにあたり改正された学校教育法施行令の施行に伴い発出されたものである。この学校教育法施行令の改正については，平成24(2012)年7月の中央教育審議会初等中等教育分科会報告「共生社会の形成に向けたインクルーシブ教育システム構築のための特別支援教育の推進」における提言等を踏まえたものである。 (4) 発達障害者支援法第2条は，「発達障害」などの関連する語句を定義した条文である。発達障害は，脳機能の働きに生まれつきの特徴があると考えられているもので，自閉スペクトラム症(ASD)，注意欠陥・多動性障害(ADHD)，学習障害(LD)などに分類される。広汎性発達障害，アスペルガー症候群などの名称は，自閉スペクトラム症としてまとめて表現されるようになっている。 (5) 京都盲啞院は，古河太四郎が設立した日本最初の盲啞学校である。光明学校は日本初の肢体不自由児を対象とした東京市立の学校で，思斉学校は精神遅滞児を対象とした大阪市立の学校である。 (6) イギリスの児童精神科医であり，自閉症の理解に貢献した人物は，「三つ組」で有名なローナ・ウィングである。自閉スペクトラム症にみられる特性を，代表的な3つに整理したものである。 (7) 特別支援学級は，特別支援学校に比べ障害の程度が軽いものの，通常学級における指導では十分に成果を上げることが困難な児童生徒が対象となる。よって，学校教育法施行令第22条の3に規定されている特別支援学校の対象となる視覚障害者，聴覚障害者，知的障害者，肢体不自由者又は病弱者の障害の程度より軽度の表現となることを理解していれば，選択肢を選ぶことができる。 (8) 学校教育法施行規則第131条の条文は，所謂，重度重複障害のある児童生徒に対する教育課程編成上の留意事項を規定している。その第2項の「当該学校の設置者の定めるところにより」以下は，「他の適切な教科用図書を使用することができる」である。 (9) 「近江学園」「びわこ学園」と言えば，「この子らを世の光に」の言葉を遺し，我が国の障害児療育の父として有名な「糸賀一雄」である。 (10) ① 「養護・訓練」が教育課程に導入されたのは，昭和46(1971)年の小学部の教育課程の改善からである。 ② 平成18(2006)年の学校教育法改正により，平成19(2007)年から特別支援教育の実施が始まった。 ③ 養護学校教育の義務制は，昭和54(1979)年から実施された。 ④ 学校教育法は，昭和22(1947)年に制定された。 ⑤ 平成11(1999)年の学習指導要領改訂において，従来の「養護・訓練」が「自立活動」に改められた。

【3】問1 (1) ウ (2) イ (3) カ 問2 センター的機能 問3 (1) ○ (2) ○ (3) × (4) × 問4 ① イ ② ウ ③ カ

○**解説**○ 問1 法令について，法律は国会で制定されるが，その法律の細則として内閣では政令，各省などで施行規則が制定され，どれも拘束力を有する。学校教育法を例にとると，学校教育法施行令は内閣が定めたもので主に義務教育に関する規定，認可，届出，指定に関する規定が，学校教育法施行規則は文部科学省が定めたもので，主に教育課程や設備等の具体的な内容が定められている。また，出題された条文はどれも重要であり，特に(1)は特別支援教育における合科的指導の根拠条文，(2)は特別支援学校における障害を示すもので，具体的な障害の程度は学校教育法施行令第22条の3で定められている。十分に学習しておきたい。　問2　センター的機能の具体例として「小・中学校等の教員への支援機能」「特別支援教育等に関する相談・情報提供機能」「障害のある幼児児童生徒への指導・支援機能」「福祉，医療，労働などの関係機関等との連絡・調整機能」「小・中学校等の教員に対する研修協力機能」「障害のある幼児児童生徒への施設設備等の提供機能」があげられる。　問3　(3)　学習指導要領解説によると，自立活動の内容は「各教科等のようにそのすべてを取り扱うものではなく，個々の幼児児童生徒の実態に応じて必要な項目を選定して取り扱うもの」としている。　(4)「自立活動及び生活単元学習の領域を設定し」ではなく，「特に自立活動の領域を設定し」が正しい。生活単元学習は自立活動ではなく各教科を合わせた指導の一つとされている。　問4　個別の教育支援計画，個別の指導計画についてはきちんと区別しておくこと。個別の教育支援計画は「教育，医療，福祉，労働等の関係機関が連携・協力を図り，障害のある児童の生涯にわたる継続的な支援体制を整え，それぞれの年代における児童の望ましい成長を促す」もの，個別の指導計画は「個々の児童の実態に応じて適切な指導を行うために学校で作成されるもの」であり，前者は長期計画，後者は短期計画といえる。空欄①については，「各教科等の指導」で必要とされているので，短期計画である個別の指導計画が適切といえる。

【4】1　(1)　①　主体的　②　把握　③　必要な支援　④　発達障害　⑤　学校　⑥　インクルーシブ教育　⑦　進展　⑧　可能な限り　⑨　連続性　(2)　ア　○　イ　×　ウ　○　(3)　ア　○　イ　○　ウ　情緒障害　エ　一部　オ　○　(4)　ア　×　イ　×　ウ　○　エ　×　オ　○　2　(1)　国連　(2)　個人　(3)　○　(4)　発達障害者支援法　(5)　2.3

○**解説**○　1　(1)　①　特別支援教育は，自立や社会参加に向けて，児童生徒自身が主体的に取り組めるよう支援する。 ② 支援のスタートは教育的ニーズを把握することである。 ③ 指導と支援はセットである。 ④ 本答申の特徴として,「発達障害のある子供」という明確な表現をしていることが挙げられる。 ⑤ 特別支援教育は全ての学校において実施されるものであることを押さえておく。 ⑥ 障害者の権利に関する条約(障害者権利条約)は,2006年12月,国連総会において採択された(日本では2014年に批准・発効)。「インクルーシブ教育」とは,本条約内で示された理念であり,障害の有無にかかわらず,すべての子供が一緒に学ぶ仕組みのこと。 ⑦ 障害者権利条約の批准のために,日本では,障害者基本法や障害者差別解消法等の国内法を整備し,インクルーシブ教育システムの構築に取り組んできた。しかしながら,特別な支援を必要とする子供の数は年々増加しており,特別支援教育のさらなる進展が急務となっている。 ⑧ 合理的配慮に通ずる考え方である。例えば,小中学校等の特別支援学級に在籍する子供については,子供一人一人の障害の状態等や個々の事情を勘案しながら,通常の学級に在籍する子供と可能な限り共に学ぶ機会を積極的に設けることが重要である。 ⑨ 障害のある子供の教育的ニーズの変化に応じて学びの場を変えられることと,多様な学びの場の間で教育課程が円滑に接続する学びの連続性の実現が求められている。 (2) イ 医療的ケアには,入院や通院で行われる医行為は該当しないため誤り。 (3) 出題文の出典は,特別支援学校学習指導要領解説総則編及び自立活動編とされているが,正しくは,小学校(中学校)学習指導要領解説総則編の「第3章 教育課程の編制及び実施 第4節 児童(生徒)の発達の支援 2 特別な配慮を必要とする児童(生徒)への指導」からの一部抜粋である。 ウ 通級による指導の対象に知的障害は含まれない。知的障害ではなく「情緒障害」が正しい記述である。 エ 全部ではなく「一部」が正しい。 (4) ア 訪問教育は,通学距離や送迎の困難さが理由ではなく,障害の状態や長期の療養が必要な場合に対象となるため誤り。 イ 義務教育段階におけると限定している点が誤りである。特別支援学校の高等部でも実施することができる。 エ「児童生徒の実情に応じた授業時数を適切に定めることができる」とされているので誤り。 2 (1) UNESCOではなく「国連」

である。

(2) 全員ではなく「個人」である。 (3) 正しい。 (4) 「障害者自立支援法」ではなく「発達障害者支援法」が正しい。障害者自立支援法は平成18年に施行された。 (5) 2023(令和5)年4月現在の民間企業における法定雇用率は，2.5%ではなく2.3%である。厚生労働省では，令和5年度からの障害者雇用率の設定等について，「令和5年度からの障害者雇用率は，2.7%とする。ただし，雇入れに係る計画的な対応が可能となるよう，令和5年度においては2.3%で据え置き，令和6年度から2.5%，令和8年度から2.7%と段階的に引き上げることとする」としている。

【5】(1) d (2) d (3) a (4) e (5) b (6) e (7) c (8) c

○**解説**○ (1) 本資料の視覚障害の「義務教育段階における特別な指導内容」の「(ア)保有する視機能の活用と向上を図ること」の内容である。

(2) 聴覚障害の「義務教育段階における特別な指導内容」の「(イ)言葉の習得と概念の形成に関すること」の内容である。聴覚障害のある子供の発達の特性にそうよう，興味や関心をもって取り組める体験を用意したり，言葉を用いる必然性のある自然な場面を設定したり，教師がモデルとなる発話や行動をしてみせたりなどが必要である。

(3) 特別支援学校(知的障害)の概要の「ィ 教育目標」の内容である。本資料では，知的障害のある子供の学習上の特性は，学習によって得た知識や技能が断片的になりやすく，実際の生活の場面の中で生かすことが難しいことが挙げられている。実際的な生活場面の中で，具体的に思考，判断，表現できるようにする指導が効果的であることが記されている。 (4) 肢体不自由の「1 肢体不自由のある子供の教育的ニーズ (1) 早期からの教育的対応の重要性」の内容である。肢体不自由のある子供の場合は，その起因疾患による障害の状態等が多様なため，一人一人について把握した情報について十分な評価を行うことが必要となる。感覚機能の発達，社会性の発達，学習意欲，自立への意欲など，就学に係る行動観察のほか，認定こども園・幼稚園・保育所，児童発達支援施設等における子供の成長過程について情報を得られることは有用である。　(5)　病弱・身体虚弱の「病弱・身体虚弱の子供に対する特別な指導内容」の「イ　情緒の安定に関すること」の内容である。療養中に情緒が不安定な状態になることなどがあった場合，悩みを打ち明けたり，自分の不安な気持ちを表現できるようにしたり，心理的な不安を表現できるような活動をしたりするなどして，情緒の安定を図ることができるように指導することが必要である。本資料では，学校に登校できないことがある場合には，Web会議システム等を活用して学習に対する不安を軽減するような指導を工夫することが例としてあがっている。　(6)　言語障害の「吃音の特性」の「エ　社会性の発達や自己肯定感に対する影響が見られること」の内容である。吃音に悩む子供は，実際の生活で失敗したり，困ったりした経験をもっている場合があり，これらの経験によって，子供は苦手な場面や特定の語音に対する緊張を抱いていることが多い。　(7)　情緒障害で見られる行動問題は，①内在化問題行動，②外在化問題行動の主に2つに分けられる。①では，話せない，過度の不安や恐怖，抑うつ，身体愁訴，不登校などである。②では，かんしゃくや怒り発作，離席・教室からの抜け出し，反抗，暴言，暴力，反社会的行動などの規則違反的行動や攻撃的行動などである。　(8)　注意欠陥多動性障害の「(イ)障害の状態等の把握に当たっての留意点　イ　心理学的，教育的側面からの把握」の内容である。注意欠陥多動性障害のある子供の学びの場は，基本的には通常の学級となる。学校生活や学習上の困難さに対して早期から対応できるよう，幼児期から発達の諸側面に対する気付きや，その発達に応じた必要な支援を行うことが重要となる，早期発見と早期からの教育的対応，就学先への円滑な移行支援を行うことが大切である。

【6】問1　(1)　①　イ　②　オ　③　キ　(2)　ランドルト(環)
問2　①　カ　②　ク　問3　①　ク　②　エ　③　イ
問4　(1)　○　(2)　○　(3)　×　(4)　×　(5)　○
問5　①　オ　②　ウ　③　ア　④　カ　⑤　ケ
問6　(1)　×　(2)　×　(3)　○　(4)　○　問7　(1)　○
(2)　×　(3)　×　(4)　○　問8　姿勢　問9　①　イ　②　ア

③　ク　　④　キ　　問10　脳性まひ　　問11　①　ウ　　②　キ
③　エ

○解説○　問1　(1)　視覚障害のある児童生徒は，視覚による情報収集の困難から，限られた情報や経験の範囲で概念が形成されたり，理解が一面的だったりすることがある。的確な概念を形成するためには，児童生徒が聴覚，触覚及び保有する視覚などを十分に活用して，事物・事象や動作と言葉とを対応できるようにする指導が大切である。
(2)　視力表は，国際標準に準拠したランドルト環を使用した視力表の0.3，0.7，1.0の指標が使用される。視力表から目まで5mの距離に立たせて測定する。　問2　①は，「話し手の口の開け方を見て相手の話を理解する」とあることから，「読話」である。読話は，話し手の口の開け方以外に，相手の表情などから，話の内容を読み取っている。聴覚障害者のコミュニケーションの方法として，手話，読話のほかに，発音・発語，文字，キュード・スピーチ，指文字などがある。
問3　聴覚障害者における，言葉の受容と表出に関する解説からの出題である。　①　言葉を受容する感覚としては視覚があり，視覚によって文字による情報を受容することができる。　②　意思の表出の場合なので，障害の状態によって，「明瞭度」が異なる。　③　音声，手話・指文字や文字以外に伝える方法としては，体を使った「身振り」などがある。　問4　(3)　「スライド法」と「タッチテクニック」の説明が逆である。白杖は，①周囲の情報を入手する，②身の安全を確保する，③視覚障害者であることを周囲に知らせる，の3つの役割がある。　(4)　人工内耳は，補聴器の効果がほとんど認められない人で，500Hz未満の周波数においてある程度の聴力がある人が対象となる。人工内耳は，手術後すぐに完全に聞こえるわけではない。リハビリテーションを継続して行うことで，徐々に言葉が聞き取れるようになることが多い。　問5　各段階の内容は，児童生徒の生活年齢を基盤とし，知的能力や適応能力及び概念的な能力等を考慮しながら，段階毎に配列されている。小学部の1段階は「ほぼ常時援助が必要である」児童生徒で，2段階は「頻繁に援助を必要とする」児童生徒，3段階は「適宜援助を必要とする」児童生徒である。また，中学部の1段階は「生活年齢に応じながら」経験の積み重ねを重視し，2段階では「職業生活の基礎」を育てることをねらいとする内容が，それぞれ示されている。それぞれに該当する選択肢を，各段階のキーワードとして押さえておく必要がある。　問6　小学部・中学部の文部科学省の著作教科書は，国語，算数(数学)，音楽の3教科である。小学部1段階は☆，2段階は☆☆，3段階は☆☆☆，中学部は☆☆☆☆と表記されていることから，通称，星本(☆本)と呼ばれている。なお，高等部用は作成されていない。　問7　(2)　中学部においては，「外国語活動」ではなく「外国語科」である。小学部においては，「外国語活動」について必要に応じて設けることができる。　(3)「各教科の学年別に示す内容を基に」ではなく，「各教科の段階に示す内容を基に」である。　問8　自立活動の内容「身体の動き」の「(1)姿勢と運動・動作の基本的技能」の中の「姿勢」に関する解説文である。臥位は，寝ている状態を表している。姿勢を保持することも，基本動作の一つである。　問9　①のパラシュート反射は，姿勢反射の一種である。姿勢反射は，安全に体を支えられるように備わった反射で，主に生後7～9か月頃からみられる。姿勢反射は，獲得後は消失しない。②～④は，どれも原始反射である。原始反射は，初めての環境に適応して生きるために必要な反射である。バビンスキー反射，(陽性)支持反射，探索反射，交叉性伸展反射は，いずれも原始反射である。原始反射の多くが出生時に出現し，生後2～4か月で消失し始める。　問10　肢体不自由の起因疾患のうち，最も多い「脳性まひ」の説明である。脳性まひの定義は，「受胎から生後4週以内の新生児までの間に生じた，脳の非進行性病変に基づく，永続的な，しかし変化しうる運動および姿勢の異常である。その症状は満2歳までに発現する。進行性疾患や一過性運動障害，または将来正常化するであろうと思われる運動発達遅延は除外する」というもので，1968年の厚生省脳性麻痺研究班が表したものである。問11　子供の病気は，古くは結核などの感染症が主であったが，医学の進歩などによって激減し，代わって慢性腎疾患などの慢性疾患が多くを占めるようになった。最近では，白血病などの悪性新生物(小児がん)，摂食障害などの心身症，うつ病等の精神疾患が多くなってきている。うつ病や精神疾患の子供の中には，自閉症や注意欠陥多動性障害等の発達障害を重複してもつ子供や，いじめや虐待を受けた経験のある子供，不登校を経験した子供などが多くなってきている。それぞれの子供の実態を把握し，子供の気持ちなどを理解した上で指導に当たり，関係機関と連携して社会全体で取り組むことが大切である。　新しい学習指導要領解説や，「障害のある子供の教育支援の手引」(令和3年　文部科学省)などの資料を参照するとよい。

【7】ア　教育活動全体　　イ　共同学習　　ウ　社会参加　　エ　日常的　　オ　医行為

○**解説**○ (1)　自立活動の時間における指導は一部であり，各教科等における指導と密接な関連を保ちながら，「教育活動全体」で実施することが必要とされている。　(2)　交流及び「共同学習」は，共生社会の実現をめざし，社会性や豊かな人間性を育み，お互いを尊重し合う大切さを学ぶ機会となっており，「社会参加」へつながっていくものである。　(3)　医療的ケアは，日常生活に必要な医療的な生活援助行為であり，保護者等が医師の指導を受けて家庭等で行うもの。入院や通院で行われるのは，医療的ケアではなく治療のための「医行為」である。医師及び看護師などの免許を有さない者による医行為は禁止されている。

【8】1　①　調和　　②　心身の発達　　③　地域　　2　①　イ　　②　オ　　③　ウ　　3　個別の教育支援計画　　4　総合的な探究の時間

○**解説**○ 1　特別支援学校小学部・中学部学習指導要領(平成29年告示)「第1章　総則　第2節　小学部及び中学部における教育の基本と教育課程の役割」の1に示されている内容で，全ての学校種における教育の基本を示した部分である。教育とは，「人間として調和のとれた育成」を目指して行うものであり，そのため，「心身の発達の段階や特性」を踏まえるとともに，「学校や地域の実態」を十分に考慮する必要があるということについて理解しておく必要がある。加えて，特別支援教育においては，「心身の発達の段階や特性」の前に，児童生徒一人ひとりの「障害の状態」を踏まえる必要があるということを忘れてはならない。　2　まず，知的障害者である生徒に対する教育を行う特別支援学校高等部の専門学科には，「家政」「農業」「工業」「流通・サービス」「福祉」といった各教科があること，また，これら各教科がどのような指導項目(内容)から構成されているのかを理解しておく必要がある。「家政」については，(1)　生活産業の概要，(2)　被服，(3)　クリーニング，(4)　手芸，(5)　調理，(6)　住居，(7)　保育，(8)　家庭看護の8つから，「農業」については，(1)　農業の概要，(2)　農業生物の栽培と管理，(3)　農業生物の飼育と管理，(4)　食品の加工と管理，(5)　地域資源を生かした農業の5つから，「工業」については，(1)　工業の概要，(2)　木材加工による製品，(3)　金属加工による製品，(4)　セラミック加工による製品，(5)　紙加工による製品，(6)　布の加工による製品，(7)　皮革の加工による製品，(8)　印刷の8つから，「流通・サービス」については，(1)　流通業やサービス業の概要，(2)　商品管理，(3)　販売，(4)　清掃，(5)　事務の5つから，「福祉」については，(1)　社会福祉の概要，(2)　介護・福祉サービス，(3)　介護を必要とする人，(4)　生活支援の技術の4つの指導項目から構成されている。　3　問題文の文言は，特別支援学校小学部・中学部学習指導要領(平成29年告示)「第1章　総則　第5節　児童又は生徒の調和的な発達の支援」の1の(5)に示されたものである。2003年度から実施された障害者基本計画において，教育，医療，福祉，労働等が連携協力を図り，障害のある子供の生涯にわたる継続的な支援体制を整え，それぞれの年代における子供の望ましい成長を促すため，個別の支援計画の活用が示された。この個別の支援計画のうち，幼児児童生徒に対して，教育機関が中心となって作成するものが「個別の教育支援計画」である。なお，栃木県では，教員向けリーフレット「個別の教育支援計画の作成と活用」(2017年3月　栃木県教育委員会)などを作成している。　4「総合的な学習の時間」は，学校が地域や学校，児童生徒の実態等に応じて，教科・科目等の枠を超えた横断的・総合的な学習とすることと同時に，探究的な学習や協働的な学習とすることが重要であるとして，2000(平成12)年から段階的に取り組み始められた学習活動である。特に探究的な学習を実現する必要から，「①課題の設定→②情報の収集→③整理・分析→④まとめ・表現」の探究のプロセスを明示し，学習活動を発展的に繰り返していくことを重視してきた。今回の改訂では，こうした趣旨を確実に活かす必要があることから，高等学校においては，名称を，「総合的な学習の時間」から「総合的な探究の時間」に変更している。この名称変更が「小・中学校における総合的な学習の時間の取組を基盤とした上で，各教科・科目等の特質に応じた『見方・考え方』を総合的・統合的に働かせることに加えて，自己の在り方・生き方に照らし，自己のキャリア形成の方向性と関連付けながら『見方・考え方』を組み合わせて統合させ，働かせながら，自ら問いを見いだし探究する力を育成する」ことを重視したものである点を理解しておく必要がある。

【9】(1)　ウ　　(2)　ウ　　(3)　ア

○解説○ (1)　問題文に適するマークは「ヘルプマーク」(図1)である。「イエローリボン」(図2)は障害のある人々の社会参加を推進していく運動のシンボルマークのこと。「耳マーク」(図3)は聞こえが不自由なことを表すと同時に，聞こえない人・聞こえにくい人への配慮を表すマークのこと。「オストメイトマーク」(図4)は，人工肛門・人口膀胱を造設している排泄機能に障害のある人の設備(オストメイト対応のトイレ)があることやオストメイトであることを表すマークのこと。
(2)　日常会話の音量が「60」デシベル(dB)程度であり，これが聞こえない場合は中等度難聴となる。　(3)　交流及び共同学習の形態についての出題である。問題文中の「居住する地域の学校」から「居住地校交流」と判断できる。なお，ウの学校間交流とは，小学校，中学校等と特別支援学校の児童生徒が交流する形態のことを指す。

(図1　ヘルプマーク)

(図2　イエローリボン)

(図3　耳マーク)

(図4　オストメイトマーク)

【10】問1　3　　問2　4　　問3　2

○**解説**○ 問1　1「生活上の困難について支援を行うことを主な目的とする」が不適切である。学校教育法第72条においては「学習上又は生活上の困難を克服し自立を図るために必要な知識技能を授けることを目的とする」とされている。　2　学校教育法第74条及び第81条参照。「限定して」が不適切である。通常の学級に在籍している児童生徒のなかで，障害による学習上又は生活上の困難の改善・克服を目的とした指導が必要となる者がいる場合は，組織的かつ計画的に指導内容や指導方法の工夫を行うとされている。　4　学校教育法施行規則第134条の2参照。「指導計画」ではなく「教育支援計画」が正しい。教育支援計画とは，学校と医療，保健，福祉，労働等に関する業務を行う関係機関及び民間団体との連携の下に行う当該児童等に対する長期的な支援に関する計画のこと。　問2　1　学校教育法施行規則第126条参照。「国語，社会，算数，理科，生活，音楽，図画工作，家庭，体育及び外国語の各教科，特別の教科である道徳，外国語活動，総合的な学習の時間，特別活動並びに自立活動によつて編成するものとする」とされている。　2　学校教育法施行規則第130条参照。「特別活動はできない」は誤り。「各教科，特別の教科である道徳，外国語活動，特別活動及び自立活動の全部又は一部について，合わせて授業を行うことができる」とされている。　3　学校教育法施行規則第131条参照。「特に必要がないときでも」は誤り。「特に必要があるときは特別の教育課程によることができる」とされている。　問3　1　文中の「特別支援教育支援員」と「特別支援教育コーディネーター」の位置が逆である。　3「留意することなく」ではなく「留意しつつ」が正しい。4「ICTの活用が積極的に行われてきておらず」は誤り。「ICTの活用は積極的に行われてきた」が正しい。また，「ICTを使用することを目的とした授業作りから始めること」ではなく，「単にICTを使用することを目的とした授業作りではなく各教科等の目標の達成を図るために必要な手段として，どのようにICTを関連付けて活用すればよいか分析する力を培っていくこと」が重要であるとされている。

●書籍内容の訂正等について

弊社では教員採用試験対策シリーズ（参考書，過去問，全国まるごと過去問題集），公務員試験対策シリーズ，公立幼稚園・保育士試験対策シリーズ，会社別就職試験対策シリーズについて，正誤表をホームページ（https://www.kyodo-s.jp）に掲載いたします。内容に訂正等，疑問点がございましたら，まずホームページをご確認ください。もし，正誤表に掲載されていない訂正等，疑問点がございましたら，下記項目をご記入の上，以下の送付先までお送りいただくようお願いいたします。

> ① **書籍名，都道府県（学校）名，年度**
> （例：教員採用試験過去問シリーズ　小学校教諭 過去問　2025 年度版）
> ② **ページ数**（書籍に記載されているページ数をご記入ください。）
> ③ **訂正等，疑問点**（内容は具体的にご記入ください。）
> （例：問題文では“ア～オの中から選べ”とあるが，選択肢はエまでしかない）

〔ご注意〕

○ 電話での質問や相談等につきましては，受付けておりません。ご注意ください。

○ 正誤表の更新は適宜行います。

○ いただいた疑問点につきましては，当社編集制作部で検討の上，正誤表への反映を決定させていただきます（個別回答は，原則行いませんのであしからずご了承ください）。

●情報提供のお願い

協同教育研究会では，これから教員採用試験を受験される方々に，より正確な問題を，より多くご提供できるよう情報の収集を行っております。つきましては，教員採用試験に関する次の項目の情報を，以下の送付先までお送りいただけますと幸いでございます。お送りいただきました方には謝礼を差し上げます。

（情報量があまりに少ない場合は，謝礼をご用意できかねる場合があります）。

◆あなたの受験された面接試験，論作文試験の実施方法や質問内容

◆教員採用試験の受験体験記

送付先	
	○電子メール：edit@kyodo-s.jp ○FAX：03-3233-1233（協同出版株式会社　編集制作部 行） ○郵送：〒101-0054　東京都千代田区神田錦町 2-5 協同出版株式会社　編集制作部 行 ○HP：https://kyodo-s.jp/provision（右記の QR コードからもアクセスできます）

※謝礼をお送りする関係から，いずれの方法でお送りいただく際にも，「お名前」「ご住所」は，必ず明記いただきますよう，よろしくお願い申し上げます。

教員採用試験「全国版」過去問シリーズ⑭
全国まるごと過去問題集
特別支援学校教諭

編　集　　© 協同教育研究会
発　行　　令和6年3月10日
発行者　　小貫　輝雄
発行所　　協同出版株式会社
〒101-0054　東京都千代田区神田錦町2－5
電話　03－3295－1341
振替　東京00190－4－94061
印刷所　　協同出版・POD工場

落丁・乱丁はお取り替えいたします。

本書の全部または一部を無断で複写複製（コピー）することは，
著作権法上での例外を除き，禁じられています。

2024年夏に向けて

―教員を目指すあなたを全力サポート！―

●通信講座

詳細はこちら

志望自治体別の教材とプロによる
丁寧な添削指導で合格をサポート

●公開講座（＊1）

詳細はこちら

48のオンデマンド講座のなかから、
不得意分野のみピンポイントで学習できる！
受講料は6000円〜　＊一部対面講義もあり

●全国模試（＊1）

詳細はこちら

業界最多の **年5回** 実施！
定期的に学習到達度を測って
レベルアップを目指そう！

●自治体別対策模試（＊1）

詳細はこちら

的中問題がよく出る！
本試験の出題傾向・形式に合わせた
試験で実力を試そう！

上記の講座及び試験は，すべて右記のQRコードからお申し込みできます。また，講座及び試験の情報は，随時，更新していきます。

＊1・・・2024年対策の公開講座、全国模試、自治体別対策模試の情報は、2023年9月頃に公開予定です。

協同出版・協同教育研究会
https://kyodo-s.jp

お問い合わせは
通話料無料の
フリーダイヤル
いいみ　なさんおうえん
0120（13）7300
受付時間：平日（月〜金）9時〜18時　まで